知识就在得到

张明楷刑法学讲义

LECTURES ON CRIMINAL LAW

张明楷/著

新 星 出 版 社　NEW STAR PRESS

目 录

总 论

第1章　刑法的基本问题 015

分论

刑法学，一场给所有人的思维风暴

在法律界流传着这么一种说法——不管你是做非诉业务还是诉讼业务，不管你是刑辩律师还是民商律师，通过法律职业资格考试都不算什么，只有刑法考了高分，才能让人刮目相看。这种说法确实有道理，因为刑法学可以说是所有法学学科中最考验事实归纳能力、逻辑能力、语言能力和数学能力的学科之一，也是最考验正义感的学科之一。

如果你不是法律从业者，你可能会问，刑法研究的不就是刑事案件吗？刑事案件怎么判，《中华人民共和国刑法》（后文简称《刑法》）里不是规定得很清楚吗？比如故意杀人罪，我拿本《刑法》，按照规定去分析案件、定罪量刑，不就行了吗？这难在哪儿呢？

当然没这么简单。比如，看一个最简单的问题：你怎么知道一个案件一定成立故意杀人罪，而不是故意伤害罪致人死亡呢？要知道，这两者不仅罪名不同，量刑上也有很大的差别。

事实上，生活中发生的案件远比你想象的复杂。比如，拐卖妇女罪是指拐卖14周岁以上的女性，那么，如果行为人以为自己拐卖的是 15 周岁的男性，但实际上拐卖的是 15 周岁的女性，该怎么处理？或者，行为人以为自己拐卖的是 15 周岁的女性，但实际上拐卖的是 15 周岁的男性，又该怎么处理？这都能成立拐卖妇女罪吗？如果不成立拐卖妇女罪，那是否就不成立犯罪了呢？

你看，《刑法》确实明确规定了拐卖妇女罪这个罪名，但实际发生的案件要比法条规定复杂得多。有没有法条可以适用、适用哪个法条、是不是照搬法条就能解决，都需要在具体案件中分析、推理。所以，要想做出准确的判断，当然要熟悉法条，但只熟悉法条还不够。要想得出一个正义的结论，你首先要做一个预判，找到一个方向。

比如上面的例子，行为人以为拐卖的是 15 周岁的男性，实际上拐卖的是 15 周岁的女性。你可能会预判，这应该成立拐卖妇女罪，因为行为人确实拐卖了一名妇女。然后，你就要按照这个预判去寻找可能适用的法律规范，即分析能不能适用拐卖妇女罪的规定。接下来，你要归纳案件事实，判断事实能不能和拐卖妇女罪的法律规范相对应。

在这个例子中，如果把事实归纳为拐卖妇女，那问题就来了——行为人本意是要拐卖一名 15 周岁的男性，并没有拐卖妇女的故意，而没有故意就不能成立拐卖妇女罪。这等于推翻了你原先的预判，你就得接着想这种行为能不能成立别的罪，比如非法拘禁罪。

再看看案件事实。如果行为人的拐卖行为确实侵害了他人的身体活动自由，他主观上也有侵害他人身体活动自由的故意，那就可以把案件事实归纳为侵害他人的身体活动自由。这样，就可以和非法拘禁罪相对应了。

在这个过程中，你要不断把事实向法律规范拉近，也要不断把法律规范向事实拉近，只有这样，最终才能得出正义的结论。而在这个过程中，最困难的，是法律规范的含义和事实的性质都不是固定的，而是在不断变化的。

刑法学研究的都是真实的社会问题，而我们的社会变化太快，总是不断出现新问题。比如，1997 年《刑法》就规定了盗窃罪，当时法律界一般认为，盗窃罪的对象，即财物，是指有体物，比如货币、汽车、金银首饰等。但是随着社会经济的发展，财物的形式慢慢发生了变化，一些虚拟的财物也具有了跟普通财物一样的价值。于是问题就来了，比如，盗窃比特币的行为能成立盗窃罪吗？如果认为成立，那对"财物"的解释就不能再局限于有体物了。

作为刑事司法工作者，我们必须不断地重新挖掘并再次解释《刑法》条文的真实含义，只有这样才能解决当下的问题。而解释《刑法》条文的含义，是刑法学中最考验人的正义感和逻辑的部分。

刑法的铁律是罪刑法定原则，要求必须是《刑法》有明文规定的行为才算犯罪，我们在解释《刑法》条文时必须遵守这一点。但有时候，如果严格按照法条来办，好像没有办法得出理想的正义结论。

比如，《刑法》规定，一般抢劫罪的量刑幅度是 3～10 年有期徒刑，而抢劫罪情节加重犯的量刑幅度是 10 年以上有期徒刑、无期徒刑或死刑。其中，冒充军警人员抢劫就属于抢劫罪的情节加重犯。也就是说，冒充军警人员抢劫的，定罪量刑要比一般的抢劫犯重。但如果是真正的军警人员抢劫，该怎么处理呢？目前司法解释的观点是，真正军警人员抢劫的，只能按一般抢劫罪从重处罚，即在 3～10 年有期徒刑这个幅度内从重量刑。

但是，真正的军警人员受过特殊训练，制服他人的能力肯定是高于一般人的。而且，真正的军警人员实施抢劫，对国家机关的形象损害更大。如果对他们的量刑比对假军警人员的轻，显然会导致量刑不均衡。

对于这种情形，你可能会跟我有一样的预判，就是对真正的军警人员抢劫也应该适用加重的法定刑。但是，法条不能随便修改，又要实现正义，怎么办呢？我觉得可以从解释上下功夫——把"冒充"这个词拆分为"假冒"和"充任"。既然有"充任"这层含义，那自然就可以包含真正的军警人员了。这样，真正的军警人员抢劫，也就可以适用加重的法定刑了。当然，这只是我的解释，或许等看完这本书，你会有更好的解释方法。

我想强调的是，**刑法学并不是一个智力游戏，它背后是沉甸甸的社会责任**。经常有人说，司法人员办的不只是案件，更是别人的人生，刑事司法尤其如此。更重要的是，**刑法学不仅关乎个别人的命运，更关乎我们生活的这个世界最紧要的问题**。因为刑法划定了这个社会关于自由的边界，也划定了每个人行为的边界。

所以我相信，一个人只要开始试图了解刑法学，就一定会乐于思考刑法学提出的问题。我也相信，我们身边那些真正善于思考的人，一定也在生活中践行着刑法学的这套思维模式，用严谨的逻辑去解决复杂的问题，用智慧去追求正义。

我们要为了正义去寻求最优解，而这个过程又是极其严谨和复杂的。这是刑法学的艰难之处，也是刑法学的魅力所在，更是学习刑法学的乐趣所在。可以说，刑法学就是人类智慧的高峰，也是每个人都应该攀登的高峰。为了和你一起攀登刑法学这座高峰，我在本书中设计了 100 多个具体的问题，它们既具有普遍意义，也具有现实价值，并且我会尽可能通过案例来拆解刑法的思考过程，希望能带你体验深度思考的快乐。

最后，我想重申一下，学习刑法学的过程，就是追求正义的过程。法不正解心不朽，这是我一直坚守的情怀。我相信，公平、正义也一定是你内心的追求。而学习刑法学，就是我们用智慧追求正义的开始。

张明楷

2021 年 9 月 23 日于北京

我们该如何学习刑法

在这一部分，我想先简单描绘一下本书的知识版图，让你对整体框架有所了解，为后面的学习做准备；然后，我想主要谈谈应该如何学习刑法。

本书知识版图

本书整体分为总论和分论两大板块，总论是分论的基础，也是整个刑法学的基础。

在总论部分，首先要探讨的是刑法的基本问题。

一个案件能不能成为刑事案件，要看这个案件是否侵害了特定的利益，即法益。只有法益受到了人或单位的侵害，一件事才可能进入刑法的讨论领域。这涉及的就是刑法中一个最核心的问题——法益侵害。

法益是解释刑法时要考虑的首要内容。在这个基础上，我们会进一步探讨刑法的机能、刑罚的正当化根据、刑法的基本原则，以及刑法的解释等基本问题。这就是第 1 章的内容。

搞清楚了这些基本问题，接下来就要讨论犯罪的成立条件。犯罪的成立条件包括构成要件符合性、违法性和有责性，三者缺一不可。很多在我们看来是犯罪的行为，往往只是符合了某个罪的构成要件，但如果不具有违法性或有责性，仍然不成立犯罪。

比如，张三把李四打成重伤，我们会说张三的行为符合故意伤害罪的构成要件。但张三的行为就一定成立故意伤害罪吗？不一定。比如，张三打伤李四是因为李四正在抢劫张三的钱包，那就要考虑是否成立正当防卫了。如果成立正当防卫，那张三的行为就不具有违法性，也就不成立犯罪。当然，除了正当防卫，紧急避险、被害人承诺等违法阻却事由，也会让行为不成立犯罪。

如果张三的行为不成立正当防卫，也没有其他违法阻却事由，那他的行为一定成立故意伤害罪吗？也不一定。比如，如果张三是个完全不理解自己行为的精神病人，那么，就算他无缘无故打伤了李四，也不能给他定罪。因为不能辨认或者不能控制自己行为的精神病人不具备刑法意义上的责任能力，即便他做了错事，也不能在刑法的层面谴责他。这就是有责性。

以上关于犯罪的成立条件，就是第 2 章的内容。当然，具体的判断过程还会涉及更多的变量和可能性，我设计了 20 多个问题，相信你看完就能搞懂这部分内容。

继续分析这个案例。还是假设李四抢劫张三的钱包，这时首先要关心的是他有没有抢到钱包。如果抢到了钱包，就是抢劫既遂；

如果李四因为张三的反抗而没有抢到钱包，就是抢劫未遂；如果李四觉得张三可怜，心生怜悯，不想抢了，就是抢劫中止。这里的既遂、未遂、中止，在刑法上都是故意犯罪的形态。

假设又发现了其他隐情，原来是王五唆使李四去抢张三钱包的。那么，抢劫就不是李四一个人干了的了，还涉及王五。这种两人以上共同实施的犯罪，在刑法上被称为共同犯罪，参与者可能成立正犯或共犯。其中，王五应该属于共犯中的教唆犯。

再假设一下，王五叫李四去抢劫张三的钱包，可李四不仅抢了张三的钱包，还在抢劫过程中扒光了张三的衣服，对张三实施了强制猥亵行为。这时，李四侵害的法益就不只是财产法益了，还有人身法益。而这就涉及另外两个问题——一个是罪数，即一个人所犯的罪的数量，另一个是唆使李四的王五需不需要对李四的强制猥亵行为负责。

以上说的故意犯罪形态、共犯、罪数的问题，就是第 3 章的内容。

前 3 章是总论的内容，后 6 章则是分论的内容。在分论部分，我挑选了司法实践中最有争议、生活中最常遇到的 60 多个问题，希望通过分析这些具体问题，来帮你了解相关罪名的认定和处罚。

你可以先来感受一下这些问题，想想答案：

- 违反妇女的什么意志才能成立强奸罪？
- 盗窃必须秘密实施吗？
- 机器能被骗吗？
- 近亲属包庇犯罪分子的，成立包庇罪吗？
- 受贿之后退还了的，还成立受贿罪吗？
- ……

学习刑法的基本方法

想要搞清楚以上这些问题，就要了解学习刑法的基本方法。

首先，要尽可能熟悉《刑法》的重要条文。当然，只看条文肯定是不够的，还要联系具体案件和社会生活事实，才能发现条文的真实含义。

其次，要不断训练自己的"判案"能力，即判断案件事实和《刑法》条文对应性、符合性的能力。在"判案"的过程里，直觉是很重要的，要利用好直觉。但是，也要警惕错误的直觉，因为这会导致错误的解释结论。

最后，也是最重要的，是心中要永远充满正义感，永远追求最妥当、最合理的解释结论，这也是每一个刑法人的使命。

这么说可能比较抽象，下面通过一个案例来还原一下这个过程。

张某和同寝室的陈某发生矛盾，对她怀恨在心，想报复她。于是，张某把陈某的照片发给网上认识的男生刘某，指使刘某晚上潜入她们寝室去强奸陈某，还给刘某转了 1 万元钱。结果半夜的时候，陈某因为肚子痛去了校医院。刘某进入寝室后，发现宿舍里只有一个女生，这其实是雇他实施强奸的张某，而刘某没有看清对方的脸就对其实施了强奸，并且强奸既遂。事情发生后，张某报了案。

这个案例中，雇人强奸的张某和实施强奸的刘某构成犯罪吗？你可能会认为，两人都不构成犯罪，因为人是张某自己找来的，她被刘某强奸是活该。但是，这个结论既不符合情理，也不符合法理。因为我们不可能说，凡是教唆他人犯强奸罪的女性，都可以被她教唆的人强奸，而强奸她的人不犯罪。我们不能简单地把自己的愤怒当作认定某种行为构不构成犯罪的理由，也不能简单地把自己的同情当作理由。

如果对刑法比较了解，你也可能会认为，刘某和张某都不构成犯罪。这就像我让张三去偷东西，结果张三恰好偷了我的东西，这种情况下，张三就不构成犯罪。没错，在这个例子中，张三确实可能不构成犯罪。把有争议的案件和没有争议的案件进行比较，也确实是个学习刑法的好方法。但是，类比一定要恰当，而这个案例其实至少要分两种情形来讨论。

一种情形是，你让张三偷东西，你们商量好偷来的东西都归张三，然后张三偷了你的东西，还把你的东西据为己有。这时，你肯定有财产损失，张三拿走你的财物也肯定违背你的意志。不管你的教唆行为是否构成盗窃罪，张三偷东西的行为一定构成盗窃罪。

另一种情形是，你让张三偷东西，你们商量好偷来的东西都归你，结果张三不小心偷了你的东西，然后把东西还给了你。这时，你并没有财产损失，有可能认定你们两人都不构成盗窃罪。

前面说的强奸案应当和哪一种情形类比呢？显然是前一种情形，因为刘某的行为确实造成了法益侵害结果。既然如此，就不能认为刘某的行为不构成犯罪。所以，**学刑法一定要善用比较，既要比较法条，也要比较案件，只有这样，才能使结论公平合理。**

那么，在这起强奸案中，教唆他人强奸的张某构成犯罪吗？

有人可能会认为，刘某和张某都构成犯罪，刘某是强奸既遂，而刘某的强奸既遂是由张某教唆的，所以张某是教唆既遂。这听上去好像很有道理，但仔细想想就有问题了。一个人侵害了自己的利益，这能构成犯罪吗？比如，一个人故意毁坏了自己的电脑，这构成犯罪吗？当然不构成。那么，刘某强奸了张某，可以说刘某的行为构成强奸既遂，但进行教唆的张某不能对这个结果承担刑事责任，因为她的行为损害的是自己的利益。不过，张某有可能构成对陈某强奸预备的教唆犯。

要记住，犯罪的本质是侵害了国家、社会和他人的利益，不包括侵害自己的利益。学习刑法一定要抓住问题的实质。

不同的人对同一个案例可能有不同的判断，而我们必须得出最公平、最正义的结论。在这个追求最优解的过程中，需要反复练习和独立思考，而在后面的内容中，我们就会学习这些方法，并且去灵活地运用。

总 论

第**1**章

刑法的基本问题

01 刑法的机能

保护自由，还是限制自由？

不管你是不是法律专业的人，想必对"刑法"这两个字都不陌生。刑法到底是怎么样的一个法？它是为了保护我们的自由，还是为了限制我们的自由？

其实刑法的定义很简单，它是规定犯罪及其法律后果的法律规范。只有定义当然不行，刑法这么大一个法，它的基本机能是什么呢？也就是说，我们期望它发挥什么作用呢？

法益保护机能

很多人最先想到的，可能是刑法会惩罚犯了罪的人，限制他们的自由。这确实是刑法的机能之一，叫法益保护机能，即刑法要保护法益不受犯罪侵害和威胁。所谓法益，就是法律保护的利益，这是刑法学领域最重要的概念之一。

人们常开玩笑说，很多能挣大钱的方法都写在刑法中了。这其实是说，刑法规定了大量的经济犯罪与财产犯罪，而这些犯罪都是非法获取利益、侵害他人法益的犯罪。刑法禁止经济犯罪、财产犯罪以及其他犯罪行为，就是为了保护法益。

具体来说，刑法的法益保护机能通过两个方面来实现。

一方面是限制犯罪人的自由，使其不能实施侵害法益的行为。刑法会为侵害法益的行为规定相应的刑罚，比如管制、拘役、有期徒刑、无期徒刑，甚至死刑，都是为了限制犯罪人的自由。

另一方面是限制一般人的自由，使其不实施侵害法益的行为。刑法把一些行为规定为犯罪，就是要告诉一般人，这些行为是刑法明令禁止的，做了，就是犯罪。刑法就是在用这个办法来引导、规范和制约公民的行为，使一般人不实施犯罪行为。比如，"故意伤害他人身体的，处三年以下有期徒刑、拘役或者管制"就是一个刑法规范，它表明刑法否定伤害他人身体的行为，禁止人们实施这样的行为，或者说命令人们不要这样做。换句话说，刑法明确地告诉人们什么不可以做，如果做了会有怎样的不利后果，从而起到预防犯罪，进而保护法益的作用。

从实现法益保护机能的路径来看，刑法确实具有限制自由的一面。不过我要强调一下，规制国民的行为，限制国民的自由，都是为了保护法益。只有不侵害法益的自由，才是真正的自由。如果不限制国民的自由，结局必然是每个国民都没有自由。

卢梭有一句名言："人生而自由，却无往不在枷锁之中。"我们也可以说："人虽然无往不在枷锁之中，却仍然是自由的。"这个枷锁就是让人们不能侵犯法益的法律。也就是说，我们在法律允许的范围内仍然是自由的。

人权保障机能

刑法只有法益保护这一个机能就足够了吗？或者说，刑法只需要惩罚犯罪人、限制一般人的自由就行了吗？德国刑法学家弗兰茨·冯·李斯特（Franz von Liszt）说过，"刑法既是善良人的大宪章，也是犯罪人的大宪章"。意思是，刑法除了惩罚犯罪人，还应当保障包括犯罪人在内的公民的人权不受国家刑罚权的不当侵害，这就是刑法的另一个机能，即人权保障机能，或者叫自由保障机能。

在没有成文刑法的时代，只需凭个人或者某些机关的权力，就可以给犯罪人判处任何刑罚。这么做虽然可以更迅速地惩罚犯罪、保护法益，却根本无法防止权力的滥用，更谈不上有效保障行为人的自由。所以，在这个意义上，刑法具有防止司法机关权力滥用、保障行为人自由的机能。试想一下，既然在没有成文刑法的时代也能惩罚犯罪，就说明制定成文刑法主要不是为了惩罚犯罪，而是为了防止司法机关在惩罚犯罪时滥用权力，或者说是为了制约国家刑罚权。

那么，刑法具体怎么制约国家刑罚权呢？实际上，刑法规定什么样的行为是犯罪，并且给予相应的刑罚处罚，就是在限制国家随意发动和利用刑罚权。

一方面，只要行为人的行为不构成犯罪，他就不受刑罚处罚，就没有什么能干涉他的自由。这是限制了国家对刑罚权的发动，让国民的自由有了保障。另一方面，即便是对犯罪人，也只能根据刑法的规定对其进行处罚，不能超出刑法规定的范围。这就保障了犯罪人不会受到不恰当的刑罚处罚。从这个意义上，我们可以看到刑法保障自由的一面。

保护自由和限制自由之间的均衡

刑法既要保护法益、限制自由，又要保障自由，这是否矛盾呢？事实上，刑法的法益保护机能和人权保障机能之间确实存在紧

张关系。

法益保护机能主要依靠刑罚的宣示和适用来实现，而人权保障机能主要通过限制刑罚的适用来实现。通俗地说，刑法通过处罚犯罪人来实现保护法益的目的，所以处罚范围越宽，越有利于保护法益；但是，处罚范围越宽，就越限制国民的自由，越不利于实现人权保障机能。总的来说，**刑罚的适用和法益保护成正比，和人权保障成反比**。如果只强调刑法的法益保护机能，人权保障机能就会受到限制；如果只强调刑法的人权保障机能，法益保护机能就会被弱化。

所以，如何最大限度地保护法益，同时又最大限度地保障自由，就成了一个难题。当然，对两者进行调和，充分发挥两方面的机能，是最理想的。那有没有这样的办法呢？有。刑法里有一个铁一般的原则——罪刑法定原则，即法律没有明文规定为犯罪的行为，就不是犯罪，不受刑罚处罚。通过这个原则，刑法可以限制国家随意行使刑罚权，保障行为人不受国家权力滥用的侵害，从而保障国民的个人自由和其他利益。同样，对刑法明文规定为犯罪的行为，一定要坚决按照法条去处罚，这样才能最大限度地保护法益。

不过，这个原则也不是万能的。既然"法无明文规定不为罪"是刑法的铁则，就意味着总会有一部分法益侵害行为不可能受到刑法处罚，因为总会有一小部分法益侵害行为没有在法律中被明文规定为犯罪。但是，这也正是我们维护罪刑法定原则、保障国民自由所要付出的必要代价。从这个意义上说，人权保障机能是优先于法益保护机能的。当然，在符合罪刑法定原则的前提下，我们必须充分发挥并实现刑法的法益保护机能。

除了罪刑法定原则，比例原则也对协调刑法的两个机能起着重要作用。比例原则包括手段的妥当性、必要性和相称性。妥当性，是说采取的措施可以实现追求的目的；必要性，是说除了这个措施，没有其他适当的措施能给关系人或公众造成更少的损害，即采取的措施是损害最小的；相称性，是说采取的必要措施和追求的结果之间是成比例的。

根据比例原则，在只能采用刑罚手段来保护法益的情况下，还必须进一步判断，用刑罚来保护某种法益会不会造成对其他法益的侵害，以及侵害的程度有多大。特别需要考虑的是，除了保护法益，刑罚的适用会给全体国民的各种活动带来什么影响。

这种法益保护和人权保障之间的对立与协调，既是刑事立法要考虑的，也是刑法解释、刑事司法要考虑的。显然，如果处罚较少人和处罚较多人对法益保护的效果没有明显的区别，那就只能处罚较少人。

比如，一个人持有 1000 个存有许多淫秽电影的 U 盘，将其分别贩卖给 1000 个人。在这种情况下，只处罚淫秽物品的贩卖者，与同时处罚贩卖者及 1000 名购买者，在法益保护的效果上不会有明显的区别。处罚购买者也许能取得一点点法益保护的效果，却制造了 1000 名犯罪者，严重限制了国民的行动自由，可以说是得不偿失的。根据比例原则，就不应当处罚这 1000 名购买者。

总的来说，从触犯了刑法就要受到惩罚的角度来看，刑法限制了自由；但从限制国家刑罚权的角度来看，刑法保护了自由。我们追求的理想状态，是保护自由和限制自由之间的协调和均衡。而要实现这一点，就必须遵守罪刑法定原则和比例原则。

02 刑罚的正当化根据

死刑、无期徒刑真的有用吗?

2019 年 7 月，河南发生了一起备受关注的案件。一名玛莎拉蒂车主在喝了三轮不同种类的酒后，因为找不到代驾，自己酒后驾车，先是发生剐蹭，然后撞到一辆宝马车，导致 2 死 4 重伤。案件发生后，很多人评论说，这种人不杀不足以平民愤，必须判死刑。

第 1 节讲过，刑法是规定犯罪及其法律后果的法律规范。这个法律后果，主要就是刑罚。早在初民社会时代，人类就会通过强制的刑罚，比如剥夺财产权、自由权、生命权，来宣示正义。我举这个例子，不是要讨论怎么判刑，而是想讨论为什么刑法可以剥夺一个人的基本权利，剥夺了它们又有什么用。在刑法这门学问里，这个问题其实是在问刑罚到底有什么正当化根据。

报应刑论

关于刑罚的正当化根据，一直以来有两种有代表性的理论——报应刑论和预防刑论。

按照报应刑论的观点，刑罚就是对犯罪的报应，是针对恶行的恶报，恶报的程度必须和恶行相均衡。报应刑论的经典表述是"因为有犯罪而科处刑罚"。

报应刑论的优点在于，它认为适用刑罚的前提是犯罪行为及其造成的结果，刑罚不能超出报应的程度。这样就可以避免不正义的惩罚，有利于维护正义的法律秩序，而且这种观点也符合我们常说的"恶有恶报，善有善报"的朴素正义观。

但是，报应刑论的缺点也非常明显。一方面，报应刑论不考虑预防犯罪，而是单纯地为了处罚而处罚。比如，杀人者偿命，但是怎么通过这种制裁让行为人或者一般人不再实施这样的行为，则不在它的考虑范围之内。另一方面，报应刑论坚持有罪必罚，而且一旦判了刑，不可能再减刑、假释，否则报应就和恶行不均衡了。但是在我们国家，即便是构成犯罪的行为，检察院也不一定会将其作为犯罪起诉；即便是判了刑，在刑罚执行阶段也可能会被减刑或者假释。这些都说明，在处以刑罚的时候，除了报应，肯定还考虑了其他因素，比如预防犯罪的目的。所以，不考虑刑罚目的的报应刑论并不能独立成为刑罚的正当化根据。

预防刑论

根据预防刑论的观点，刑罚本身并没有什么意义，只有出于预防犯罪的目的才有价值。也就是说，在对预防犯罪必要且有效的限度下，刑罚才是正当的。预防犯罪又分为一般预防和特殊预防。一般预防是为了防止一般人实施犯罪，特殊预防是为了防止犯罪人再次犯罪。预防刑论的经典表述是"为了没有犯罪而科处刑罚"。

预防刑论是为了说明刑罚目的的正当性。但是，单纯把预防犯罪作为刑罚的正当化根据，或者说把预防犯罪当作刑罚的唯一正当化根据，肯定是有问题的。预防刑论常常过分强调刑罚的威慑功能，可能会为了预防犯罪、保卫社会而超越罪责程度来适用刑罚。举个极端的例子，在预防刑论的观点下，可能会为了消灭某种犯罪行为，对在脑子里设想实施犯罪的人处以刑罚。

预防犯罪这个目的当然具有正当性，但是刑罚目的的正当性并不等于刑罚本身的正当化根据，这是两个不同的概念。不能为了预防犯罪，就随意向不特定的人施加刑罚。所以，预防刑论的缺陷，恰恰需要报应刑论来弥补，也就是要考虑到刑罚的前提必须是存在犯罪行为及其造成的结果。

并合主义

由于单纯强调报应的报应刑论和单纯强调预防的预防刑论都很片面，于是刑法学家吸取两者的优点，发展出了一种新的理论——并合主义。

顾名思义，并合主义就是合并前面两种观点的优点发展出来的理论。它主张刑罚既要满足报应的要求，和行为人的罪行相适应，又不能超出预防犯罪的必要性限度。并合主义的经典表述是，"因为有犯罪并且为了没有犯罪而科处刑罚"，这既有利于保护法益，又兼顾保障自由，和我国刑法的机能是一致的。

并合主义还有利于协调罪刑均衡原则和刑罚个别化原则。报应刑论主张刑罚应该和罪行相适应，这是传统的罪刑均衡原则，即罪和罚要均衡。按照报应刑论的观点，哪怕从预防角度看完全没有必要处以刑罚的，也必须处以刑罚。

比如，一个 17 岁的未成年人偷了别人的钱包，价值 3000 多元，构成了盗窃罪。但他认罪悔过态度很好，也积极退还了钱包。按照报应刑论的观点，仍然要按盗窃罪对他处以刑罚。但是按照预防刑论的观点，刑罚应该和他再次犯罪的可能性相适应——即使是实施了相同的犯罪，如果行为人再次犯罪的可能性不同，就应该处以不同的刑罚。在我们国家，《刑法》与司法解释也规定，该未成年人这样的情况可以免予刑事处罚。

又比如，甲乙两人分别盗窃他人价值 1 万元的财物，甲自首且积极退还赃款，乙则是累犯，那么，甲乙虽然都成立盗窃罪，却应该区别量刑。这就是刑罚个别化原则。

并合主义的观点能够弥补报应刑论和预防刑论在量刑基准上的缺陷。因为考虑到报应刑论，刑罚就必须和行为人的罪行相适应，这样就不会出现不恰当的轻判或者重判；同时考虑到预防刑论，刑罚就必须和行为人再次犯罪的可能性相适应，又可以防止为了追求报应而科处不必要的刑罚。这样，刑罚在整体上就既不会过于严厉，也不会过于轻缓。所以，并合主义的观点作为刑罚的正当化依据是最合理的。

死刑、无期徒刑真的有用吗

到这里，就可以回答本节标题中的问题了：死刑、无期徒刑真的有用吗？这里的"有用"是指这种刑罚手段能够惩罚已经发生的犯罪，同时预防犯罪再次发生。我的回答是不一定。为什么这么说呢？

首先，从报应的角度来看，死刑和无期徒刑体现的都是以眼还眼、以牙还牙的报复刑观念，满足的是被害人的报复情绪。比如，杀了人要偿命，罪大恶极的人要关一辈子，考虑的都是刑罚和罪行的等同性。但刑法中说的报应，或者说并合主义里包含的报应，是一种克制的报应，是和责任程度相当的报应，而不是和罪行等同的报复。所以，死刑和终身监禁并不完全符合报应观念。

其次，从预防的角度来看，先说特殊预防，也就是从防止犯罪人再次犯罪的角度看，死刑和无期徒刑都不能体现宽恕，都封闭了犯罪人重新生活的道路，没有给犯罪人一个改过自新的机会。事实上，预防犯罪人再犯并不一定要靠死刑或者无期徒刑。国内外的统计资料表明，已经服刑 15 年左右的人，被释放后很少再次犯罪。所以，从特殊预防的角度看，死刑和无期徒刑可能没有那么必要。

再说一般预防，也就是从防止一般人犯罪的角度来看，死刑和无期徒刑反而有可能导致恶性犯罪发生率的上升。因为一旦行为人犯了会被判死刑或无期徒刑的重罪，他自己也知道被司法机关发现后的下场，就会产生"反正是一死""反正是关一辈子"的想法，可能更加放任自己的恶性犯罪。

实际上，死刑和无期徒刑的威慑力并不比有期徒刑高，因为许多人犯罪时并不会先考虑刑罚是轻还是重，而是会先评估被发现的可能性。当然，有不少人犯罪是因为冲动，也有一些人犯罪是任何刑罚都难以阻止的，比如出于复仇目的的杀人。

所以，死刑和无期徒刑在预防犯罪方面未必一定有用。当然，我并不是说现在就应该立刻废止死刑，而是想告诉你，也许死刑和无期徒刑并不能带来我们预期的效果，也就是说，重刑未必有用。关于这一点，可以看一下国外的统计数据。

美国有死刑，也有无期徒刑，日本虽然有死刑，但每年只判两三起，甚至有些年份基本没有判死刑的。日本以前有个说法叫"一杀三年"——犯故意杀人罪的人平均被判处 6 年徒刑，且服刑 3 年就被假释了。总的来说，日本的刑罚比美国轻很多。德国、英国、法国虽然没有死刑，但总体来说，刑罚轻于美国，重于日本。

日本的起诉率一直较低，如 2010 年以来，日本对警察机关移送过来的全部案件，大约有 60% 经审查而没有起诉，或者做了暂缓起诉处理。2017 年，经过审判，日本对 83% 的人只判处罚金，罚金判得也不重；不到 17% 的人被判处徒刑，其中 93% 以上的人被判处 3 年以下徒刑，被判处 3 年以下徒刑的人中，又有 68.7% 的人被判处缓刑。犯故意杀人罪的，包括共犯在内，有 20% 左右的人被判处缓刑。你可能会问，量刑这么轻会不会导致犯罪猖狂？

还是让统计数据来说话。比如故意杀人案件，日本每 10 万人每年发生 0.3 起，德国 0.8 起，英国 1 起，法国 1.6 起，美国 5 起。再比如抢劫案件，日本每 10 万人每年发生 1.9 起，德国 54.7 起，英国 81 起，法国 162.8 起，美国 102.3 起。发现了吗？刑罚重的国家犯罪率反而高，刑罚轻的国家犯罪率反而低。这就是我说的，重刑未必有用。

03 刑法解释

含有艾滋病毒的注射器是凶器吗？

刑法为什么需要解释

我们学习刑法是为了用好刑法，而要用好刑法，就必须知道法条的真实含义，否则就会误用误判，背离正义。你可能会感到疑惑，法律应该是最严谨、最准确的文本，为什么理解起来那么难？为什么有那么多不同的观点？这是因为对刑法的理解或解释不是真理的判断，而是一种价值判断。

法学不同于自然科学，即使说对刑法的理解是真理的判断，我们也不知道真理到底是什么。比如，有的人本科刑法是我教的，硕士、博士也是我指导的，仍然会反对我的某些观点。这很正常，因为家庭背景、生活环境、社会经历、阅读范围等的不同，都会影响我们对刑法的理解。

举个例子。《刑法》明文规定，携带凶器抢夺按照抢劫罪论处。那么，凶器是什么？张三携带含有艾滋病毒的注射器抢夺他人财物，可以定性为携带凶器抢夺吗？继续追问：什么叫携带？凶器离行为人有一点距离时，叫不叫携带？虽然将凶器放在背包中，但不能随时拿出来，叫不叫携带？所以，如果只看字面意思，我们很难做出判断，这就是刑法需要解释的原因。具体来说，有以下几点。

第一，刑法的内容是由文字来表达的，而任何用语，哪怕核心意义很明确，也总会向边缘扩展，造成外延的模糊。而且，绝大多数用语都具有多个意思，如果没有合理的解释，就很容易造成误解。

有这样一个笑话：有位教授的妻子给他打电话说："下班回来时买五个包子，如果看见卖西瓜的，就买一个。"结果教授下班后就买了一个包子，因为他确实看见卖西瓜的了。但实际上，妻子的意思是看见卖西瓜的，就买一个西瓜。你看，就连我们日常的语言，不解释都会产生歧义，更何况是专业的法律语言呢？

第二，随着时代的发展，语言会产生新的含义。比如"财物"这个词，立法者在立法时怎么也不会想到几十年后会出现 Q 币、比特币、游戏币等虚拟货币，但是现在我们就必须把"财物"这个词解释为包含虚拟货币。

第三，许多用语都存在言不尽意的情况。比如"文书""住宅""公私财物""恶劣""严重"等，只有通过解释，它们的含义才能明确。德国著名法学家鲁道夫·冯·耶林（Rudolf von Jhering）曾经说过，**"立法者应该像哲学家一样思考，但像农夫一样说话"**。其实，哪怕像农夫一样说话，也需要解释。更何况，立法者不可能像农夫一样说话。

第四，刑法在表述上很简短，对犯罪行为的描述都是抽象化、类型化的。比如，《刑法》第 338 条描述污染环境罪的成立条件时，使用的表述是"严重污染环境的"，第 129 条描述丢失枪支不报罪的成立条件时，使用的表述是"造成严重后果的"，但什么才叫"严重"？黄浦江上漂浮着大量死猪的尸体，算不算严重污染环境？枪支被人捡到后用来威胁他人，但没有造成伤亡，算不算造成严重后果？所以，要把抽象的法条适用于具体的个案，就必须对其进行解释。

第五，刑法不可避免地存在缺陷，有的是文字表述的缺陷，有的是立法原意的缺陷，有的是分则体系编排的缺陷，要克服这些缺陷，就需要对其进行解释。比如，在《刑法》分则中，重婚罪是在"侵犯公民人身权利、民主权利罪"这一章，但重婚罪其实并没有侵犯公民这方面的权利，它破坏的是婚姻制度。所以，我们就需要通过解释来确定重婚罪的性质，也就是确定重婚罪到底侵害了什么法益。这种对刑法中缺陷的解释，叫作补正解释。

如何对刑法进行解释

关于对刑法的解释，有许多解释原则、解释方法等，这里只讲两点。

第一，刑法解释不是追问立法者的原意，而是探究法律文本的真实含义。

很多人觉得，既然刑法解释是为了探究法条的真正含义，那只要弄清楚立法者的想法，再将其表述得更清楚就可以了。是这样吗？肯定不是。

首先，我们很难探究立法者的原意。立法者不是一个人，而是一个集体，那谁的意思才能代表集体呢？即使立法者只有一个人，万一他的认识进步或者退步了呢？万一他已经去世了呢？退一万步讲，就算真的找到了立法者的原意，根据他的意思来，但那不就变成人治了吗？

其次，立法者在制定刑法时参考的都是过去发生的案件，对立法时没发生过的案件，是根本不可能有立法原意的。比如，立法的时候，立法者根本不会想到盗窃比特币的情况，如果追求立法者的原意，那盗窃他人比特币数额巨大的也不能定盗窃罪，这显然不妥当，会导致刑法的滞后，从而影响刑法的生命力。

最后，刑法是成文法，通过语词表达立法的精神和目的。刑法的含义本来就是由适用者决定的，而不是由说话者或立法者决定的。这就像在语文课上归纳文章的中心思想一样，我们归纳的是文章的中心思想，而不是作者的中心思想，作者可能根本没想那么多。

总的来说，探究立法者的原意是没有意义的，紧扣法律文本进行客观解释才是正确的做法。当然，虽然不提倡探究立法者的原意，但考察立法的背景和沿革还是很有必要的，因为它们能为客观解释提供依据。

第二，刑法解释不是固守文字本身，而是尊重生活事实，或者说，刑法的真实含义是从生活事实中发现的。

要注意的是，所谓根据法律文本进行解释，并不是说仅仅根据法条的文字来解释，因为这样没办法发现法律的全部真实含义。法条的真实含义和活生生的正义，需要从真实的社会生活中发现。比如日本，在刑法制定后的一百多年里，无数学者、法官、检察官、律师都在对其进行解释；只要刑法没有被废止，刑法解释就会继续下去。如果法条的字面含义就是真实含义，干吗还要解释这么长时间呢？

其实，解释刑法是为了追求法律的正义，而任何一种解释结论的正义性，都只是相对于特定的时空和特定的生活事实来说的，生活事实的变化总是要求有新的解释。打个比方，法条的文字就像挂衣钩，一直在那里，但上面的衣服总会根据季节和流行的趋势而变化。

概念的内容从来不是一成不变的。比如，看到"凶器"这个词，我们很自然会想到匪徒经常携带的刀具和棍棒，那"凶器"自然就会被解释为这类器具。但是，假如遇到本节开篇的那个问题，有人携带含有艾滋病毒的注射器进行抢夺，是不是携带凶器抢夺呢？这个时候，我们就需要回答"含有艾滋病毒的注射器是不是凶器"这个问题。通过这样的思考，刑法上"凶器"的含义就会越来越清晰——不应从物品的形状上看，而应从杀伤力的角度来看，含有艾滋病毒的注射器和刀枪、棍棒本质上是相同的，都能对他人造成身体上的伤害，所以它也应当被视作凶器。

在对刑法进行解释时，千万不要先入为主，不要将自己先前的理解或第一印象当作真理，而要把自己先前的理解放在正义理念之下、相关条文之间、生活事实之中去进行检验，发现不合适就必须放弃。

比如，很多人都认为盗窃必须是秘密进行的，但是盗窃罪的法条并没有这样的表述。"盗"并不意味着"秘密地"，否则怎么解释"强盗"？"窃"也不是用来修饰"盗"的。你可以设想这样一种情形：你在阳台上不小心把装有 1 万块钱的钱包掉了下去，赶紧大声告诉下面的人，掉下去的是你的钱包，但下面的人假装没听见，你只好眼睁睁看着他把钱包"捡"走。如果要求盗窃是秘密进行的，那这种行为就没办法被认定为盗窃罪，也不能被认定为其他犯罪（抢夺罪或侵占罪），只能得出无罪的结论，而这显然不合适。

总结一下，我希望你明白，法律的生命不仅在于逻辑，也在于生活。刑法需要解释，但你不能大脑里只有法条文字和汉语词典，还必须心中永远充满正义，在刑法规范和生活事实之间寻找正义、实现正义。

04 罪刑法定主义

虚拟财产属于刑法上的财物吗？

第 1 节讲到，刑法的机能是保护法益和保障人权，而刑法要发挥保障人权的机能，就必须坚持一个重要的原则——罪刑法定原则。本节标题中的这个问题，就涉及这一原则。

罪刑法定原则的思想来源

罪刑法定原则是刑法的铁则，它的经典表述是"法无明文规定不为罪，法无明文规定不处罚"。这一原则不仅是刑法原则，也是宪法原则。那么，为什么要把罪刑法定原则作为刑法的铁则呢？这背后的来源其实是民主主义和尊重人权的思想。

第一个来源是民主主义的思想。民主主义的核心要求是国家的重大事务应该由国民自己决定。所以，什么行为是犯罪、对犯罪人应该处以怎样的刑罚，要由国民自己决定，立法机关制定的《刑法》应该反映国民的需求。既然《刑法》体现的是国民的意志，那它保护的当然是国民的利益，而不恰当地扩大处罚范围一定会侵害国民的自由。

第二个来源是尊重人权的思想。《刑法》明确规定了犯罪和相应的处罚，所以国民能够事先预测自己行为的性质，不会因为不知道自己的行为是不是犯罪、会不会受到刑罚处罚而感到不安。这是尊重人权思想的第一个体现。

尊重人权思想的第二个体现是禁止《刑法》的效力溯及既往。也就是说，一个行为是不是犯罪、怎么处罚，只能用行为发生时的法律来衡量，不能用行为发生后颁布的新法来衡量。因为如果总是适用未来的法律，那在行为发生时，国民就根本无法预测行为的后果。关于这个问题，具体分析见第 7 节。

尊重人权思想的第三个体现是禁止类推解释。类推解释，就是《刑法》上没有规定某种行为，但是解释者却说这种行为具有危害性、行为人具有危险性，并根据《刑法》分则里相似的条文来对这些行为定罪量刑。比如，《刑法》规定，携带凶器抢夺的，成立抢劫罪。虽然携带凶器盗窃和携带凶器抢夺具有相似性，但是由于法律没有明确规定，我们便不能得出"携带凶器盗窃的，以抢劫罪论处"的解释结论，否则就是刑法禁止的类推解释。

类推解释和扩大解释

刑法为什么要禁止类推解释？因为类推解释会严重侵害国民的预测可能性。一部《刑法》颁布后，国民可以通过其中的用语来了解《刑法》禁止什么行为。在了解的过程中，国民当然也会想到用语可能具有的含义，而在这个范围之内做出解释，不会损害国民的预测可能性。但是，如果把一些国民根据《刑法》用语根本不可能想到的事项也解释为《刑法》用语所包含的，就超出了国民的预测可能性，会导致国民行为的不安定性。

需要注意的是，虽然类推解释是刑法禁止的，但扩大解释却是刑法允许的。扩大解释是指《刑法》条文的字面通常含义比《刑法》

的真实含义窄，于是通过扩张字面含义，使其符合《刑法》真实含义的解释技巧。比如，把《刑法》里的"财物"扩大化到财产性利益，这就是扩大解释。

你可能会问，类推解释和扩大解释都会造成处罚范围偏大，为什么扩大解释就是被允许的呢？这是因为类推解释和扩大解释有着本质的区别。扩大解释所得出的结论可能是某个用语不太常用的解释，但一定不会超出用语可能具有的含义，也一定在国民的预测可能性之内。类推解释所得出的结论却完全超出了用语可能具有的含义，超出了国民的预测可能性。

那怎么判断一种解释是不是类推解释？要点很多，下面讲三个方面。

第一，要考虑处罚的必要性。

处罚的必要性越强，把这种行为解释为犯罪的可能性就越大，这种解释被认定为类推解释的可能性也就越小。当然，无论如何解释，都不能超出《刑法》用语可能具有的含义。比如，《刑法》规定了组织卖淫罪，而组织同性间卖淫对社会性风俗的侵害不比组织异性间卖淫小，现在也不少见，所以对组织同性间卖淫的行为进行处罚的必要性就很强。那么，把组织卖淫的行为解释为包括组织同性间卖淫，就是合理的扩大解释，不会被认为是类推解释。

第二，要考虑用语的发展趋势。

如果解释结论符合用语的发展趋势，一般就不会被认为是类推解释。比如，《刑法》第252条规定，侵犯通信自由罪的行为对象是信件。那电子邮件算不算信件？当然算。随着时代的发展，信件开始信息化、网络化，用语本身的含义也随之发展变化，所以，把侵犯他人电子邮件通信自由的行为认定为侵犯通信自由就不是类推解释。

第三，要考虑一般国民的接受程度。

如果某种解释结论让人感到特别意外，就表明它有可能超出了国民的预测可能性，属于类推解释。反过来，如果某种解释结论国民完全可以接受，甚至国民要求这样解释，一般来说就不属于类推解释。

不过，我要再次强调，不管处罚的必要性有多强，也不管国民如何要求，只要解释结论超出了《刑法》用语可能具有的含义，就属于类推解释。这也与《刑法》用语的两个作用——启示作用和限制作用相符合。

启示作用，就是启发我们发现法条的真实含义。比如，这个地方为什么用这个词而不是那个词？为什么有的条文使用"假冒"一词，有的条文使用"冒充"一词，二者会不会不一样呢？你要学会思考并从中受到启发，这样才能体会到学刑法的乐趣。

限制作用，就是不允许我们超出用语可能具有的含义去思考、解释。比如，国民经常使用"语言暴力""冷暴力"的概念，但是如果认为《刑法》分则中的"暴力"包括语言暴力和冷暴力，则必然是类推解释。当然，由于用语的含义是不断发展的，一个用语可能具有哪些含义也必然是有争议的。

虚拟财产属于刑法上的财物吗

回到本节标题中的问题——虚拟财产属于刑法上的财物吗？我

的回答是肯定的。

首先，虚拟财产要么是花钱买来的，如 Q 币、游戏币、比特币等，要么是用劳动挣来的，具有财产价值。它们既具有客观的交换价值，也具有主观的使用价值。而且，虚拟财产在人们的生活中起着重要的作用，可以说绝大部分人都离不开虚拟财产。既然如此，对于非法获取他人虚拟财产的行为，就有必要进行处罚。

其次，"财物"这一概念原本就包括财产与物品，所以财产和财产性利益都可以包含在"财物"之内。在这个问题上，不要受德国、日本刑法规定与刑法理论影响——它们明确区分了财物与财产性利益，所以财物仅限于有体物。可是，我国刑法没有做这种区分，只使用了"财物"这个概念。既然如此，就可以认为我国刑法中的"财物"包括狭义的财物与财产性利益。况且，财物的外延一定是随着社会的发展而扩展的，在虚拟财产大量普遍存在的情况下，没有理由否认虚拟财产属于财物。

另外，我们也没必要就有体物、财产性利益与虚拟财产的保护建立三套理论体系，实行三套不同的定罪量刑体系，而是可以将三者均归入"财物"，建立一体化的理论体系和定罪量刑体系。

最后，现在大家对 Q 币、比特币、游戏币等虚拟财产都不陌生，都完全接受了虚拟财产这个概念。既然如此，把虚拟财产解释为财物就不会超出国民的预测可能性。所以，把盗窃虚拟财产的行为认定为盗窃罪也是符合罪刑法定原则的。

答学友问

学友：在《刑法》中，侵犯财产罪的定罪、量刑都要求财物达到一定数额，而虚拟财产种类多，价值不好判断，价格鉴定机构经常无法鉴定，即使鉴定了，感觉也比较牵强，没有说服力。比如，乙用 3000 元购买的某游戏装备被甲盗窃，甲是否构成盗窃罪呢？

张明楷：这个问题问的实际上是虚拟财产的价值如何计算、犯罪数额如何认定。有关虚拟财产价值的认定，有一种误区，就是不区分虚拟财产的类型和法益主体，一概采取相同的方法计算。这特别容易导致量刑畸重的现象。

对于虚拟财产的价值，我主张按照虚拟财产和法益主体的类型来分别判断，可以分为以下三类。

第一类是用户从网络服务商或者第三者那里购买的，价格相对稳定、价值不因用户行为而产生变化的虚拟财产，比如 Q 币、游戏币等。这样的虚拟财产和用户在现实生活中享有的实际财产没有什么差别，所以其价值计算方法和普通商品价值的计算方法也不应当有区别。

第二类是用户从网络服务商或者第三者那里购买的，经过加工后使之升级的虚拟财产，比如游戏装备。这类虚拟财产在购买时价格较低，用户花费大量时间、精力使其级别更高、更有价值。可以肯定的是，这类虚拟财产的价值，不能按网络服务商最初的出售价格计算，因为这样没有考虑被害人的各种投入。

我认为，既然玩家之间已经形成了一套换算和交易机制，大部分虚拟财产已经形成了相对稳定的市场价格，那么就可以按照市场平均价格来确定虚拟财产的价值。至于价值会有浮动这一点，其他财产也有这个特点，只要以行为时为基准来鉴定就可以了。

第三类是网络服务商自己开发的虚拟财产。对于这类虚拟财产，如果按照官方价格和市场价格计算，会导致数额巨大乃至特别巨大，因而造成量刑畸重。虚拟财产的特点是一次产出、无限销售，有多少人想购买、使用它，它就能创造多少价值。基于这个特点，我认为行为人非法获取网络服务商的虚拟财产时，如果按照官方价格计算，具备数额较大的条件，或者具备其他成立犯罪所必需的条件，比如多次盗窃虚拟财产，就成立犯罪。但是，要按照情节而不是数额量刑。在判断情节是否严重时，应该综合考虑行为的次数、持续的时间、非法获取虚拟财产的种类与数量、销赃数额等，但一般不能评价为情节特别严重。

05 法益保护主义

成人之间秘密实施群体淫乱行为，构成犯罪吗？

前些年发生过一起换妻案，当时影响特别大。案情大概是南京一名大学老师在社交媒体上建了一个群，组织成年人在酒店或者自己家里，自愿实施群体性的淫乱活动。

这起案件在当时的争议非常大。比如，社会学者李银河老师就认为，换妻或者群体淫乱只是违反了公序良俗，还达不到犯罪的程度，只要没有伤害到其他人，那就是他的权利。但也有不少人觉得这样的行为有伤风化，构成了聚众淫乱罪。

你对这个问题怎么看？你认为这种行为构成犯罪吗？想弄清楚这个问题，就要先来看一个非常重要的，前面也反复提到过的概念——法益。

犯罪的本质是侵害法益

法益就是法律保护的利益，它不是一个孤立的概念，而是和犯罪成立的条件有关。什么样的行为才能判定为犯罪？有两个实质条件。第一，行为具备违法性，就是客观上发生了违法事实；第二，行为人具备有责性，就是行为人必须能够就违法事实被归责。侵犯法益其实是犯罪成立的第一个条件，也就是违法性里的内容。

犯罪的违法性，从形式上说，是指行为违反了刑法的规范。但这样说没有什么意义，我们要进一步追问，为什么刑法要禁止犯罪行为。从本质上说，犯罪的违法性是指行为侵害或者威胁到了法益。前面讲过，刑法的目的之一就是保护法益。所以，刑法禁止的是那些侵犯法益的行为。换句话说，刑法只能将侵害或者威胁了法益的行为规定为犯罪。反过来说，没有侵害法益的行为就不可能是犯罪。

比如，吸毒不是犯罪，但非法持有毒品是犯罪，根本原因就在于，吸毒行为只侵害了自己的身体健康，没有侵害他人的法益。但非法持有数量较多的毒品时，可能导致毒品转移、扩散到不特定的他人，因而可能侵害公众的身体健康。那吸毒就没人管了吗？不是的，它不是犯罪，不归刑法管，但却是违法的，归《中华人民共和国禁毒法》和《治安管理处罚条法》管。

刑法上的法益，就是刑法所保护的人的利益，不仅包括个人的生命、身体、自由、名誉、财产等利益，还包括能够还原为个人利益的国家利益和社会利益。比如，贪污罪是国家工作人员利用职务之便，侵吞、窃取、骗取或者用其他手段非法占有公共财物，而这些公共财物原本应当用之于民。贪污行为看似侵犯的是国家利益，实际上能够还原到个人利益。

利益是能够满足人们需求的东西，所有的法律都是为了社会上的某种利益而生；离开利益，就不存在法的观念。比如，《刑法》规定盗窃罪、诈骗罪是为了保护公私财产利益；规定强奸罪、故意伤害罪是为了保护个人的人身利益；规定贪污贿赂犯罪是为了保护职务行为的廉洁性等利益。

以上这些着重讲的是"法益"里的"益"字，但它还有个"法"字。首先，有些利益虽然能够满足人的需求，但不受法律保护，就不能被称为法益。比如，张三与李四约定平分共同盗窃的财物，张三在李四的掩护下盗窃了 6 万块钱，可是他骗李四说只偷了 1 万，分给李四 5000 元。虽然张三欺骗了李四，但我们不可能认定张三对李四构成诈骗罪，因为李四的这个利益是非法的，不受法律保护。

其次，即使某种利益受法律保护，但如果不受刑法保护，也不是刑法上的法益。比如，王五与赵六争吵时，一气之下朝赵六的胳膊打了一拳，而赵六没有受伤，那这一定不是犯罪。因为我国的故意伤害罪标准是导致的伤害必须达到轻伤以上，王五的行为虽然也侵害了赵六的权利，但还达不到这个标准。

最后，法益不能太抽象，它必须是一种可侵害的利益。刑法上说的侵害或者有被侵害的危险，都必然是一种事实的或者因果的现象。所以，像价值观这样的观念层面的利益，不能算法益。

确定法益的基本方法

回到本节开头的案例，成人之间秘密实施群体淫乱行为，到底构不构成聚众淫乱罪呢？这就要求我们判断这个行为是不是侵犯了《刑法》规定聚众淫乱罪所保护的法益。这是刑法上常用的一个经典判断方式：判断一种行为是不是某种犯罪，首先要搞清楚《刑法》规定这种罪到底是为了保护哪种法益。

那么，怎么找到规定某种犯罪所保护的特定法益呢？

首先，要找到具体犯罪所属的类罪。各种具体的犯罪一定隶属于某一类罪。《刑法》对类罪的同类法益内容做了明确的或者提示性的规定。所以，只要明确了具体犯罪属于什么类罪，就可以大体上确定它所保护的相关法益了。比如,《刑法》分则第 4 章叫侵犯公民人身权利、民主权利罪,很明显,规定这一类犯罪就是为了保护公民的各种人身权利和民主权利。所以,这一章具体条文保护的法益,都必须在各种人身权利和民主权利的范围之内来确定。比如,强制猥亵罪属于侵犯人身权利罪这个类罪,那么,《刑法》规定这个罪所要保护的法益就应该是人对性的自主决定权,而不是社会管理秩序。所以,男性在马路上公然露阴但并不强制他人观看的,就不可能构成强制猥亵罪。

其次,《刑法》对有些具体犯罪的规定,其实已经或直接或间接地揭示了它所保护的法益。比如,《刑法》第 223 条描述说"投标人相互串通投标报价""投标人与招标人串通投标",通过这些行为特征就可以看出,串通投标罪所保护的法益应该是平等竞争的市场秩序。

那么,成人之间秘密实施群体淫乱行为,有没有侵犯聚众淫乱罪所保护的法益呢?聚众淫乱罪被规定在《刑法》分则第 6 章第 1 节扰乱公共秩序罪中。所以,它保护的应该是公共利益,即公众对性的感情,尤其是性行为非公开化的社会秩序。

既然是这样,我们就不能按字面含义从形式上理解聚众淫乱罪的罪状。也就是说,虽然刑法理论把"聚众"解释为三人以上聚集在一起,但不能简单认为三人以上聚集起来实施淫乱活动,就一律构成聚众淫乱罪。我们应该从实质的角度,也就是法益保护的角度,去分析什么样的聚众淫乱行为才具备实质的违法性。

既然《刑法》规定聚众淫乱罪是为了保护性行为非公开化的社会秩序,那就需要聚众淫乱行为具有公然性,因为秘密的淫乱行为不会扰乱公共秩序。三个以上成年人自愿、秘密地实施淫乱行为不具有公然性，没有侵害公众对性的感情，也就没有侵犯聚众淫乱罪所保护的法益，所以不构成聚众淫乱罪。相反，如果三人以上的聚众淫乱行为具有某种程度的公然性，比如在公园、操场、车站等公共场所，或者在宾馆房间开着门实施淫乱活动，毫无疑问会侵害公众对性的感情，也就侵害了聚众淫乱罪所保护的法益，应该以聚众淫乱罪论处。

总结一下，刑法的目的和任务是保护法益，犯罪的本质是对刑法所保护的法益的侵害或威胁。如果某种行为仅仅违反了伦理或者公序良俗，那么虽然不值得提倡，却不能以犯罪来论处。

答学友问

学友： 如果同样是成人之间秘密实施聚众淫乱行为，但同时以实时直播的方式在互联网上对公众传播并谋取利益，能不能成立聚众淫乱罪？还有可能成立其他罪吗？

张明楷： 这种情形应当成立聚众淫乱罪。从法条来看，聚众淫乱罪的成立并不要求具备"在公共场所当众实施"这个要件，只要行为具有公然性，即淫乱行为能同时让不特定人或者多数人看到或者感觉到就可以了。

这里设定的情景是实时直播，但如果行为人在互联网上传播的空间是一个仅限两个人的直播间，并且这两个人是特定的，比如张三和李四。也就是说，除了张三和李四，别人都看不了直播，也无法回放。那么，结论就又不同了。刑法上一般认为，"公共"是指不特定人或者多数人，多数人就是三人以上。所以，如果传播的对象是特定的两个人，就并不具有公然性，也就不能被认定为聚众淫乱罪。

回到这位学友设定的场景，这种行为除了成立聚众淫乱罪，还有可能成立其他罪吗？还成立传播淫秽物品牟利罪。在这种情况下，行为人的行为应当是聚众淫乱罪与传播淫秽物品牟利罪的想象竞合，从一重罪处罚。关于想象竞合，具体内容会在第 3 章第 16 节讲解。

06 责任主义

为什么 11 周岁的人杀人、13 周岁的人抢劫不负刑事责任?

在《中华人民共和国刑法修正案(十一)》①通过之前,14 周岁是刑事责任年龄的起点,而且 14 周岁的人只对部分严重犯罪负刑事责任。但《刑法修正案(十一)》对此做了修改,增加了一款规定:"已满十二周岁不满十四周岁的人,犯故意杀人、故意伤害罪,致人死亡或者以特别残忍手段致人重伤造成严重残疾,情节恶劣,经最高人民检察院核准追诉的,应当负刑事责任。"所以,刑事责任年龄的起点现在是 12 周岁,但 12~14 周岁之间的人,只需对上述规定中的罪行负刑事责任。

刑事责任年龄是指《刑法》所规定的行为人应当负刑事责任的年龄,即行为人实施《刑法》禁止的犯罪行为时要承担相应刑事责任所必须达到的年龄。但是,这个问题其实并没有这么简单。没有达到一定年龄的人,比如,一个 13 周岁的人很可能已经能够认识抢劫、盗窃行为的性质,也具备了控制自己行为的能力,那为什么不用对此承担刑事责任呢? 再比如,11 周岁的人也很可能已经能够认识到杀人行为的性质,也具备了控制自己行为的能力,那为什么一概不承担刑事责任呢? 要说清楚这个问题,要先搞清楚现代刑法的一个重要原理——责任主义。

---

① 后文出现刑法修正案时,统一用简称,即《刑法修正案(七)》《刑法修正案(八)》《刑法修正案(十一)》等。

什么是责任主义

责任主义的经典表述是"没有责任就没有刑罚",意思是,只发生了侵害结果还不能处罚,只有当行为人对所实施的违法行为和造成的结果具有责任的时候,才能对行为人进行处罚。

今天听起来,这是很自然的事情,但实际上,责任主义并不是一开始就存在于刑法的观念中的。这要追溯到欧洲中世纪,那时实行的是结果责任,即只要发生了危害结果,不管行为人主观上是什么情况,都得处罚。比如,驾驶马车撞死了人,不管是故意、过失,还是根本没法预料的意外事件,都得对行为人进行处罚。但是,如果凡事只认结果,一发生危害,不问行为人有没有过错就追究责任,那还有谁敢做事情?这肯定不行。那个时候欧洲的教会法又特别重视犯罪人的主观罪过,于是人们逐渐认识到,不考虑主观罪过,处罚范围就太宽了,也没有意义,必须用主观要件来限定刑罚处罚的范围。于是,责任主义就产生了。

责任主义有多重要呢?它可是能在国家的根本大法——宪法中找到依据的。所以,责任主义不仅是刑法上的原则,也是宪法上的原则。《中华人民共和国宪法》中规定的保障人权和保护人格尊严,就是责任主义的宪法依据。

试想一下,如果按照结果责任,不管你有没有过错,出了事情都要处罚你,那何谈尊严和人格呢?只有遵循责任主义,在你有过错的时候处罚你,才是对你的尊重。就刑法层面来说,只有实行责任主义,才能实现预防犯罪的目的。反之,对严重的精神病人判处刑罚能让他吸取教训不再犯罪吗?当然不能。

责任主义的要求

犯罪的成立必须要求行为人具有责任，那到底什么叫责任？如果一个人具有辨认控制能力，具有接受法律规范的要求、实施合法行为的可能性，但是却不接受法律规范的要求，实施了不法行为，那他就具备了可谴责（非难）的基础。

具体来说，责任主义要求行为人必须满足以下几个方面的内容。

一是对客观行为与结果具有故意或者过失，有的犯罪还要求有特定的目的和动机。比如，盗窃罪的成立要求行为人必须具有非法占有目的。

二是达到刑事责任年龄，具有责任能力。比如，儿童和严重的精神病患者不可能对自己的行为负责，用刑罚谴责他们是没有意义的。

三是有违法性认识的可能性。也就是说，行为人有可能知道自己的行为是违反刑法的。要注意的是，这一点不是要求行为人已经知道自己的行为违反刑法，只要他有可能知道就行。反过来，如果行为人合理地认为自己的行为是合法的才实施，就应当认为他没有责任，不能定罪处罚。因为我们在通常情况下，都是合理地认为自己的行为合法才实施的，如果对这种情形也要谴责，我们就都无所适从了。

四是有做出合法行为的期待可能性。也就是说，行为人在当时的情况下能够实施其他合法行为而不实施。相应地，如果行为人在当时的情况下只能实施违法行为，不能实施合法行为，就不能谴责他。比如，已婚妇女被拐卖到外地，被迫与他人重婚，就不能当重婚罪处理，因为她在当时的情况下别无选择。

责任主义的体现

责任主义具体体现在犯罪成立条件和量刑基准上。

第一，在犯罪成立条件上，责任主义是限定犯罪成立的原则，而不是扩张犯罪成立的原则。 责任主义要求在客观危害的基础上看行为人是不是应受谴责，所以责任主义下的犯罪成立范围肯定比结果责任下的范围小。比如少年行凶案件，从结果上看很严重，但是因为他们还小，在刑法上就没办法谴责他，他的行为就不成立犯罪。这就是因为责任限定了犯罪的成立。

第二，在量刑基准上，责任主义意味着责任是刑罚的上限。 也就是说，一个人不管犯了多严重的罪，给他判的刑都不能超过他可谴责的程度。比如，一个保姆误以为主人的手表只值两三千元就盗走了，但这块手表实际上值 13 万元。那么，对保姆就只能按盗窃两三千元量刑，而不能按盗窃 13 万元量刑。再比如，一个只有部分控制能力的精神病人，拿着刀在大街上捅死了好多人。从结果上看，这个行为恶劣至极。但是，因为他没有办法完全控制自己的行为，所以他的可谴责程度就低于正常人，量刑时也要考虑这一点。

当然，刑法上的责任是需要通过法律规范来判断的。只有当行为人具备了所有的责任要素时，才能认定他具备责任，或者说具备有责性，这时才能对他实施的违法行为进行谴责。

没有达到责任年龄的人都不负刑事责任吗

回到十几岁的孩子行凶到底要不要负刑事责任的问题。责任能力是责任的要素之一，而责任能力的一个体现就是法定责任年龄。按照责任主义的原则，没有达到法定年龄的行为人实施的行为，就不可能成立犯罪。但是抛开法律的规定，即使一个人没有达到法定年龄，事实上也可能具有责任能力。尤其是处于从幼年向成年过渡时期的人，比如十一二岁的孩子，他们有没有辨认控制能力是很难具体认定的。那怎么办呢？

英美法系国家采取了恶意补足年龄的认定方法。在行为人没有达到法定责任年龄的时候，只要能证明他主观上明知是恶行，但依然选择实施恶行，就追究他的刑事责任。比如，一个 11 周岁的人杀人之后把尸体藏了起来，还撒谎说自己没有杀人，就证明他知道杀人是恶行，这种主观上的"恶意"就能够补足年龄上的不足，从而可以追究他的刑事责任。

大陆法系国家，比如中国、日本、德国，都是通过直接规定年龄来解决这个问题。为什么要采取统一的年龄标准呢？一方面，目前的科学发展水平还不允许司法机关简单地测量人的责任能力。另一方面，如果像英美法那样采用恶意补足年龄的方法，由于恶意是主观上的东西，这种认定可能会带来随意性，破坏法律的稳定性。

当然，不能否认，在某些情况下，这种统一规定年龄的做法确实不符合真实情况。比如，即使是一个 11 周岁的少年大学生，也会被认定为没有刑事责任能力；相反，一个已满 16 周岁的人，即使他实际的责任能力还不如一个 11 周岁的人，也会被认定为具有刑事责任能力。

这样做确实非常僵硬，但法律是这样规定的，也只能这么规定，或者说这规定有合理性。因为如果不这么规定，就没有了可操作的具体标准，可能会导致更坏的结果，比如认定上的随意性。所以，从这个意义上说，通过年龄来规定责任能力是一种不得已的办法。

在我国，不满 12 周岁的人对任何犯罪都不承担刑事责任。《刑法》的这个规定具有严格性和绝对性，司法机关必须严格遵守。有多严格呢？差一个小时、一分钟都不行。需要说明的是，《刑法修正案（十一）》将两种犯罪的刑事责任年龄降低到 12 周岁，并不是采取了"恶意补足年龄"的做法。

那么，没有达到刑事责任年龄的人实施违法行为就什么责任都不负了吗？并不是这样。虽然他们不负刑事责任，但应该责令家长或者监护人对其加以管教，必要时依法对其进行专门矫治教育，因为他们的行为仍然是法益侵害行为。行为人有没有达到责任年龄，是不是具有责任能力，与其行为违不违法是两回事。这一点在讲犯罪构造时还会详细介绍。

总之，11 周岁的人杀人不负刑事责任、13 周岁的人抢劫不负刑事责任是责任主义的要求，因为他没有达到相应罪行的法定年龄，在刑法上被认为不具有刑事责任能力。哪怕他实际上具有责任能力，也不能突破法律的规定。

07 刑法的溯及力

对一个案件能否同时适用新法和旧法？

什么是溯及力？一部新《刑法》生效后，对于在它生效前没有经过审判，或者判决还没有生效的行为，如果能适用新法，就说明新法具有溯及力，即具有追溯适用的效力，否则就是没有溯及力。

新中国成立后，我国一共颁布过两部《刑法》，分别是 1979 年《刑法》和 1997 年《刑法》。既然有两部《刑法》，就必然会出现一个问题：新法生效后，之前没有经过审判，或者判决还没有生效的行为，到底是适用新法还是旧法？这个问题会直接影响案件的最后处理结果。

从旧兼从轻原则

关于溯及力，各个国家刑法的规定不太相同。我国采取的是从旧兼从轻原则，也就是说，原则上适用行为发生时的旧法，但是如果适用新法对行为人有利，就要适用新法。之所以采用这种原则，主要是出于两方面的考虑：从旧是为了保证国民行为的预测可能性；从轻是为了对被告人有利。

从旧兼从轻原则的基本内容包括以下三种情况。

第一，行为发生时的法律不认为是犯罪，但新法认为是犯罪，那就适用行为发生时的法律，也就是不以犯罪论处，新法没有溯及力。这是从旧。

第二，行为发生时的法律认为是犯罪，但新法不认为是犯罪，那就适用新法，同样不以犯罪论处，新法具有溯及力。这是从轻。

第三，行为发生时的法律和新法都认为是犯罪，并且按照新法追诉时效的规定应当追诉，那么，如果新法处罚较轻，就适用新法；如果行为发生时的法律处罚较轻，就按照行为发生时的法律来处理。这也是从轻。

要注意，处罚较轻指的是法定刑（刑罚种类和量刑幅度）比较轻，所以只能进行法定刑的判断，不能进行个案具体定罪量刑的判断。

此外，在现行《刑法》颁布后，立法机关还通过修正案的方式来修改《刑法》。对于通过修正案修改后的法条，也应当采取从旧兼从轻的原则。比如，《刑法修正案（八）》增加了坦白从轻处罚的规定。该修正案从 2011 年 5 月 1 日开始施行。那么，在这之前犯罪，虽然不具有自首情节，但能如实供述自己罪行的，应该适用修正后的《刑法》关于坦白从轻处罚的规定。

适用从旧兼从轻原则时要注意什么

关于从旧兼从轻原则的适用，有几个特别值得注意的具体情形。

第一，对于保安处分①的适用也应当采取从旧兼从轻原则。比如，《刑法修正案（九）》增设的第 37 条，规定了从业禁止的保安处分措施。那么在该修正案施行（2015 年 11 月 1 日）之前因利用职业

---

① 保安处分是一种不同于刑罚的司法、行政处分或保护措施，比如禁止性侵未成年人的行为人进入幼儿园或学校。

便利实施犯罪，或者实施违背职业要求的特定义务的犯罪的，就不能适用修正后的《刑法》关于从业禁止的规定，因为这对行为人来讲是一条不利的规定，应当适用修改之前的轻规定。

第二，如果行为一直持续到新法生效以后，旧法不认为是犯罪，新法认为是犯罪的，应该适用新法。修正案也是一样处理。比如，张三从 2011 年 4 月 30 日晚上 11∶50 开始醉酒驾驶，一直开到 5 月 1 日凌晨 5 点。由于从 2011 年 5 月 1 日起开始实施的《刑法修正案（八）》新增了危险驾驶罪，而醉酒驾驶属于其中的一种情形，因此张三在 5 月 1 日 0 点之前的醉驾行为不是犯罪，但 5 月 1 日 0 点到 5 点的醉驾行为就应当按照修正案新增的危险驾驶罪来处罚。

第三，当新法规定的主刑有利于被告人，但是附加刑不利于被告人，或者有相反的情况时，应该如何处理？比如，甲在《刑法修正案（九）》生效之前贪污了 4 万元，在《刑法修正案（九）》生效之后接受审判。按照行为发生时的条文，应该适用"一年以上七年以下有期徒刑"的法定刑，但根据新的条文，应当适用"三年以下有期徒刑或者拘役"的法定刑。如果按照从旧兼从轻的原则，应当适用新法的规定。但问题是，新法还增加了"并处罚金"的不利规定。那对甲能不能适用"并处罚金"这条不利规定呢？我的看法是，不应该分开考虑主刑和附加刑，而应当整体判断法定刑的轻重。只要新条文规定的法定刑整体较轻，就要适用新条文。既然新条文规定了并处罚金，那么，在适用新条文时就应该对甲并处罚金。当然，如果一审是按旧条文判的，没有判处罚金，二审法官适用新条文时，如果维持了原判主刑，就必须遵守上诉不加刑的原则，不能判处罚金。

第四，是否存在一个案件同时适用新法和旧法的情况呢？德国刑法学家弗兰茨·冯·李斯特对此持否定态度，但我认为确实存在同时适用新法和旧法的可能性。比如，《刑法修正案（九）》修改了贪污罪、受贿罪的法定刑，提高了死刑的适用标准，但也规定可以根据犯罪情节等，在判处死缓时，同时决定适用无期徒刑，终身监禁，不得减刑、假释。那么，根据从旧兼从轻原则，对于《刑法修正案（九）》施行之前实施的贪污、受贿行为，就既要适用修正后的新法，提高死刑的适用标准，又不能适用修正后的新法关于终身监禁的规定。这时，就是同时适用旧法和新法了。

之所以不能适用修正后的新法关于终身监禁的规定，是因为在适用新法判处死缓的前提下，新法关于终身监禁的规定就是对行为人不利的，不得同时适用。否则，就包含了从重内容，而不是从旧兼从轻了。如果简单地进行整体判断，认为既然适用新法提高了死刑的适用标准，就可以同时适用有关终身监禁的规定，是不合适的。在这一点上，我不赞成司法解释的相关规定。

对司法解释是否要坚持从旧兼从轻原则

既然法律的适用要坚持从旧兼从轻原则，那么，对司法解释的适用也要坚持这一原则吗？

对于这个问题，有人主张也要坚持这一原则，目前我国的司法实践也采取了这种态度。这种观点实际上是把司法解释当成了《刑法》本身。但是我认为，司法解释不存在从旧兼从轻的问题，应当一律适用现行解释。因为司法解释是对《刑法》的解释，和《刑法》

不是同一层级的。承认司法解释适用从旧兼从轻原则，不符合立法权与司法权分离的法治原则。

关于司法解释的适用，具体来说可以分为三种情形。

第一，行为时没有司法解释，审理时有司法解释的，应当适用司法解释。

第二，旧的司法解释规定某种行为不构成犯罪，但新的司法解释将该行为解释为犯罪。如果行为人在新的司法解释施行之前实施了该行为，但在施行后才发现，可以认定为旧的司法解释导致行为人误解了《刑法》。也就是说，行为人不具有违法性认识的可能性，因而排除其有责性，不以犯罪论处。

第三，旧的司法解释将某种行为解释为犯罪，但新的司法解释规定该行为不构成犯罪。行为人在新的司法解释施行之前实施该行为的，不以犯罪论处。这并不意味着对司法解释的适用采取了从旧兼从轻原则，而是因为该行为根本就没有违反《刑法》。

以上讲的是司法解释，那立法解释有什么不同吗？我认为对立法解释也应当采取与司法解释相同的原则。

总的来说，新法生效后，对它生效前没有经过判决，或者判决没有生效的行为，应该按照从旧兼从轻的原则来选择适用新法还是旧法。当新法既有对被告人有利的规定，又有对被告人不利的规定时，就会存在一个案件同时适用新法和旧法的可能性。

第**2**章

犯罪的成立条件

01 犯罪的构造 I

一个行为有客观危害和主观恶性，就构成犯罪吗？

犯罪的构造是犯罪的实体或者犯罪的本质特征，其实就是研究什么是犯罪。

这个问题特别重要，我会分两节来讲。这一节先来看看国内传统刑法理论对犯罪构造是怎么看的，存在哪些问题。下一节再介绍与我国传统理论不同的另一个理论体系。

你可能会觉得，存在不同的理论体系只是学者之间的争论，跟真实世界的法律问题没有什么关系。其实并不是这样的。一个行为是否构成犯罪，构成什么罪，采用不同的理论，在司法实践中可能会得出完全不同的判决结果。所以，只有理解了有关犯罪构造的不同理论到底有什么不同，你才能真正学懂刑法，正确解决刑法问题。

传统的四要件论

国内传统刑法理论对犯罪构造采取的主流观点是四要件论，即犯罪的成立包括四个要件：犯罪客体、犯罪的客观方面、犯罪主体、犯罪的主观方面。大致上，犯罪客体和犯罪的客观方面就是客观危害，犯罪主体和犯罪的主观方面就是主观恶性。所以，传统理论认为，犯罪的构造其实就是客观危害和主观恶性的相加。把客观危害和主观恶性加起来就是社会危害性，当社会危害性达到一定的程度，就能够成立犯罪。

四要件论同时认为，犯罪包括三个特征：社会危害性、刑事违法性与应受刑罚处罚性。如果这个说法成立，按照逻辑，接下来就应当说明具备什么样的要素就有了这三个特征。可是，四要件论不是这样运用的，而是认为一个行为如果具备了四个要件，就完全具备了上述三个特征；如果缺少任何一个要件，上述三个特征就都不具备。

按照这个逻辑，所谓犯罪的三个特征其实是一个意思，或者说是一个特征。以学校评三好学生为例，德智体三方面都好才是三好学生。按理说应当分别提出德好、智好和体好的具体标准，可现在学校只是提出了四个条件，说具备这四个条件的就是三好学生，缺少任何一个条件，德智体就都不好了。这符合逻辑吗？

四要件论存在的问题

四要件论有不少问题，下面主要讲三个方面。

第一，四要件论没有区分违法与责任，主要表现在犯罪主体这个要件上。

在传统四要件理论中，犯罪主体包括责任年龄、责任能力、特殊身份等要素，可它们起的作用显然是不一样的。

比如责任年龄，它的作用是说明行为人是否具有可谴责性，而不是说明他的行为是否具有社会危害性或法益侵害性。一个 11 岁的人导致另一个人的死亡，这种行为肯定有社会危害性，肯定是不法侵害行为，那《刑法》为什么不处罚他呢？因为他不具有可谴责性——他年纪小，主观上缺乏辨认控制能力，通过刑罚谴责他没有意义。

又比如特殊身份，它的作用是表明一个行为违不违法，有没有法益侵害性。一个普通大学生收了他人的钱，能说他侵犯了国家工作人员职务行为的不可收买性吗？肯定不能。但如果是一个国家工作人员收了他人的钱，就可能侵害了职务行为的不可收买性这个法益。

可以发现，在传统四要件理论中，虽然责任年龄和特殊身份都是犯罪主体这个要件中的要素，但责任年龄是为了表明行为人值不值得谴责，有没有责任，而特殊身份是为了表明行为本身违法不违法，有没有侵害法益。两者的功能、作用不一样，却都被划归到了犯罪主体中。也就是说，四要件论没有区分违法与责任。

第二，四要件论很可能导致主观归罪。

传统四要件理论虽然也说主客观相统一，但在我看来，很多时候就是主观归罪，也就是根据行为人怎么想的来定罪，而不管他实际上实施了什么行为。

比如，行为人本来想用砒霜杀人，结果用成了白糖，按照四要件理论，最终也要定杀人未遂。因为按照四要件理论，行为人有杀人的故意，有杀人的行为，主客观相统一，就是故意杀人罪。可杀人行为应该是足以致人死亡的行为，而把白糖给人吃能叫杀人行为吗？不能。

再比如，行为人在荒山野岭看到一个人，以为是自己的仇人就开了一枪，走近一看才发现原来是个稻草人。按照传统四要件理论，这也要定杀人未遂。可是人在哪儿呢？没有人怎么能定杀人未遂？这显然是主观归罪。

还有一个真实的案例。张三想陷害李四，就跟李四说，我有海洛因，你帮我卖，赚的钱我们一人一半，每人 300 块，但你要在什么时候卖给谁，一定要告诉我。李四说没问题，之后就去联系买家。联系好之后，他告诉张三自己已经联系好了买主，哪一天几点在什么地方交易。李四刚给张三打完电话，张三就报了警，说几点几分在什么地方有人贩卖毒品。

要注意的是，实际上张三给李四的是面粉，根本不是毒品，但李四并不知道。警察一到，把买家和李四都抓走了，李四承认自己在贩卖毒品，对方也承认自己是来买毒品的。按照现在的司法解释和四要件理论，李四就要定贩卖毒品罪未遂。

可是，定了李四的罪，司法机关又反过来想，张三应该怎么处理呢？整件事就是张三引起的，他的行为更恶劣，可是该给他定什么罪呢？贩卖毒品罪肯定不行，因为张三客观上给李四的是面粉，他主观上也知道自己给的是面粉。如果只给李四定罪而放过张三，肯定也说不通，因为有些人在观念上认为教唆他人犯罪的人比直接实施犯罪的人更可恶。给李四的行为定罪之后，司法机关觉得张三的教唆行为更要定罪，因为这个行为比贩卖毒品更严重。

那张三的行为该怎么定性呢？其实他是诈骗的间接正犯。关于间接正犯，后面会具体来讲。李四把面粉当毒品卖，客观上实施的是一个诈骗行为，但是李四没有诈骗的故意，因为他不知道自己卖的是什么。张三利用了不知情的李四实施了一个诈骗行为，所以是诈骗的间接正犯，但诈骗的数额是 600 块钱，还未遂，只能给予治安处罚，不能认定为诈骗罪。

既然对张三不能定任何罪，对李四定罪就是不正当的，因为客观上根本没有贩卖毒品的行为。如果把这个贩卖面粉的行为评价为贩卖毒品,就是主观定罪。

第三,四要件论认为社会危害性是客观危害和主观恶性相加,这也存在很多问题。

我参加一些案件讨论的时候,还会听到有些人说,某某案件的客观危害差一点,但是行为人的主观恶性太大了,综合来看,社会危害性能够达到犯罪的程度,那就定罪吧。这就好像是说,60 分可以定罪,现在客观危害只有 10 分,但主观恶性有 70 分,加起来 80 分,就要定罪了。但是,客观危害和主观恶性怎么可能是一种相加的关系呢?不能用这样的逻辑来定罪。

到这里,本节标题中的问题你应该也很清楚了。客观危害和主观恶性不可能是简单的相加关系,犯罪构造也并不是客观危害 + 主观恶性。那么,客观危害和主观恶性究竟是什么关系?下一节就专门来讲这个问题。

02 犯罪的构造 Ⅱ

一个行为不法且有责，就构成犯罪吗？

关于犯罪构造的问题，我不赞成传统的四要件理论，而比较认同德国、日本等大陆法系国家的主流观点，也就是大陆法系的通说——犯罪的构造是不法且有责，或者说是不法和责任，我们通常称之为阶层论。要注意，这里的"阶层"不是"社会阶层"的含义。之所以叫阶层论，是因为它将犯罪分成了不法和责任两个层次。

什么是不法和责任

在具体介绍阶层论之前，先来看两个案例，直观感受一下什么是不法和责任。

第一个案例是歹徒要抢劫一个女孩的财物，女孩在反抗的过程中把歹徒推倒，歹徒死亡。第二个案例是一个 7 岁的小男孩嫌自己 2 岁的妹妹太吵，把妹妹从 10 层高的楼上扔了下去，妹妹死亡。

这两个案例中的行为人都是不构成犯罪的，但他们不构成犯罪的原因一样吗？对他们行为的评价一样吗？采取的措施一样吗？看完本节的内容，你就会知道，第一个案例中的行为人不构成犯罪，是不法层面的；第二个案例中的行为人不构成犯罪，是责任层面的。

在阶层论中，犯罪的构造是不法和责任，不法和责任要严格区分。

不法是什么？我认为，不法基本上是一个客观的判断，凡是客观上符合某个犯罪的构成要件，并且没有违法阻却事由的，就属于不法。行为、结果等都是表明不法的要素。所以，不法由两个要素构成：一是行为符合某个犯罪的构成要件，二是行为不具有违法阻却事由。行为不法与否是客观的，不需要考虑行为人有没有责任。比如，11 岁的人杀人也是违法的，只不过这个人没有责任，不能用刑法去谴责他。

责任是什么？责任实际上就是可谴责性，能让做了不法行为的人对自己的行为负责。按照我的观点，责任要素包括故意、过失、责任能力、违法性认识可能性和期待可能性。

为什么用不法和责任来理解犯罪的构造

那么，为什么用不法和责任来理解犯罪的构造呢？下面重点讲三个方面。

第一，说犯罪由不法和责任构成，具有哲学和社会心理学的根据。

在哲学上，有因果的责任和道德的责任之分。举个例子，现在有两种情况，一种是甲故意把主人家的名贵花瓶打碎了，另一种是一只猫把主人家的名贵花瓶打碎了。因果的责任是讲一个结果是由什么原因造成的。在这个例子中，甲和猫都有因果的责任，相当于刑法上讲的甲和猫的行为都造成了法益侵害结果。道德的责任是讲我们可以谴责谁，相当于刑法上讲的责任。在这个例子中，甲故意把主人家的花瓶打碎，当然要受到谴责。但猫打碎了花瓶，你能谴责它吗？

哲学上因果的责任，对应的是刑法上的不法，或者说结果的归属，专业术语叫客观归责；道德的责任，对应的是刑法上的责任，叫主观归责。

在社会心理学中，当我们要谴责一个人的时候，首先要看他做的是不是件坏事，然后再去判断要不要谴责他。比如，一个 3 岁小孩吃饭的时候，把碗摔在地上摔破了，妈妈就问："你怎么搞的？！"这个时候，天下所有小孩的回答都一样："我不是故意的。"小孩都知道碗摔坏了是件坏事。但是，小孩也知道，你不要谴责我，或者不要谴责得太严厉，因为我不是故意的，我的责任比较轻。这里的坏事和责任就是分开的，同样，刑法上的不法和责任也应该分开，而且要先判断事情的好坏，再去看做事的人能不能被责怪。

第二，不法和责任的区分，与刑法的两个机能也是对应的。

前面讲过，刑法有两个机能，分别是法益保护机能和人权保障机能。不法对应的是法益保护机能，凡是侵犯法益的行为，都是不法的。

但是，如果只要侵害了法益就会被刑罚处罚，我们就没法做事了。比如，一个人做事的时候小心谨慎，但还是不可避免地致人死亡了。如果主观上没有任何可谴责性，还是会受到处罚，那他以后还敢做事吗？又比如，你在高速公路上完全按照交通规则行驶，突然一个行人横穿高速公路，你把他撞成重伤。如果这样也要承担交通肇事罪的刑事责任，那谁还敢开车呢？所以，行为人有故意或者过失，也就是他有责任的时候才构成犯罪。这样，我们才有自由行动的余地，才不至于担惊受怕，什么也不敢做。责任就是为了保障我们的自由，与刑法的人权保障机能相对应。

第三，用不法和责任来理解犯罪构造，就意味着区分了违法阻却事由和责任阻却事由。

违法阻却事由是说一个行为符合犯罪的构成要件，造成了某种结果，但是因为一些事由，排除了它的违法性，所以，违法阻却就是不违法。责任阻却事由是说一个行为虽然是不法的，但是因为一些事由，排除了行为人的责任，所以，责任阻却就是没责任。

一般情况下，符合犯罪构成要件的行为就是违法的，但如果有违法阻却事由，那么一个行为即使符合犯罪的构成要件，也是合法的，相应地，我们就不可以制止、阻止，更不可能防卫。比如，正当防卫行为就是典型的违法阻却事由。

责任阻却意味着这个行为是违法的，只是行为人没有责任，不能对他适用刑法上的处罚，但是我们可以制止、阻止或者防卫他的行为。比如，一个精神病人拿着机关枪扫射的时候，我们可以阻止，因为他的行为本身是违法的。

但是，如果按照传统四要件的理论，不区分不法和责任，就没办法很好地处理这个问题。因为四要件理论认为，只有同时具备主观恶性和客观危害，才具有社会危害性，才是违法的。而由于精神病人欠缺主观恶性，他的行为就不叫不法侵害，既然如此，我们也就不能直接进行正当防卫。所以，四要件理论要求，如果知道进行不法侵害的人是精神病人，就不能防卫；如果自己能逃避，也不能直接进行防卫。那么，如果知道对方是精神病人又不能逃避，是防卫还是不防卫呢？

如果区分了不法和责任，事情就变得很简单了，那就是可以正当防卫。当然，现在也有人认为，对精神病人只能实行防御性的紧急避险。也就是说，只有在不得已时才能对进行不法侵害的精神病人进行反击。但即使是这样，也必须承认精神病人的行为是不法的，否则怎么可能对他进行反击呢？

不法和责任的关系

不法和责任是一种递进的、阶层性的关系，犯罪是有责任的不法。也就是说，先有不法，然后再去判断这个实施不法行为、造成不法结果的人能不能、该不该承担责任。既然如此，就一定会存在有不法但没有责任的情况，而不会出现没有不法但有责任的情况。这个责任一定是建立在不法基础上的责任。

回到本节开头提到的两个例子。第一个例子，女孩抵抗想实施抢劫的歹徒，造成歹徒死亡，这是正当防卫，行为本身就是合法的。也就是说，女孩的行为在不法层面就不满足犯罪的构造，我们不能制止，更不能处罚。

第二个例子，不处罚摔死自己妹妹的 7 岁孩子，是因为他没有达到法定责任年龄，不具有责任能力。虽然杀人行为是不法的，但他不具备有责性，我们就没办法谴责他，谴责他也没有意义。不过，我们完全可以制止他的行为。

总之，犯罪的构造是不法且有责，犯罪是有责的不法。判断是否成立犯罪，要先看行为是不是满足不法，而不法的前提是行为符合《刑法》规定的构成要件，之后再判断行为人应不应该承担责任。

03 认定犯罪的顺序

以为运输毒品，实际运输面粉，构成运输毒品罪吗？

本节要讨论的问题是犯罪成立的判断顺序，与前两节的内容联系紧密，所以可能会有些重复。

从不法到有责的判断

前面讲到了关于犯罪构造的两种主要理论，一种是我们国家传统的四要件理论，另一种是大陆法系通说的阶层论。

在传统的四要件理论中，四个要件的地位是等同的，都是表明社会危害性的，所以哪个要件在前、哪个要件在后，不是一个特别重要的问题。而在阶层论中，成立犯罪的要素所起的作用并不相同，有的是为了表明违法，有的是为了表明责任。不法和责任是两个独立的阶层，需要分别判断。

按照阶层论的观点，认定犯罪必须按照从不法到责任的顺序来判断，不能反过来或者同时进行。举个例子，张三特别想杀死仇人李四，于是每天在家里扎小人诅咒李四赶紧死，正巧李四突然生了恶疾，暴病而亡。张三的行为能成立故意杀人罪吗？当然不能，因为虽然张三主观上有希望李四死亡的想法，但严格来说，不能说他有杀人的故意，毕竟他根本没有杀人行为。也就是说，张三不存在不法，既然不存在不法，就可以直接认定为无罪，也就不需要讨论有没有责任的问题了。

在不法层面的判断过程中，要先判断行为是否符合犯罪的构成要件，如果符合，再判断行为是否违法。但行为违法与否，不是从正面进行积极的判断，而是要反过来判断是否存在违法阻却事由。

那么，为什么在进行违法性判断时只需要判断是否存在违法阻却事由呢？因为构成要件要素都是表明行为违法的，一般来说，符合构成要件的行为通常就具有违法性。这里说"通常"，是因为有可能存在一些特殊的排除违法性的事由，也就是违法阻却事由。比如，张三实施了伤害李四的行为，导致李四重伤。一般而言，张三已经具备了违法性。但如果是因为李四伤害张三在先，张三才出于正当防卫目的导致李四重伤，那张三的行为就存在违法阻却事由，就是合法的。

如果行为是合法的，就不必再判断行为人是否具备有责性了，因为有责是在不法基础上的有责。

如果行为符合犯罪的构成要件，并且不具备违法阻却事由，就具备了违法性。接下来要进入责任判断的层面，去判断行为人是否具有责任。行为人有没有责任并不能改变其行为的违法性。不法和责任是两个层面的东西。

总的来说，认定犯罪的过程都是按照从不法到责任的顺序来判断的，这就是阶层论的方法。顺便说一下，阶层论分为二阶层论和三阶层论，但二者没有实质区别。三阶层论将构成要件符合性与违法性作为两个不同的阶层，二阶层论则认为构成要件符合性与违法性是同一阶层的两个判断步骤。

四要件论与主观归罪问题

在不法的判断中不可以加入主观责任内容，这是阶层论不同于四要件理论的重要方面。前面讲到了传统四要件论可能会导致主观归罪的问题，甚至很容易把一些日常行为认定为犯罪，因为按照这种理论，在判断行为性质时要加入主观责任因素，并且认为行为的性质是由主观内容决定的。下面就通过一个具体的案例分析一下。

先按客观情况来描述事实：甲参加聚会的时候，发现衣架上挂着一件和自己穿的假名牌一模一样的真名牌外套，甲也将自己的外套顺手挂在真名牌外套旁边。聚会结束的时候，甲仔细辨认了两件外套，最后穿走了自己的假名牌外套。我们把这个事实叫作事实一。恐怕不会有人认为甲的行为构成犯罪。

接下来融入主观故意内容重新描述一遍刚才的事实：甲参加聚会的时候，发现衣架上挂着一件和自己穿的假名牌一模一样的真名牌外套，就打算在聚会结束时调包，把别人的真名牌外套穿回家。有了这个想法后，甲将自己的外套顺手挂在了真名牌外套旁边。聚会结束的时候，甲以盗窃的故意仔细辨认了两件外套，穿走了自以为是真名牌的外套，回家之后才发现还是自己那件高仿的假外套。我们把这个事实叫作事实二。

听了事实二的描述，你会不会感觉甲的行为是盗窃未遂？可见，只要融入行为人的犯罪故意和目的等主观内容，许多日常生活中的行为就有可能被认定为犯罪。

但是，如果按照阶层论来分析，盗窃罪的成立要求窃取他人财物，而甲拿走的是自己的财物，所以不可能符合盗窃罪的构成要件。

那么在不法层面上，已经排除了行为的违法性，不需要再判断甲是否有责任，就更不可能成立犯罪了。

一定要记住，行为是否符合犯罪的构成要件、是否违法，是客观层面的判断，取决于案件的客观事实，而不取决于行为人的主观内容。这有两个层面的含义。

一方面，一个客观上符合犯罪构成要件的行为，不能因为行为人没有故意或者过失，就认为行为人不违法。比如，卡车司机 A 从广东把货物运到北京的时候，B 偷偷把 1000 克海洛因塞进货物中，但司机 A 根本不知情。在这个案件中，不能因为 A 不知情，就否认 A 的行为在客观上符合运输毒品罪的构成要件。换句话说，A 的行为符合运输毒品罪的构成要件，是违法行为，只是因为他没有责任，所以不成立犯罪。

另一方面，一个客观上不符合构成要件的行为，不能因为行为人具有犯罪故意，就认定行为人违法。

到这里，本节标题中的问题就很清楚了。误以为运输毒品，实际运输面粉，当然不构成运输毒品罪，因为客观上不存在毒品，也就没有运输毒品的行为。如果认定为运输毒品罪，显然就是主观归罪了。

通过这一节，我希望你能记住：对于犯罪的判断，应当是从不法到有责这样分阶层来进行的，行为是否具有违法性并不由行为人的主观想法来决定，否则就很容易导致主观归罪。而一旦陷入主观归罪，刑法保障国民自由的目的就无从谈起了。

04 表面的构成要件要素

认定犯罪未遂，必须证明未得逞吗？

前面讲过，符合犯罪构成要件的行为通常就具备了违法性，而构成要件是由构成要件要素组成的。简单地说，构成要件要素就是《刑法》分则规定的某个行为成立犯罪所必须具备的要素。如果不具备这些要素，就不构成犯罪。

比如，《刑法》第 232 条规定的故意杀人，是指故意非法剥夺他人生命的行为。所以，杀人行为、他人以及死亡结果，都是成立故意杀人罪既遂必须具备的构成要件要素。再比如，《刑法》第 263 条规定，"以暴力、胁迫或者其他方法抢劫公私财物的，处三年以上十年以下有期徒刑"。那么，暴力、胁迫或者其他方法，以及公私财物，都是成立抢劫罪必须具备的构成要件要素。

那么，是不是《刑法》分则规定的所有要素，都是成立犯罪所必须具备的呢？

什么是表面的构成要件要素

先来看一个例子。甲乙两人相互之间没有商量，碰巧同时向丙开枪，其中一枪击中丙的头部，另一枪击中丙的心脏，造成丙死亡。事后虽然能证明这两枪都足以立即致人死亡，但没办法进一步查明究竟是谁击中了丙的头部、谁击中了丙的心脏，以及哪一枪先击中了丙。也就是说，不能查明是谁的行为造成了丙的死亡。那么，甲乙两人是都不构成犯罪，还是都构成故意杀人罪既遂？又或者是都构成故意杀人罪未遂？之所以这么问，是因为《刑法》第 23 条规定："已经着手实行犯罪，由于犯罪分子意志以外的原因而未得逞的，是犯罪未遂。"

显然，如果能够证明甲先击中丙，也就是说不管他击中的是头部还是心脏，都已经打死了丙，那么，甲成立故意杀人罪既遂，乙最多成立故意杀人罪未遂。反过来，如果能够证明乙先击中丙，则乙成立故意杀人罪既遂，甲最多成立故意杀人罪未遂。简单地说，甲乙两人都既有成立故意杀人罪既遂的可能性，也有成立故意杀人罪未遂的可能性。

如果把法条中规定的"未得逞"当成判断违法性的一个构成要件要素，那就必须证明甲或乙的行为是未得逞的，然后才能认定为犯罪未遂。而在这个案例中，没办法查明谁得逞了、谁没有得逞。所以，对甲和乙的行为就既不能认定为杀人既遂，也不能认定为杀人未遂，最后只能做无罪处理。但是这种结论显然是违背常理的。

实际上，《刑法》条文明文规定的某些要素，只是为了和其他相关犯罪做区分，并不是为了给违法性提供根据，它们也不是成立犯罪所必须具备的。这种构成要件要素，就被称为表面的构成要件要素或者虚假的构成要件要素，也可以称为分界要素或者界限要素。

表面的构成要件要素的作用

表面的构成要件要素并不是纯理论的东西，有时候它会直接影响犯罪的认定。比如，在前面那个案例中，"未得逞"这个要素是不是必备的，是不是表面的构成要件要素，会直接影响案件的认定。而在犯罪未遂的规定中，"未得逞"也确实只是一个表面的构成要件要素，是不需要证明的。为什么呢？

因为这里规定"未得逞"并不是为了给违法性提供根据，而是为了和既遂犯进行区别。在不能查明行为是不是造成了法益侵害结果的时候，只有把"未得逞"作为未遂犯表面的构成要件要素，即不需要证明"未得逞"，才能合理地认定未遂犯。换句话说，只要行为人已经着手实行犯罪，就可以认定未遂犯的成立。当然，在行为人着手后，还存在是未遂还是中止的问题。如果造成了法益侵害结果，就可以认定行为人成立犯罪既遂。

在前面的案例中，甲乙已经着手实施故意杀人的行为，但是由于两人都可能导致结果发生，也可能没导致结果发生，按照存疑时有利于被告的原则，也就是在对事实存在合理疑问的时候，应该做出有利于被告的裁决，所以应当认为甲乙两人都没有造成丙死亡的结果。

那么，既然像"未得逞"这样的要素不是必备的，为什么《刑法》还要明文规定出来呢？其实，这是为了区分不同的犯罪。试想一下，如果不对犯罪进行分类，那《刑法》分则只规定一个条文就可以了——"犯罪的，处刑。"但是，这显然违反罪刑法定原则。所以，通过设定某些要素对犯罪进行分类，既是为了明确处罚的范围，也是为了表明该罪和其他罪之间的区别或关系。

在绝大多数情况下，构成要件要素除了能给违法性提供根据，也能起到这种区分作用。但在少数情况下，只有那些能够为违法性提供根据的要素还不足以区分不同的犯罪，于是《刑法》不得不设置这种表面的构成要件要素。

《刑法》中有哪些表面的构成要件要素

除了犯罪未遂中的"未得逞",《刑法》中还存在一些表面的构成要件要素,下面讲两个典型的情形。

先来看第一个。《刑法》第 115 条对放火、决水等造成严重后果的行为,规定了"十年以上有期徒刑、无期徒刑或者死刑"的法定刑,第 114 条则规定:"放火、决水、爆炸以及投放毒害性、放射性、传染病病原体等物质或者以其他危险方法危害公共安全,尚未造成严重后果的,处三年以上十年以下有期徒刑。"这里的"尚未造成严重后果",就不是为违法性提供根据的要素,而只是为了说明第114 条规定的行为违法程度比第 115 条规定的违法程度轻,所以其法定刑才比第 115 条的轻。

举个例子。现在查明行为人甲实施了放火行为,并且这个行为的严重程度足以危害公共安全。根据调查,其中一名被害人死亡,但无法确定他是被火烧死的,还是在甲放火之前因心脏病发作而死的。在这种情况下,如果认为第 114 条中的"尚未造成严重后果"属于表面的构成要件要素,那就不需要证明甲的行为是否"尚未造成严重后果",可以直接对甲适用第 114 条的规定。但如果要求必须证明甲"尚未造成严重后果",那就很难办了,因为这一点是无法查证的。这样一来,就既不能对甲适用第 114 条的规定,也不能适用第 115 条的规定,只能认定甲无罪。这显然不合适。

再来看第二个典型情形。《刑法》第 270 条第 1 款规定了委托物侵占罪的构成要件和法定刑,第 2 款又规定:"将他人的遗忘物或者埋藏物非法占为己有,数额较大,拒不交出的,依照前款的规定处罚。"第 2 款为什么要把行为对象限定为遗忘物和埋藏物呢？

因为盗窃罪的对象是他人占有的财物，委托物侵占罪的对象是受委托而自己占有的他人财物，剩下的是无人占有的他人财物，也就是遗忘物和埋藏物了。换句话说，这一款之所以将行为对象限定为遗忘物和埋藏物，一方面是为了与盗窃罪相区别，另一方面是为了与委托物侵占罪相区别。"遗忘""埋藏"就是表面的构成要件要素。因此，即使行为人不小心把他人占有的财物当作遗忘物予以侵占，也成立侵占罪。

现在你应该知道，《刑法》分则条文所描述的内容，不一定都是为违法提供依据的，也可能只是为了对犯罪进行分类，这就是表面的构成要件要素。表面的构成要件要素不是成立犯罪必须具备的，也不需要证明。

答学友问

学友：如果两个人同时开枪打死人，两人都算未得逞，那如果想杀人，两个人故意商量着一起开枪，不就可以逃脱法律的制裁了吗？

张明楷：首先可以肯定的是，你完全没必要有这样的担忧。在讲甲乙同时开枪打死丙的案例时，我强调了甲乙两人是在没有商量、完全巧合的情况下同时向丙开枪的。但你这个问题里预设的情形是，两人在有意思联络的情况下，同时故意杀人。这种情况涉及的是共同正犯的问题，具体内容会在下一章来讲。简单地说，共同正犯指的是两个人以上共同实行犯罪的情况，每个行为人都应当按照"部分实行全部责任"的原则来处罚。比如，甲乙两人商量好同时向丙开枪，即便查清了只有甲的行为导致了丙的死亡，乙也要承担甲导致丙死亡的结果。也就是说，两个人都要承担故意杀人罪既遂的责任。

那么，如果只能查清一定是其中一枪致人死亡的，但查不清究竟是哪一枪导致的，该怎么处理？按照"部分实行全部责任"的原则，不管是甲还是乙的行为导致了丙的死亡，另一个人都要对死亡结果负责任，所以不管能不能查清，另一个人都需要对死亡结果负责。也就是说，甲和乙都成立故意杀人罪既遂。

05 构成要件符合性判断

拐卖两性人符合拐卖妇女罪的构成要件吗？

前面几节讲过，犯罪由不法和责任构成，认定犯罪，必须按照从不法到责任的顺序来判断。这一节就来具体讲讲不法中构成要件符合性的判断问题。

在刑法理论中，不法指的是行为符合犯罪的构成要件且不具有违法阻却事由。这一节暂且把违法阻却事由放在一边，只看如何判断一个行为是否符合犯罪的构成要件。比如，拐卖两性人符合拐卖妇女罪的构成要件吗？之所以这么问，是因为我国《刑法》明确规定了拐卖妇女罪的对象必须是妇女。那拐卖两性人到底符不符合"拐卖妇女"这个构成要件呢？

构成要件符合性的判断步骤

要判断某个行为是否符合某个罪的构成要件，需要思考这个行为是否满足了构成要件的各个要素。比如，要判断行为人在法庭上撒谎的行为是否符合伪证罪的构成要件，就需要先判断这个行为是否满足《刑法》第305条规定的伪证罪的全部构成要件要素——行为是不是发生"在刑事诉讼中"，行为人是否属于"证人、鉴定人、记录人、翻译人"，行为人是否"作虚假证明、鉴定、记录、翻译"，撒谎的内容是否"与案件有重要关系"。这些要素都是构成要件要素，它们的有机结合就是伪证罪的构成要件。

从这个例子可以发现，判断一个行为是否符合某个罪的构成要件，其实分三步：第一，解释《刑法》分则里规定的具体罪的构成要件包含哪些构成要件要素；第二，从行为人的行为中提取事实；第三，判断这些事实是否具备这个罪的所有构成要件要素。换句话说，构成要件符合性的判断，并不是整体的判断，而是分步骤的判断。

构成要件符合性的判断，与法理学上的三段论推理过程是一致的。其中，法律规范，也就是《刑法》的规定是大前提，案件的事实情况是小前提，最后的定性是结论。

不过，在进行三段论推理前，你必须有一个预判，并根据这个预判找出大前提，否则就不可能进行构成要件符合性判断。因为如果没有预判，你就不可能找到可能适用的法律规范这个大前提，或者说不可能找到构成要件。所以，预判准确与否非常重要。

如何判断案件的事实情况

知道了构成要件符合性的判断步骤，会引出两个问题。

第一，某个罪的构成要件要素到底包括哪些内容？行为主体、特殊身份、行为、结果都属于构成要件要素，具体还要根据《刑法》分则里某个罪名罪状的描述来判断。比如，故意杀人罪的罪状为故意杀人，那么构成要件要素就包括行为人、杀人行为、死亡结果以及行为对象是人。

第二，如何判断一个案件的事实是否具备某个犯罪的构成要件要素？关于这个问题，要把握以下几点。

首先，构成要件符合性并不是指案件事实与构成要件一模一样，

而是指案件事实并不缺少构成要件所要求的要素。有的人遇到疑难案件时会开玩笑说行为人犯的罪不规范，就是在说行为人犯的罪与构成要件并不是一模一样的。这其实很正常，没有人会在犯罪前先看《刑法》，然后按照《刑法》规定的构成要件去实施犯罪。

其次，案件事实少于构成要件要素的，一定不符合构成要件。反过来，如果案件事实具备构成要件所要求的全部要素，也具备要素和要素之间的内在联系，那就符合这个罪的构成要件。

比如，《刑法》规定，抢劫罪是以暴力、胁迫或者其他方法抢劫公私财物。甲采取暴力手段，强行从妇女手中夺取提包，就满足了抢劫罪的全部构成要件要素，也就符合了抢劫罪的构成要件。但是，如果甲假装自己是警察，谎称妇女的提包中有毒品，让妇女将提包交给自己。这只是一种欺骗行为，不符合抢劫罪的手段要素，所以甲的行为就不符合抢劫罪的构成要件。接下来，我们就需要判断甲的行为是否符合诈骗罪的构成要件。

再比如，行为人故意殴打他人，导致他人受轻微伤。这种行为虽然具备故意伤害罪的行为要素，但不符合故意伤害罪的构成要件，因为没有具备"伤害程度必须达到轻伤以上"的要素。也就是说，案件事实没有具备故意伤害罪的全部构成要件要素。

最后，如果案件事实要素多于构成要件要素，当然也符合构成要件，但这时还要考虑行为是否满足其他犯罪的构成要件要素，进而触犯其他罪名。

比如，国家工作人员甲利用职务上的便利窃取公共财物的行为，既符合盗窃罪的构成要件，又符合贪污罪的构成要件。

先来看为什么符合盗窃罪的构成要件。根据《刑法》的规定，盗窃罪的构成要件包含三个要素，分别是行为人、窃取行为和行为对象，也就是他人财物。显然，甲这个人符合盗窃罪的行为人要素，甲窃取公共财物的行为符合窃取行为要素，甲窃取的公共财物也符合对象要素。甲行为全部要素中的一部分已经能够满足盗窃罪的构成要件要素，那甲的行为就肯定符合盗窃罪的构成要件。

再来看看为什么符合贪污罪的构成要件。贪污罪的罪状是"国家工作人员利用职务上的便利，侵吞、窃取、骗取或者以其他手段非法占有公共财物"，那么它的构成要件要素就包括行为人、国家工作人员身份、利用职务之便、公共财物，以及侵吞、窃取、骗取或其他方式。甲行为的全部事实恰好满足贪污罪的所有构成要件要素，所以符合贪污罪的构成要件。

那么，难道要给甲定两个罪名吗？不是的。虽然甲的行为符合两个罪的构成要件，但是贪污罪能够更全面地评价甲的行为，所以甲成立贪污罪，而不是盗窃罪。

要注意的是，构成要件要素基本上都是用来表明违法性的，只有把这些要素全部评价了，才能说是公正的。如果只给甲定盗窃罪，显然没有充分评价甲的违法要素，所以认定为贪污罪才是正确的。

理解了这个原则，再来看本节开头提出的问题：拐卖两性人符合拐卖妇女罪的构成要件吗？这个问题的关键在于两性人能不能被评价为妇女这个对象要件。正确的答案是，符合。因为两性人既具备男性生理特征，也具备女性生理特征，那就意味着已经满足了拐卖妇女罪里"妇女"这个要件。至于多出来的男性生理特征部分，并不影响犯罪的认定。正如前面讲的，案件事实多于构成要件要素的，不影响构成要件符合性的判断。

三段论的推理过程

前面讲到，定罪是一个三段论的推理过程。其中，法律规范是大前提，案件的事实情况是小前提，最后的定性是结论。我们在判断构成要件符合性的时候，应当把法定的构成要件作为大前提，把具体的事实作为小前提，然后推导出正确结论。

那么，如果把事实作为大前提，把法律规范作为小前提，会出现什么情况呢？

举个例子。甲公司的管理层集体协商，让员工张三和李四将竞争对手乙公司的高科技设备偷了过来。你可能会说这是单位盗窃，但《刑法》没有规定单位可以成为盗窃罪的主体，所以既不能处罚单位，也不能处罚单位中直接负责的主管人员和其他直接责任人员，只能宣告无罪。

这种判断就是把案件事实当作大前提，先把案件事实归纳为单位盗窃，然后把《刑法》规范作为小前提，《刑法》中没有规定单位盗窃，于是得出无罪的结论。也可以认为这种判断是没有根据可能适用的构成要件来归纳案件事实，导致案件事实不能与构成要件相吻合。所以，颠倒大前提和小前提的逻辑推理是错误的，会变成："想入罪便入罪，想出罪即出罪。"

正确的做法应该是在遇到所谓的单位盗窃案件时，先预判这种行为可能构成盗窃罪，明确盗窃罪的构成要件，再以盗窃罪的构成要件为指导来归纳案件事实，判断案件事实是否符合盗窃罪的构成要件，最后得出是否构成犯罪的结论。如果按照这个顺序判断，张三、李四的行为完全符合盗窃罪的构成要件，就应该以盗窃罪追究两人的刑事责任，甲公司管理层则承担盗窃罪教唆犯或共同正犯的责任。

答学友问

学友：会不会存在某种犯罪行为同时满足两个罪的构成要件，但是又无法说明哪个罪能更全面地评价这个行为？这个时候是不是要判两个罪呢？

张明楷：回答这个问题之前，先来看看一个行为和法条之间可能存在的三种关系。

第一，一个行为能且只能用一个法条评价。这个时候，就定这个法条规定的罪名就可以了。

第二，一个行为可以用两个或两个以上的法条评价，在这些法条中，有且只有一个法条能充分评价这个行为。这个时候，就用这个能充分评价行为的法条来定罪。比如，行为人用刀砍杀被害人，导致被害人身负重伤后死亡。这个行为既符合故意杀人罪的构成要件，也符合故意伤害罪的构成要件，但是只有故意杀人罪能完整地评价这个行为，所以就要将其认定为故意杀人罪。

第三，一个行为可以用两个或两个以上的法条评价，但所有单一法条都不能充分评价这个行为。这个时候，我们就要将其认定为想象竞合，也就是认定行为人的行为成立数罪，但是只按一个重罪处罚。比如，行为人开枪射击甲，但这一枪同时还造成甲身后的苹果电脑被损坏。这个时候，甲的行为既符合故意杀人罪的构成要件，也符合故意毁坏财物罪的构成要件，但是单独适用哪一个法条都不能全面评价甲的不法行为，所以就要认定为想象竞合，处罚时适用较重的法条，也就是故意杀人罪的法条。

回来看你的问题，答案是不存在某种行为同时满足两个罪的构成要件，又无法说明哪个罪更能全面地评价这个行为。其实，只要行为同时满足两个罪的构成要件，要么一定存在一个罪能更全面地评价这个行为，要么可以通过认定为想象竞合来处理。如果你觉得存在这个问题中的情况，那么一般不会是法条竞合——一个行为同时符合多个法条规定的犯罪构成，这多个法条本身之间存在包容关系，而是想象竞合——行为人同时成立两个罪，量刑时就只按重罪处罚。

关于法条竞合和想象竞合的内容，第 3 章最后两节会进行详细的讲解。

06 不作为

母亲和女朋友同时掉进河里，应该先救谁？

有一道千古难题，不知道你的女朋友或者男朋友有没有问过你，那就是"我和你妈同时掉进水里，你先救谁？"你可能会问，难道这个问题也和刑法有关吗？没错，这还真和刑法有关。这涉及的是刑法中不作为犯的内容。

我们通常看到或者接触到的犯罪大多是作为犯，也就是因为实施了某种《刑法》禁止的行为而构成犯罪。但事实上，不作为也可能成立犯罪。这一节就来讲一下不作为犯的成立要件。

基于保证人地位的作为义务

不要以为不作为就是什么都没有做，什么都没有做怎么可能构成犯罪呢？其实，不作为也是行为的一种表现形式，在刑法上指的是没有做该做的事情，也就是说，行为人能够履行自己应尽的义务，但是没有履行。

那么，不作为犯有什么特别的成立条件吗？想解决这个问题，要先了解两个概念——"保证人"和"作为义务"。这两个概念构成了不作为犯成立的前提，也就是基于保证人地位的作为义务。

举个例子。一个小孩失足掉进河里，河岸上的父母和路人都可以救助，却都没有救助。如果小孩溺水身亡，那么小孩的父母和路人的不救助行为其实都和他的死亡具有因果关系。但是，如果认为所有在场之人的不救助行为都符合故意杀人罪的构成要件，那就明显扩大了处罚范围，路人也会觉得自己太倒霉了。所以，我们要进一步判断小孩溺水身亡的结果应当归属于谁的不救助行为，即谁要对小孩的死亡结果负责。而要做出这样的判断，就必须找到保证人和作为义务，也就是谁有义务防止结果发生，或者说谁有义务保证结果不发生。

从结论上说，我们只能把小孩死亡的结果归属于他的父母，因为只有他的父母负有防止结果发生的义务。负有这种义务的人叫作保证人，而这种义务就是作为义务。反过来说，保证人就是作为义务人，这是不作为犯的成立基础。

不作为犯的成立条件

不作为犯的成立条件包括以下三个。

第一，要确定哪些人是负有作为义务的保证人。这就要找作为义务的来源，具体内容下面再详细来讲。

第二，保证人必须具有作为可能性，也就是说保证人得能履行作为义务。比如，消防员冲入火场救援，但是被坍塌的木梁砸中，眼看着火场深处的群众被大火吞噬却动弹不得。这个时候，虽然消防员具有救助他人的作为义务，但是因为他不具备作为的可能性，所以不可能成立不作为犯罪。

第三，必须具有结果回避可能性。也就是说，客观上得存在避免结果发生的可能性。如果履行了义务也是无用功，那没有履行义务就不能被评价为不作为犯。刑法不会强制人们做没有意义的事情。

比如，司机因过失造成了交通事故，导致被害人头盖骨粉碎性骨折，即使立即送往医院也不能存活。如果司机没有施以救助，也不会成立不作为的故意杀人罪，因为死亡结果不是不救助导致的。也就是说，司机仅仅成立交通肇事罪。

到这里，就可以解决本节标题中的千古难题了：母亲和女朋友同时掉进河里，应该先救谁？

首先要判断你有没有救助义务。母亲是直系亲属，法律规定你有赡养义务，在母亲面临生命危险时必须救助。而对女朋友，你只有道义上的救助义务，没有法律上的救助义务。所以，在这种情况下，从法律的角度来说，必须先救母亲。否则，你就有可能成立不作为的故意杀人罪或者遗弃罪。

这只是从不作为犯的构成要件符合性层面来说的，那么，如果救了女朋友而没有救母亲，一定成立犯罪吗？这就只能看有没有违法阻却事由或者责任阻却事由了。有人可能会说，人的生命是平等的，所以这能阻却违法性；也有人可能会说，女朋友是要和自己结婚的，所以这能阻却责任。我不太赞成这些理由，不过这个问题比较复杂，你可以自己思考。我想提醒的是，在德国，已经订婚的女友与没有订婚的女友是不一样的，已经订婚的女友与直系血亲、配偶等一样属于亲属，男友具有法律上的救助义务而不是道义上的救助义务。所以，不宜把德国针对已订婚女友的救助义务所形成的观点照搬过来。

当然，先救母亲的前提是你有作为的可能性。如果你不会游泳，即便没有救助母亲，也不可能成立不作为犯罪。如果你会游泳，但根据当时的情况，比如水流特别急，即使施救也不可能成功，也就是不具有结果回避的可能性，那也不可能成立不作为犯罪。

作为义务是如何产生的

其实，上面这个所谓的千古难题在刑法上真算不上什么难题，因为在这个问题中，行为人是基于母子间的血缘关系而成为具有作为义务的保证人的，这一点理解起来并不难。但现实中，你也可能会在很多完全想不到的情况下成为具有作为义务的保证人，甚至可能会对陌生人产生作为义务，成为他的保证人。在这种情况下，如果你不作为，就有可能触犯《刑法》。所以，了解什么人在什么情况下可能成为具有作为义务的保证人非常关键，而这也就是刑法上讨论的保证人范围怎么确定的问题，即作为义务是怎么产生的。

从实质的角度来说，一个人之所以产生作为义务，是因为他对结果的发生与否处于支配地位。具体来说，作为义务的来源有以下几种。

第一，基于对危险源的支配而产生的监督义务。

比如，对危险物的管理义务。动物园的管理者，在动物咬人时负有阻止义务；广告牌的设置人，在广告牌有倒塌危险时负有防止它砸伤路人的义务；机动车的所有人，负有阻止没有驾驶资格或醉酒的人驾驶自己的机动车的义务。

比如，对他人危险行为的监督义务。最典型的就是父母、监护人有义务制止年幼子女、被监护人的违法行为。如果年幼的小孩盗窃他人手机，父母在一边放任不管，父母就构成盗窃罪。同样，如果未达到刑事责任年龄或者无责任能力的人杀人，父母当时在场，能制止而不制止的，也构成故意杀人罪。

再比如，自己先前的行为造成了法益侵害的紧迫危险，行为人就产生了对结果的防止义务。举两个例子，意外提供了有毒食物导致他人中毒之后，提供者有救助义务；抢劫犯持凶器追赶被害人，被害人在前方无路可逃时坠入深水中，抢劫犯有救助义务。

第二，基于和法益的无助状态之间的特殊关系而产生的保护义务。

前面讲到的母亲和女朋友落水的问题，就属于这种情况。法益处于无助或者脆弱状态的情形是经常可以见到的，我在这里主要介绍三种情况。

第一种是基于法律规范产生的保护义务。比如，母亲对婴儿的喂养义务，交通警察对交通事故中被害人的救助义务，父母见幼女被人猥亵时制止他人猥亵行为的义务。

第二种是基于自愿承担而产生的保护义务。比如，把他人遗弃的女婴抱回家之后，就必须尽到抚养义务，不能放在家里不管；再比如，几个人约好一起登山，只要没有特殊约定，就意味着所有人都自愿接受了保护同伴的义务。在这种状态下，法益的保护依赖于特定人，这个特定人就具有作为义务。

第三种是共同生活的成员因为形成了紧密的生活共同体，相互之间具有保护义务。比如，家庭成员，或者恋爱双方婚前如同夫妻一般共同生活在一起的，相互之间都具有保护义务。不过，一般性的合租住房，室友之间不产生保护义务。

第三，基于对法益危险发生领域的支配而产生的作为义务。

一种是对自己支配的建筑物、汽车等场所内发生的危险的阻止义务。比如，自家的封闭庭院里闯入一个病重的小孩，他人不可能发现和救助，那么庭院的支配者，比如庭院的主人，就有义务救助。

再比如，出租车被人追尾，坐在后排的乘客伤势严重，虽然事故由追尾的司机负全责，但追尾的司机死亡了，那么，出租车司机就必须救助自己车上受伤的乘客。

另一种是对发生在自己身体上的危险行为的阻止义务。比如，幼女主动对男子实施猥亵行为，由于危险发生在男子身体上，男子就负有制止义务。如果男子不制止，任由幼女实施猥亵行为，男子就成立猥亵儿童罪。

最后，用一句话总结：不作为也可能构成犯罪，不作为犯成立的前提是基于保证人地位的作为义务。

07 结果

所有犯罪的成立都要求有结果发生吗？

判断一个行为是否符合犯罪的构成要件，就是看案件事实是否具备构成要件的所有要素。既然如此，我们就必须了解构成要件的各个要素——行为主体、行为、结果、特殊身份等。上一节讲的不作为是行为要素的一种，这一节就来看一下结果要素。

结果要素的三个特点

在刑法中，结果指的是行为对《刑法》所保护的法益造成的现实侵害事实和现实危险状态。具体来看，结果要素具有三个特点。

第一，结果具有因果性。

结果必须由行为造成，行为是原因，结果是原因引起的后果。这里的行为特指构成要件行为，而不是泛指任何行为。不过，在一些情况下，尤其是在构成要件行为没有类型性、涉及范围比较广的情况下，就要联系结果的内容来判断引起结果的行为是不是构成要件行为，以及是哪一个犯罪的构成要件行为。

比如，丈夫计划毒杀妻子，于是调配了毒柠檬水放在自己的书房中，准备等妻子下班回家后端出去给她喝。结果妻子下班早了，回来发现丈夫的书房有柠檬水，自己端起来喝了，导致了死亡结果。在这种情况下，丈夫并没有实施杀人行为，也就不存在故意杀人罪的构成要件行为，妻子死亡的结果只能归责于丈夫的过失行为。那么，从结论上看，丈夫的行为不能成立故意杀人罪既遂，只能成立故意杀人罪预备和过失致人死亡罪。

第二，结果具有侵害性和危险性。

结果是表明《刑法》所保护的法益遭受侵害或者威胁的事实，这个事实可以分为现实侵害结果和现实危险状态。或者说，可以把结果分为侵害结果和危险结果。

第三，结果具有法定性。

作为构成要件要素的结果，必须具有法定性。也就是说，必须是《刑法》分则条文所规定的结果，而不是泛指任何造成侵害、导致危险的结果。

比如，行为人把公共汽车的玻璃打碎，这种行为虽然会给车上的人员造成严重的心理恐惧，却不能被认定为具备破坏交通工具罪的构成要件结果要素。因为根据《刑法》第116条的规定，破坏交通工具的行为必须是"足以使火车、汽车、电车、船只、航空器发生倾覆、毁坏危险"。所以，如果破坏行为客观上不可能导致交通工具出现倾覆、毁坏的危险，就不能认定为出现了破坏交通工具罪的结果。

有的时候，要判断某种结果是不是《刑法》分则条文所规定的结果并不容易。比如，关于脑死亡是否属于故意杀人罪构成要件结果的死亡，到现在都存在争议。但即便在判断上存在困难，我们也不能否定结果的法定性这个特点。

结果犯和行为犯

结果要素有一个重要作用，就是划分犯罪类型。因为结果和构成要件类型具有密切关系，所以可以根据结果的不同，把犯罪划分为不同的类别。其中，一种常见的分类是结果犯和行为犯。

结果犯是指行为的终了和结果发生之间有一定时间间隔的犯罪。比如故意杀人罪，行为人杀人行为终了，但是死亡结果可能和行为终了之间有一定的时间间隔。行为犯是指行为终了和结果发生之间没有时间间隔的犯罪，或者说是行为与结果同时发生的犯罪。比如伪证罪，只要行为人实施做伪证的行为，就会发生妨害司法的侵害结果。

结果犯需要判断因果关系，行为犯则不需要。换句话说，结果犯中的结果需要独立判断，行为犯中的结果则通过行为来判断。这里涉及一个有争议的问题——是不是任何犯罪的成立都要求发生结果呢？

有一种观点认为，只有像故意杀人罪、盗窃罪这样的结果犯，才要求构成要件必须包括结果这个要素，而像非法侵入住宅罪、伪证罪这样的行为犯，不要求发生结果，只要有行为，就构成了犯罪既遂。

跟这种观点不同，我认为结果对所有犯罪的成立来说都是必要的。最基本的理由是，犯罪的本质是侵犯法益，反过来，没有对法益造成侵害或者危险的行为就绝不可能成立犯罪。而刑法所说的结果，就是对法益造成侵害或者危险。从这个意义上说，没有结果就没有犯罪。所以，即使是行为犯，也必须具备结果要素，也必须具有侵犯法益的结果。

如果认为行为犯只要实施行为就成立犯罪，那就意味着不需要法益侵害和危险的发生，这会导致把没有侵犯法益的行为认定为犯罪，会不当地扩大处罚范围。比如，行为人非法侵入一处无人居住的空房。这个时候，不能因为行为人实施了侵入房屋的行为，就认定他成立非法侵入住宅罪，因为这种行为并没有造成侵害他人住宅安宁的现实结果或者危险状态。

结果加重犯

还有一种和结果犯相关联的犯罪类型，叫作结果加重犯，指一个基本犯罪行为引发了《刑法》规定的严重结果，从而加重刑罚的情形。故意伤害致人死亡、抢劫致人重伤或死亡都是典型的结果加重犯。

在我国，司法解释确定的结果加重犯的罪名和普通犯罪的罪名相同，但在德国、日本等国，结果加重犯的罪名与普通犯罪的罪名并不相同。不过，结果加重犯的刑罚过重是世界范围内的普遍现象。为什么说刑罚过重呢？因为结果加重犯通常表现为基本犯罪的故意犯和加重结果的过失犯，但结果加重犯的量刑却远远重于基本犯和过失犯分别量刑时的总和。

比如，抢劫致人重伤，抢劫是基本犯罪的故意犯，致人重伤是过失犯。其中，抢劫致人重伤适用的法定刑是"十年以上有期徒刑、无期徒刑或者死刑"，普通抢劫罪适用"三年以上十年以下有期徒刑"，而过失致人重伤罪适用"三年以下有期徒刑或者拘役"。所以，普通抢劫罪和过失致人重伤罪两罪并罚，最多是十三年有期徒刑，相比抢劫致人重伤这种结果加重犯可能带来的无期徒刑和死刑，要轻很多。

其实，结果加重犯之所以处罚这么重，是因为太重视客观上造成的损害结果，而不太重视行为人对这个结果的可谴责程度。既然如此，就应当严格限制结果加重犯的成立范围。下面就来看看结果加重犯的三个成立条件。

第一，行为人必须实施了基本犯罪行为，并且对基本犯罪行为的对象造成了加重结果。比如，只有造成故意伤害的对象死亡，才属于故意伤害致人死亡。

第二，加重结果和基本犯罪行为之间具有直接性关联。也就是说，只有当具有造成加重结果高度危险的基本行为直接造成了加重结果时，才能将加重结果归属于基本行为，进而认定为结果加重犯。

比如，行为人入户抢劫时把被害人捆在房间，劫取财物后就逃走了。被害人挣脱后外出呼救，不慎从二楼阳台掉下摔死。这种情况下，行为人不成立抢劫致人死亡，因为被害人摔死和行为人的捆绑行为没有直接性关联。但是，如果被害人因为被捆绑而饿死，行为人就成立抢劫致人死亡的结果加重犯了。

再比如，行为人对他人实施暴力造成重伤后，随手把烟头扔在地上引起火灾，被害人被烧死。这里的基本行为，即行为人的暴力行为和被害人的死亡之间不存在直接性关系，所以不能认定为故意伤害致人死亡，只能认定为故意伤害罪和失火罪，或者故意伤害罪和过失致人死亡罪。

第三，行为人对加重结果至少有过失。任何人只对自己负有过失或者故意的结果承担刑事责任，如果行为人连过失都没有，加重结果就不能由行为人来承担。比如，漆黑的夜里，行为人对被害人实施抢劫行为，但并不知道也不可能知道被害人背后是很陡的台阶，被害人跌倒后死亡。这种情况下，如果行为人对被害人的死亡没有过失，就只能认定为抢劫罪的基本犯，不能认定为抢劫致人死亡的结果加重犯。

要提醒的是，由于《刑法》已经对结果加重犯明确规定了加重的法定刑，所以能成立结果加重犯的，应当根据适用加重的法定刑，不能实行数罪并罚。

总结一下，法益侵害结果是所有犯罪都必须具备的要件，也是所有犯罪的处罚根据。行为犯也必须具备结果要件，只不过行为犯是行为和结果同时发生了，所以不需要再去认定行为和结果之间的因果关系。

08 因果关系

甲乙开枪分别打中丙的心脏和头部，谁对死亡结果负责？

上一节讲了构成要件里的结果要素。一个杀人案件里，存在一个杀人行为，也存在一个死亡结果，但是在没有确定杀人行为和死亡结果之间的因果关系时，我们还不能肯定地说行为人必须对死亡结果负责。比如，行为人实施了杀人行为，但被害人实际上是因为突发疾病而死亡的，那行为人就不应当对死亡结果负责，因为杀人行为和死亡结果之间没有因果关系。可见，只了解行为和结果还不够，我们还需要判断行为和结果之间的关系。

在我国，因果关系概念的用法并不统一，有人在广义上使用，有人在狭义上使用。广义的因果关系包括狭义的因果关系和结果归属两部分。结果归属下一节讲，这一节先来搞懂什么是狭义的因果关系。

什么是刑法上的因果关系

本节标题中的问题，也是前面提到过的一个案例，甲乙在没商量的情况下，同时向丙开枪，一枪打中丙的心脏，一枪打中丙的头部。在这种情况下，能不能肯定甲乙的开枪行为和丙的死亡之间有因果关系呢？这就涉及因果关系的判断。

那么，什么是刑法上的因果关系呢？**因果关系就是危害行为和**

危害结果之间的一种引起和被引起的关系。比如，张三的盗窃行为使被害人丧失财物，就可以说张三的盗窃行为引起了被害人丧失财物这个结果，两者之间就具有因果关系。

要注意的是，**因果关系是一种客观存在，只能根据事物之间的客观联系进行判断，所以这是一种事实层面的判断，不需要考虑主观层面的内容**。比如，行为人在不知道被害人有血友病的情况下轻轻划伤被害人，结果被害人因为血流不止而死。如果要考虑主观层面的内容，是不是可以辩护说行为人根本不知道被害人有血友病，所以他的伤害行为和被害人的死亡结果没有因果关系？这样判断是不合适的，应当认为二者之间存在事实上的因果关系，不能因为被害人患有血友病就否定这一点。

如何判断因果关系

对行为和结果之间有没有因果关系的判断，一般采取**条件说——当没有前者就没有后者时，前者就是后者的原因**。因此，如果没有行为就没有结果时，行为就是结果的原因，就可以肯定二者之间的因果关系。比如，甲开枪击中乙的心脏导致乙死亡，就可以得出"如果没有甲的射击行为，乙就不会死亡"的结论，进一步肯定甲的射击行为和乙死亡之间具有因果关系。

如果没有条件关系，就肯定不存在因果关系。比如，甲以杀人的故意向丙的食物中投放足以致死的毒药，丙虽然吃了食物，但在毒药没起作用的时候，乙就开枪打死了丙。在这种情况下，乙开枪的行为造成了丙的死亡，两者之间具有因果关系；而甲投毒的行为和丙的死亡之间不存在没有前者就没有后者的条件关系，所以甲投毒的行为和丙的死亡之间没有因果关系。

当然，这并不是说只要前一个行为和结果中间介入了另一个行为，前一个行为和结果之间就一定没有因果关系。比如，甲给丙注射了一剂致命毒药，在毒药刚开始发挥作用时，乙对丙实施暴力，丙因为中毒而无力逃避乙的暴力，最终死亡。在这种情况下，正是因为甲的行为，丙才会身体变得虚弱，然后乙才能顺利实施暴力并导致丙死亡，所以，完全可以认定甲的投毒行为和丙的死亡之间具有因果关系。也就是说，甲乙的行为和丙的死亡之间都具有因果关系。

几种特殊的因果关系

通常情况下，因果关系都不难确定，但以下几类比较复杂的情形需要具体分析一下。

第一，假定的因果关系。

有没有因果关系应当由真实发生的事实来决定，而不能附加假定的因素。举个例子，杀人犯乙下午 1 点将被执行死刑，在执行人扣动扳机前的瞬间，被害人的父亲甲推开执行人，自己击毙了乙。在客观上，是甲的射击行为导致了乙的死亡，所以应当认定二者之间具有因果关系。如果说乙即便不被甲打死，也会被执行死刑，就是在假定一种因果关系了。不能用假定的因果关系来否定甲的开枪行为和乙的死亡之间存在的现实的因果关系。

第二，二重的因果关系，也叫择一的竞合。

这是指两个以上的行为分别都能导致结果的发生，但在行为人没有意思联络的情况下，竞合在一起导致了结果的发生。比如，甲乙没有意思联络，都向丙的食物中投放了足以致死的毒药。在这种情况下，甲或者乙的行为单独都可以导致丙死亡，但甲和乙的行为却竞合在一起，导致了丙的死亡。对于这种情况，有三种观点。

第一种观点认为，甲乙的行为和丙的死亡之间没有条件关系——即使没有甲的行为或者没有乙的行为，丙也会死，所以没有因果关系。但是，客观上已经存在丙死亡的结果，如果否认条件关系的存在，认定甲乙只承担未遂的责任，就会让一些人难以接受。不过，另一方面也要注意，如果一概认定双方均为故意杀人罪既遂，就会冤枉其中一个人。

第二种观点认为，在多个行为导致一个结果的情况下，如果除去一个行为，结果依然会发生，而除去全部行为，结果就不发生，那么全部行为都是结果发生的条件。但是，这种观点只是为了能让多个行为人都受到处罚所做的变通，并没有给出实质依据。

第三种观点认为，只有证明了谁的行为对被害人的死亡起到了作用，才能认定有因果关系。如果存在时间先后关系，一方的行为对死亡并没有起作用，那就应该否定因果关系。比如，如果证明在乙投放的毒药起作用之前，丙已经死亡，就只能认定甲的行为和丙的死亡结果之间有因果关系。这种观点是可取的。

到这里，本节标题中的例子也就清楚了。如果甲乙在同一时间开枪，即使没有甲的行为或者没有乙的行为，丙仍然会死亡，那么这就不符合条件关系，不能说甲乙的开枪行为跟丙的死亡之间有因果关系。如果甲乙开枪的行为存在时间上的先后顺序，其中一人的行为对丙的死亡没有起作用，那就应该否定此人的行为和丙死亡之间的因果关系，而认定另一人的行为和丙死亡之间有因果关系。如果丙是因为甲乙两人开枪的行为导致的两个伤口流血过多而死亡的，那就应该认定甲乙两人的行为与丙的死亡结果之间有因果关系。换句话说，只有证明了甲或乙的射击行为对丙的死亡起到了作用，才能认定彼此之间有因果关系。所以，如果甲乙同时开枪导致丙的死亡提前，也要认定甲乙的行为与结果之间都有因果关系。

第三，可替代的充分条件。

有人把这种情形归入二重的因果关系，但我还是分开来说明。比如，丙要去沙漠探险，甲乙都想趁机杀死丙。甲在丙准备穿越沙漠长途旅行的前夜，悄悄溜进丙的房间，把丙水壶里的水换成了无色无味的毒药。乙则在丙出发当天的早晨，在丙的水壶底部钻了一个小洞。出发后，丙在沙漠中想喝水，但水壶是空的。由于没有其他水源，丙脱水而死。在这种情况下，甲和乙的行为都可能导致丙死亡，那究竟谁的行为和丙的死亡之间具有因果关系呢？这就必须根据客观事实，去判断究竟是哪个行为导致了结果。

在这个案例中，丙是因脱水而死的，不是因中毒而死的，所以他的死亡是由乙在水壶上钻洞的行为造成的，也就应当认定乙的行为和丙的死亡之间具有因果关系。相应地，甲投毒的行为和丙的死亡之间没有因果关系。

你会不会觉得，如果乙不在水壶上钻洞，丙就会喝到有毒的水，会死得更早，所以应当认定甲的行为和丙的死亡之间有因果关系？一定要知道，死亡结果是具体的，而不是抽象的，被毒死和被渴死是不一样的具体结果。丙都没有喝到毒药，怎么会被毒死呢？丙的尸体内也根本没有毒素，怎么能说他是被毒死的呢？其实，这种想法就是在假定一个事实，但前面讲过了，不能通过假定的事实来判断因果关系。

第四，重叠的因果关系。

这是指两个以上相互独立的行为单独不能导致结果发生，但合并在一起导致了结果。比如，甲乙两人在事先没有沟通的情况下，分别向丙的食物中投放了致死量 50% 的毒药，两人投放的毒药叠加后达到了致死量，丙吃食物后死亡。在这种情况下，甲乙两人的行为分别都对丙的死亡起作用，可以说是多因一果，所以应该认定两人的行为和丙的死亡之间都存在因果关系。

第五，救助性因果流程的中断。

这是指已经存在的某种条件原本可能阻止结果发生，但行为人消除了这种条件，导致结果发生了。这种中断救助性因果流程的行为，和结果之间具有因果关系。比如，一个救生圈正漂向落水的被害人，且被害人可以马上抓住，但行为人拿走了救生圈，被害人溺水身亡。这时，应当认定拿走救生圈的行为和死亡结果之间具有因果关系。

答学友问

学友：关于本节标题中的例子，如果说丙是因为甲的行为而死的，那他的死就和乙的行为没有因果关系，乙就不构成犯罪。但是，在表面的构成要件要素那一节，不是说甲乙都构成故意杀人罪未遂吗？感觉好像学混了，希望老师能帮忙厘清一下。

张明楷：这位同学的疑问在于，他认为甲乙的开枪行为和丙的死亡结果没有因果关系，两个人就是无罪，但是前面讲到同样的例子时，结论却是两个人都成立故意杀人罪的未遂，这两个结论是不是有矛盾？其实没有矛盾。因为因果关系指的是构成要件行为与构成要件结果之间的因果关系，在这个例子中，考察的也是甲乙的开枪行为与丙死亡这个具体的构成要件结果之间的关系。如果行为和构成要件结果之间不具备因果关系，就不能把丙的死亡结果归属于甲或乙，也就可以说构成要件行为没有造成构成要件结果。但这就意味着就不处罚甲和乙了吗？

前面讲过，具备构成要件符合性且不具有违法阻却事由，同时行为人又有责任，犯罪成立。比如，以杀人的故意向他人开枪，造成他人死亡的结果，就成立故意杀人罪，这个完整的过程是一个犯罪的完成形态，即犯罪既遂。但是，从刑法保护法益的立场来看，如果不发生构成要件的结果就不成立犯罪，不处罚行为人，对法益的保护就很不充分。所以各国刑法一般都会把处罚的时点提前到结果还没有发生的阶段，或者说把犯罪的成立时期提前到犯罪行为完成形态之前的时点，也就是后面会专门讲的犯罪的未完成形态，包括犯罪预备、犯罪未遂和犯罪中止。

当构成要件行为和构成要件结果之间缺乏因果关系时，只能否定犯罪既遂的成立。如果行为人具备不法和责任，还应该承担犯罪未遂的罪责。如果是在结果加重犯的情况下，行为人要承担基本犯既遂的罪责。

在这个例子中，如果查不清甲乙的开枪顺序，就只能认为两人的开枪行为都和丙的死亡结果不具有因果关系，但这只是否定了犯罪既遂的成立，两人仍然要承担未遂犯的罪责。如果查清丙是因为甲的开枪行为死亡的，丙的死亡结果就和乙的开枪行为没有因果关系，那甲就成立故意杀人罪既遂，乙成立故意杀人罪未遂。

这里要特别提醒一下，二重的因果关系是查不清楚客观上丙的死亡结果是谁造成的，所以根据存疑时有利于被告的原则，认定两人的行为都和这个结果没有因果关系。那这是不是便宜了那个真正导致丙死亡的人呢？但事实上，究竟便宜了谁，没有人知道，那就没有便宜任何人。在刑法上，无法用证据证明的事实就不是事实，只有证据能够证明的事实才是事实。而在这种情况下，维护存疑时有利于被告的法理价值更加重要。

学友： 根据本节的内容可以知道，两人没有意思联络，给第三人分别下过超过致死量的毒药致其死亡，都成立故意杀人罪未遂；两人分别下 50% 致死量的毒药，却成立既遂。这种结论恐怕难以令人信服，因为相较于后一种情形，前一情形中的每一个行为人对法益的威胁都要更为严重。

张明楷： 这位同学提到了两种情况，第一种情况属于二重的因果关系，第二种情况属于重叠的因果关系。这位同学的疑问是，为什么两人分别下 50% 致死量的毒药，却要成立故意杀人罪的既遂呢？

要注意，肯定了甲乙与丙死亡之间的因果关系，并不意味着两人一定成立故意杀人罪既遂。比如，甲乙两人都以伤害的故意放了致死量 50% 的毒药，但因为另一人在自己不知情的时候也加了同样剂量的毒药，最终导致丙死亡。在这种情况下，如果甲乙都不可能预见自己的行为可能导致丙死亡，那他们对丙的死亡结果主观上就没有责任，所以只能成立故意伤害罪（基本犯）的既遂；即便他们有可能预见丙的死亡，最终也只能认定为故意伤害罪（致人死亡）的既遂，而并非故意杀人罪的既遂。

不可否认的是，在行为人都有杀人故意的情况下，两人没有意思联络，分别给第三人下超过致死量的毒药致其死亡，两人都成立故意杀人罪未遂，而两人分别下致死量 50% 的毒药却成立既遂，看上去的确是不协调的。但要注意，前一种情形不能证明哪个人的行为与结果具有因果性，而后一种情形能够证明两个人的行为都和结果具有因果性，因此是事实不清和事实清楚的两个案件，不能同等看待。

最后要说的是，前面主要是从因果关系的角度来讨论的。但只有因果关系还不能把结果归属于行为人的行为，也就是说，要将一个行为认定为杀人既遂，必须进行结果归属的判断。国外有学者从结果归属的角度出发，认为分别下致死量 50% 的毒药只成立未遂，但多数人还是主张成立既遂。

09 结果归属

警察解救人质时误伤人质，绑架犯要对此负责吗？

关于行为和结果之间的关系，我们要先从事实的角度去看两者之间是否存在因果关系，但有时只肯定事实上的因果关系还不够，还要判断这个结果应该归属于谁，究竟是不是行为人的"作品"，也就是要进行结果归属的价值判断。比如，警察解救人质时向绑架犯开枪，但误伤了人质。就这个事实来说，警察、绑架犯都与人质受伤存在因果关系，但是，人质受伤的结果应当归属于谁，究竟是谁需要对这个结果负责，是警察还是绑架犯？这就是结果归属要解决的问题。

结果归属判断的两个规则

结果归属的判断有两个规则。

第一，结果归属的前提是危险的现实化。

也就是说，只有当行为和结果之间具有因果关系，且行为的危险已经现实化为侵害结果时，才能把结果归属于行为。其中，有几种具体的情形需要特别注意。

首先，没有结果回避可能性时，不能将结果归属于行为。比如，护士没有为患者做皮试，导致患者因注射抗生素而死亡。但事后查明，即使做了皮试也不可能查出患者的特殊身体反应，即患者的死亡结果不具有回避可能性。那么，虽然护士的行为和患者的死亡具有事实上的因果关系，也不能将死亡结果归属于护士的行为。

其次，危险行为没有现实化时，不能将结果归属于行为。比如，甲以杀人故意开枪打伤被害人，结果被害人在医院遇到火灾被烧死了。因为枪杀的危险没有现实化，或者说因为被害人的死亡结果是由火灾导致的，所以不能把死亡结果归属于甲的行为。

最后，行为虽然违反了规范，但造成的结果不是该规范所禁止的结果，也不能将结果归属于行为。比如，张三晚上喝酒后在封闭的高速公路上驾驶机动车，撞死横穿高速公路的行人李四。虽然张三是醉酒驾驶，但禁止酒后驾驶其实是为了防止司机因丧失或降低控制车辆的能力而造成伤亡结果，不是为了防止由于行人违章横穿高速公路而造成的伤亡结果。所以，不能把李四的死亡结果归属于张三的酒后驾驶行为。

第二，结果归属还要判断构成要件的效力范围。

首先，如果防止结果发生已经不属于行为人负责的领域了，就不能将结果归属于行为人的行为。比如，张三驾驶机动车撞伤李四，然后警察将李四送往医院，但途中又发生一起事故导致李四死亡。在警察送人的过程中，防止李四死亡的救助义务已经归属于警察了，所以不能把死亡结果归属于张三的行为。

其次，如果行为人造成的结果并不是构成要件禁止的结果，也不能将结果归属于行为人的行为。比如，《刑法》规定重婚罪是为了保护我国一夫一妻的婚姻制度，所以重婚行为造成的社会影响不是重婚罪禁止的内容，也就不能把社会影响这个结果归属于重婚行为。

存在多个行为该如何判断结果归属

只有一个行为时，结果归属不难判断。但如果在结果发生前存在多个行为，该怎么判断呢？实施介入行为的可能是被害人自己，可能是第三方，也可能是第一个行为的行为人。下面，先看看这三类具体的情况。

第一，介入被害人自己的行为。

比如，几个行为人追杀被害人，被害人无路可逃，跳入水库溺死，或者不得已逃入高速公路被车撞死。这种情况下，虽然介入了被害人自己的行为，但被害人是因为行为人的行为而不得不实施介入行为，所以应当把被害人的死亡结果归属于被告人的追杀行为。

又比如，甲伤害乙并导致乙受轻伤，但乙迷信鬼神，用香灰涂抹伤口，之后因细菌感染而死。在这个例子里，介入的被害人自己的异常行为才对结果起决定性作用，所以不能把乙的死亡归属于甲的行为，而应归属于乙自己。

第二，介入第三者的行为。

比如，行为人在道路上突然把被害人推下车，导致被害人被随后驶来的第三者的车轧死。在这个例子里，介入的第三者的行为并不异常，即第三者无法避让，所以结果不能归属于第三者，而应归属于行为人。但是，如果被害人被推下车时后面没有车，被害人也没有死亡，之后第三者开车经过时很容易看到被害人，但由于疏忽把被害人轧死，就应该把死亡结果归属于第三者的行为了。

又比如，甲伤害乙之后，警察赶到现场。警察在送乙前往医院的途中驾驶不慎，导致车辆撞向护栏，乙失血过多而死。这时就应该把乙的死亡结果归属于警察的行为，因为是警察造成了死亡结果的发生。

第三，介入行为人的行为。

比如，甲以杀人的故意对乙实施暴力并导致乙休克，甲以为乙已经死亡，为了毁灭罪证，把乙扔进水库，其实乙是被溺死的。对这种情形的处理争议特别大，但一般认为，应当把死亡结果归属于甲的第一个行为，即甲成立故意杀人罪既遂，而不是过失致人死亡罪。也就是说，行为人的前行为是故意的，且有导致结果发生的高度危险，后来又介入了行为人的过失行为，直接造成结果，这时应当把结果归属于具有故意的前行为。

又比如，甲过失导致乙重伤，为了逃避责任，故意开枪杀死乙。这时应当把乙的死亡结果归属于故意开枪的行为。也就是说，行为人过失的前行为具有导致结果发生的高度危险，后来又介入了行为人的故意或过失行为，直接造成结果，这时应当将结果归属于后行为。

到这里，本节标题中的问题就很清楚了。警察解救人质时向绑架犯开枪，但误伤了人质。如果开枪是当时警察必须选择的行为，且行为本身没有过失，那么警察的行为就没有异常，应当把人质死亡的结果归属于绑架犯的前行为，而不能归属于警察的介入行为。英美刑法就是这样处理的。当然，把人质死亡的结果归属于绑架犯并不意味着绑架犯一定要负故意杀人罪既遂的责任，关于他最终是否构成犯罪以及构成什么罪，还需要判断责任要素。

10 正当防卫

本欲杀人却杀死了正在行凶的罪犯，成立正当防卫吗？

接下来几节的内容是几个重要的违法阻却事由。什么是违法阻却事由呢？举个例子，张三向他人开枪导致他人死亡，这个行为符合了故意杀人罪的构成要件，通常就表明这个行为是违法的。但如果张三的行为符合正当防卫的条件，他就具有了排除违法性的事由，这个行为就不违法。而这个排除违法性的事由，就叫作违法阻却事由。

我国《刑法》明文规定了正当防卫、紧急避险两种违法阻却事由，此外还有被害人承诺、法令行为、自救行为等不成文的违法阻却事由。这一节先来讲正当防卫。

什么是正当防卫

这几年发生了几起引起大家广泛关注的正当防卫案件，比如2018 年的"昆山反杀案"。2018 年 8 月 27 日晚，一辆宝马车和电动车发生轻微交通事故，双方产生争执，之后宝马车主刘海龙从车内拿出刀追砍电动车车主于海明，追砍过程中刀不慎掉落，于海明捡起刀反过来追砍刘海龙，刘海龙被砍伤，倒在草丛中，最后死亡。这个案件几经波折，最后于海明的行为被认定为正当防卫，无须承担刑事责任。

虽然正当防卫不违法，行为人不需要承担刑事责任，但对正当防卫的认定其实是存在很多难点的。先来看看《刑法》是怎么定义正当防卫的。

正当防卫是指为了使国家、公共利益、本人或者他人的人身、财产和其他权利免受正在进行的不法侵害，采取对不法侵害人造成或可能造成损害的制止不法侵害的行为。一般认为正当防卫分为两种，分别是特殊正当防卫和一般正当防卫。特殊正当防卫（《刑法》第 20 条第 3 款）是针对正在进行的严重危及人身安全的暴力犯罪（行凶、杀人、抢劫、强奸、绑架等）所进行的防卫。对于特殊防卫，不存在防卫过当的问题。一般正当防卫（《刑法》第 20 条第 1 款）是针对正在进行的其他不法侵害所进行的防卫，有防卫限度的要求，所以存在防卫过当的可能性。

我曾经认同上述观点，但现在我认为正当防卫只有一种，《刑法》第 20 条第 3 款规定的不是特殊正当防卫，而是对正当防卫限度的提示性规定。也就是说，第 3 款规定的情形属于防卫限度内的正当防卫。当然，这个问题争议比较大，你可以先不管它。

正当防卫的正当化根据

为什么正当防卫不需要负刑事责任？或者说，正当防卫的正当化根据是什么？

正当防卫的特点是制止正在进行的不法侵害，从而保护法益。既然是正当防卫，那么防卫行为一定损害了不法侵害人的利益。单从这一点看，正当防卫表面上符合某个犯罪的构成要件，但因为正当防卫保护了更优越或同等的法益，且《刑法》明文规定允许正当防卫，所以正当防卫既不具备形式上的违法性，也不具备实质上的违法性。

不过，当防卫行为造成的损害大于不法侵害可能造成的损害时，也可以成立正当防卫。因为正当防卫是在紧急状态下实施的行为，在面临紧迫的不法侵害时，防卫人没有退避的义务，也就是我们常说的"正当没有必要向不正当让步"，因此处于优越地位，而不法侵害人处于被防卫的地位。与不法侵害人的法益相比，防卫人的法益更优越，所以防卫造成的损害可以大于不法侵害人可能造成的损害。

但是，如果防卫行为造成的损害和不法侵害可能造成的损害差距非常悬殊，比如，为了保护鸟笼中的一只鸟而杀害盗窃犯，那无论如何也不能认定为正当防卫。

正当防卫的成立条件

第一，必须存在现实的不法侵害行为。

这里的不法侵害，既包括犯罪行为，也包括其他一般违法行为。但是，并非对所有违法犯罪行为都能进行防卫，只有面对的是具有攻击性、破坏性、紧迫性、持续性的不法侵害，且采取防卫行为可以减轻或者避免法益侵害结果时，才能进行防卫。比如，假冒注册商标、重婚、贿赂等虽然是犯罪行为，但也不能对其进行防卫，因为这些犯罪不具有攻击性、破坏性或者紧迫性。

第二，不法侵害必须正在进行。

只有不法侵害正在进行时，法益才处于紧迫的危险之中，从而使防卫行为成为保护法益的必要手段。而不法侵害正在进行，是指不法侵害已经开始且没有结束。比如，抢劫犯使用暴力强取财物后，抢劫罪虽然已经既遂，但不法侵害状态依然存在，被害人当场对抢劫犯施以暴力夺回财物的，属于正当防卫。

第三，必须针对不法侵害人本人进行防卫。

不法侵害是由不法侵害人直接实施的，只有针对不法侵害人进行防卫，才可能制止不法侵害、保护法益。比如，在"昆山反杀案"中，如果于海明的伤害行为针对的不是刘海龙本人，而是其女朋友，就不成立正当防卫。

第四，必须没有明显超过必要限度，造成重大损害。

防卫明显超过必要限度，造成重大损害的，不是正当防卫，而是防卫过当。

正当防卫的，不负刑事责任；防卫过当的，可能要视不同情形承担相应的责任。

当然，按照通说的观点，特殊防卫不存在防卫过当的问题，即没有限度的要求。这也是特殊防卫在成立条件上和一般防卫的不同之处。

偶然防卫是否属于正当防卫

现在来解决本节标题中的问题：行为人甲想杀害乙，且他不知道乙正在行凶，准备杀害丙，甲一枪打死了乙，使无辜的丙得救。那么，甲的行为能成立正当防卫吗？这个问题涉及偶然防卫——故意或者过失侵害他人法益的行为符合正当防卫的客观条件，换句话说，行为人虽然没有防卫意识，却导致了正当防卫的结果。

关于偶然防卫是正当防卫还是犯罪，存在比较大的争议。有人认为偶然防卫成立犯罪既遂，但这种看法明显不妥当。偶然防卫人虽然主观上是出于犯罪意图才做出的行为，但结果是制止了不法侵害，而这正是《刑法》允许的结果。前面讲过，作为犯罪既遂标志的结果，只能是《刑法》禁止的结果。所以，偶然防卫不可能成立犯罪既遂。

也有人认为偶然防卫成立犯罪未遂，主要有以下三种理由。

第一，偶然防卫的结果是正当的，但行为不正当，所以成立犯罪未遂。但是，如果不反对甚至赞成偶然防卫的结果，那也不应该禁止偶然防卫的行为。所以，我认为这个理由不成立。

第二，乙正在行凶是偶然的，或者说乙当时存在不行凶的可能性，甲只是偶然没有造成不法结果，所以甲成立犯罪未遂。我也不赞成这种观点，因为乙当时就在行凶，我们凭什么说乙存在不行凶的可能性呢？而且这种观点采取的其实是主观的未遂犯论。

第三，如果偶然防卫保护的是第三者法益，不成立犯罪；如果保护的是自己的法益，成立犯罪未遂。但是在《刑法》上，保护自己利益和保护他人利益的防卫是完全等价的。既然保护他人利益的偶然防卫是正当防卫，那么保护自己利益的偶然防卫就没有理由不是正当防卫。所以，这种观点也是不可取的。

我认为，偶然防卫行为不成立犯罪。因为虽然行为人主观上具有犯罪故意，但客观行为没有侵犯《刑法》所保护的法益，相反，《刑法》还允许以造成损害的方式去保护另一个更优越的法益。从根本上讲，偶然防卫行为缺乏法益侵害性，所以不成立犯罪。

不过，关于偶然防卫，有两点需要注意。

第一，上述讨论只限于偶然防卫人的行为针对不法侵害人本人的情况。如果偶然防卫人针对的是无辜者，但偶然造成不法侵害人伤亡，那就是另外一个问题了。比如，逃犯甲乙都瞄准警察丙开枪，但逃犯甲却射中了逃犯乙。虽然甲射中乙的行为属于偶然防卫，但因为甲是瞄准警察丙开枪的，他的行为具有杀害警察丙的危险性，所以他依然成立故意杀人罪未遂。

第二，说偶然防卫不成立犯罪只是就偶然防卫行为本身来说的，偶然防卫之前的行为仍然可能成立犯罪预备。比如，甲为了杀害乙而事先准备了凶器，调查了乙的行踪。后来杀害乙时，乙正好在杀害丙，甲杀害乙的行为正好避免了丙的死亡。这时，甲杀害乙属于偶然防卫，不成立犯罪，但这只是说甲杀害乙的实行行为无罪。甲之前实施的准备凶器、调查行踪的行为，仍可能成立故意杀人罪的预备。

答学友问

学友：如果你在大街上看到有个人一脸凶相地朝你飞奔过来，以为他要来打你，于是先一拳把他打倒在地。但事实上，对方的不法行为完全是基于你的想象，那你的这种行为会被评价为故意伤害罪吗？如果你刚刚和一个人吵了一架，他拿着刀冲你飞奔过来，现在你面对的"不法行为"是可能发生的，或者说有更大的发生概率，这种"防卫"行为又要怎么评价呢？

张明楷：这个问题涉及刑法上的一个概念——假想防卫，即客观上没有不法侵害，但行为人误认为存在不法侵害，从而进行所谓防卫的情况。

正当防卫中的不法侵害必须是现实存在的，不能是想象出来的。假想防卫不是针对实际存在的不法侵害实施的，它并没有保护任何法益，客观上是单纯地侵害了法益，所以假想防卫不成立正当防卫。

那么，实施假想防卫的就一定成立犯罪吗？也不一定。犯罪的成立不只要求具备不法，还要满足责任要件。在假想防卫的场合，如果行为人有过失，就成立过失犯罪；如果没有过失，就只能按照意外事件处理了。

这个问题中的情境是：对方一脸凶相地朝你飞奔过来，你以为他要来打你；或者你刚和对方吵了一架，就看见对方拿着刀过来了。这两种情形的关键都在于对方是不是真的要对你实施不法侵害，如果不是，你就是假想防卫。

要强调的是，对方客观上有没有进行不法侵害是一个客观事实问题。如果对方根本不是要对你实施杀害、伤害等行为，但你合理地认为对方即将这么做，这只是表明你没有过失，可以按意外事件处理，但不能认为你的行为是正当防卫。

学友： 某人侵犯国家利益，没有侵犯其他具体人的法益，怎么进行正当防卫？对侵害公法益的行为，能不能进行正当防卫？

张明楷： 首先，如果侵害公法益的同时也侵害了个人法益，是允许进行正当防卫的。比如，你看到有人去抢劫国有银行，这时可以进行正当防卫，因为银行的钱如果被偷了，储户的个人利益可能也就被侵害了。

其次，对于侵害公法益但没有侵害个人法益的行为，能不能进行正当防卫呢？这个问题在国外存在争议。国外的刑法一般规定，只有侵害个人法益时才能进行正当防卫。所以有人指出，对公法益，只能由国家及其机关进行防卫，不能由个人进行防卫。不过，国外也有学者试图扩大防卫的范围。有人认为在有限的范围内，可以为了保护公法益进行防卫。比如，对于妨害司法或者私放罪犯的行为，可以进行正当防卫。

德国的通说认为，当现实的国家利益受到直接威胁，而主管机关又无法进行保护时，为了保护作为主权象征的国家法益，个人可以进行正当防卫。比如，看到有人在向境外机构非法提供一份事关国家安危的国家秘密，报警阻止也来不及的，个人可以进行防卫。

我国《刑法》明文规定，无论一个行为是否同时侵害了具体人的利益，都可以为了保护公共利益而进行正当防卫。不过，我认为在国家机关能够及时有效地保护公法益的情况下，公民没有必要进行防卫。比如，某人以暴力方式阻碍国家机关工作人员执行公务，此时，代表国家机关的工作人员能够及时有效地排除妨害，保证公务顺利进行，普通公民没必要也不应当进行防卫。当然，如果公民为保护公共利益而进行了正当防卫，也不构成犯罪。

11 紧急避险

为了救五个小孩，可以杀害一个小孩吗？

先来看一个故事。城市的郊区有两条铁轨，一条是正在使用的新铁轨，一条是已经废弃的旧铁轨。六个小孩一起来玩耍，其中五个小孩在新铁轨上玩，另一个小孩劝他们说新铁轨很危险，但他们不听。于是，劝别人的小孩就自己在旧铁轨上玩。一列火车飞速驶来，当司机发现孩子们的时候，已经来不及刹车了。这时，司机面临两个选择：一是正常行驶，这样会撞死五个小孩；二是拐上旧铁轨，撞死一个小孩，这样能挽救其他五个小孩。

如果你是司机，你会怎么选择？如果为了避免撞死五个小孩，选择拐上旧铁轨撞死一个小孩，司机需要为此承担刑事责任吗？这就是本节要讲的紧急避险问题。

什么是紧急避险

紧急避险是《刑法》明文规定的违法阻却事由，指的是为了使国家、公共利益、本人或者他人的人身、财产和其他权利免受正在发生的危险，不得已损害另一较小或者同等法益的行为。它最大的特点是避免现实危险，同时保护较大或者同等的法益。

虽然紧急避险行为造成了某种法益的损害，但由于该行为保护的法益不小于侵害的法益，从法益衡量的角度来考虑，就相当于没有侵害法益。所以，紧急避险行为通常并不违法，不需要承担刑事责任。当然，有的紧急避险行为是违法的，只是可以认为行为人没有责任。

有人可能会觉得紧急避险和正当防卫差不多，因为两者都是紧急行为，也都是违法阻却事由。两者确实有相似之处，但也有一个本质的区别：正当防卫是对正在进行的不法侵害的防卫，即"正对不正"；紧急避险是两个法益之间的冲突，即"正对正"。在"正对正"的情况下，之所以阻却违法，根本原因在于该行为保护了更大或至少同等的法益。

紧急避险的成立条件

因为紧急避险是通过损害一种法益来保护另一种法益，所以它的成立比正当防卫更严格，具体包括以下几个条件。

第一，必须发生了现实危险，即法益正处于可能遭受具体损害的危险之中。这种危险不一定来自人的危害行为，也可能来自大自然、动物的袭击、疾病、饥饿等。面临危险的既可能是国家利益、公共利益，也可能是本人或他人的人身、财产和其他权利。但是，如果他人愿意使某个法益遭受危险，且他对这个法益有权处分，就不能进行紧急避险。换句话说，如果他人自愿放弃某个法益，就不能为了保护这个法益而进行紧急避险。

要注意的是，现实危险不包括职务、业务上负有特定责任的人所面临的对本人的危险。比如，当罪犯对执勤的警察进行侵害时，警察的职责决定了他不能进行紧急避险。如果警察为了抓捕罪犯而拿起路边的财物进行攻击，进而造成财物毁坏，不是紧急避险，而是正当防卫或者合法的职务行为。如果警察为了自己逃跑而拿起路边的财物阻挡罪犯，不成立紧急避险。

第二，现实危险正在发生。这是指危险已经发生或者迫在眉睫，实质上是法益正处于紧迫的威胁之中，这要根据具体情况综合判断。

第三，必须是不得已损害另一法益。这是指在法益面临危险时，没有其他合理的办法可以排除危险，必须损害另一个较小或者同等的法益才能保护这个面临危险的法益。不过，如果即使牺牲某个法益也不能保护其他法益，就不能实施紧急避险。

第四，必须没有超过必要限度，没有造成不应有的损害。这是指造成的损害不超过避免的损害。因为紧急避险是两种法益之间的冲突，所以必须以尽可能小的损害去保护另一个法益。

要注意的是，即便行为造成的损害小于避免的损害，也可能会超过必要限度。比如，发生森林火灾，为了防止火灾蔓延，不得已砍伐树木来形成隔离带。如果根据当时的客观情况，只要有 10 米宽的隔离带就可以阻止火灾蔓延，行为人却下令大量砍伐树木，形成 50 米宽的隔离带，那么，尽管救火行为保护的森林面积远远大于砍伐的，也应当认为超过了必要限度。

能否牺牲一个人来保护其他人

在紧急避险理论中，最有争议的一个问题是能否通过牺牲一个人的生命来保护其他人的生命。一种观点认为，如果说每个人的生命是等价的，紧急避险理论又认为可以损害更小或者同等的法益，那就可以用牺牲生命的方法来保护等价的生命，尤其是可以用牺牲一个人生命的方法来保护更多人的生命。

可是，从伦理角度考虑，生命是人格的基本要素，是不可能用任何尺度进行比较的，法律也不允许将人的生命作为实现任何目的的手段。比如，即使一个人的肝脏可以供五个肝病患者进行肝脏移植，进而挽救五个人的生命，也不能任意取出一个人的肝脏进行移植。从这个意义上说，把生命作为手段的行为都是违法的。

但再进一步想，如果不允许通过牺牲一个人的生命来保护更多人，就意味着宁愿更多人死亡也不能牺牲一个人，这恐怕难以为社会一般观念所接受，也不一定符合紧急避险的社会功利性质。所以，虽然生命无法用来比较，但也要分情形综合判断。

对生命的紧急避险可能会出现两种情况：一种是成立违法阻却事由，即行为不违法；另一种是成立责任阻却事由，即行为违法，但行为人没有责任。这两种情况都不成立犯罪。

其中，可以成立违法阻却事由的情况有以下几种：

- 被牺牲者同意牺牲自己来保护他人；
- 被牺牲者已经被特定化，即使不对他实施紧急避险，也会立即牺牲；
- 被牺牲者客观上不可能行使自主决定权，尤其是不可能行使防卫权；
- 被牺牲者死亡的可能性大于其他人，而且，如果不进行紧急避险，他会首先牺牲；
- 被牺牲者已经成为导致他人死亡的危险源；
- 为了保护多数人的生命，可以牺牲少数有过错的使自己的生命处于危险状态的人。

在这六种情况下的紧急避险都能阻却违法性，即行为是合法的。

人的生命当然不应该成为他人的手段，但如果从社会契约论的角度来看，理性的一般人事实上都会同意在上述几种情况下牺牲特定的人，包括自己。比如，恐怖分子劫持了一架飞机且即将撞上大楼，为了保护楼内更多数人的生命，国家安全机构的人员不得已击落了飞机。这就至少符合上述第二、第三、第四种情况。

任何无辜的人陷入如此境地，都可能会理性地同意被这样对待。事实上，在这种情况下，击落飞机是在社会一般成员彼此认可的合理范围内保护更多生命的行为，并不意味着把飞机上的乘客作为工具使用。

但是，不加限制地承认可以通过牺牲一个人的生命来保护其他人也是不行的，因为这不仅会使人们生活在恐惧之中，导致法律秩序混乱，也会导致保护生命的法律目的难以实现。所以，除了上述六种情况，对生命的紧急避险大多是违法的，只是构成责任阻却事由，即行为人没有责任，所以不成立犯罪。

比如，牺牲他人的生命保护自己或自己亲属的生命，原则上只能认定为阻却责任的紧急避险。电影《泰坦尼克号》里有个桥段：杰克和露丝跳海后一起抓住了一块木板，但木板只能承受一个人的重量，于是杰克主动放开了木板。我们稍做改编：露丝为了自己活下去而将杰克推开，导致杰克溺水身亡。这时，露丝的行为虽然是违法的，但应当认为是阻却责任的紧急避险，不成立犯罪，因为法律不能苛求人放弃求生的本能。

回到本节开头的故事，如果司机为了救新铁轨上的五个小孩而转向旧铁轨，进而导致一个小孩死亡，这并不属于阻却违法的紧急避险，所以司机的行为是违法的。但是，司机在当时的情况下选择保护更多人是人之常情，不谴责他是可以理解的，也可以认为他的责任没有达到可罚的程度，所以他的行为有可能成立阻却责任的紧急避险，因而不构成犯罪。

当然，有人会认为司机的行为不违法，也有人会认为司机的行为既违法也有责。这个问题或许永远都会存在争议，值得反复思考。

12 被害人承诺

相互斗殴致人轻伤，构成犯罪吗？

在阅读本节的内容之前，先来试着回答一下标题中的问题：相互斗殴致人轻伤，构成犯罪吗？之所以这么问，是因为斗殴一般是双方都有攻击、伤害对方的意图，双方事先也都知道这一点。这种情况下造成对方轻伤，是不是一定构成故意伤害罪呢？

这个问题肯定不能用正当防卫和紧急避险来说明，它涉及的是另一个违法阻却事由——被害人承诺。

什么是被害人承诺

顾名思义，被害人承诺就是被害人请求或者许可、同意行为人侵害自己的法益，即被害人放弃了自己的法益，或者说放弃了对自己法益的保护。既然这样，原则上法律就没有必要再对这些法益予以保护，损害这些法益的行为也就没有侵害法益，所以没有违法性。这就如同罗马法中的一句格言——"得承诺的行为不违法。"

那么，有被害人的承诺，行为人侵害被害人的法益就一定不构成犯罪吗？不是的。有些情形，即便有被害人的承诺，也构成犯罪。比如，拐卖儿童的行为即便得到了儿童的承诺，也成立拐卖儿童罪。

此外，对有些犯罪来说，被害人承诺正是犯罪成立的要件之一。比如，日本有一个罪叫得承诺杀人罪，就是指得到被害人同意而杀害被害人的犯罪。所以，古罗马人说的"得承诺的行为不违法"，在现代刑法中并不是绝对的真理。

被害人承诺阻却违法的成立条件

在什么情况下，有了被害人的承诺就能阻却违法，让行为不构成犯罪呢？具体来说，要具备以下几个条件。

第一，承诺人对被侵害的法益有处分权限。

这是承诺范围的问题。一个人只能处分自己的法益，不能处分他人的法益，所以对于国家、公共利益和他人利益，不存在被害人承诺的问题。只有承诺侵害自己的法益时，才有可能阻却违法。但要注意的是，即使是承诺侵害自己的法益，也有一定的限度。比如，经过被害人承诺而杀害被害人的行为，或者造成被害人有生命危险的重伤行为，仍然成立故意杀人罪或故意伤害罪，因为一般认为对生命的承诺是无效的。

第二，承诺人必须对所承诺的事项的意义、范围具有理解能力。

比如，17 周岁的人承诺不要自己的电脑是有效的，行为人拿走他电脑的行为不构成犯罪。但是，17 周岁的人承诺出卖自己的器官，应该认为他在这件事上不具有承诺能力。行为人经他同意后取走他的一个器官，就仍然是故意伤害行为。

第三，承诺人不仅要承诺行为人可以实施侵害行为，还要承诺行为的结果。

如果没有承诺行为的结果，就不能认为承诺人放弃了自己的法益，行为人仍然要对法益侵害结果负责。比如，甲明知乙是酒后驾驶，仍然乘坐乙的车，结果乙交通肇事导致甲重伤。这种情况下，虽然甲承诺了坐乙的车，但不能认为甲对重伤结果有承诺，所以乙仍然要对甲重伤的结果负责。

第四，承诺必须出于被害人的真实意志。

那么，如果被害人因为受到欺骗产生了错误认识，进而做出了承诺，算不算他的真实意志，能不能阻却违法呢？比如，行为人欺骗甲说，如果甲愿意在小黑屋待一天，就给甲1000块钱，实际上行为人并不想给钱。在把自己关进小黑屋这一点上，甲不存在错误认识。但甲愿意进小黑屋是因为行为人说会给他1000块钱，而实际上行为人不会也没有给他钱，在这一点上，甲存在认识错误。

在学理上，有一个专门的理论是用来解决这个问题的，叫作法益关系错误说。

这种理论认为，如果只对做出承诺的前提事实有认识错误，对承诺内容本身没认识错误，那这个承诺是有效的，能够阻却违法；但是，如果因为受欺骗而对所放弃的法益的种类、范围或危险性产生了错误认识，即发生了法益关系的错误，那承诺就是无效的。

根据这一理论，在上面的例子里，甲只是对前提事实认识错误，对关小黑屋本身没有认识错误，所以不影响承诺的效力，行为人欺骗甲把自己关进小黑屋的行为就不违法。

法益关系错误说的观点原则上是没问题的，但是在具体判断有没有发生法益关系错误时，有几点需要特别注意。

首先，需要联系具体犯罪的法益做出判断。一般来说，欺骗行为使被害人对法益的有无、性质和范围产生错误认识从而做出承诺的，承诺无效；相反，如果欺骗行为没有让被害人对此产生错误认识，则承诺有效。比如，行为人组织为灾区募捐，其他人最多只捐了几百块，行为人却欺骗甲说其他人都成千上万地捐，导致甲捐的钱远远多于其他人。虽然甲被欺骗了，但他对捐款行为导致自己财产丧失这件事本身并不存在法益的有无、性质、范围上的错误认识，所以他对捐款数额的承诺是有效的。

其次，需要考虑被害人承诺的重要目的是不是实现了。法益主体处分某种法益常常是为了保护、救助另一法益，如果这个目的没有实现，就应当认为是法益关系错误，不能认为承诺有效。比如，行为人欺骗甲，使甲相信自己的一个肾脏被摘出来后会移植给自己的女儿，但事实上行为人将他的肾脏移植给了别人。由于甲的重要目的没有实现，他对摘除肾脏的承诺就是无效的，行为人的行为就成立故意伤害罪。

最后，需要考虑欺骗行为对被害人做出承诺的影响程度。如果欺骗行为导致被害人不可能行使自己的决定权，或者导致被害人只能承诺，应当认为承诺无效。比如，甲谎称乙饲养的狗是疯狗，于是乙同意甲捕杀狗，乙的承诺就是无效的。

第五，必须存在现实的承诺。

比如，男子答应女子，如果女子和他谈恋爱，他就帮女子偿还2万元的欠款。两人交往一段时间后，女子在某天转走了男子支付宝账户中的2万元钱并离开了男子。女子的行为仍然成立盗窃罪，因为在转走男子2万元钱的时候，女子并没有得到男子现实的承诺。

需要注意的是，这种现实的承诺最迟也必须存在于结果发生时。事后承诺不影响犯罪的成立，只会影响量刑。比如，侄子偷了自己叔叔家的钱，叔叔在警察侦查时说他现在同意侄子拿走这些钱，这属于事后承诺，不影响侄子盗窃罪的成立，否则国家的追诉权就会为被害人意志的任意变动所左右。

第六，得到承诺后实施的行为不得超出承诺的范围。

比如，甲同意乙砍掉自己的一根小手指，而乙砍掉了甲的两根手指，这种行为成立故意伤害罪。

基于推定的承诺

除了现实的承诺，还有一种基于推定的承诺，即现实上没有被害人的承诺，但如果被害人知道事实真相一定会承诺。比如，发生火灾时，为了避免烧毁被害人的贵重财产，闯入屋内搬出贵重物品就是基于推定的承诺的行为。基于推定的承诺要阻却违法，必须满足以下几个条件。

第一，被害人没有现实的承诺。只要有可能通过各种途径询问被害人的意志，就不允许推定被害人承诺。

第二，推定被害人知道真相后一定会承诺。一般认为，这种推定以合理的一般人的价值观念为标准，而不以被害人的实际价值观念为标准。但要注意，只有在无法确定被害人的价值观念时，才能按照一般人的价值观念推定。当有事实表明被害人的价值观念不同于一般人的价值观念时，只能根据被害人的价值观念推定其意志。

第三，基于推定的承诺一般是为了被害人的一部分法益而牺牲其另一部分法益，因此牺牲的法益不得大于保护的法益。也就是说，推定的承诺一般是为了保护被害人的某种法益而牺牲其另一种较小的法益。正是因为如此，才推定被害人会承诺。但在特殊情况下，推定的承诺也可能是为了保护他人的利益而牺牲被害人的较小利益。国外学者举过这样一个例子，行为人想抽烟但自己没有烟，于是在被害人不在场的情况下拿了被害人的一支烟，他相信被害人会同意的。这也属于推定的承诺。在理解这个例子时，需要明确的一点是，"法益"这个词在不同场合可能有不同的含义。或者说，"法益"这个词有时就是指利益，而不一定是指值得刑法保护的那个"法益"。

第四，基于推定的承诺必须针对被害人有处分权限的个人法益。这和一般的被害人承诺的要求是一样的。

到这里，我们可以回答本节标题中的问题了。在我国的司法实践中，两人相互斗殴致人轻伤，一般会被认定为故意伤害罪。但按照被害人承诺的理论，虽然斗殴双方都有攻击对方的意图，但既然选择了斗殴，就意味着双方都知道对方可能会打伤自己，进而承诺了轻伤的结果。轻伤一般不会危及生命，所以这也不是针对生命的承诺。因此，相互斗殴致人轻伤的，会因为被害人承诺而阻却行为的违法性，也就不应该以故意伤害罪论处了。这就像两个人赌博，双方都知道自己可能会输，也就是承诺了财产损失的结果，赢的一方便不可能构成侵犯财产罪。

答学友问

学友：被欺骗的性承诺是否有效？比如某"神医"或某"大师"看到一个女病人长得漂亮，谎称要与其发生性关系，"开光"后才能治好病，女病人同意，这个承诺是否有效？该"大师"是否成立强奸罪？

张明楷：严格地说，这个例子不只是承诺是否有效的问题，更多的是强奸罪构成要件符合性判断的问题。强奸罪的手段只包括暴力、胁迫或者其他方法，而这里的其他方法只限于和暴力、胁迫性质相同的强制方法。回到这个例子中，某"神医"或某"大师"谎称与妇女发生性关系是"开光"，是治疗妇女疾病的手段，此时，妇女对发生性关系的"同意"存在两种可能。

一种是该"神医"或"大师"的行为已经对妇女形成了一种胁迫，或者说使妇女产生了恐惧心理，导致妇女认为如果不与他发生性关系，就会遭受更严重的侵害，所以才同意。这时，妇女的同意就属于承诺无效，这个"神医"或"大师"的行为构成强奸罪。

另一种是该"神医"或"大师"的行为并没有对妇女形成胁迫，或者说只是一种单纯的欺骗，使妇女误认为与他发生性关系是治疗自己疾病的手段。这时，因为单纯的欺骗不属于强奸罪构成要件中的强制方法，所以这位"神医"或"大师"的行为不构成强奸罪。

在类似的案件中，要先判断行为人的行为是否符合强奸罪的客观构成要件，如果不符合，就不需要讨论承诺是否有效。只有当行为符合强奸罪的客观构成要件时，才需要讨论承诺是否有效。

13 危险接受

吸毒者因吸毒过量而死，出借吸毒工具的人要负责吗？

上一节讲到被害人承诺可以阻却行为的违法性，那如果被害人只是接受了危险行为本身，并没有接受法益侵害的结果呢？比如，吸毒者因过量吸食自己持有的毒品而死亡，向他出借吸毒工具的人应当承担刑事责任吗？这个问题涉及的就是危险接受理论。

两种类型的危险接受

刑法上讨论的危险接受主要分为以下两种类型。

第一，自己危险化的参与。这是指被害人自己意识到并且实施了危险行为，也遭受了侵害结果，而行为人只是实施了参与行为，但参与行为和被害人的侵害结果之间具有因果性。前面讲的被害人用行为人出借的吸毒工具吸食自己持有的毒品，结果因吸毒过量而死，就属于这种类型。

第二，基于合意的他者危险化。这是指危险行为是行为人实施的，但被害人同意行为人实施这样的行为。不过，被害人同意的仅仅是行为人可以实施危险行为，并没有承诺接受侵害结果。比如德国的梅梅尔河案：在狂风暴雨之际，两名乘客不顾船工的危险警告，要求船工运送他们过河。在船工运送乘客过河时，渡船翻沉，导致乘客死亡。这就是典型的基于合意的他者危险化。

　　这两种类型的危险接受有两个共同特点：一是行为人和被害人都不希望、不放任侵害结果发生，相反，他们都相信并且期待侵害结果不会发生。二是对于结果的发生，被害人都参与其中，或者说结果是由行为人和被害人共同引起的。总之，这两种类型的危险接受涉及的刑法问题，都是行为人应不应该承担过失犯的刑事责任。

　　那么，这两种情况下的行为人在刑事责任的承担上有区别吗？下面就分别来看一下。

自己危险化的参与

　　在讨论之前，先来补充一些关于共同犯罪的知识，当然，后面还会专门来讲这个问题。在刑法上，两人以上共同实施犯罪，就有可能成立共同犯罪。其中，对犯罪起支配作用的人叫正犯，帮助或者教唆正犯的人叫共犯。只有当正犯的行为符合犯罪的构成要件且具有违法性时，共犯的行为才可能具有违法性，这叫共犯的从属性原理。

　　自己危险化的参与这种情况，虽然不是真正意义上的共同犯罪，却和共同犯罪有相同之处，因为两者都是由两人以上的行为共同造成了侵害结果。

　　自己危险化的参与最大的特征是，被害人自己的行为是导致侵害结果发生的直接原因，即被害人自己支配了侵害结果的发生，行为人只是参与了被害人自己的危险化行为。因此，可以把这种情况理解为被害人是正犯，行为人是实施了教唆行为或帮助行为的共犯。

所以，如果被害人（正犯）的危险行为没有违法性，按照共犯的从属性原理，行为人的行为就也没有违法性，不构成犯罪。

回到本节标题中的问题，吸毒者因吸毒过量而死，出借吸毒工具的人要负刑事责任吗？在这个案例中，吸毒者自己实施了危险行为，对行为和结果都具有支配性，那他是不是过失致人死亡罪的正犯呢？《刑法》上过失致人死亡罪中的"人"是指他人，不包括行为人本人，所以吸毒者实施自我伤害的行为不符合过失致人死亡罪的构成要件，也就不具备刑事违法性。根据共犯从属性原理，给吸毒者提供帮助的行为人只要没有制止吸毒者吸毒的义务，其行为就不具有刑事违法性，也就不构成犯罪。

再举个例子。冬季的某天，甲乙两人在船上游玩。乙觉得无聊，主动提出想找点乐子。甲突然想起夏天时和乙玩过的一个游戏：把50元现金扔到河里，让乙下水捞，捞到后钱归乙所有。于是，甲再次提出玩这个游戏。但现在是冬天，水太冷了，乙比较纠结。甲又说："再加50怎么样？敢不敢？"这次乙同意了。于是，甲把100元现金扔进河里，乙跳进去捞，结果因为河水太冷而溺水身亡。这种情况下，甲的行为构成犯罪吗？

在这个例子中，乙之所以实施下河捞钱这个危险行为，是因为相信自己不会死。可以肯定，导致乙死亡的原因是他自己跳入河中的行为，也就是说乙过失地造成了自己的死亡。前面讲到，被害人实施自我侵害的行为不符合过失致人死亡罪的构成要件。既然乙（正犯）的行为不违法，唆使乙下河的甲就也没有参与符合犯罪构成要件的违法行为，不构成犯罪。

基于合意的他者危险化

基于合意的他者危险化的典型案例是前面提到的德国的梅梅尔河案，那么，这个案件中船工的行为要怎么认定呢？

首先要判断构成要件符合性：在这个案件中，确实是船工的行为造成了乘客的死亡，其行为在客观上完全符合过失致人死亡罪的构成要件。然后在违法性层面，船工的行为没有保护更优越的利益，也就不存在违法阻却事由，所以船工的行为是违法的。

虽然很多人认为船工的行为不构成犯罪，但我认为构成过失致人死亡罪。因为相比于乘客，船工对渡河有更丰富的知识，也负有使乘客安全渡河的义务。船工虽然是因为乘客的请求才开船的，但乘客这么要求是因为相信船工会安全将他们运送过河。在这种情况下，应该认定船工的行为符合过失致人死亡罪的构成要件。

再举个例子。乘客为了赶飞机，要求出租车司机超速行驶，司机同意了，结果导致乘客死亡。这种情况下，司机也应当成立交通肇事罪或者过失致人死亡罪。

当然，也有例外情形。行为人对结果负责的前提是他实施了符合犯罪构成要件的正犯行为，比如船工实施了摆渡行为、出租车司机实施了超速驾驶行为。如果表面上看是行为人实施了导致结果发生的行为，但实际上行为人的行为处于被害人的支配之下，换句话说，实质上是被害人自己实施了导致结果发生的行为，那么行为人就不应当对结果负责。

比如，有这样一个案件：警察在公路上设关卡进行交通检查，行为人甲无证驾驶没有牌照的摩托车路过这个关卡，被警察拦截。

然后，警察责令甲继续驾驶这辆车载着自己一起前往派出所接受处理。甲在驾驶过程中因车速过快和操作不当而翻车，导致警察受了重伤。那么，甲应不应该对警察的重伤结果负刑事责任呢？

我认为甲的行为不构成犯罪，因为在当时的情况下，甲不可能拒绝警察的要求，也就是说，其实是警察支配了结果的发生。警察使自己受伤的行为不符合过失致人重伤罪的构成要件，根据共犯的从属性原理，甲的行为也不构成犯罪。但如果甲身受重伤，警察反而应当承担刑事责任。

总结一下，关于危险接受，如果是行为人参与了被害人自己实施的危险行为，那么行为人不对结果负责；如果是行为人基于被害人的要求或同意实施了危险行为，行为人一般要对结果负过失责任，除非被害人支配了行为人的行为或者支配了法益侵害的结果。

14 犯罪故意

自以为贩卖艺术作品，实际贩卖淫秽物品，构成犯罪吗？

违法和责任是构成犯罪的两大支柱，前面几节讲的是违法层面的判断，从本节开始进入责任层面的判断。

责任由很多要素构成，比如故意、过失、责任能力、违法性认识的可能性、期待可能性等。这一节要讲的，是最重要的责任要素之一——犯罪故意。犯罪故意也被认为是一种责任形式。

什么是犯罪故意

一般来说，故意的认定并不复杂，但在某些情况下也没有那么简单。比如，张三倒卖日文书，但他根本不认识日文，这些书都是充满色情内容的淫秽物品，他却以为是艺术作品。我们可以说张三知道自己在卖日文书，但能说他有贩卖淫秽物品的故意吗？

在认定故意的时候，之所以有不确定的地方，是因为《刑法》上说的"故意"不仅指认识到事实本身，还必须认识到事实所具有的社会意义。

根据《刑法》第14条的规定，犯罪故意是指"明知自己的行为会发生危害社会的结果，并且希望或者放任这种结果发生"的心理态度。根据这个规定，犯罪故意包括两个因素：一是认识因素，即前半句说的明知自己的行为会发生危害社会的结果；二是意志因素，即后半句说的希望或者放任危害结果发生。

关于这两个因素，可以从两个维度来理解。

首先，这两个因素必须是现实的、确定的。行为人在没有认识的情况下，不管具有什么样的认识可能性，都不能认为存在故意的认识因素。如果行为人还没有确定要实现什么样的行为内容，就是缺乏故意的认识因素和意志因素。比如，甲在和乙发生冲突时拔出了手枪，但究竟是威胁、伤害还是杀害乙，甲处于没有确定的状态，但这时子弹已经射中乙，造成了死亡结果。这种现象理论上被称为"未确定的故意"，但实际上并不存在故意，甲的行为不构成故意杀人罪既遂，也不构成故意杀人罪的未遂和预备，只能被认定为过失致人死亡罪。

其次，这两个因素必须有机地统一起来。一方面，任何犯罪的故意都必须同时存在认识因素和意志因素。比如，森林防火员因疏忽没有注意到有零星的山火在蔓延，从而导致森林火灾，因为他缺乏认识因素，所以不成立故意犯罪，只能成立失火罪这一过失犯罪。另一方面，行为人认识到的结果和希望或者放任发生的结果，在刑法上必须具有同一性。也就是说，行为人希望或者放任的结果，必须是他认识到的那个结果。

那么，到底什么是故意的认识因素呢？它是指明知自己的行为会发生危害社会的结果。这不仅是指要认识到危害结果会发生，还要认识到造成结果的行为的内容和社会意义。正是因为行为人认识到了事实的社会意义，却仍然希望或放任事实的发生，这才成为一种严重的责任形式。如果行为人只知道自己在贩卖书籍，那不算认识到行为的社会意义；只有当他知道自己在贩卖淫秽物品时，才算认识到了行为的社会意义。

某些犯罪的故意还要求行为人认识到《刑法》规定的特定事实，包括特定的行为时间、地点、方法、行为对象、特定的主体身份等。比如，掩饰、隐瞒犯罪所得罪要求行为人认识到行为对象，即明知自己掩饰、隐瞒的是犯罪所得。又比如，传播性病罪要求行为人认识到自己作为性病患者的特殊身份。如果行为人患有严重性病，但误认为自己没有患性病而卖淫或嫖娼，即便他的行为符合传播性病罪的构成要件，也不能认为他有犯罪故意，因为他没有认识到自己的特殊身份，也就认识不到行为的社会意义和危害结果。

对规范的构成要件要素的认识

回到本节标题中的问题，自以为贩卖的是艺术作品，实际贩卖的是淫秽物品的，具备贩卖淫秽物品罪的故意吗？这里涉及的问题是，对于"淫秽物品"这个构成要件要素，行为人具有什么样的认识时，才算具有对行为的社会意义的认识呢？

《刑法》中有些构成要件要素比较直观，只要行为人认识到发生的事实，就能认定他认识到了这个构成要件要素。比如，行为人认识到自己在向他人胸部开枪，这是一个对单纯事实的认识，这时他必然认识到了这是杀人行为，即他能认识到行为的社会意义，从而认识到杀人行为是侵害他人生命的违法行为，这是对实质违法性的认识。甚至他还能认识到这个行为是违反《刑法》规定的，这是对形式违法性的认识。这类要素叫**记述的构成要件要素**。

但不是所有构成要件要素都这么清楚、直观。对某些构成要件要素来说，行为人能认识到单纯的事实，但不一定能认识到行为的社会意义，因此不一定能认识到行为的实质违法性。"淫秽物品"就是一个这样的构成要件要素。当行为人认识到自己在贩卖某种书画时，不一定能认识到自己贩卖的是淫秽物品，所以不一定能认识到行为的社会意义和法益侵害性。这类要素叫**规范的构成要件要素**。

对规范的构成要件要素的认识，需要根据法律法规、经验法则，甚至一般人的价值观念来判断。如果行为人的价值观不同于法律法规，或者不同于一般人的价值取向，就可能得出不同的结论。

比如，某幅书画，一般人都认为是淫秽物品，行为人却不这样认为。在这种情况下，如果说只要行为人具有对单纯事实的认识（认识到自己在贩卖书画）就成立故意犯罪，显然不合适。

又比如，著名小说《查泰莱夫人的情人》（*Lady Chatterley's Lover*）曾在日本被认定为淫秽物品。假设有一个不懂日文的人发现这本书市场很大，在不知道内容，也不知道它被认定成淫秽物品的情况下在日本售卖。这时，他既没有认识到自己行为的社会意义，也没有认识到自己的行为有法益侵害性，如果也要被认定为故意犯罪，显然不符合责任主义原则。

但是，如果一定要行为人认识到刑法上的规范性概念，才能将其行为认定为故意犯罪，肯定会不当地缩小刑法的处罚范围，导致处罚的不公平。比如，如果一定要行为人认识到淫秽物品在刑法上的含义，才能认为行为人具备贩卖淫秽物品的故意，就会明显缩小处罚范围。所以，就故意犯罪来说，不能要求行为人像法学家或法官那样理解规范的构成要件要素。否则，越具备良好法律知识的人，因为知道的刑法概念多，反而越容易成立故意犯罪，这显然很荒谬。

事实上，对于规范的构成要件要素的认识程度，刑法上有一个处理标准——"行为人所属的外行人领域的平行评价"。也就是说，对行为的社会意义的认识，不要求认识到刑法上的规范概念本身，只要行为人的认识内容和规范概念的实质相当就可以了。

比如，一般人把刑法上的淫秽物品理解为不能公开的黄色物品，那么只要行为人认识到自己贩卖的是黄色物品，他就具有贩卖淫秽物品的故意。又比如，一般人使用"毛片"来指代淫秽影片，那么只要行为人认识到自己贩卖的是"毛片"，就可以认定他认识到了自己贩卖的是淫秽影片，能够成立故意犯罪。

十几年前，我在阅卷时看到过这样的问答：

警察："你卖的盗版光盘中有淫秽光盘吗？"
嫌疑人："没有，只有一些毛片。"

不要觉得这样的回答很可笑，这其实是很常见的。懂刑法的内行人会使用"淫秽"一词，外行人则会使用"毛片"一词，但两者只是文字不同，实质含义是一样的。也就是说，如果行为人不知道"淫秽"的法律概念，不确定贩卖的是"淫秽"物品，但他认为自己贩卖的是黄色物品、下流物品、毛片等，客观上贩卖的也确实是淫秽物品，那么就可以适用"行为人所属的外行人领域的平行评价"理论，认定行为人认识到了自己贩卖的是淫秽物品。

总结一下，判断一个人是不是有犯罪故意，不能只看他有没有认识到单纯的事实，也要看他有没有认识到行为的社会意义。关于对规范的构成要件要素是否有认识，比如行为人有没有认识到自己卖的是淫秽物品，应当根据不同的情形，运用"行为人所属的外行人领域的平行评价"理论来判断。

15 具体的事实认识错误

瞄准 A 却打中 B，成立故意杀人罪既遂吗？

一般情况下，认识到的事实、希望或放任发生的事实，以及实际上发生的事实，这三者是一致的。但有些时候，也可能会出现行为人的认识和实际情况不一致的情形。比如，某人在派对上看见寻找已久的仇人，于是怒从心头起，恶向胆边生，举枪就准备打死仇人，谁知打偏了，反而打死了自己的亲人。这时能说行为人对自己的亲人有杀人的故意吗？这里涉及的就是事实认识错误的问题。

什么是事实认识错误

故意犯罪的成立要求行为人必须具有犯罪的故意，即要求行为人对构成要件事实有认识。在行为人发生事实认识错误时，需要讨论的是什么样的认识错误会影响故意的成立，什么样的认识错误不会影响故意的成立。

简单地说，如果事实认识错误导致行为人对所发生的构成要件事实没有认识，那就阻却故意，即行为人对与自己认识不一致的那部分构成要件事实没有故意，不承担故意责任。比如，甲误以为树丛中的是珍贵野生动物，于是开了枪，但事实上击中的是一个人。由于甲对已经实现的构成要件事实（致人死亡）没有认识，因此不能将其行为认定为故意杀人，至多只能认定为过失致人死亡。

事实认识错误分两种情况，一种叫具体的事实认识错误，另一种叫抽象的事实认识错误。

具体的事实认识错误，是指行为人认识的事实和实际发生的事实虽然不一致，但没有超出同一犯罪构成的范围。比如，故意杀人罪的构成要件包括行为对象是"他人"这个要素，如果张三本想杀李四，却因为认错了而杀死了王五，这就没有超出"他人"的范围，是同一犯罪构成内的错误，属于具体的事实认识错误。

抽象的事实认识错误，是指行为人认识的事实和实际发生的事实超出了同一犯罪构成的范围。比如，张三本想射击他人饲养的家禽，却因为看错了而意外打死了家禽的主人。射击家禽构成的是故意毁坏财物罪，而误杀家禽的主人构成的是过失致人死亡罪，这显然不是同一犯罪构成的范围，这种认识错误就属于抽象的事实认识错误。

"打击错误"如何定罪

回到本节开头的例子，想杀仇人，结果却误杀了自己的亲人。行为人想要攻击的对象和实际受害的对象不一致，但这种不一致没有超出同一犯罪构成的范围，仍然在故意杀人罪的范围内。这是典型的具体的事实认识错误的例子，也称为打击错误或方法错误，是刑法理论中争议最大的问题之一。

关于打击错误该如何定罪，存在以下两种不同的观点。

第一，具体符合说，认为只有当行为人所认识的事实和实际发生的事实具体地相一致时，才成立故意的既遂犯。也就是说，想杀仇人却因打击错误而误杀亲人，仇人和亲人是两个不同的人，所以行为人认识到的事实和实际发生的事实不是具体地相一致，行为人就不成立故意杀人罪的既遂。

但是，我认为这种观点存在不少问题。

首先，具体符合说对问题的处理难以符合一般的正义观念。根据这种观点，发生打击错误时，只能将行为认定为故意杀人罪未遂。但事实上，行为人有杀人的故意，客观上也杀害了他人，认定为杀人未遂难以被一般人接受。

而且，这种观点也会导致许多原本可罚的行为无法受到处罚，从而产生处罚漏洞。比如，行为人本想射杀甲的狗，却误杀了乙的狗。根据这种观点，行为人对甲的狗成立故意毁坏财物罪未遂，对乙的狗属于过失毁坏财物，而刑法不处罚故意毁坏财物未遂和过失毁坏普通财物的行为，所以结果是行为人不需要对乙的狗的死亡结果负责。这种结论想必很难被接受。

又比如，行为人本想砍伤甲的手指，但因行为偏差而砍伤了乙的手指。根据这种观点，行为人对甲成立故意轻伤未遂，对乙成立过失轻伤，而刑法不处罚过失轻伤和故意轻伤未遂的行为，所以结果是行为人不构成犯罪。这种结论显然也不妥当。

其次，具体符合说在逻辑上无法自洽。一方面，它要求行为人的主观认识必须和客观事实具体地相一致；另一方面，它也允许对事实进行一定程度的抽象。比如，行为人想砸坏甲左手拿的电脑，但因为方法错误，砸坏了甲右手拿的电脑，具体符合说认为这种情况也属于主观认识和客观事实相一致，可以被认定为故意犯罪。那就要追问了：要具体到什么程度，才算认识和事实相一致呢？实际上，如果不以构成要件的符合性为标准，讨论"具体"相一致的程度是相当困难的。

最后，具体符合说很难贯彻到底。比如，行为人误把女扮男装的 15 周岁少女当作 13 周岁的男童拐卖给他人。在刑法上，14 周岁以下的女性是幼女，15 周岁的少女则是一般的妇女。根据这种观点，行为人对拐卖妇女只是过失，不成立犯罪。如果采取主观的未遂犯论，把行为人的主观想法作为认定犯罪的基础，那么，由于行为人主观上想拐卖儿童，他的行为就成立拐卖儿童罪未遂。可这个案例中根本就没有儿童，认定为拐卖儿童罪未遂其实是主观归罪。如果采取客观的未遂犯论，把客观发生的事实作为认定犯罪的基础，行为人的行为就不成立拐卖儿童罪未遂，于是他不构成任何犯罪。这样的结论恐怕也很难让人接受。

第二，法定符合说，认为只要行为人所认识的事实和实际发生的事实在同一犯罪构成的范围内，就成立故意的既遂犯。也就是说，想杀仇人却误杀亲人，但仇人和亲人都是故意杀人罪里面的"人"，即认识的事实和实际发生的事实都在故意杀人罪的犯罪构成范围内，所以应当认定行为人构成故意杀人罪既遂。

法定符合说更重视法益的性质，而不重视法益主体的区别。不管是仇人还是亲人，在法定符合说眼里都是"他人"，不存在区别。相比之下，我觉得法定符合说更加合理，主要有以下几个理由。

首先，采取法定符合说有利于平等地保护法益。因为无论是仇人还是亲人，生命都是平等的，在刑法上应该被平等地对待。采取法定符合说能让生命受到平等的保护，不至于因为行为人的认识错误而影响刑法对被害人生命的保护程度。

其次，故意是责任要素，而不是行为人的事前行为计划。在结果发生后，应当判断行为人对这个结果是否有故意，而不应按他事先的计划去判断有没有故意。想杀仇人却杀死亲人时，其实不需要考虑行为人原本计划杀谁，只需要判断他对他人的死亡有没有故意就可以了。行为人的行为导致了他人死亡，而且行为人在实施行为时就认识到了这一点，并且希望或者放任这种结果发生，所以自然可以追究他故意杀人罪既遂的责任。

最后，只有追究行为人既遂的责任，才有利于实现预防犯罪的目的。还是这个案例，虽然行为人因为方法错误没有杀死仇人，反而造成了亲人的死亡，但是对他进行预防的必要性并没有因此降低。如果采取具体符合说，对行为人以故意杀人罪未遂论处，就与对他进行预防的必要性不协调了。所以，我们应该采用法定符合说，对他以故意杀人罪既遂论处。

到这里，本节标题中的问题答案也很明确了，那就是成立故意杀人罪既遂。

答学友问

学友：行为人误把女扮男装的 15 周岁少女当作 13 周岁的男童拐卖给他人，按照法定符合说，构成拐卖妇女罪吗？如果构成，是不是因为儿童可以被包容评价为妇女？还是不用包容评价，直接根据客观行为＋主观事实认识错误来认定就可以了？

张明楷：按照法定符合说的观点，行为人客观上拐卖的是妇女，主观上虽然认为自己拐卖的是儿童，但是就拐卖妇女、儿童罪而言，行为人对拐卖儿童和拐卖妇女的认识在刑法上是等价的，所以应当成立拐卖妇女罪既遂。

　　这里不需要考虑包容评价的问题，因为《刑法》规定的就是拐卖妇女、儿童罪，妇女和儿童在这里是等价的。也就是说，在这个罪里，行为人对儿童的认识和对妇女的认识是价值相同的。

16 抽象的事实认识错误

以为运输毒品，实际运输尸体，如何处理？

上一节重点讲的是具体的事实认识错误，这一节来看看抽象的事实认识错误，即当行为人的主观认识和实际情况不一致时，能不能阻却故意，或者说会不会影响故意犯罪的成立。

比如，行为人误以为自己运输的是毒品，但实际上运输的是尸体，这就是发生了抽象的事实认识错误，即行为人认识的事实和实际发生的事实分别属不同的犯罪构成，所以也被称为不同犯罪构成之间的认识错误。又比如，甲本想杀乙，却一枪打死了乙饲养的名贵狗。甲在主观上是杀人故意，但结果符合故意毁坏财物罪的构成要件，所以也是抽象的事实错误。下面就来看看这种情况要如何处理。

两种事实认识错误的认定

按照法定符合说的观点，同一犯罪构成范围内的认识错误不影响故意犯罪既遂的成立。那么，不同犯罪构成之间的认识错误会对此有影响吗？下面通过两个例子来感受一下。

比如，甲本想枪杀宠物主人，却打中了宠物主人的妻子，这是具体的事实认识错误。宠物主人和他的妻子虽然是不同的人，但都在故意杀人罪构成要件的范围之内，即都是"他人"。这是同一构成要件之内的错误，不影响故意犯罪既遂的成立，所以甲的行为构成故意杀人罪既遂。

再比如，甲本想枪杀宠物主人，却打中了主人身边的宠物，这属于抽象的事实认识错误。甲具有杀人的故意和行为，其行为也具有导致他人死亡的危险性，但客观上并没有致人死亡的结果。虽然甲的行为造成了财物毁坏的结果，即宠物死亡，但刑法不处罚过失毁坏财物的行为，所以这种情况就只成立故意杀人罪未遂。

不过，并不是所有抽象的事实认识错误都会阻却故意犯罪既遂的成立，进而只能认定为故意犯罪的未遂。有些情况下，也是可以成立故意犯罪既遂的。

抽象的事实认识错误的认定

抽象的事实认识错误究竟在什么情况下成立故意犯罪未遂，什么情况下成立故意犯罪既遂呢？主要有以下三种情况。

第一，故意内容重，不法内容轻。

这是指行为人故意的内容属于一个重罪，而实际造成的结果属于一个轻罪。在这种情况下，如果刑法对这个重罪未遂犯的处罚比轻罪既遂犯重，就应该将行为认定为重罪的未遂。比如，甲以杀人故意向乙开枪，但由于没瞄准而把丙的宠物打死了。这时，甲的行为应该被认定为故意杀人罪未遂，因为刑法对故意杀人罪未遂的处罚比故意毁坏财物罪既遂重。

但并不是所有未遂犯都会受处罚。在这种情况下，如果重罪和轻罪是同质的，在重合的限度内，就应该将行为认定为轻罪的既遂。所谓同质，是指两个罪保护的法益相同，或者一个罪保护的法益能够包含另一个罪保护的法益。

比如，行为人误以为自己销售的是假药，但实际上是劣药，并且该药物对人体健康造成了严重危害。按照《刑法》的规定，两者相比，销售假药罪是重罪，销售劣药罪是轻罪，但对销售假药罪未遂犯的处罚比对销售劣药罪既遂犯的处罚轻，而且此时两个罪保护的法益相同，所以我们就认为两个罪是同质的，从而将行为认定为轻罪的既遂，即对行为人以销售劣药罪既遂论处。

再比如，甲误以为乙的提包内装的是枪支而实施抢夺行为，抢过来之后才发现只是普通财物。相对而言，抢夺枪支是重罪，抢夺普通财物是轻罪。但是，因为枪支也可以被评价为财物，所以甲抢夺枪支的故意实际上也包含了抢夺财物的故意。也就是说，在财物这一点上，重罪和轻罪有重合的部分。而且行为人客观上不可能抢到枪支，不构成抢夺枪支罪未遂，所以应该将甲的行为认定为普通抢夺罪既遂。

第二，故意内容轻，不法内容重。

这是指行为人故意的内容属于一个轻罪，而实际造成的结果属于一个重罪。

在这种情况下，要判断造成的重罪的客观事实能不能被评价为有故意的轻罪的客观事实。如果能，就应当认定为轻罪的既遂。

比如，行为人出于盗窃财物这个轻罪的故意，实际上实施了盗窃枪支这个重罪的行为。这时，行为人主观上没有盗窃枪支的故意，所以肯定不能认定为盗窃枪支罪。但行为人窃取的枪支具有财产价值，可以被评价为财物，他主观上也有盗窃财物的故意，所以应当认定为普通盗窃罪既遂。

第三，故意内容和不法内容分别属不同犯罪构成，但两者的性质和法定刑相同。

这种情况的判断思路和前两种是一致的，只不过需要确定一下最后的罪名。一般情况下，以实际发生的行为，即不法事实来确定罪名。比如，走私文物罪和走私贵金属罪法定刑相同，以为走私的是贵金属，实际上走私的是文物的，一般认定为走私文物罪。

关于这种情况，有以下几点需要注意。

首先，有些错误不需要作为事实认识错误处理，因为不可能影响故意的认定，或者说不会影响犯罪形态。比如，原本想盗窃他人口袋里的现金，但实际上盗窃了他人口袋里的金银首饰，这对成立盗窃罪既遂没有任何影响，没必要作为事实错误处理。

其次，发生在选择性罪名内的错误一般作为具体的事实认识错误处理，不影响故意的认定，也不影响犯罪既遂的成立。比如，盗窃枪支、弹药罪是一个选择性罪名，如果原本想盗窃枪支，但客观上盗窃了弹药，就应当认定为盗窃弹药罪既遂。

再次，同一犯罪不同加重构成要件之间的认识错误，一般也不影响故意的认定和加重法定刑的适用。比如，抢劫抢险物资和军用物资都是抢劫罪的加重构成要件，如果误把抢险物资当作军用物资抢劫，不影响加重法定刑的适用。

最后，同一犯罪的普通构成要件和加重构成要件之间认识错误的，应当作为抽象的事实认识错误处理。比如，以为是普通财物而抢劫，但事实上抢劫了军用物资的，只能认定为普通抢劫罪，不能适用加重的法定刑。

回到本节标题中的问题：以为运输的是毒品，实际上运输的是尸体，该怎么处理？首先，行为人客观上没有运输毒品的可能性，所以不成立运输毒品罪。其次，运输毒品和运输尸体不是同质的，也没有重合的地方，所以不可能成立轻罪的既遂。最后，行为人运输尸体的行为是过失，《刑法》不处罚过失运输尸体的行为。综上所述，行为人的行为就不构成任何犯罪。

如果修改一下这个案例：行为人误以为是他人制造的毒品而窝藏，但事实上窝藏的是他人故意杀人案件中的尸体，该怎么处理？这个时候，要看两个行为有没有重合的地方。《刑法》规定了窝藏毒品罪，也规定了帮助毁灭证据罪。相对于制造毒品罪而言，毒品是证据；相对于故意杀人罪而言，尸体是证据。所以，应当认为行为人窝藏了证据。也就是说，行为人的主观方面和客观方面在窝藏证据这一点上是重合的。如果认为窝藏证据也属于毁灭证据，就可以认定行为人构成帮助毁灭证据罪。

答学友问

学友： 甲故意杀害乙，以为乙已经被杀死，之后对乙实施了奸淫。但事后查明，甲奸淫乙的时候，乙并没有死亡。甲的奸淫行为应当被认定为强奸罪还是侮辱尸体罪，又或者是无罪？如果是侮辱尸体罪，是既遂还是未遂？

张明楷： 我们按照本节讲的内容来分析一下。

因为乙没有死亡，所以客观上甲实施的是一个强奸他人的行为，符合强奸罪的构成要件。但甲误以为乙已经死了，也就是说他主观上认识到的行为对象是一具尸体，那么他主观上认识到的事实就是侮辱尸体。

因为甲认识到的事实与实际发生的事实属于不同的犯罪构成，所以这属于抽象的事实认识错误，具体属于故意内容轻、不法内容重的类型——故意内容属于侮辱尸体罪这个轻罪，实际造成的结果属于强奸罪这个重罪。这时，就要判断最后造成的这个重罪的客观事实能不能被评价为主观上认识到的轻罪的客观事实。如果能，就应当认定为轻罪的既遂。

按照我的观点，活人并不缺少尸体这个要素的内容，所以客观上奸淫他人与奸淫尸体是有重合之处的，即两者在奸淫尸体的不法事实内是重合的。那么，就可以将甲的奸淫行为认定为侮辱尸体罪既遂。

当然，你可能会觉得活人与尸体是对立关系，不是重合关系，因此只能认定为侮辱尸体罪未遂。但这会导致更重的行为反而成立更轻的罪，我不太赞成。

还有人可能会觉得应该认定为强奸罪未遂，这也是不行的，因为甲主观上只有侮辱尸体的故意，而这无论如何都不能被评价为更重的强奸的故意。

再回到这个案例，甲整体的行为该怎么认定呢？

如果乙最终没有死，那么甲应当成立故意杀人罪未遂与侮辱尸体罪既遂，数罪并罚。

如果乙最终死了，要分两种情况讨论。

第一，乙的死亡是由甲的杀人行为导致的，也就是说，即使没有甲的奸淫行为，乙也会死亡。那么，甲成立故意杀人罪既遂与侮辱尸体罪既遂，数罪并罚。

第二，乙的死亡是由甲的奸淫行为导致的，也就是说，甲不实施奸淫行为，乙就不会死。而这又要分两种情形：一是甲对死亡结果有过失，那么甲奸淫乙的行为应当成立侮辱尸体罪和过失致人死亡罪的想象竞合，从一重罪处罚，再与前面的故意杀人罪未遂并罚；二是甲对死亡结果没有过失，那么甲的奸淫行为只成立侮辱尸体罪，致乙死亡是意外事件，最终按故意杀人罪未遂与侮辱尸体罪数罪并罚。当然，在这种情况下，一般不会是意外事件。

17 过失论 I

行为人没有预见法益侵害结果，能成立过失犯吗？

我国《刑法》第 15 条第 1 款规定了两种类型的过失犯罪。

第一种是疏忽大意的过失，指行为人应当预见自己的行为可能发生危害社会的结果，但因为疏忽大意而没有预见。比如，护林员甲在气候特别干燥的时候去山林里烧烤，因为防护不当引起了森林火灾。作为护林员，甲应当预见在山林里烧烤可能会引起火灾，但没有预见，因此他的行为构成失火罪。

第二种是过于自信的过失，指行为人已经预见自己的行为可能发生危害社会的结果，但轻信能够避免这种结果。比如，乙喝了不少酒，但是他觉得自己酒量好，车技也好，这点酒不算什么，结果驾车时因控制能力降低而造成了交通事故。这时，乙的行为构成交通肇事罪。

如何理解过失犯的责任要素

先来看一个案例：张三为了杀死仇人李四，调制了毒酒放在家里的书架上。有一天，王五到张三家里做客，把毒酒当白酒喝了，结果被毒死。张三辩称根本没有预料到自己的行为会导致王五死亡，司法机关也没法证明张三预见了他人死亡的结果，那么张三能否成立过失致人死亡罪呢？这个问题其实是在问，当只能查明行为人应当预见，但没法查明行为人实际上有没有预见时，还成立过失犯罪吗？

我认为，没有预见实际上是表面的责任要素，即不是必须具备的要素，也是不需要证明的要素。那么，为什么这么理解呢？

如果按法条的字面含义来理解，疏忽大意的过失必须具备"没有预见"这个要件，那么在应当预见的前提下，如果既不能证明行为人已经预见，也不能证明行为人没有预见，就既不能将行为认定为故意犯罪，也不能认定为过失犯罪，这就会形成明显的处罚漏洞。

比如前面这个案例，张三在家里放了毒酒，按常理，他应当能预料到可能会有客人或家人不小心喝到毒酒导致死亡。但他究竟有没有预见呢？谁也不知道。

这在实践中也是很难证明的心理事实。当不能证明时，如果将行为认定为不构成过失犯，就只能认定为无罪了。如果是这样，实际上绝大多数过失犯都会被认定为无罪，而这明显与保护法益的目的不相符。所以，没有预见是过失犯表面的责任要素，不是真正的责任要素。

当然，这么理解并不只是为了防止造成处罚漏洞，也是有法律根据的。

构成要件要素是表明行为的违法性的，而责任要素是表明行为人的可谴责性的。如果说"没有预见"是值得谴责的心理内容，那么，在故意这种责任要素中的"已经预见、已经明知"就成为不能谴责的心理内容了。这显然不合适。反过来说，如果故意中的"已经预见、已经明知"是值得谴责的心理内容，那就不能将"没有预见"作为谴责的内容。其实，过失是指有预见的可能性，而故意是指已经预见、已经明知。所以，没有预见不是为了表明行为人具有可谴责性，是不需要具备的表面的责任要素。

　　过于自信的过失指行为人已经预见了结果，那它是不是和故意一样呢？其实不是。在过于自信的过失中，行为人虽然已经预见到构成要件结果，但由于轻信能够避免，又否定了自己的预见。

　　可以这样思考：既然行为人已经预见过结果，就表明他是能够预见的，而这已经具备了过失的条件。因此，即使不能查明行为人是否真的轻信能够避免结果发生，也能将其行为认定为过失——《刑法》规定"轻信能够避免"只是为了与故意相区别，而不是一定要查明这一点。相应地，如果行为人已经预见，并且希望或者放任结果发生，就可以直接认定为故意。

　　总之，疏忽大意的过失中的"没有预见"，以及过于自信的过失中的"轻信能够避免"，都是表面的责任要素，是不需要具备和证明的。

　　再从过失的本质来理解一下。过失犯是指行为人具有认识侵害结果的可能性，原本可以不实施行为，但还是实施了。所以，最重要的是判断行为人有没有预见可能性，只要有预见可能性，即使没有查明行为人究竟有没有预见，或者是否真的轻信能够避免，也要肯定他具有过失犯的可谴责性。

如何区分过失与意外事件

　　这里有一个可能会让你感到困惑的问题，那就是如何区分疏忽大意的过失和意外事件。

　　如果一个行为在客观上造成了损害结果，但既不是出于故意也不是出于过失，而是由不能预见的原因引起的，它就不是犯罪，而是意外事件。意外事件有三个特征：一是行为在客观上造成了损害结果；二是行为人没有故意和过失；三是损害结果由不能预见的原因引起。

比如，汽车司机在雨夜开车，从农民堆放在公路上的稻草上驶过，轧死了睡在稻草下的一个瘦小的精神病人。司机不可能预见有人雨夜睡在稻草下，所以这是个意外事件，不能认定为过失致人死亡罪。但是，如果司机在夜间疲劳驾驶，没有看到前方的黑影，撞向了过路的行人并导致其死亡，这时就应当成立交通肇事罪或者过失致人死亡罪。

什么情况下处罚过失犯

没有故意、过失就不能处罚是责任主义最主要的内容，但并不是只要有过失就必须处罚。目前，世界各国的刑法都以处罚故意犯罪为原则，以处罚过失犯罪为例外，也就是只有在有特别规定时才处罚过失犯罪。

我国《刑法》规定了故意和过失两种责任形式，对于故意犯罪，规定是"应当负刑事责任"；对于过失犯罪，则是"法律有规定的才负刑事责任"。那么，什么是法律有规定的呢？大体来说，有以下四种情况。

第一，分则条文使用"过失"这个表述的，无疑属于法律有规定的过失犯罪。比如，过失致人死亡罪、过失爆炸罪等都是非常明显的过失犯罪，都要处罚。

第二，分则条文使用"严重不负责任"这个表述的，一般应该

确定是法律有规定的过失犯罪。比如，有关医疗事故罪的法条规定，"医务人员由于严重不负责任，造成就诊人死亡或者严重损害就诊人身体健康的，处三年以下有期徒刑或者拘役"。所以，这应该是过失犯罪，需要负刑事责任。

第三，分则条文使用"发生某某事故"之类的表述，通常也能表明是法律有规定的过失犯罪。因为在日常用语中，"事故"就是指由过失或意外造成的事件，而且分则条文对"发生某某事故"的犯罪往往规定了较轻的法定刑。比如，《刑法》第 138 条规定，"明知校舍或者教育教学设施有危险，而不采取措施或者不及时报告，致使发生重大伤亡事故的"，这里成立的教育设施重大安全事故罪显然就是过失犯罪。

第四，分则条文使用"玩忽职守"这个表述的，也表明是法律有规定的过失犯罪。典型的就是《刑法》第 397 条规定的玩忽职守罪——国家机关工作人员玩忽职守，致使公共财产、国家和人民利益遭受重大损失的。

18 过失论 II

在高速公路上正常行驶撞死人，成立过失犯吗？

先来看一个案例。一个雨夜，张三全神贯注地行驶在高速公路上。突然，行人李四横穿公路。张三看见后，立马踩了刹车，但还是撞到了李四，并导致李四死亡。事后调查发现，李四当时处于醉酒状态，那么，张三成立过失犯罪吗？

想要弄清楚这个问题，就要了解过失犯罪的构造。关于这一问题，学术界一直存在争议，主要分为两派，即旧过失论和新过失论。下面分别来看一下。

旧过失论是否欠妥

旧过失论强调过失的本质是行为人因为不注意而没有预见结果的发生。在认定过失犯时，只要行为客观上造成了法益侵害结果，就只需考察行为人对结果有没有预见可能性。如果有，就成立过失犯。

具体到上面的案例，一些学者指出，如果采用旧过失论，张三的行为就会被认定为过失犯罪中的交通肇事罪。因为谁都知道开车有危险，而张三作为驾驶者，对自己开车可能会致人死亡的结果肯定有预见可能性。但张三是完全按照交通规则来开车的，李四则是醉酒横穿高速公路，无论如何都不应该让张三承担过失犯罪的刑事责任，否则就太不公平了。所以，他们认为旧过失论是欠妥的。

但在我看来，即使采用旧过失论，张三的行为也不构成交通肇事罪。为什么呢?

第一,旧过失论所讲的预见可能性是指具体的预见可能性,而不是抽象的预见可能性。开车的人都知道开车可能会发生交通事故,就是抽象的预见可能性。

第二,旧过失论认为成立过失犯的前提是行为符合犯罪的构成要件。交通肇事罪的构成要件要素之一是违反交通运输管理法规,而张三没有违反,当然就不可能成立交通肇事罪。

第三,虽然旧过失论强调行为人的预见可能性,但这是指责任层面的。而过失犯的成立不仅要具备有责性,还要具备构成要件符合性和违法性。所以,旧过失论的批评者实际上混淆了过失和过失犯这两个不同的概念——过失是责任要素,过失犯则是具备构成要件符合性、违法性、有责性的犯罪。

新过失论是否完善

新过失论是针对旧过失论而产生的。相对于旧过失论,新过失论并不是一概否认责任层面的预见可能性,只是侧重于从构成要件层面探讨什么是过失行为。也就是说,两者的争议并不在同一层面上。旧过失论重点讨论的是责任层面的过失,新过失论重点讨论的则是构成要件符合性层面的过失。新过失论虽然在解决过失犯罪的问题,但和责任层面的过失没有直接关系,也没有冲突。

在构成要件符合性层面,两者没有区别。就具体案件来说,也没有明显区别。比如,业务过失犯罪都是以违反各种规章制度为前提的,否则就不可能符合犯罪的构成要件。又比如前面张三的案例,只要不违反交通运输管理法规，他的行为就不符合交通肇事罪的构成要件。无论是用旧过失论还是新过失论，张三的行为都不构成犯罪。

很多人认为，新过失论最大的特色是只要遵守了必须遵守的行为规则，即使造成了法益侵害结果，也不应该承担过失犯罪的责任。但实际上，既然遵守了相应的规则，就说明这个行为本就不符合过失犯的构成要件，当然也就不应该承担过失犯罪的责任。这并不是因为没有过失，而是因为不符合犯罪的构成要件。

此外，单纯根据是否违反规则来判断有没有过失可能是有缺陷的。因为规则只是一个抽象的指导，不可能十分完备，还有些规则特别灵活，难以判断。如果承认不成文的规则，就更不好判断了。

比如，有一种添加剂，目前没有发现对人体有害，所以没有被禁用。但行为人根据自己的认识和经验，觉得它可能会致人伤亡，并且在生产食品时使用了，结果确实造成了人员伤亡。如果采取新过失论，行为人就不成立过失犯，因为他没有违反规章制度。可是，我觉得这样判决并不合理，因为它不恰当地缩小了过失犯的处罚范围。

你可能会觉得，行为人应该成立故意犯，但不成立过失犯。可是，过失犯和故意犯不是对立关系，而是位阶关系。也就是说，过失是故意的可能性，故意犯必然符合过失犯的条件。所以这种看法也是不合理的。

总的来说，在规则不清晰或者非常灵活时，我们只能要求行为人在实施行为时避免结果的发生。如果行为人应当避免结果发生却没有避免，就应当说这符合过失犯的构成要件。

如何判断结果回避义务

无论是新过失论还是旧过失论，都要求行为符合犯罪的构成要件。但是，由于过失致人死亡罪、过失致人重伤罪的构成要件缺乏定型性，即过失致人死亡、重伤的行为种类太多了，没法完整表述出来，因而刑法理论一般将其客观方面表述为"违反了结果回避义务"。也就是说，如果行为人应当避免结果发生却没有避免，该行为就具备了过失犯的构成要件符合性。

那么，具体的行为人在什么情况下应当避免结果发生呢？有些人认为，如果行为人对结果具有预见可能性，就产生了结果回避义务。但这样说显然有问题，因为对结果的预见可能性是责任要素，而结果回避义务是构成要件要素，如果先判断有没有责任要素，再判断符不符合构成要件，就颠倒了犯罪成立的判断顺序。

我认为，行为人只要实施了危险行为，就有结果回避义务。这是一种客观的判断，和对结果的预见可能性无关。比如，行为人实施了醉酒后驾车的危险行为，就有避免发生交通事故的义务，这与他对结果有没有预见可能性无关。

总之，过失犯和故意犯一样，成立与否都要按照构成要件符合性、违法性、有责性的阶层来判断。行为人有没有结果回避义务以及在行为时应当采取何种措施避免结果发生，不是取决于他对结果有没有预见可能性以及预见可能性的程度，而是取决于行为本身的危险程度、行为的环境等。

19 主观的超过要素

为谋利而走私淫秽物品，但没卖出就被查获，是犯罪吗？

就犯罪的成立来说，通常主观方面和客观方面存在对应关系。比如故意杀人罪既遂，客观要素是杀人行为致人死亡，主观要素是认识到自己的行为会导致他人死亡。如果行为人只有伤害他人的主观故意，但造成了被害人死亡的结果，那就只能成立故意伤害罪（致死），而不能成立故意杀人罪。也就是说，我们只能在主观要素和客观要素的重合范围内认定犯罪，这也是责任主义的要求。

那么，主观要素和客观要素必须是完全对应的吗？有没有例外情况？比如，张三为了牟利从国外走私入境大量淫秽视频录像带，但还没卖出就被查获，最终不仅没赚到钱，还亏了不少。张三的行为构成走私淫秽物品罪吗？这个问题涉及主观的超过要素。

所谓主观的超过要素，就是从《刑法》规范上看，某些并不需要外在化、现实化的主观要素。也就是说，某些犯罪的成立要求行为人必须具备这个主观要素，却并不要求存在和这个主观要素相对应的客观事实。

那么，哪些犯罪中可能存在主观的超过要素呢？

目的犯中的目的

目的犯指的是具有某种特定的犯罪目的的犯罪，而其中的目的就可能是主观的超过要素。

比如，《刑法》第 152 条第 1 款规定，"以牟利或者传播为目的，走私淫秽的影片、录像带、录音带、图片、书刊或者其他淫秽物品的"，成立走私淫秽物品罪。该法条明确规定了"以牟利或者传播为目的"这个主观要素，但并不要求行为人客观上谋取了利益或者传播了淫秽物品，所以这就是主观的超过要素。也就是说，只要行为人主观上有牟利或者传播的目的，并且实施了走私淫秽物品的行为，那么不管客观上有没有牟利和传播行为，都不影响该罪的成立。因为该罪的客观要素是走私淫秽物品的行为，而不是牟取利益或者传播行为。

前面张三走私淫秽视频录像带的案例中，张三主观上有牟利的目的，虽然实际上很快就被查获且亏了不少钱，即没有和牟利目的相对应的客观事实，但这并不影响走私淫秽物品罪的成立。

又比如，绑架罪中的"以勒索财物为目的"也是主观的超过要素，不需要客观上达到这个目的。

走私淫秽物品罪和绑架罪这种目的犯被称为**短缩的二行为犯**。这是指完整的犯罪行为原本由两个行为组成，但《刑法》规定，只要行为人以实施第二个行为为目的实施了第一个行为，就以犯罪既遂论处，不要求行为人客观上实施了第二个行为。比如在绑架罪中，行为人实施了绑架人质的第一个行为后，原本还要实施勒索财物的第二个行为，但《刑法》规定，只要以勒索财物为目的实施了绑架行为，就构成绑架罪既遂。

还有一种目的犯被称为**断绝的结果犯**。这是指只要实施了符合犯罪构成要件的行为，就可以实现行为人的目的。比如，只要实施了贷款诈骗罪的构成要件行为，就可以实现非法占有贷款的目的，不需要行为人实施另一个不法行为。

不过要注意的是，并非所有目的犯中的目的都是主观的超过要素，也有一些必须存在与之对应的客观事实，不能看到法条中提到"以某某为目的"，就认为是主观的超过要素。比如，《刑法》第175条高利转贷罪第1款规定了"以转贷牟利为目的"的主观要素，而"转贷他人""违法所得数额较大"是必须与其对应的客观事实。所以，转贷牟利这个目的就不是主观的超过要素。

犯罪中的犯罪动机

某些犯罪的犯罪动机也可能是主观的超过要素。犯罪动机指的是刺激、促使行为人实施犯罪行为的内心起因或思想活动。比如，行为人想一夜暴富，于是去抢银行，想一夜暴富的心理就是他的犯罪动机。又比如，行为人跟被害人有仇，为了报复而枪杀了被害人，报复就是他的犯罪动机。

犯罪动机回答的其实是行为人基于什么样的心理原因实施了犯罪行为的问题。对大多数犯罪来说，犯罪动机并不是犯罪成立所必需的要素，一般是将其作为量刑情节来考虑。比如，行为人贪污公款是为了做公益，这个动机并不影响贪污罪的成立，但可能会被当作量刑情节，从而对行为人从宽处理。这类犯罪动机不是必需的，不存在有没有对应的客观事实的问题，也就不属于主观的超过要素。

但是，在某些渎职类犯罪中，特定的动机是犯罪成立所必需的，且不需要有客观事实相对应，这就是主观的超过要素。比如在徇私枉法罪中，"徇私""徇情"的动机就是主观的超过要素。那么，《刑法》为什么要规定这个主观要素呢？

其实，仔细分析《刑法》分则中有关渎职类犯罪的条文就可以发现，凡是规定了"徇私"这个主观要素的渎职类犯罪，其职责内容都是需要国家机关工作人员具有较高法律素质、政策水平和技术能力的裁量性事务。但是，越是需要专业能力的裁量性事务，越容易因工作人员素质不高而出错，所以就需要把这种情况和因徇私而出错的情况区分开来。

比如，《刑法》第 399 条第 1 款规定的徇私枉法罪明确要求具备"徇私""徇情"的主观要素，就是为了避免把司法工作人员因法律素质不高而出错的情形认定为该罪。但是，《刑法》第 400 条第 1 款规定的私放在押人员罪就不要求这个动机，因为谁是在押人员、具备什么条件和程序可以释放在押人员是非常清楚的，不会出现因法律素质、政策水平、技术能力不高而私放罪犯的情况。

倾向犯中的内心倾向

传统刑法理论中还有一种犯罪叫倾向犯，是指行为必须表现出行为人的特定内心倾向的犯罪。只有当这种内心倾向被发现时，才能认为其行为具有构成要件符合性。最典型的是各种猥亵罪。按照传统刑法理论，只有当行为表现出行为人具有刺激或满足性欲的内心倾向时，该行为才符合猥亵罪的构成要件，才具有违法性。如果一个行为在外观上属于猥亵行为，但行为人并没有刺激或满足性欲的内心倾向，就不符合猥亵罪的构成要件。按照这种观点，倾向犯中的内心倾向也是主观的超过要素。

但是，我不承认倾向犯。因为不管行为人是不是出于刺激或满足性欲的内心倾向，都不影响猥亵行为侵害了被害人的性行为自主权这一法益。换句话说，即使行为人出于报复或其他动机实施猥亵行为，也侵害了被害人的法益。

日本最高裁判所之前认定猥亵罪是倾向犯，但在 2017 年 11 月 29 日变更了判例，认为猥亵罪的成立不需要具备刺激或满足性欲的内心倾向。

总结一下，因为有主观的超过要素存在，所以犯罪的主观方面并不必然和客观方面相对应。其实除了主观的超过要素，我认为还存在客观的超过要素，也就是不需要有主观内容相对应的客观要素。如果对这一点感兴趣，可以阅读我的《犯罪构成体系与构成要件要素》一书。

20 责任年龄

15 周岁的人抢劫枪支，应当负刑事责任吗？

　　本节要讲一个重要的责任要素，就是责任年龄。前面讲责任主义时，提到过 11 周岁的人杀人、13 周岁的人抢劫为什么不负刑事责任，这一节来关注一下责任年龄的另一个阶段。《刑法》第 17 条第 2 款明确规定："已满十四周岁不满十六周岁的人，犯故意杀人、故意伤害致人重伤或者死亡、强奸、抢劫、贩卖毒品、放火、爆炸、投放危险物质罪的，应当负刑事责任。"那么，15 周岁的人抢劫枪支，应当负刑事责任吗？

　　这个问题的关键在于，《刑法》规定的十四到十六周岁的人应该负责的八种罪是特定的八个罪，还是八种犯罪行为？再具体一点，就抢劫来说，15 周岁的行为人是只对抢劫罪负责，还是也要对抢劫枪支罪负责？这就是本节要讨论的问题。

相对负责任时期承担的责任

　　根据我国《刑法》的规定，责任年龄分成四个阶段：第一阶段是绝对无责任时期，即不满 12 周岁的人不承担刑事责任；第二个阶段是最低刑事责任时期，即已满 12 周岁不满 14 周岁的人实施情节恶劣的故意杀人、故意伤害罪，经过最高人民检察院核准的，应当负刑事责任；第三个阶段是相对负责任时期，即已满 14 周岁不满 16 周岁的人，需要对八种特殊犯罪负刑事责任；第四个阶段是完全责任时期，即已满 16 周岁的人犯罪，应当负刑事责任。

《刑法》之所以规定已满 14 周岁不满 16 周岁的人只对八种犯罪负责，主要有以下三个原因。

第一，这个年龄段的人对严重犯罪行为已经具有了辨认控制能力。所以，如果他们实施了《刑法》所列举的八种犯罪行为，应当负刑事责任。但由于他们的辨认控制能力还比较弱，且这样统一划定标准也便于实践和操作，所以如果他们实施了这八种犯罪以外的行为，就不构成犯罪。

第二，这样规定考虑到了犯罪的常发性。换句话说，这八种犯罪行为是已满 14 周岁不满 16 周岁的人通常可能会实施的严重犯罪行为。事实上，还有许多犯罪的严重性都不比这八种犯罪轻，但这个年龄段的人往往很难甚至不能实施那些犯罪，所以《刑法》没有规定。

第三，《刑法》要对这个年龄段的人承担责任的范围进行明确、具体的规定，而不能只给出概括性的规定。这既是罪刑法定原则的要求，也能更有效、更准确地处罚严重危害社会的犯罪，减少司法实践中的分歧，更充分体现了国家对有越轨行为的未成年人重教育、轻处罚的刑事政策。

"抢劫"是指抢劫罪还是抢劫行为

回来看本节标题中的问题：15 周岁的人抢劫枪支，应当负刑事责任吗？在我国《刑法》中，抢劫罪和抢劫枪支罪是两个独立的罪名，所以法条中规定的八种罪到底怎么解释至关重要。如果法条中的"抢劫"特指《刑法》第 263 条规定的抢劫罪,那么 15 周岁的人抢劫枪支就不应当负刑事责任;如果指的是实施抢劫行为,那么就应当负刑事责任。

究竟哪种解释更合理呢?我认为法条规定的是八种犯罪行为,而不是具体的八种罪名。即使行为人实施的全部行为客观上看都会被认定为其他罪,但只要实施了这八种行为之一,行为人就应当承担刑事责任。

比如,已满 14 周岁不满 16 周岁的人在绑架过程中故意杀人,从表面上看,应该认定为绑架罪,杀人只是绑架罪的加重情节,不影响罪名。但是,八种犯罪里没有绑架罪,因此有人觉得行为人应被认定为无罪。可如果单纯地故意杀人都要负刑事责任,绑架后再故意杀人反而不负责刑事责任,那明显不公平。我认为在这种情况下,应当将行为人的行为认定为故意杀人罪,主要有以下两个理由。

第一,绑架过程中的故意杀人行为完全符合《刑法》第 232 条规定的故意杀人罪的构成要件,并且具备责任要素。把这样的行为认定为故意杀人罪并不缺少任何要素,实际上只是舍弃了客观上多出来的绑架这部分要素。

第二,在判断已满 14 周岁不满 16 周岁的人是否要负刑事责任时,要把《刑法》规定的八种犯罪的犯罪构成作为大前提,把行为人实施的具体行为作为小前提,最后得出是否构成犯罪的结论。就这个例子来说,《刑法》规定已满 14 周岁不满 16 周岁的人要对故意杀人罪负责,那么司法机关应当将故意杀人罪的犯罪构成作为大前提,将行为人绑架他人并故意杀害他人的事实作为小前提。因为行为人的杀人行为满足故意杀人罪的构成要件,所以构成故意杀人罪;

因为相对责任时期不对绑架罪负责，所以不对行为人的绑架行为进行评价。最后的结论就是成立故意杀人罪。

你可能会觉得奇怪：已满 16 周岁的人绑架并杀害他人要定绑架罪，15 周岁的人绑架并杀害他人却要定故意杀人罪，怎么一岁之差罪名就不同了呢？这其实没什么奇怪的，因为 15 周岁的人对前面的绑架不负刑事责任，对后面的故意杀人却要负责。也就是说，年龄不仅会影响罪和非罪，还会影响此罪和彼罪。

总结一下，已满 14 周岁不满 16 周岁的人，只要实施的行为包含《刑法》第 17 条第 2 款规定的八种犯罪行为，就应该承担刑事责任。

到这里，本节标题中的问题就很清楚了。"抢劫"指的是抢劫行为，既能涵盖抢劫罪，也能涵盖抢劫枪支、弹药、爆炸物、危险物质罪。

首先，枪支、弹药、爆炸物、危险物质也属于财物，只是考虑到抢劫这类物品的行为更严重，所以《刑法》将其从普通抢劫罪中分离出来，做了特别规定。可以说，抢劫枪支、弹药等的行为本就属于普通抢劫罪。

其次，《刑法》第 17 条第 2 款规定的是具体犯罪行为，把抢劫枪支、弹药等的行为包含在"抢劫"之中不存在用语上的障碍，也不会超出国民的预测可能性。

最后，把抢劫枪支、弹药等的行为包含在《刑法》规定的八种犯罪中，有利于处理事实认识错误问题，避免定罪处罚的不公正。比如，行为人以为是普通财物而实施抢劫行为，但客观上抢劫的是枪支、弹药的，应当认定为普通抢劫罪。那如果行为人没发生事实认识错误，本就想抢劫枪支、弹药，就更应承担责任。

即使认为已满 14 周岁不满 16 周岁的人只对属于抢劫罪的抢劫行为负责，对他们故意实施的抢劫枪支、弹药的行为，也可以把枪支、弹药认定为一般财物，从而将其行为认定为抢劫罪。

与上面的分析思路类似，这八种犯罪中的"抢劫"还应包括《刑法》规定的准抢劫和拟制抢劫。已满 14 周岁不满 16 周岁的人犯准抢劫罪或拟制抢劫的，应该以抢劫罪追究刑事责任。关于准抢劫和拟制抢劫的具体内容，第 5 章会详细讲解。

答学友问

学友：A、B、C 均为 15 周岁的孩子，B 绑架了 A，C 去救 A，B 与 C 扭打起来，救人的 C 不小心把 A 撞倒并导致其死亡，这时应该怎么判案？B 无罪吗？C 也无罪吗？那 A 死了只能算自己倒霉吗？

张明楷：在这个案例中，B 实施的是绑架行为，但《刑法》没有规定不满 16 周岁的人要对绑架罪负责。C 的行为虽然导致了 A 的死亡结果，但 C 没有伤害的故意，也就是说他实施的是过失致人死亡的行为。对于已满 14 周岁不满 16 周岁的人，刑法不会惩罚他们的绑架行为和过失犯罪行为，所以 B 和 C 都不需要对 A 的死亡结果负责。

但是，我们不能就此得出 A 死了只能算自己倒霉的结论。前面讲过，刑罚是最严厉的惩罚手段，而不是唯一或首要的惩罚手段。这个案例中的 B 和 C 虽然不用负刑事责任，但他们可能会被依法进行矫治教育，他们的监护人也会承担相应的民事赔偿责任。

另外，我们也不能认为刑罚的效果总是积极的，尤其是在未成年人犯罪的场合。刑罚有很多副作用，比如，如果不考虑刑事责任能力的规定，判处 B 和 C 刑罚，那么处罚效果很可能不好。实际上，给 B 和 C 判刑或许只能实现报复的目的，却会毁掉他们的一生，而且也未必能达到预防两人再次犯罪的目的。很多研究表明，未成年人思想上还不成熟，价值观也还不确定，更容易受到监狱中其他犯罪人员的不良影响，等到刑满出狱，很可能会走上再次犯罪的道路。

刑法的目的不是惩罚犯罪人，而是保护法益。对于实施了不法行为的未成年人，要以教育保护为主、惩罚为辅。正是因为这一点，《刑法》才设置了刑事责任年龄。

21 责任能力

间歇性精神病人在病发状态下杀人，要负责吗？

责任能力是一种责任要素，如果行为人没有责任能力，就不可能对自己的不法行为承担刑事责任。不仅如此，刑法还要求行为与责任同时存在，即责任能力必须存在于行为发生之时，行为人只对他在有责任能力的状态下实施的行为及其结果负责。反过来说，行为人对他在丧失责任能力的状态下实施的行为及其结果不用负责。下面来看两个具体的案例。

案例 1：行为人知道自己喝酒后会陷入无法控制自己行为的状态，于是故意喝酒，结果在酒后没有责任能力的情况下杀死了一直想杀的仇人。行为人要不要对杀人行为及其结果负责？换句话说，故意或者过失让自己陷入丧失或减弱责任能力的状态，然后在这种状态下实施违法行为的，该怎么处理？

案例 2：间歇性精神病人在意识清醒时用铁锤殴打被害人，但没把人打死，这时他突然发病，陷入无责任能力状态，然后继续实施殴打行为并导致被害人死亡。行为人要不要对被害人的死亡负责？

这两个案例涉及同一个理论问题：是不是在犯罪的整个过程中都要具备责任能力？换句话说，到底该怎么理解"行为与责任同时存在"这个原则？

原因自由行为

先来看案例 1。具有责任能力的行为人故意或者过失使自己一时陷入丧失或减弱责任能力的状态，并在这种状态下实施符合犯罪构成要件行为的，刑法上有个专门的概念，叫"原因自由行为"。刑法理论上一般都认为要处罚这类行为。

原因自由行为在现实中完全有可能存在。比如，证人为了作伪证并免受处罚，在出庭作证前服用精神类药物，使自己处在麻醉状态下；再比如，司机在具有明显过度疲劳征兆的情况下继续驾驶车辆，以致在睡眠状态下将行人撞死。

从一般人的感情考虑，由于行为人是自主选择了醉酒或疲劳驾驶，使自己一时性地陷入丧失辨认控制能力的状态，再实施法益侵害行为，这是社会不能容忍的，有追究刑事责任的必要。但问题在于，如果要贯彻"行为与责任同时存在"这个原则，而在原因自由行为中，行为人实施构成要件行为时没有责任能力，那怎么能追究他的责任呢？

可以肯定的是，我们必须维护这个原则，不能因为原因自由行为有可罚性，就说存在例外情况。因为如果承认了这个例外，那么在其他情况下也可能会产生例外，这就违反了责任主义。而且，如果承认有例外，就必须有法律的特别规定，但我国《刑法》并没有这样的特别规定。

我认为，要在"行为"上找突破口。不要把这个原则中的"行为"狭义地理解为实行行为，而要理解为与结果的发生具有因果关系的行为。也就是说，只要当行为人开始实施与结果的发生有因果关系的行为时有责任能力，就能对他进行谴责。因为他有可能形成不实施不法行为的想法，却没有形成，而是实施了不法行为并导致了结果的发生，这就有了对他进行谴责的基础。

比如，行为人一开始没有殴打他人的想法，却由于饮酒等行为而产生了这种想法。因为没有饮酒行为就没有殴打行为，所以可以肯定饮酒行为和殴打的结果之间存在因果关系，并且行为人在开始饮酒时是有可能不实施殴打行为的，所以就可以对行为人造成的结果进行谴责。

再比如，行为人事先就有伤害他人的想法，为了壮胆喝了酒，然后导致丧失责任能力，并在这种状态下实施了伤害他人的行为。这时也可以肯定饮酒行为和结果之间具有因果关系。既然行为人在实施与结果的发生有因果关系的行为时有责任能力，并且具有故意或过失，那就应当肯定其行为的可罚性。

因果关系错误

再来看案例 2。我认为，应当把这种情况作为因果关系错误问题来处理。因果关系错误，是指客观上因果关系的发展和行为人的主观意愿发生了偏离。比如，本想把被害人推到河中淹死，但因为河水很浅，被害人撞到河底的石头致死。

如果按照因果关系错误的理论处理，案例 2 中的行为人在陷入无责任能力的状态前，即精神正常时，已经存在杀人未遂的行为——用铁锤殴打被害人。至于发病后继续实施殴打行为并导致被害人死亡是否适用故意杀人罪既遂的刑罚，取决于行为人进入无责任能力状态后的行为及其结果与他在精神正常时的主观意愿相比，在因果关系上的偏离是不是重大。如果不算重大，行为人就要承担既遂的责任。这个案例就属于因果关系偏离不算重大的情况，所以行为人要对死亡结果负责。

再举个例子。张三以抢劫的故意对李四实施暴力，压制了李四的反抗后，张三突然精神病发作，在无责任能力的状态下强取了李四的财物。在这种情况下，张三的行为仍然成立抢劫罪既遂。

总的来说，对于这种问题，在实行行为没有终了的情况下，虽然行为人实施后半部分行为时精神不正常，但只要开始实施实行行为时具有责任能力，并且丧失责任能力后实施的行为和之前的行为属于同一构成要件，且因果关系偏离不重大，行为人就应当负既遂的责任。

那在什么情况下，行为人不用对无责任能力状态下的行为负责呢？关键在于对构成要件的判断。如果行为人在有责任能力阶段实施的行为和无责任能力阶段实施的行为属于不同犯罪的构成要件，而结果是由无责任能力阶段的行为导致的，那么行为人只对前面的行为承担未遂犯的责任，对后面的行为不承担刑事责任。比如，甲以强奸的故意对妇女实施暴力，随后丧失了责任能力并强取妇女的财物，这时就只能评价甲丧失责任能力前的行为，将其认定为强奸罪未遂。

总结一下，根据责任主义的原则，"行为与责任同时存在"是应当遵循的原则，责任能力必须存在于行为时，但是不能将"行为时"狭义地解释为"实施实行行为时"，而应当解释为"实施与结果的发生具有因果关系的行为时"。

22 违法性认识

被法官告知某行为不违法而实施该行为，构成犯罪吗？

有句古老的法谚叫"不知法律不免责"，说的是一个人做了违法的事情时，即便他不知道自己做的事是法律禁止的，也不能免除他的责任。那么，不知法真的一概不免责吗？有没有特殊情况呢？比如，不识字的村民想要捕杀大量麻雀，但不确定这种行为是否违法，于是咨询了当地的资深法官，法官告诉他这种行为不违法，但实际上是违法的。如果村民听了法官的话，放心地捕杀了大量的麻雀，构成犯罪吗？

这里涉及责任内容里两个密切相关的问题，即违法性认识错误和违法性认识可能性。

违法性认识错误和违法性认识可能性

违法性认识错误，是指行为人并没有对客观事实出现认识上的错误，但不知道自己的行为在法律上是被禁止的，或者误以为自己的行为是法律允许的。比如，张三知道大量捕杀某种罕见鸟类对生态有害，但不知道这个行为被《刑法》禁止了，不知道是违法的。

违法性认识可能性，是指行为人有没有可能知道自己的行为在法律上是被禁止的。刑法理论的通说认为，犯罪的成立不要求行为人认识到自己的行为违反《刑法》，但要求行为人具有违法性认识可能性。所以，当行为人存在违法性认识错误时，需要进一步判断他能不能避免这个错误。如果能够避免，就意味着他有违法性认识可能性。

比如，行为人认为"大义灭亲"不违法，于是杀死了自己吸毒的儿子。这显然是可以避免的违法性认识错误，这时行为人就具有违法性认识可能性。再比如，开头村民捕杀大量麻雀的例子。因为村民不识字且得到了当地资深法官的认可，所以他存在不可避免的违法性认识错误，也就不具有违法性认识可能性。反过来说，不具备违法性认识可能性，意味着存在不可避免的违法性认识错误。

那么，如果行为人不具有违法性认识可能性，又实施了违法行为，还能成立犯罪吗？这其实就是本节标题和开头的案例中提出的问题。首先要说明的是，违法性认识可能性是一个独立的责任要素，是故意犯和过失犯都必须具备的责任要素。如果行为人缺乏违法性认识可能性，就意味着他没有责任，也就不可能成立犯罪。也就是说，缺乏违法性认识可能性是一个责任阻却事由。

这是因为，只有当行为人具有违法性认识可能性时，他才有可能选择合法的行为，法律才能要求他不实施违法行为；而如果行为人不可能知道自己的行为是被法律禁止的，法律就不能追究他的责任。

比如，在村民捕杀大量麻雀的案例中，村民因为担心自己的行为违法而去咨询当地的资深法官，这表明他是很有规范意识的。后来，他是在认为自己的行为不违法的情况下才去做这件事的。我们平时不也是觉得自己的行为不违法才会实施吗？如果要把这种行为认定为犯罪，就意味着平时即使我们觉得自己的行为合法也不能实施，这显然不合适。

总结一下，如果行为人不可避免地会产生违法性认识错误，这时能够阻却责任，其行为不构成犯罪；如果行为人具有违法性认识错误的避免可能性，这时即便产生了违法性认识错误，也不能阻却责任，仍然可能成立犯罪。

怎样判断违法性认识的可能性

那么，究竟怎么判断行为人是否具有违法性认识的可能性呢？或者说，怎么判断违法性认识错误是否可以避免呢？这里需要注意的是，考察的对象必须是行为人本人，不能以一般人标准去考量。

简单地说，认定存在违法性认识错误的避免可能性必须具备三个条件：第一，行为人具有认识违法性的能力，比如，他不是小孩，不是精神病患者。第二，行为人具有具体的契机，能够对自己行为的法律性质进行考察。第三，对于认识违法性的可能性，行为人能够感知到。比如，如果行为人是一个聋哑人，你对他说这件事违法，他听不到，也就不能利用你向他提供的认识违法性的可能性。

第一个和第三个条件比较好理解，下面重点讲一下第二个条件。在什么情形下，行为人对自己行为的法律性质有考察的契机呢？

一种情形是，当行为人对法律的状况产生了疑问时，应当对相关法律规定进行确认。比如，张三不同意儿子娶二妮为妻，想狠狠揍儿子一顿让他打消这个想法，但张三不知道这么做会不会违法。这时，张三就要对法律的规定加以确认，可以翻翻法条或者向他人咨询一下等，而不能用不知法当理由来逃避法律责任。因为此时这个违法性认识错误是可以避免的，行为人也就具备有责性。

那是不是只要行为人针对法律规定进行了咨询，确认行为不违法，就都是不可避免的违法性认识错误呢？当然不是，关键要看行为人是向谁咨询的。比如，行为人遵从最高人民法院的判例，或者在判例有分歧的情况下遵从了上级法院的判例，进而产生了违法性认识错误，这就可以认为是不可避免的。但是，如果行为人听信某些私人专家的意见，从而产生了违法性认识错误，这就不是不可避免的。因为即使是律师、法律学者这样的专家，他们对《刑法》的解释、运用、执行也不负有法律责任。如果允许国民信赖私人意见并据此实施行为，将有害于法律制度的统一性。

当然，这不是说完全不允许国民信赖专家的意见，还要结合具体情况进行判断。比如，如果行为人客观上不可能获得司法机关的意见，只能信赖律师、法律学者的意见，进而产生了法律认识错误，这时也应当认为是不可避免的。

另一种情形是，当行为人知道自己要在法律规制的特别领域活动时，应该对相关法律规定进行确认。如果行为人没有努力收集相关法律信息，进而产生了违法性认识错误，原则上就属于可以避免的错误，不阻却责任。比如，证券业务是法律规制的特别领域，从事证券业务的人员就对证券犯罪具有违法性认识的可能性。

在司法实践中，被告及其辩护人不能以没有认识到违法性为理由否认犯罪的成立，只能以缺乏违法性认识的可能性为由做无罪辩护，或者说只能以被告人的违法性认识错误不可避免为由做无罪辩护。如果被告人的违法性认识错误确实没有避免的可能性，那么司法人员就必须采纳这种辩护意见。

当然，在今天这个信息发达的社会，缺乏违法性认识可能性的情况比较少见，但不能因为少见就否认这种情况的存在。举个很简单的例子。地方政府发布了一个文件，但该文件本身是违反法律规定的。没什么文化的行为人不知道法律的规定，却相信地方政府的文件，然后据此实施的行为触犯了《刑法》。这种情况显然不能按照犯罪处理，因为行为人没有违法性认识的可能性。

事实认识错误和违法性认识错误

前面讲过，事实认识错误阻却故意的成立，而可以避免的违法性认识错误不阻却故意，所以对两者进行区分就很重要。

关于两者的区分，虽然存在很多学说，但其实有一个诀窍，就是反过来判断怎么样才能不犯错误。如果是需要认真、仔细观察事实才不会犯的错误，就是事实认识错误；如果是需要通过学习《刑法》才不会犯的错误，就是违法性认识错误。

需要注意的是，违法性认识错误仅仅指行为违法但行为人误以为合法。反过来，如果行为合法但行为人误以为违法，这被称为幻觉犯。虽然也可以说行为人有错误，但这个错误没有任何意义，这种情形也肯定不成立犯罪。

总结一下，"不知法律不免责"并不是绝对的原则，准确的表述或许应当是："虽不知法律，却能知法律的，不免责。"

答学友问

学友：司法实践中，存在一种比较普遍的观点，就是一旦法律正式实施，就推定社会主体已知晓并理解，社会主体不能以自己不知道该法律的存在，或对法律的理解存在偏差为由主张认识错误，进而主张自己不存在故意。但有些法律确实比较冷门，甚至需要很专业的能力才能认识。比如，《中华人民共和国野生动物保护法》（后文简称《野生动物保护法》）对野生动物的分类就很专业。实践中也存在误买了一只很漂亮的鸟而被处以刑罚的案例。请问老师，这类案件应怎样判定当事人的犯罪故意？

张明楷：这个问题其实是在问，对行政管理法规有错误认识，是否影响故意的成立。

一般来说，行为人对行政法规理解错误属于法律认识错误，但如果因为误解行政管理法规，导致对行为的社会意义和法益侵害结果缺乏认识的，应当认定为事实认识错误，阻却故意的成立。比如，《刑法》在非法捕捞水产品罪中规定，禁止公民在禁渔期捕捞水产品。如果行为人客观上在禁渔期捕捞了水产品，但这是因为他记错了行政管理法规规定的禁渔期，以为自己捕捞水产品时不是禁渔期，那就应当认定为事实认识错误，否定行为人的犯罪故意。

但是，如果行为人对行为的社会意义和法益侵害结果具有认识，只是误以为行为并不违反行政管理法规而不构成犯罪，或者误以为行为仅违反行政管理法规而不被《刑法》禁止，那就是法律认识错误，不影响故意的成立。比如，行为人拒绝按照卫生防疫机构提出的卫生要求，对传染病病原体污染的污水、污物、粪便进行消毒处理，引起了甲类传染病传播的严重危险。行为人主观上认识到了这种危险，但误以为自己的行为没有违反《中华人民共和国传染病防治法》的规定。对这种情况，应当认定为法律认识错误，不阻却故意的成立。

所以，不同情况有不同的认定结果，这个问题中的情况也要具体分析。

如果行为人因为弄错了《野生动物保护法》对这只鸟的分类而误以为买的是一只普通的鸟，那么，应当将其行为认定为事实认识错误，行为人没有犯罪故意。

如果行为人知道这只鸟可能是珍稀的野生动物，但误以为自己的行为不违反《野生动物保护法》，那么，虽然他有法律认识错误，但应当认为他具有违法性认识可能性，其行为构成犯罪。

一般来说，只要行为人认识到自己捕获或收购的鸟不是普通的鸟，就能认定他具有犯罪故意，也能认定他具有违法性认识的可能性，因而构成犯罪。

23 期待可能性

孩子杀人，父亲做伪证说是自己杀的，构成犯罪吗？

很多人会说，法律是冷冰冰的、不近人情的。有时，一些案件的判决出来之后，也会有媒体报道说这个案件非常有价值，因为它体现了法理和人情的统一。言下之意是，在很多情况下，法理和人情并不统一。比如，孩子杀了人，父亲出于对孩子的爱，在法庭上说人是自己杀的，这是否成立伪证罪？从伪证罪的文字表述看应该成立，但要父亲主动证明自己的孩子杀了人又似乎有违人性。

那么，法理和人情真的不统一吗？刑法真的不考虑人性的弱点吗？

什么是期待可能性

有句法律谚语叫"法律不强人所难"，它在 19 世纪末 20 世纪初被上升为刑法理论，也就是如今刑法研究中非常重要的期待可能性理论。所谓期待可能性，通俗地讲，就是根据行为时的具体情况，有可能期待行为人不实施违法行为，而实施其他合法行为。相反，如果不能期待行为人实施合法行为，就是没有期待可能性，不能认为行为人主观上有责任，因而不能让他承担刑事责任。

期待可能性理论来源于一百多年前德国的一个著名案件——"癖马案"。案情大致是这样的：一名马车夫在受雇期间驾驭两匹马拉的马车，其中一匹马比较野，会影响马车夫驾驶马车。马车夫和雇主对这匹马的缺点都很清楚，马车夫也曾向雇主提出更换这匹马，但雇主不同意。后来有一天，这匹马真的出了问题，马车夫想拉缰绳但根本拉不住，马向前飞跑，导致行人受伤。

检察官以过失伤害罪对马车夫提起公诉，原判法院宣告无罪，检察官不服，提出抗诉，案件被移至德意志帝国最高法院。最高法院驳回了检察官的抗诉，理由是：认定过失责任不能只凭马车夫曾经认识到"驾驭有恶癖的马可能会伤害行人"，还要考虑他当时能不能基于这种认识向雇主提出拒绝使用这匹马。法官认为，在这个案件中，显然不能期待马车夫不顾自己的职业损失，违反雇主的命令而拒绝使用这匹马，所以他不负过失责任。也就是说，由于不能期待马车夫实施其他行为，所以他的行为不具有过失责任。

这就是期待可能性理论最早的判例。在这个判例中，法官并没有刻板地适用法律，而是考虑到了马车夫当时的为难处境，考虑到了人性的弱点。

缺乏期待可能性的行为不构成犯罪

期待可能性也是一个独立的责任要素。我国《刑法》第 16 条规定："行为在客观上虽然造成了损害结果，但是不是出于故意或者过失，而是由于不能抗拒或者不能预见的原因所引起的，不是犯罪。"这里说的"由于不能抗拒"的原因所引起，就是指缺乏期待可能性的情况，也就是行为人在当时的情况下只能那么做。《刑法》明文规定这种行为"不是犯罪"，是指缺乏期待可能性阻却责任，于是行为不构成犯罪。

比如，被拐卖的已婚妇女被迫和他人形成事实婚姻的，已婚妇女能够认识到自己已婚又嫁给他人的事实，并且依然放任这样的结果发生，也就是说她有重婚罪的故意。但是，我们不能期待她在当时的情况下能够做出其他选择。所以，虽然妇女具有重婚的行为和故意，但由于缺乏期待可能性，她没有责任，其行为不构成犯罪。这是考虑到女性在特定条件下的不得已才做出的规定，也是对人性的体恤。

因为缺乏期待可能性而阻却责任的情形并不多，仅在一些比较特殊的案件中存在。比如，行为人为配偶、近亲属作伪证的，帮助配偶、近亲属毁灭、伪造证据的，或者窝藏、包庇犯罪的配偶或近亲属的。到这里，本节标题中的问题也就清楚了。孩子杀了人，父亲在法庭上说是自己杀的，不构成伪证罪。

因缺乏期待可能性而阻却责任的情形之所以不多，从某种程度上来说，是因为期待可能性的概念本身比较模糊，没有规范的成立要件或明确的界限。如果把缺乏期待可能性作为一个常见的责任阻却事由，就会导致法律的不安定，也可能会造成司法的腐败。

如何判断有无期待可能性

那么，究竟应该以什么标准来判断行为人在行为时是否具有期待可能性呢？这是个争议很大的问题，主要有以下几种学说。

第一，行为人标准说。这个学说主张，应当以行为发生时的具体状况下的行为人自身的能力为标准。如果在当时的具体状况下，不能期待行为人实施合法行为，就表明缺乏期待可能性。但这个观点会带来一个问题——如果行为人不能实施合法行为，我们就不期待他实施，那就没有法律秩序可言了。

第二，**平均人标准说**。这个学说主张，如果能够期待处于行为人状态下的平均人实施合法行为，那行为人也具有期待可能性；如果不能期待处于行为人状态下的平均人实施合法行为，那行为人也不具有期待可能性。

但是，这个学说没有考虑到对平均人能期待，对行为人不能期待的情况，这就不符合期待可能性理论的本意，因为期待可能性是责任要素，而责任是需要个别判断的。

第三，**法规范标准说**。这个学说主张，以国家或国家法律秩序的具体要求为标准。不过，这个学说也有问题：一方面，期待可能性理论本来是针对行为人的人性弱点而给予法律上的救济，所以应当考虑那些不能适应国家期待的行为人，但这个学说没有考虑这一点；另一方面，究竟在什么场合下，国家或法律秩序才期待行为人实施合法行为，这是不明确的。法规范标准说实际上没有提出任何标准。

上述学说既复杂又都存在缺陷，那到底该怎么判断呢？其实，这三种学说各自把握了期待可能性判断标准的一部分，没必要把它们对立起来。行为人标准说侧重于判断资料，平均人标准说侧重于判断基准，法规范标准说侧重于期待主体，这三者可以结合适用。

就判断资料而言，应该适用行为人标准说。因为就行为人的身体、心理条件等而言，必须以具体的行为人为标准，不能以一般人为标准。比如，在癖马案中，要考虑马车夫和雇主的关系，具体考察马车夫当时所处的地位，不能说一般情况下是怎样的。

就判断基准而言，应该适用平均人标准说。比如，在癖马案中，想判断马车夫在当时的情况下有没有期待可能性，就要考虑和马车夫处于同一情形下的和他具有类似地位的人有没有期待可能性。

就判断期待主体而言，应该适用法规范标准说。也就是说，法规范会针对不同情形提出不同要求。比如，甲犯罪后自己做虚假陈述的，没有期待可能性；但如果甲威胁他人为自己做伪证，则不能认为没有期待可能性。

总的来说，期待可能性的判断方法应当是：**站在法益保护的立场，根据行为人当时的身体、心理条件等，通过和具有行为人特性的其他多数人进行比较，来判断能不能期待行为人在行为发生时通过发挥自己的能力不实施违法行为。**

比如，在判断已婚妇女的事实重婚是否构成重婚罪时，以下情况都可以认为缺乏期待可能性：

- 结婚后因遭受自然灾害外流谋生，和他人形成事实婚姻的；
- 因配偶长期外出下落不明，造成家庭生活严重困难，又和他人形成事实婚姻的；
- 因强迫、包办婚姻或因婚后受虐待外逃，和他人形成事实婚姻的；
- 被拐卖后和他人形成事实婚姻的。

不过，如果是在上述情形下，已婚妇女和他人前往婚姻登记机关办理登记结婚的，一般就不能认为缺乏期待可能性了。

总的来说，从期待可能性理论可以看到，刑法也是考虑人性弱点的，它既有严厉的一面，也有温情的一面。

第**3**章

犯罪形态

01 犯罪预备

为了抢劫而购买胡椒粉，构成犯罪吗？

犯罪的特殊形态

关于犯罪形态，比较常见的是犯罪既遂，即行为人实施了犯罪行为，也产生了该罪要求的犯罪结果。比如，故意杀人罪中，产生他人死亡结果的就是杀人既遂；盗窃罪中，盗得财物的就是盗窃既遂。但是，犯罪行为有一个从实施到完成的发展过程，并不是所有犯罪行为都能顺利完成。所以，除了犯罪既遂，还有犯罪的特殊形态。

比如，张三计划抢劫便利店，为了这个计划，他购买了匕首和蒙面用的丝袜，甚至在脑海中构思好了逃跑路线。但是，当天张三重感冒，没能实施抢劫，后来又放弃了抢劫的念头。这其实就是一种犯罪的特殊形态。

又比如，张三放弃了抢劫便利店的计划，但身体恢复后，又计划去公交车上扒窃。谁知被盗的乘客是一名便衣警察，张三刚把手伸进他的口袋，他一个反手就把张三拿下了。这也是一种犯罪的特殊形态。

再比如，李四计划以卖保健品为名诈骗老年人的钱财，并且实施了欺骗行为，但老人家正要付钱时，李四突然心生怜悯，没有收钱就走了。这又是一种犯罪的特殊形态。

这三个例子都是由于种种原因没有造成犯罪结果的情形，在刑法上分别被称为犯罪预备、犯罪未遂和犯罪中止。这是犯罪的三种特殊形态，也被称为未完成形态。这些特殊形态和既遂形态合在一起被称为故意犯罪形态。

要特别注意的是，犯罪的特殊形态只能出现在犯罪过程中，在犯罪过程以外出现的某种状态不是犯罪的特殊形态。比如，行为人只有犯意（即犯罪的意图），但没有行为，不构成犯罪；再比如，行为人产生犯意后又打消的，也不构成犯罪，因为这时还没有开始实施犯罪行为。

犯罪预备、犯罪未遂、犯罪中止、犯罪既遂这四种形态都是指终局性的形态，彼此之间是互相排斥的，一个人犯一罪时不可能同时出现几种犯罪形态。例如，已经出现犯罪既遂的形态，就不可能再有犯罪预备、未遂和中止的特殊形态了。比如，盗窃了他人的财物，几天之后又主动返还给被害人的，因为返还行为是在盗窃既遂之后实施的，所以它只能被当作一个量刑情节来考虑，不影响犯罪既遂的成立。再比如，如果某个行为已经形成未遂形态，就不可能再有中止形态。

什么是犯罪预备

回到本节标题中的问题：为了抢劫而购买胡椒粉，构成犯罪吗？这涉及的是犯罪预备的内容。那么，什么是犯罪预备呢？

我国《刑法》第 22 条第 1 款规定："为了犯罪，准备工具、制造条件的，是犯罪预备。"犯罪预备具有以下四个特征。

第一，行为人主观上是为了实行犯罪。

预备行为是为实行行为制造条件的，目的是进一步实施实行行为。比如，为了杀人而购买毒药的行为可能是预备行为，但为了购买毒药而打工挣钱的行为，绝对不是预备行为，因为购买毒药不是实行行为。这里要注意实行行为这个重要概念，一般来说，它指的就是《刑法》分则规定的构成要件行为。比如，故意杀人罪的实行行为就是杀人，盗窃罪的实行行为就是盗窃公私财物。

第二，行为人客观上实施了犯罪预备行为。

犯罪预备行为包括两类，分别是准备工具和制造条件。

准备工具是指准备实行犯罪所需的工具。比如，购买毒鼠强作为杀人工具，自己把菜刀磨锋利作为杀人工具，改装工具以适应犯罪需求，向别人借工具作为犯罪工具，盗窃他人物品作为犯罪工具，等等。

制造条件是指准备工具以外的，其他一切为实行犯罪制造条件的预备行为。比如，调查犯罪场所和被害人的行踪，在被害人必经之路上等候，诱骗被害人前往犯罪场所，排除实行犯罪的障碍，跟其他共犯商量犯罪计划，等等。

第三，行为人事实上没能着手实行犯罪。

这主要包括两种情况：一种是没有完成预备行为，比如，行为人为了杀人而购买毒药，但在挑选毒药时被警察发觉，所以不可能着手实行犯罪；另一种是虽然已经完成预备行为，但由于某种原因没能着手实行。

一般认为，着手就是实行行为的起点。比如，在故意杀人罪中，行为人拿刀砍向被害人的那一刻，以及用枪瞄准他人的那一刻，就是杀人行为的着手。不过，我不完全赞成这个说法，具体原因在下一节介绍。

着手在犯罪形态中是一个非常重要的概念，在下一节还会详细讲到。实际上，着手是犯罪预备和犯罪未遂的分界点。犯罪预备是没能着手，犯罪未遂则是已经着手，但由于犯罪分子意志以外的原因没能得逞。比如前面张三的例子，一开始张三想抢劫，但只是准备了工具，没有实施抢劫行为，也就是说他还没有着手，整个犯罪行为就停止了。所以，这只可能构成犯罪预备。但张三在公交车上扒窃的例子就不一样了，他已经把手伸进他人的口袋了，即犯罪行为着手实行后才被制止，这时就只能是犯罪未遂。

第四，行为人没能着手实行犯罪必须是由于行为人意志以外的原因。

只有当行为人因为非自愿的原因没能着手实行犯罪时，才是犯罪预备。如果是因为行为人自己悔悟了而没能着手，就可能会成立犯罪中止。比如前面李四诈骗老年人钱财的例子，就成立犯罪中止。关于犯罪中止，后面还会专门来讲。

犯罪预备如何处罚

《刑法》第 22 条第 2 款规定："对于预备犯，可以比照既遂犯从轻、减轻处罚或者免除处罚。"

你可能会问，既然犯罪预备没有导致犯罪结果的发生，为什么还要处罚呢？虽然《刑法》规定原则上要处罚犯罪预备，但在司法实践中，处罚犯罪预备其实是极为例外的情况。我也赞成这么处理。一方面，这是因为预备行为对《刑法》所要保护的法益的侵害性实际上并没有很紧迫。另一方面，是因为从外观上看，预备行为往往就是日常生活行为。比如，为了实施抢劫可以做各种日常生活行为，如买瓶胡椒粉、买条麻绳、买把小水果刀，甚至可以在路边捡一块砖头。如果大量处罚这种预备行为，肯定会导致很多正常的日常生活行为被怀疑是犯罪预备，进而会极大地限制国民的自由。

对犯罪预备的成立范围必须进行严格限制，只能把实质上值得处罚的预备行为作为犯罪处理。司法实践中应当把握两个点：一是有没有必要通过处罚犯罪预备来预防某些犯罪；二是只有能肯定行为人一定会实施犯罪，才能处罚犯罪预备，比如恐怖主义组织实施的犯罪预备行为。

到这里，本节标题中的问题就很清楚了。为了抢劫而购买胡椒粉的行为虽然在形式上符合犯罪预备的特征，但是我认为不能将其当作预备犯处罚。一方面，购买胡椒粉是一种日常生活行为，虽然案例设定的是"为了抢劫"，但在实践中，公安和司法机关不可能立案调查一个人购买胡椒粉是不是"为了抢劫"，否则我们的日常生活行为都会受到怀疑，我们的自由就容易受到侵犯。另一方面，由于购买胡椒粉本身并不是一种具有危险性的行为，即使行为人承认是为了抢劫，他也随时可以否认这一点。也就是说，难以证明他购买胡椒粉是为了抢劫。所以，对类似的行为，不应当以犯罪预备处理。

答学友问

学友： 对于教唆、帮助他人实施犯罪预备行为的，如组织恐怖活动培训，应当如何处理？如果培训活动最终没有进入实施恐怖活动的阶段，又该如何处理？如果行为人不知道预备行为是否可以转化为实行行为，是否就不能对其进行处罚？

　　张明楷：要回答这个问题，需要先介绍一个概念：独立预备罪。一般情况下，《刑法》会将准备行为作为实行行为之前的行为来规定，即犯罪预备。但还有一种情况，就是《刑法》将准备行为规定成了独立的犯罪，即独立预备罪。独立预备罪和其他犯罪一样，在分则中规定了具体的构成要件和法定刑。触犯这些罪的，要按分则的规定处罚，不再适用总则关于预备犯的处罚规定。

　　一般认为，犯罪预备中不存在实行行为，而教唆犯、帮助犯的成立都是需要针对实行行为的，所以，教唆、帮助他人实施犯罪预备行为通常不构成犯罪，不能处罚，除非能认定在预备阶段实施的教唆、帮助一直延续到了犯罪实行阶段，是对实行行为的教唆、帮助。但是，独立预备罪中的准备行为在分则条文中被独立地规定成了犯罪。也就是说，这里的准备行为就是构成要件行为。这种情况通常被称为预备行为的实行行为化。

　　比如，《刑法》第 120 条之二第 1 款规定的准备实施恐怖活动罪，就是一个独立预备罪。该法条规定了四种恐怖活动的预备行为，一旦实施这四种行为中的任何一种，就要接受相应的处罚。这个问题中说的组织恐怖活动培训，就是其中的一种行为类型。

　　既然预备行为已经被实行行为化，那么，教唆、帮助他人实施独立预备罪的行为，当然就成立这个独立预备罪的教唆犯或帮助犯。比如，教唆或者帮助他人组织恐怖活动培训的，就应当以准备实施恐怖活动罪的教唆犯、帮助犯论处。当然，要符合教唆犯和帮助犯的成立条件，客观上就要以他人实施了组织恐怖活动培训的行为为前提，但并不需要进入实施恐怖活动的阶段，也不需要行为人知道独立预备行为是否会进入实行阶段。

02 犯罪未遂 |

入户盗窃时，入户就是盗窃罪的着手吗？

本节和下一节专门介绍故意犯罪形态中的犯罪未遂。在进入正文之前，先提个问题：入户盗窃是盗窃罪明文规定的一种行为类型，那么，入户盗窃时，入户就是盗窃罪的着手吗？这个问题的关键在于"着手"，这也是犯罪未遂中非常重要的内容。

什么是犯罪未遂

先来看一个例子。在一个月黑风高的夜晚，张三躲在一个偏僻、幽暗的角落，准备抢劫路过的单身女子。这时，一个挎着包、化着浓妆、拿着手机的姑娘路过，张三一看，觉得这姑娘应该有钱，于是扑上去想要把她按倒实施抢劫。可万万没想到，姑娘是附近派出所的民警，正在执行任务。张三一扑向姑娘就被反手制服了。张三实施了抢劫行为但没得逞，这就是犯罪未遂。

《刑法》第 23 条第 1 款规定，"已经着手实行犯罪，由于犯罪分子意志以外的原因而未得逞的，是犯罪未遂"。根据这个规定，可以知道犯罪未遂具有三个特征：第一，行为人已经着手实行犯罪；第二，犯罪未得逞；第三，犯罪未得逞必须是出于行为人意志以外的原因。本节重点关注第一个特征，第二和第三个特征下一节再详细介绍。

在第一个特征中，非常重要的是关于着手的判断，这也是本节的重点。那么，着手是什么呢？

一般认为，着手是实行行为的起点。这是指从着手这一刻起，犯罪行为就从预备阶段进入了实行阶段。所以，在判断行为是犯罪预备还是犯罪未遂时，一个简单的方法就是看行为人有没有着手。如果行为人没有着手，那么他的行为可能是犯罪预备；如果行为人着手了，但是由于他本人意志以外的原因没有得逞，那就是犯罪未遂。

既遂犯是不需要讨论着手问题的，因为既遂肯定就意味着已经着手了。所以讨论着手就是为了判断某个行为是否值得作为未遂犯处罚。而对于着手是实行行为起点的说法，我并不完全赞成，因为这个说法没有任何意义。

试想一下，如果说着手是实行行为的起点，你就必须先回答实行行为是什么，于是只能说开始实施杀人行为是故意杀人罪的着手，开始实施盗窃行为是盗窃罪的着手。可这样说有什么意义呢？比如，杀人行为的开始是持枪、掏出手枪、瞄准被害人，还是扣动扳机呢？这显然不能根据实行行为的起点这个说法来回答。

如何判断着手

关于着手的判断，我认为要从实质的角度加以判断，在行为产生法益侵害的紧迫危险的那个时点，才成立着手。为什么要求"紧迫危险"呢？

一方面，犯罪的本质是侵犯法益，所以没有侵犯法益的行为不可能构成犯罪，当然也不可能成立未遂犯。而且，即使某种行为具有侵害法益的危险，但如果这种危险非常微小，也不可能对其进行处罚。比如有一个真实的案件，一个女子一心想杀死丈夫，有一次她听说吃人的头发能导致死亡，于是便将自己的头发剪碎后放入丈夫的食物中，但丈夫吃了并没有什么异样。这个案件中，女子的行为客观上不可能对丈夫产生任何法益侵害结果，因此就不可能构成犯罪，也就谈不上犯罪未遂或既遂了。

另一方面，我国《刑法》规定对犯罪预备行为也要处罚，而预备行为也具有侵害法益的危险。因为预备和未遂的分界点是着手，所以与犯罪预备行为相比，犯罪未遂只能是具有侵害法益的紧迫危险的行为。比如，为了入户盗窃而打死被害人家的狗，这个行为对户内的财产没有造成紧迫的危险，所以不能认定为着手，只可能成立犯罪预备。但是，为了盗窃而进入无人看守的仓库，已经对仓库内的财产造成了紧迫的危险，行为人的行为已经十分容易既遂了，所以应当认定为已经着手。

那么，什么时候才算具有侵害法益的紧迫危险呢？这种紧迫危险又该如何判断呢？这其实要根据不同犯罪、不同案件的具体情况综合判断。

比如，张三为了实施保险诈骗而制造了保险事故。如果他在制造保险事故后没去保险公司索赔，保险诈骗罪所保护的法益——保险金融秩序和保险公司的财产——受侵害的危险性就不紧迫，也就不应该认定为着手；但如果他去索赔了，或者向保险公司提出了支付保险金的请求，就显然应该认定为着手。

再比如，为了诈骗公私财物而伪造文书的，伪造文书的行为本身不可能使财产处于紧迫的危险之中，因而是预备行为；但如果开始使用伪造的文书实施欺诈行为，就是诈骗罪的着手。

特殊犯罪的着手认定

前面几个例子比较好判断，下面来看几类特殊犯罪的着手认定。

第一，隔离犯的着手。

隔离犯是指犯罪行为和犯罪结果发生在不同时间或不同地点。比如，张三为了杀害李四，把有毒的食物邮寄给李四，李四一周后才打开包裹，但这时里面的食物早已发霉了，李四便将它丢掉了。只有当李四准备或者开始食用有毒的食品时，才能说对李四的生命产生了侵害的紧迫危险，而在这个例子中，李四一打开包裹就发现食物已经没法吃了，所以不可能产生紧迫危险，只能将张三的行为认定为犯罪预备。但是，如果行为人以杀人的故意邮寄爆炸物，因为某些爆炸物具有随时可能会爆炸的危险，所以应该认为寄送时就是着手。

在上面这个例子中，张三杀人的实行行为是什么呢？我认为，实行行为就是邮寄有毒食物的行为，但紧迫的危险是在实行行为发生后的一段时间内产生的，也就是说，着手发生在实行行为之后。

同样，也存在着手发生在实行行为之前的情形。比如前面讲的为了盗窃而进入无人看守的仓库，进入仓库就是盗窃的着手，但此时转移财物的实行行为还没有开始。另外，在司法实践中，一般认定的着手都是在杀人的实行行为之前。

总的来说，着手和实行行为可以分离。在通常情况下，着手是实行行为的起点，但在某些情况下，着手可能在实行行为之前，也可能在实行行为之后。所以，严格地说，区分预备犯和未遂犯的标准不是有没有实行行为，而是有没有着手。

第二，原因自由行为的着手。

关于原因自由行为，在讲责任能力时有过具体的介绍。比如，李四想狠狠教训一下情敌，又担心打不过人家。为了壮胆，他喝了半瓶白酒，在醉酒状态下把情敌打成轻伤。在这种情况下，应当把李四实施打人行为的时间点认定为故意伤害罪的着手，因为这时才有侵害法益的紧迫危险。如果认为喝酒时就是着手，那如果喝酒之后没有打人呢？也认定为犯罪未遂吗？显然不能。

第三，一连串行为的着手。

如果行为人为了实现构成要件的结果而计划了一连串行为，应当如何认定着手呢？

比如，甲为了杀害乙，计划先把乙关在房间里，然后打开煤气让乙昏迷，最后勒乙的脖子。在这种情况下，对故意杀人着手的判断，关键是要判断行为从什么时候起具有导致结果发生的紧迫危险。根据这个原则，把乙关在房间里还不是着手，但利用煤气使乙昏迷就是着手了。

再比如，A 为了使 B 体内积累毒素而死亡，打算分四次向 B 的食物中投放毒药。在这种情况下，如果 A 第一次投毒的行为就有致人死亡的紧迫危险，那应当认定第一次投毒时是故意杀人的着手；如果第一次只投放了微量毒药，不足以致人死亡，就不能认定为着手，需要再判断第二次投毒行为的危险性，然后得出妥当的结论。

最后，再回来看本节标题中的问题：入户盗窃时，入户就是盗窃罪的着手吗？

我认为不是，只有当行为人开始物色财物时，才能认定为已经着手。一方面，因为房内通常是有人的，如果行为人入户后发现房内有人在活动，他客观上就不可能开始实施盗窃行为；另一方面，因为行为人入户盗窃时一般不是为了随意窃取财物，而是要窃取他认为有价值的财物。所以，只有当房内没人、房内的人熟睡，或房内的人没注意到行为人时，行为人才会开始物色财物并进一步转移财物的占有。而一旦他开始物色财物，就有转移占有的紧迫危险，这时就要认定为着手。

答学友问

学友：既然着手可以与实行行为相分离，那么实行行为的起点是什么？或者说，"实行行为"这个概念还有没有存在的必要？

张明楷：按照我国的通说，实行行为就是《刑法》分则所规定的构成要件行为。比如，故意杀人罪的实行行为是杀人，盗窃罪的实行行为是盗窃公私财物。《刑法》分则主要是通过行为来规定各种犯罪的构成要件。因此，实行行为是使各种犯罪的构成要件具有自身特色的最主要的要素。

前面讲因果关系理论时，要判断的就是能不能将某种结果归属于某种实行行为。换句话说，因果关系是实行行为和结果之间引起与被引起的关系，而不是预备行为与结果之间的关系。

对于实行行为这个重要概念，不能只从形式上认定，还必须从实质上考察。犯罪的本质是侵犯法益，没有侵犯法益的行为不可能构成犯罪，当然也不可能成为实行行为。此外，如果某种行为具有侵害法益的危险性，但危险程度极低，那也不可能成为实行行为，只可能是预备行为。比如，杀人行为必须是类型性地导致他人死亡的行为，"扎小人"诅咒他人的行为就不能被评价为故意杀人罪的实行行为，因为它对法益没有丝毫侵害的危险性。

那么，实行行为的开始时点怎么判断呢？这就和本节讲的着手密切相关了。

简单地说，在有些情况下，着手就是实行行为的起点，比如持刀杀人；在有些情况下，着手不等于实行行为的起点。

当着手不等于实行行为的起点时，按照客观行为来判断就可以了。不过，在多数情况下，判断实行行为的起点没有什么意义。比如，行为人入户盗窃的，开始物色财物就是着手，开始转移财物的占有就是实行行为的起点。

再比如，张三给李四寄送有毒食品，原本需要6天才能送到。如果张三在邮局寄送时或者过了两天就被发现了，这时还没有着手，因而只能认定为故意杀人罪的预备犯。如果6天后寄到李四手中了，这时产生了致人死亡的紧迫危险，因而已经着手了，即使李四发现有毒后没有吃，张三的行为也成立故意杀人罪未遂。

其中，实行行为就是在邮局寄送有毒食品的行为，开始寄送是实行行为的起点。

至于"实行行为"这个概念有没有存在的必要，就是另一个问题了。实行行为是大陆法系刑法理论中最重要的概念之一，它并非一个法定的概念，但在刑法理论中具有重要的功能与地位。

比如，只有当一个行为符合从《刑法》分则规范中抽象出来的实行行为时，才能肯定它具备构成要件符合性，这才符合罪刑法定主义。可以说，实行行为的概念有助于保障国民的自由，防止刑罚的擅断和主观定罪。

再比如，实行行为具有限制因果关系判断起点的功能。虽然成立犯罪要求行为引起了构成要件结果，但能够成为因果关系起点的行为的范围是有所限定的，即必须是实行行为。所以，如果行为具有引起结果发生的极其轻微的危险，或者本不具有引起结果发生的危险，但偶然引起既遂结果的，就应该否定它是实行行为，从而否定其构成要件符合性，也就没有必要进入因果关系的判断。

综上所述，我认为实行行为的概念有存在的必要性。

03 犯罪未遂 II
杀人后没来得及按计划碎尸，是犯罪未遂吗？

上一节讲了犯罪未遂的第一个特征，这一节继续来讲另外两个特征以及犯罪未遂的分类。

先来看一个案例。张三计划用斧头杀死情敌，再把他的尸体搅碎冲入下水道。但是，张三砍死情敌后，没来得及按计划碎尸就被公安机关抓获了。这是不是犯罪未遂呢？这涉及的就是犯罪未遂的第二个特征——犯罪未得逞。

犯罪未得逞

犯罪未得逞是指，没有发生行为人希望或放任的实行行为性质所决定的侵害结果。比如，杀人的行为没有造成他人死亡的结果，强奸的行为没有造成奸淫的结果，盗窃的行为没有转移或取得财物。

本节开头这个案例也很简单。故意杀人罪的逻辑结果是致人死亡，虽然行为人没来得及按计划碎尸就被抓获了，但碎尸并不是故意杀人罪的逻辑结果。杀死情敌，张三的杀人行为就已经得逞了，所以应当成立故意杀人罪既遂，而不是未遂。

那么，是不是只要形式上发生了侵害结果，就属于得逞，而不成立犯罪未遂呢？比如，张三特别喜欢赌博，不仅输光了所有积蓄，还欠了不少外债。某天晚上他又赌输了不少钱，失意地走在路上。这时，他在昏暗中看见一个穿金戴银的姑娘，看着就像有钱人，于是起了抢劫的歹意，上前把姑娘按倒在地。姑娘抬头一看，"这不是张三吗？！小学同学啊！没想到现在过得这么穷困潦倒，都要靠抢劫为生了"。姑娘心生怜悯，没等张三开口，就主动掏出钱包，把现金都给了张三。

在这个案件中，张三的行为构成抢劫罪吗？如果构成，那是未遂还是既遂？

能够肯定的是，张三按倒被害人时，抢劫的暴力行为已经着手。接下来只需要判断有没有得逞，得逞了就是既遂，没得逞就是未遂。要注意的是，只有当侵害结果是由行为人的行为造成的时，即当侵害结果能够在法律上归属于行为人的行为时，才能认定为犯罪既遂。在这个案件中，表面上看张三已经得逞，但实际上，只有当用暴力、胁迫或其他方法压制了被害人的反抗，进而取得财物时，才能成立抢劫既遂。而这个案件中的被害人是因为同情张三才给的钱，并不是因为张三的暴力行为才给的，也就是说，张三的暴力行为和他取得财物之间没有因果关系，所以只能将其行为认定为抢劫罪的未遂或中止。

再比如，诈骗罪的客观构成要件内容是，行为人实施欺骗行为，受骗人产生认识错误，并基于认识错误处分财产，行为人或第三者取得财产，受骗人遭受财产损失。其中也要求对象的同一性，即行为人或第三者取得的财产正是受骗人基于认识错误处分的财产，而受骗人之所以产生认识错误，就是因为行为人实施了欺骗行为。如果行为人实施了欺骗行为，但受骗人没有陷入认识错误，而是基于同情等原因处分财产，那么，即使行为人客观上得到了财物，也只能成立诈骗未遂。

敲诈勒索罪也是这样。敲诈勒索罪的行为构造和诈骗罪相同，不同的只是行为人实施的是恐吓行为，被害人产生的是恐惧心理。比如，行为人向被害人实施敲诈勒索行为，要求被害人交付 10 万元，否则就要揭发被害人的隐私。被害人报警后，警察让被害人准备 10 万元并在特定的时间和地点交付给行为人，希望能当场抓获行为人。但实际上，行为人拿到钱后瞬间就逃走了，没有被警察抓住。

在这种情况下，不能将其行为认定为敲诈勒索罪既遂，因为被害人不是基于恐惧心理交付的财物，不符合敲诈勒索罪所要求的因果关系。

出于犯罪人意志以外的原因

犯罪未遂的第三个特征是，犯罪未得逞必须是出于犯罪人意志以外的原因。

所谓意志以外的原因，就是违背犯罪人意志的，客观上使犯罪不可能既遂，或者使犯罪人认为自己不可能既遂从而被迫停止犯罪的原因。比如，张三以杀人的故意把李四打昏，之后又把李四拖入水中，以为李四必死无疑。但是，恰好路过的王五把李四救起送往医院，李四经抢救后脱险。这就是出于行为人意志以外的原因没有得逞。

那么，如果客观上能继续实施侵害行为，但行为人误以为不能继续而停止的，是不是出于意志以外的原因未得逞呢？比如，行为人入户抢劫时，忽然听到警笛声，以为是有警察来抓捕自己，于是逃离现场。但实际上是救护车在鸣笛。在这种情况下，行为人也属于出于意志以外的原因未得逞，即不是自动放弃的，所以也成立犯罪未遂。相反，如果行为人是自动放弃犯罪的，那就成立犯罪中止。关于犯罪中止的内容，会在后面具体介绍。

下面来看一个真实的案例。有一对夫妻感情一直不好，结婚 6 年后，妻子与他人产生婚外情，于是向丈夫提出离婚，但丈夫坚决不同意。之后，妻子产生了毒死丈夫的想法。某天上午，妻子在家里找出以前购买的老鼠药掺在丈夫的饭菜中，盯着丈夫吃完饭菜才放心地离开了家。但半个小时后，妻子回想起多年的夫妻情分，感到十分后悔，于是急忙赶回家中，发现丈夫已被邻居送往医院抢救。诊断显示，妻子投放的老鼠药由于存放时间过长已经部分失效，加上抢救及时，所以丈夫并没有死。

在这个案件中，妻子已经着手实施杀人行为，因为毒药部分失效且邻居及时抢救而没能杀死丈夫，这属于妻子意志以外的原因导致犯罪结果未能得逞，所以其行为成立犯罪未遂。虽然妻子后来后悔回来想救人，但这是已出现犯罪未遂的终局状态后的行为，而且事实上她也没有实施救人的中止行为，所以不能成立犯罪中止。

犯罪未遂的不同类型

犯罪未遂有不同的类型，类型不同，所反映的违法程度就不同；另外，某些类型的犯罪未遂和非罪很容易混淆，所以有必要了解一下几种犯罪未遂的分类。

第一，实行终了的未遂和未实行终了的未遂。

实行终了的未遂指的是犯罪人已经把他认为达到既遂所必需的

全部行为都实行完了，但由于意志以外的原因没有得逞。比如，行为人向被害人的食物中投放了毒药，被害人中毒后被他人发现并送往医院，经过抢救后脱险。未实行终了的未遂指的是由于意志以外的原因，犯罪人没能把他认为达到既遂所必需的全部行为都实行完，所以没得逞。比如，行为人在举刀杀人时被第三者制服。

这两种类型的未遂一般能反映出行为对法益侵犯程度的区别。通常，实行终了的未遂离侵害结果的发生比较近，未实行终了的未遂离侵害结果的发生比较远，所以后者的侵害程度相对小一些。

第二，能犯未遂和不能犯未遂。

能犯未遂指的是犯罪人所实施的行为在客观上是可能达到既遂的，但由于意志以外的原因而没能得逞，也就是我们所说的犯罪未遂。不能犯未遂指的是犯罪人所实施的行为本身就不可能既遂，因而没有得逞。比如，向他人开枪杀人而没能得逞的，是能犯未遂；以为是向人开枪，实际上是向物开枪的，是不能犯未遂。再比如，使用砒霜杀害他人，但由于抢救及时而没能得逞的，是能犯未遂；本来想使用砒霜，但误用了砂糖，最终没能得逞的，是不能犯未遂。

通常来说，不能犯未遂没有法益侵害的危险，因而不作为犯罪处理。关于不能犯未遂，下一节会进行详细介绍。

04 不能犯

以杀人目的误将白糖当砒霜给人吃，是杀人未遂吗？

本节标题中的问题涉及的是未遂犯和不能犯的区分，下面就来具体分析一下。

不能犯和未遂犯

不能犯是指行为人有犯罪的意图，但显然不可能实现犯罪结果。在刑法理论中，出现不能犯这个概念时，通常都要和未遂犯做出区分。而一个行为究竟是未遂犯还是不能犯，不仅常常存在争议，也非常重要，因为未遂犯是犯罪，而不能犯不是犯罪，两者的法律效果完全不同。

那么，怎样区分未遂犯和不能犯呢？理论上有很多学说，这里就不介绍了。我认为，关键是行为有没有法益侵害的危险性。只有侵害法益的行为才有可能被认定为犯罪，而不能犯的本质就是缺乏法益侵害性，也就是没有值得科处刑罚的法益侵害危险，所以不能作为犯罪处罚。相反，未遂犯的处罚根据就在于发生了法益侵害的客观危险。

关于法益侵害的危险性，有两点要特别注意。

第一，有没有危险必须根据客观的因果法则判断，而不能根据行为人或一般人的观念判断。 比如，甲为了杀人而让乙吃了剪碎的头发，即使行为人或其他人都认为吃头发会致人死亡，但根据科学的因果法则，甲的行为不可能造成乙死亡，所以只能认定为不能犯。

第二，危险性极小的时候也不能认定为未遂犯。比如，向人的静脉注射空气具有致人死亡的危险。假设1分钟内向静脉注射120毫升空气就足以致人死亡，但行为人以为注射1毫升就足够，所以只注射了1毫升空气。在这种情况下，因为导致死亡的危险性几乎为零，所以只能认定为不能犯。

但是，如果行为人在1分钟内向被害人的静脉注射了70毫升空气，就具有导致被害人死亡的危险性了，应当将其行为认定为故意杀人罪未遂。或者，行为人原本计划注射120毫升空气，但在注射过程中被别人阻止了，实际上只注射了1毫升。这时其行为仍有较大的危险性，应当认定为故意杀人罪未遂。

不能犯的判断方法

在判断一个行为是不是不能犯时，要注意以下三个方面的内容。

第一，要注意判断资料的选择。

我们必须把行为时存在的所有客观事实作为判断资料。要注意的是，这还包括事后查明的客观事实，而不限于行为人计划的内容。

比如，张三本打算投放毒药，但事实上只投放了食盐，这时就要把投放食盐的事实作为判断资料。再比如，张三以为对方是仇人而开枪，但事实上射击的是稻草人，这时就要把客观上射击稻草人的事实作为判断资料。很显然，这两种情况一般都属于不能犯，不可能成立未遂犯。

再比如，张三向他人开枪，但因为开枪前没有瞄准而未击中目标。在这个案例中，因为张三在开枪时存在各种不确定性因素，比如风力对弹道的影响、被害人可能移动身体、子弹撞击其他物体后可能击中被害人等，所以其行为具有导致被害人死亡的紧迫危险。既然产生了侵害法益的紧迫危险，就应该认定为未遂犯，而不是不能犯。

第二，要学会对客观事实进行一定程度的抽象。

这是指要舍弃那些细微的对危险判断通常不起关键作用的具体事实。

比如前面讲的张三因为没有瞄准而没打死被害人的案件。你可能会问，如果把客观事实抽象成张三开枪射击却没有瞄准，那他根本不可能打中被害人，为什么不是不能犯呢？因为当一个行为通常有比较大的可能造成结果时，不应当利用偶然的细微情节去否认该行为的危险性。

再比如，乙站在某地不动，甲瞄准乙的头部开枪。但甲刚要扣动扳机时，乙移动了身体，于是甲没有打中乙。有人可能会认为，从事后来看，乙突然移动身体，那么甲瞄准乙头部原来所在的位置开枪必然不会造成乙死亡，所以甲成立不能犯。其实这种判断是不正确的。我们应该把客观事实抽象为"甲向乙的头部开枪"，因为这是客观事实且通常有较大的可能性造成结果，而乙移动身体只是偶然的情况，所以结果没有发生是偶然原因所致，而这正是未遂犯的特点。综上，甲的行为应该成立未遂犯。

在对客观事实进行抽象时，还要注意，当一个行为能导致不同程度的结果时，需要考虑具体案件中的行为造成结果的可能性，而不能进行过度的抽象。

比如，100 毫升敌敌畏才能致人死亡，而行为人只故意投放了 0.1 毫升，被害人的身体丝毫无恙。这时，敌敌畏的剂量是很重要的事实，不能舍弃。如果把案件事实抽象为"向他人饮食中投放农药"，必然会得出行为人成立未遂犯的结论，但这就不合适了，因为这个描述包含了从危险性极小到危险性极大的各种情况。0.1 毫升毒药和 100 毫升毒药，一种毒药和另一种毒药，都是有很大差别的，而农药的种类、剂量直接决定了危险程度。所以在这种情况下，不能舍弃农药种类、数量等具体事实来进行抽象。我认为，如果 100 毫升敌敌畏才能致人死亡，那投放 0.1 毫升应该按照不能犯来认定。

第三，要对没有发生侵害结果的原因进行分析，要去考察如果当时具备了怎样的要素就会发生侵害结果，在行为过程中，具备这种要素的可能性有多大。

比如，甲拦路抢劫，但被害人身无分文。一般认为，在这个案例中，之所以没产生侵害结果，是因为被害人恰好没有随身携带财物。但是，被害人随身携带财物的可能性非常大，即不是不可能造成侵害，只是碰巧没有造成侵害。所以，甲的行为应当成立抢劫未遂，而不是不能犯。当然，这样的情形争议比较大，将其认定为抢劫罪的不能犯也是可能的。

再比如，甲以杀人的故意向他人开枪，但实际上射击的是一具尸体。在这个案例中，甲的行为没有导致死亡结果，是因为他射击的是尸体。尸体怎么也不可能变成活人，那甲的射击行为就不存在造成他人死亡的可能性，所以他的行为应该成立不能犯，而不是故意杀人罪未遂。

在这里，有两个问题要注意：首先，不能犯是就个别犯罪而言的，而不是就全部犯罪而言的。比如，虽然就故意杀人罪而言是不能犯，但有可能成立故意伤害罪。其次，不能犯虽然不能成立未遂犯，却有可能成立预备犯。比如，A 准备了杀人的毒药，却把食盐当成了毒药给他人食用，这肯定是故意杀人罪的不能犯，因为食盐没有致人死亡的可能性。但这种情况仍然可能成立故意杀人的预备犯，因为行为人为了杀人准备了毒药。

到这里，本节标题中的问题就很清楚了。误将白糖当砒霜给人吃的行为没有致人死亡的危险性，应当属于不可罚的不能犯。不过，如果行为人家的柜子里有许多砒霜，其中混进了一包白糖，而行为人碰巧拿了这包白糖给人吃，那就有可能成立故意杀人罪未遂或故意杀人罪预备。

答学友问

学友： 如果张三以杀人目的购买砒霜，店员因心生怀疑而交付了白糖，张三在不知情的前提下将他以为是砒霜的白糖加在水里给李四喝了，这种情况应当构成故意杀人罪的不能犯还是未遂？

张明楷： 这个问题其实应该分成两步来回答。第一，不能犯和未遂犯的区分标准是什么？第二，如何根据未遂犯和不能犯的区分标准来分析以下两种情况：一种是张三以杀人目的购买砒霜，店员因心生怀疑而故意错误交付白糖；另一种是店员无意中错把白糖当砒霜交付给了张三，店员的有意和无意对张三后来行为的认定有没有影响？

关于未遂犯和不能犯的区分，本节已经介绍过，这里就不赘述了。接下来，我们按照这种标准来看张三购买砒霜的案例。首先，购买砒霜的行为不是故意杀人的着手，而是故意杀人的预备行为。下面分别来看店员有意拿错和无意拿错的两种情况。

如果是店员怀疑张三要用砒霜做坏事，故意把白糖当砒霜卖给了张三，那么，张三买到砒霜的可能性几乎不存在，用砒霜杀死李四的可能性也几乎不存在。所以，我觉得将张三的行为认定为不能犯比较合适。

如果是店员无意间拿错了，我觉得也属于不能犯，而不成立未遂犯，因为不管店员是为什么拿错，张三后来的行为都不可能产生致人死亡的紧迫危险。

总的来说，在上述两种情形中，张三的行为最多只能成立犯罪预备。

05 犯罪中止

抢劫时发现是熟人就放弃了，是中止还是未遂？

所谓犯罪中止，就是行为人自动放弃犯罪，或者自动有效地防止犯罪结果发生。犯罪中止的成立，要求行为人自动回到法律秩序的轨道上，即自动放弃犯罪，或者自动有效地防止犯罪结果发生，这是犯罪中止的自动性要求。这一节，就专门来讲讲犯罪中止的自动性到底该如何判断。

中止犯的自动性

关于自动性的判断，国外刑法理论有以下几种观点。

第一，主观说，也就是最著名的弗兰克公式。其经典表述是："能达目的而不欲时，是犯罪中止；欲达目的而不能时，是犯罪未遂。"也就是说，本来能达到目的但自己不想去做的，是犯罪中止；自己想达到目的但做不到的，是犯罪未遂。

但是，怎么判断能和不能呢？在客观上能，但在伦理上不能的，又该如何处理？比如，儿子原本想在夜晚抢劫他人财物，但实施暴力后发现对方是自己的父亲，于是放弃了。这是能达目的而不欲，还是欲达目的而不能？这些情况，只靠弗兰克公式很难解决。

第二，限定主观说。这种学说认为，只有真的是出于悔悟或同情，并且对自己的行为持否定评价，然后放弃犯罪的，才是自动中止，除此之外的都是未遂。但是，如果采取这种观点，犯罪中止的成立范围肯定会过于缩小了。

第三，客观说。 这种学说认为，应当根据社会的一般观念对犯罪没有既遂的原因进行客观评价，如果一般人处于当时的情况下不会放弃犯罪，而行为人放弃的，就是犯罪中止。

其实，这几种观点不是对立的，在判断自动性时，可以把它们结合起来。

首先，应该采取限定主观说进行判断。 行为人基于悔悟、同情对自己的行为持否定评价而放弃犯罪的，充分表明行为人已经回到了合法的轨道，应当认为具有自动性。比如，张三想杀死室友李四，但当他把毒药倒进李四的杯子里时，突然回想起李四也没那么坏，于是很懊悔，把掺了毒药的水都倒掉了。这说明张三具有自动性。

其次，如果按限定主观说无法得出明确的结论，就需要再根据弗兰克公式进行判断。 所谓"能达目的而不欲"，这里的"能"应该以行为人的认识为标准进行判断，而不能根据客观事实进行判断，也不能根据主观认识和客观事实同时进行判断。也就是说，只要行为人认为能既遂而不愿达到既遂的，即使客观上不可能既遂，也是中止；反之，行为人认为不可能既遂才放弃的，即使客观上可以既遂，也是未遂。

当然，能和不能的界限可能并不明确，因为这是一种可能性概念，包括伦理上、心理上、物理上的可能性等多种情况。所以，**在遇到难以得出结论的情况时，需要继续参考客观说进行判断，也就是看一般人在当时会不会放弃犯罪。**

比如，张三已经近距离把枪对准了李四的头部，正要扣动扳机时，警察在 100 米外喊"住手"，张三便逃走了。有人可能会认为，张三在当时的情况下完全可能在被警察抓获前把李四打死，他也意识到了这一点，但因不想被警察抓住而逃走，所以他的行为属于能达目的而不欲，成立犯罪中止。但从客观上讲，在这种情况下，一般人都会为了避免被抓到及逃避处罚而放弃开枪，所以不能表明张三是自动放弃的，其行为本质上属于欲达目的而不能，成立犯罪未遂。

再比如前面想抢劫却发现对方是自己父亲的例子，从客观或物理的角度考虑，儿子能抢劫父亲的财产，但是放弃了，所以属于犯罪中止；但从心理或伦理的角度考虑，儿子其实不能继续抢劫父亲的财产，所以属于犯罪未遂。在这种情况下，应当进行客观判断：一般人在当时的情况下都会放弃抢劫，所以儿子的行为属于欲达目的而不能，成立犯罪未遂。

总的来说，心理是一种复杂现象，单纯从心理意义上认定和评价自动性很难得出妥当结论，所以需要进行规范的判断，即一般人在当时的情况下会做出怎样的选择。另外，这里其实有一个实质的标准，即行为人是否回到了合法性轨道，还有没有特殊预防的必要性，因为这才是法律规定的对中止犯减免处罚的根据。

认定自动性时的特殊情况

关于犯罪中止自动性的认定，还有几个需要特别注意的情况。

第一，暂时放弃犯罪行为。

犯罪中止的成立，要求行为人完全放弃本次特定犯罪的犯意，而不是完全放弃一切犯罪的犯意。比如，张三本打算强制猥亵被害人，但着手后发现被害人身上有巨额现金，心想，"与其猥亵，不如抢劫啊"，接着使用暴力强取了被害人的财物，这个行为就成立强制猥亵罪的中止，同时成立抢劫罪的既遂。

但是，如果行为人只是暂时放弃犯罪行为，想等待时机再完成犯罪计划，就应当认定为犯罪未遂。比如，张三搬运他人财物时，突然开始刮狂风下暴雨，张三迫于无奈停止搬运，打算第二天再来完成犯罪计划。这种情况下，就只能认定为犯罪未遂。

第二，基于惊愕、恐惧而放弃犯罪行为。

比如，行为人以杀人的故意砍杀被害人一刀后，发现被害人流血非常多，感到很害怕，于是停止了杀人行为。在这种情况下，行为人能认识到客观上可以继续实施犯罪，甚至可能是因为担心造成重大后果才放弃，所以应当认定为犯罪中止。

第三，发现对方是熟人而放弃犯罪行为。

这种情况要根据犯罪的类型、一般人的观念，以及"熟人"这个要素是否属于压制行为人犯罪意志的原因，来进行区别判断。

比如，张三在一个月黑风高的夜晚想强奸一名妇女，但在实施暴力行为的过程中发现对方是熟人，于是放弃了强奸行为。我认为，这种情形应当被认定为强奸罪中止。当然，这里的熟人应当限定为非直系亲属、非近亲属等在社会观念中可以发生性关系的人。也就是说，如果发现是直系亲属、近亲属等而放弃强奸的，应当认定为强奸未遂。

到这里，本节标题中的问题就很明确了。行为人抢劫时发现是熟人就放弃了，在这种情况下，行为人客观上可以继续实施抢劫，所以应该认定为抢劫罪的中止。当然，如果把问题中的熟人换成父母、兄弟姐妹，就应当成立犯罪未遂了。

第四，不能满足特定倾向而放弃犯罪行为。

比如，具有性虐待倾向的甲意图强奸乙，乙意识到无法逃脱后，为了避免受到更多伤害，表示愿意和甲发生性行为。但是，由于乙的表现不能满足甲的性虐待倾向，甲放弃了强奸行为。这种情况下，甲属于欲达目的而不能，只能认定为犯罪未遂。

中止犯的处罚

《刑法》第 24 条第 2 款规定："对于中止犯，没有造成损害的，应当免除处罚；造成损害的，应当减轻处罚。"根据《刑法》的规定，对中止犯要减轻或免除处罚。因为总的来说，与既遂犯相比，中止犯的违法性和有责性都有所减少，根据这一点应该减轻处罚。同时，由于某些中止犯自动回到了合法的轨道，不再有特殊预防的必要性，因此应当免除处罚。

06 共同犯罪

张三想杀人，李四想伤害人，两人成立共同犯罪吗？

前面举的都是单个人实施犯罪的例子，但在现实生活中，几个人一起实施犯罪的情形也是很常见的。比如，甲乙合谋实施入户盗窃，甲负责入户实施盗窃，乙负责在门外望风。客观上看，单纯望风的乙并没有实施盗窃行为，但对他也会按盗窃罪来定罪处罚，这背后就是共同犯罪的理论。接下来的几节，就来介绍一下共同犯罪的内容。

共同犯罪的犯罪故意

先来看一个问题：共同犯罪需要参与人有内容相同的犯罪故意吗？比如，张三有杀人的故意，而李四只有伤害的故意，还能成立共同犯罪吗？

之所以提这个问题，是因为按照传统的刑法理论，共同犯罪的成立条件之一是参与者必须有共同故意，即所有参与者犯罪故意的内容是相同的，并且要求两人以上都具有责任能力。但是，这个理论有明显的缺陷。

比如，张三入户盗窃时，请李四为自己望风。在李四的帮助下，张三顺利窃取了他人2万元现金。但事后查明，实施盗窃行为的张三是个精神病患者，没有责任能力，而望风的李四并不知道这一点。按照传统刑法理论的观点，由于张三没有责任能力，一般会认为他没有犯盗窃罪的故意，因此不可能成立共同犯罪。但是，如果张三和李四不成立共同犯罪，就意味着不能对李四以盗窃罪的共犯论处，因为李四只实施了望风行为，不符合盗窃罪的构成要件。最后的结局就是，张三和李四都不需要为盗窃行为和他人丢失 2 万元现金的结果负责，而这显然不能被人接受。

试想一下，如果李四是在为一个有责任能力的盗窃犯望风，那他肯定会成立盗窃罪的共犯；而为没有责任能力的人的盗窃望风，李四的主观责任应该更重，更应该被认定为犯罪，所以，如果说李四的行为不成立犯罪，显然是不合理的。

共同犯罪的本质是结果归属问题

传统刑法理论之所以存在缺陷，主要是因为没有正确理解刑法对共同犯罪的立法宗旨。实际上，共同犯罪的认定，本质上是法益侵害结果归属于谁的问题。

这是构成要件符合性判断的内容，属于不法层面的判断。至于参与人有没有责任、能不能处罚、如何定罪量刑，则属于责任层面的判断，不能将两个层面的问题混为一谈。

比如，张三向李四提议报复王五，李四同意了，并且和张三共同对王五实施暴力，导致王五死亡。事后查明，张三确实具有杀人的故意，但李四只有伤害的故意。在这种情况下，张三和李四的故意内容并不相同，但不能因此就否认王五的死亡结果是由张三和李四的共同行为造成的。既然如此，就不能否认张三和李四成立共同犯罪，王五死亡的结果应当归属于两人的共同犯罪行为。至于两人该怎么定罪，则需要考虑他们各自的主观责任。因为张三有杀人的故意，李四只有伤害的故意，所以最终张三构成故意杀人罪既遂，李四构成故意伤害罪（致死）既遂。

再比如，16 周岁的甲和 13 周岁的乙共同轮奸妇女丙。其中，轮奸是强奸罪的加重情节，应当适用加重的法定刑。按照传统的共犯理论，因为 13 周岁的乙不具有责任能力，所以不可能成立轮奸的共同犯罪，于是只能认定 16 周岁的甲单独成立强奸罪，适用强奸罪的基本法定刑。但实际上，在这种情况下，应该认定甲乙两人在不法层面成立轮奸的共同犯罪，两人都应对轮奸的结果负责，只是因为乙不具有责任能力，所以不对乙定罪量刑，但是对甲应当适用轮奸的加重法定刑。

总结一下，共同犯罪是一种不法形态，也就是说，我们通常讲的共同犯罪都是在不法层面探讨结果归属问题。

共同犯罪的认定方法

认定共同犯罪时，要坚持"以不法为重心，以正犯为中心，以因果性为核心"。

第一，共同犯罪的认定应当以不法为重心。

这一点就是前面讲到的，共同犯罪是一种不法形态，意义在于把结果归属于共同参与人，至于每个参与人最终要不要承担罪责，要在不法判断后进行责任判断。比如，14 周岁的孩子盗窃手机，父亲在一旁望风。在不法层面，父亲和孩子成立共同犯罪，孩子是盗窃的正犯，父亲是帮助犯。在这个前提下，再来判断各自的责任。由于孩子只有 14 周岁，没有达到责任年龄，因而他的行为最终不成立犯罪；但父亲的望风行为和财物损失的结果具有因果性，且父亲有盗窃的故意，所以最终成立盗窃罪。

第二，共同犯罪的认定应当以正犯为中心。

比如，A 将一把菜刀借给 B 去实施杀人行为。在这个例子中，如果不考察 B 的行为，就不知道 A 的行为是不是某个犯罪的帮助行为。但是，即使不能查明菜刀是谁给 B 的，也能认定 B 的行为构成故意杀人罪。所以，在共同犯罪的情况下，没有必要抽象地讨论共同犯罪的成立条件，只需要先明确正犯，然后再在这个基础上去认定教唆犯、帮助犯。

再比如前面提到的张三入户盗窃、李四望风，且张三顺利窃取了 2 万元现金的例子。首先，可以肯定这 2 万元财产损失是由张三的盗窃行为造成的，而且张三的行为符合盗窃罪的构成要件，具有违法性。然后在此基础上，再判断李四的行为是否对张三造成的法益侵害结果形成了帮助，也就可以在不法层面得出李四是否成立帮助犯的结论。

第三，共同犯罪的认定应当以因果性为核心。

共同犯罪的认定实际上是为了解决结果归属于哪些参与人的行为，所以要以因果性为核心。比如，甲乙两人事先商量好之后同时开枪射击丙，但只有一发子弹击中了丙。在这种情况下，如果分开判断，就只有击中了丙的人才应对他的死亡负责；如果查不清是谁击中的呢？两人都成立杀人未遂吗？显然不能。但是，如果甲乙成立故意杀人罪的共同犯罪，那即便无法查明究竟是谁击中了丙，两人也都要对丙的死亡结果负责，都成立故意杀人罪既遂。

为什么一旦成立共同犯罪，甲乙两人就都要对丙的死亡结果负责呢？这是因为两人的行为和丙的死亡结果之间都有因果性。这里的因果性包括物理的因果性和心理的因果性。也就是说，如果是甲击中了丙，乙的行为与丙的死亡虽然没有物理的因果性，但有心理的因果性。所以，只要参与人的行为和正犯造成的结果之间具有物理或心理的因果性，就可以肯定他是不法层面的共犯。

07 过失的共同正犯

两人射击比赛，不知谁打中行人，要怎么办？

先来看一个例子：两个人为了娱乐举行射击比赛，但由于疏忽，不知道谁的枪打中了行人并导致行人死亡。这种情况应该怎么处理？这涉及的就是共犯犯罪中过失的共同正犯的问题。刑法理论中一直有一个争议，就是究竟能不能承认这种过失的共同正犯的存在。

在讨论过失的共同正犯之前，要先了解一下什么是共同正犯及其处罚原则。

共同正犯的成立条件

共同正犯指的是两人以上共同实行犯罪的情况，属于共同犯罪的一种类型。总的来说，共同正犯必须是行为人之间有共同实施犯罪行为的意思，然后相互利用、补充对方的行为，从而使每个行为人的行为结合成为一个整体行为，最后实现犯罪。所以，成立共同正犯，要求客观上有共同实施行为的事实，即行为的分担；主观上有共同的行为意思。

客观上有共同实施行为的事实，是指每个行为人都分担了导致结果发生的重要行为，或者说每个行为人都对犯罪的实现起到了重要或关键作用。要注意的是，这里并不要求行为人必须分担实行行为，分担其他重要行为也可能成立共同正犯。

主观上有共同的行为意思，是指每个行为人都有共同实施犯罪行为的意思。共同的行为意思一般表现为共同的犯罪故意，即每个行为人故意的内容是相同的。但上一节讲过，共同犯罪首先是一种不法形态，所以并不要求行为人必须有共同的犯罪故意，只要求他们有共同实施犯罪行为的意思。比如，甲叫乙一起殴打丙，乙接受了这个提议，就可以认定两人具有共同的行为意思。即使两人的故意内容不一样，如甲有杀人的故意，而乙只有伤害的故意，也不影响两人成立共同正犯。

共同正犯的处罚原则

对于共同正犯的每个行为人，应当按照"部分实行全部责任"的原则来处罚。这是指在共同正犯的场合，由于每个正犯相互利用、补充其他人的行为，使自己的行为与其他人的行为成为一体，导致了结果的发生，所以结果应当归属于每一个人的行为。同时，因为每个行为人都是共同正犯，对结果的发生起到了重要作用，所以他要对全部结果承担正犯责任，而不是承担帮助犯的减轻责任。

比如，甲乙丙丁四个杀手商量好要杀害被害人，并分别布控在被害人必经的十字路口的四个路口，结果被害人从丁所在的路口经过，于是丁开枪打死了他。在这个案例中，四个人都起到了重要作用，如果没有甲乙丙守在路口，被害人就可以逃走，至于最终是谁开的枪，其实是相当偶然的——被害人经过哪个路口就由哪个人开枪，任何一个人开枪都是在代表其他人。所以，四个人都要对被害人的死亡结果负责，都是故意杀人罪既遂的共同正犯。

需要注意的是，"部分实行全部责任"里的"全部责任"，指的是结果的客观归属。只要共同正犯对结果有责任，就必须对全部结果负责。比如，A 以强奸的故意、B 以抢劫的故意，一起对 C 实施暴力行为，事后查明是 A 的暴力行为导致了 C 的死亡。但因为 A 和 B 成立共同正犯，所以两人都要对 C 的死亡负责，A 承担强奸致死的责任，B 承担抢劫致死的责任。

什么是过失的共同正犯

关于过失的共同正犯，先来看一个简单的案例。甲乙两人站在阳台上，约定说："看到离这儿二十八九米远的那片树林了吧？那棵最高的树的树干上有一个废瓷瓶，咱们把它作为目标，来比试比试枪法。"两人还共用了一支步枪。按照约定，两人轮流各射击三发子弹，但都没有打中目标，可碰巧的是，其中有一发子弹穿过树林，把距他们一百多米远的行人丙打死了。在这个案例中，甲乙两人一起过失犯罪了。

传统刑法理论认为不存在过失的共同正犯。持此观点者根据《刑法》第 25 条第 2 款的规定——"二人以上共同过失犯罪，不以共同犯罪论处；应当负刑事责任的，按照他们所犯的罪分别处罚"——认为《刑法》明文否认了存在过失的共同犯罪，当然也就否认了存在过失的共同正犯。但在司法实践中，承认存在过失的共同正犯才是合理的。

比如在上述案例中，如果不承认存在过失的共同正犯，就无法得到合理的结论。因为无法确定打中丙的那一枪是谁开的，所以按照存疑时有利于被告的原则，只能认为丙死亡的结果既不能归属于甲，也不能归属于乙，也就是没有人对丙的死亡负责。这显然不合适。

只有承认存在过失的共同正犯，才能解决这个问题。因为只有对甲乙两人适用"部分实行全部责任"的原则，才能把丙的死亡结果归属于两人的行为，而这就要求我们先承认存在过失的共同正犯。

但是，如果《刑法》明文规定不承认过失的共同犯罪，那为了处罚的需求而承认存在过失的共同正犯，是否违背了罪刑法定原则呢？事实上，我认为《刑法》第25条第2款的规定还有其他解释。

该法条表面上不承认存在过失的共同犯罪，但其实承认了客观上存在"二人以上共同过失犯罪"这种情况，同时又主张"按照他们所犯的罪分别处罚"。而之所以能够按照他们所犯的罪分别处罚，前提肯定是适用了"部分实行全部责任"的原则。所以总结来说，必须先承认存在过失的共同正犯。

比如在射击比赛这个案例中，如果不适用"部分实行全部责任"的原则，就不能把丙的死亡结果归属于任何人。而既然不能确定结果归属，就不能追究甲乙任何一人的刑事责任。这样一来，就违反了《刑法》"分别处罚行为人"的规定。相反，如果适用"部分实行全部责任"的原则，把丙的死亡结果归属于甲和乙的行为，就能符合《刑法》的处罚要求。也就是说，正是因为承认存在过失的共同正犯，才有可能分别处罚甲和乙——认定两人行为均成立过失致人死亡罪。

所以，《刑法》第25条第2款其实肯定了过失的共同正犯的存在。该条文是在说，对共同过失犯罪的行为人，要在采取共同结果归属的前提下，实行分别处罚的原则。总的来说，承认存在过失的共同正犯才是真正符合罪刑法定原则的。

答学友问

学友：在甲乙同时开枪射击丙，导致丙死亡的案例中，如果甲乙都是丁雇的杀手，且二人都不知道对方也受雇于丁，那事实和责任又该怎样认定？

张明楷：这个问题涉及的是共同正犯中的共同的行为意思。具体内容本节都讲过了，这里就不再赘述了。而在这个案例中，杀手甲乙都是丁雇的，甲乙之间互不知情，没有共同的行为意思，但他们都和丁有意思联络。所以，丁既要对甲的行为与结果负责，也要对乙的行为与结果负责，但甲不对乙的行为与结果负责，乙也不对甲的行为与结果负责。

08 间接正犯

欺骗小孩从高墙上跳下致其受重伤，构成犯罪吗？

本节要讨论的问题是，能不能利用他人的合法行为来实施犯罪？或者说，利用他人合法行为的，有可能成立犯罪吗？比如，张三为了伤害仇人李四5岁的孩子，欺骗小孩从高墙上跳下去可以体验飞一样的感觉。于是，小孩从2米高的墙上跳下，导致自己重伤。小孩从墙上跳下来的行为肯定是不违法的，那张三的欺骗行为是合法的还是可能成立犯罪？这个问题涉及的就是间接正犯的内容。

什么是间接正犯

间接正犯是相对于直接正犯来说的。《刑法》分则中规定的构成要件行为，不一定只限于行为人自身的直接的身体动作，把他人当作工具来实行犯罪的情况也不罕见。所以，直接实施构成要件行为的，是直接正犯；利用他人来实行犯罪的，是间接正犯。间接正犯和直接正犯都是正犯，都要按照正犯处罚。

当然，并不是所有利用他人来实行犯罪的行为人都成立间接正犯，比如，教唆犯、帮助犯其实也可以说是利用他人来实行犯罪。事实上，只有那些在幕后支配了犯罪事实的人才能成立间接正犯。换句话说，成立间接正犯的关键是对犯罪事实的支配，这也说明了为什么间接正犯是正犯，而教唆犯、帮助犯只是共犯。

间接正犯分为三种类型，第一种是被利用者欠缺构成要件要素，第二种是被利用者具有违法阻却事由，第三种是被利用者欠缺责任。
下面就来具体介绍一下。

类型 1：被利用者欠缺构成要件要素

本节开头欺骗小孩从高墙上跳下导致其重伤的案例就是这种情
况。因为小孩是自己跳下来的，其行为缺乏故意伤害罪中的"他人"
这一构成要件要素，所以张三成立故意伤害罪的间接正犯。

关于这种类型，最容易引起争议的是身份犯中被利用者欠缺身
份的情形。所谓身份犯，就是其成立要求行为人具备一定身份要素
的犯罪，如贪污罪、受贿罪、职务侵占罪、挪用公款罪、徇私枉法
罪等。那么，对于身份犯，有身份的人利用没身份的人实施犯罪，
这个有身份的人是间接正犯吗？比如，国家工作人员甲指使知情的
妻子乙接受贿赂，甲能不能成立受贿罪的间接正犯？对于不是国家
工作人员的妻子乙又该如何处理？

传统刑法理论认为，有身份的人是间接正犯，所以甲成立受贿罪
的间接正犯；同时，因为受贿罪是身份犯，只有具备国家工作人员身
份的人才能成为正犯，而乙不具有受贿罪所要求的身份，不能实施受
贿罪的实行行为，所以不能成立正犯，只能成立受贿罪的帮助犯。

但是，我不赞同这种观点。我认为，甲虽然没有直接接受贿赂，
但受贿罪的构成要件并不是单纯地接受财物，而是要求利用职务上
的便利，或者说要求财物和职务行为的交换性。因此，甲应该是受
贿罪的直接正犯。换句话说，甲是国家工作人员，他要保证自己职
务行为的不可收买性，而他直接侵害了这种不可收买性，所以他是

直接正犯。乙缺乏国家工作人员的身份，不能侵犯职务行为的不可收买性，就不能成为正犯，只能成立帮助犯。

类型 2：被利用者具有违法阻却事由

被利用者具有违法阻却事由的类型包括两种情况，一种是利用他人的合法行为，另一种是利用被害人的自我侵害行为。

先来看利用他人的合法行为。比如，A 为了使 B 死亡，就威胁 B 说，"你必须去攻击 C，如果不去我就把你杀了"，同时又让 C 做好正当防卫的准备。结果，C 的正当防卫行为导致了 B 的死亡。在这种情况下，B 和 C 都是 A 的工具，A 对犯罪事实具有支配性，所以应当认定 A 成立故意杀人罪的间接正犯。

但是需要注意，如果行为人没有达到支配犯罪事实的程度，就不能被认定为间接正犯。比如，甲诱导乙对丙进行不法侵害，然后乙去攻击丙，丙以正当防卫杀害了乙。在这种情况下，甲只是诱导乙做出了攻击行为，没有支配犯罪事实，实际上是乙支配了犯罪事实，这与前面 A 威胁 B 不听话就把他杀了是不一样的。所以，甲只针对乙侵害丙的行为成立故意伤害罪的教唆犯，而不成立故意杀人罪的间接正犯。

再来看利用被害人的自我侵害行为。刑法理论一般认为，当利用者使被害人丧失自由意志，或者使被害人对结果缺乏认识或产生其他法益关系的错误，导致被害人实施了损害自己法益的行为时，由于不能认定被害人对自己的法益侵害具有违法性，故应认定利用者成立间接正犯。比如，甲谎称乙饲养的狗为疯狗，使乙杀害该狗的，甲成立故意毁坏财物罪的间接正犯。再比如，行为人强迫被害人自杀的，成立故意杀人罪的间接正犯。

类型 3：被利用者欠缺责任

关于被利用者欠缺责任的情形，主要有以下四种。

第一，被利用者欠缺犯罪故意，即利用不知情者。

比如，医生指使不知情的护士给患者注射毒药，医生成立故意杀人罪的间接正犯。比如，甲明知前面是人，却对乙说前面有野兽，并把自己的猎枪递给乙，乙开枪射击导致他人死亡。这时，乙成立过失致人死亡罪，甲则成立故意杀人罪的间接正犯。再比如，A 把上了膛的手枪交给 B，并谎称枪里没有子弹，B 在用手枪吓唬 C 时开枪打中了 C，导致 C 死亡。这时，无论 B 有没有过失，A 都成立故意杀人罪的间接正犯。

总的来说，不管被利用者对什么构成要件要素缺乏认识，利用者都可能成立间接正犯。

第二，被利用者欠缺特定目的。

有些犯罪的成立除了要求有实施这个罪的故意，还要求有特定的目的。比如，《刑法》中有两个相似的罪名——传播淫秽物品牟利罪和传播淫秽物品罪，两者的区别就在于前者要求行为人有谋取利益的主观目的。

如果甲为了牟利，利用没有牟利目的的乙传播淫秽物品。这时，如果乙明知甲有牟利目的却依然传播淫秽物品，那两人就成立传播淫秽物品牟利罪的共同犯罪。

但是，如果乙不仅自己没有牟利目的，也不知道甲有牟利目的，只是客观上传播了淫秽物品，而甲在事实上支配了犯罪事实，那么甲成立传播淫秽物品牟利罪的间接正犯，乙只成立传播淫秽物品罪。

第三，利用无责任能力者。

因为无责任能力者缺乏辨认控制能力，不具备有责性，并且是利用者的行为支配了犯罪事实，所以只能把结果归属于利用者。比如，利用幼儿、严重精神病患者的身体活动实行犯罪的，成立间接正犯。

但是要注意，利用未达到法定年龄的人实行犯罪的，并非都成立间接正犯。换句话说，未达到法定年龄的人和达到法定年龄的人共同犯罪时，达到法定年龄的人不一定是间接正犯。只有当他支配了犯罪事实时，才能将其认定为间接正犯。

比如，利用十一二岁的少年实施犯罪的，虽然通常会成立间接正犯，但当被利用者具有辨认控制能力，且没有被利用者支配时，不能将利用者认定为间接正犯。再比如，18 周岁的甲唆使 15 周岁的乙盗窃他人财物。一般来说，15 周岁的人对盗窃行为是有辨认控制能力的，所以甲没有支配犯罪事实，也就不是间接正犯，而是教唆犯。

第四，被利用者缺乏违法性认识可能性。

比如，司法人员甲想利用村民捕杀麻雀，于是欺骗村民说："现在在禁猎区捕杀麻雀是完全合法的，你可以大量捕杀。"村民信以为真，实施了捕杀行为。这时，甲成立非法狩猎罪的间接正犯，因为甲支配了村民在狩猎区捕杀麻雀的犯罪事实。

09 **教唆犯**

甲让乙给丙投毒，乙以为是药，甲成立教唆犯吗？

在介绍关于教唆犯的具体内容之前，先来看一个例子。甲教唆乙说："丙是坏人，你把这个毒药递给他喝了。"乙听成了"丙是病人，你把这个土药递给他喝了"，于是把毒药递给丙，丙喝下毒药后死亡。也就是说，甲的教唆行为并没有引起乙的杀人故意，那么甲的行为还能成立教唆犯吗？想弄清楚这个问题，就需要了解教唆犯的内容。

共犯的处罚根据

教唆犯也是共同犯罪的内容。在刑法理论上，我们把参与共同犯罪的人分为正犯和狭义的共犯。其中，正犯包括直接正犯、间接正犯和共同正犯，而狭义的共犯包括教唆犯和帮助犯。一般来说，狭义的共犯也被简称为共犯。

首先，来看看共犯的处罚根据。其实，和单个人实施犯罪一样，共同犯罪的本质也是侵害法益。单独正犯是直接引起法益侵害结果，共同正犯是共同引起法益侵害结果，间接正犯是通过支配他人的行为引起法益侵害结果，共犯则是间接引起法益侵害。换句话说，共犯的处罚根据就在于共犯通过正犯间接地侵害了法益，或者说他们诱使或促成了正犯直接造成法益侵害结果。

其次，我们来看看共犯中的教唆犯。教唆犯指的是故意唆使并引起他人实施不法行为的人。比如，妻子经常抱怨做公务员的丈夫挣钱太少。有一天，妻子跟丈夫说："某某最近不是求你办事吗？他是大老板，送的钱一定要收啊。"丈夫原本没有收受他人贿赂的意思，但在妻子教唆下收了。在这种情况下，丈夫成立受贿罪，妻子成立受贿罪的教唆犯。

教唆犯有三个成立条件：第一，要有特定的教唆对象；第二，要有唆使他人实行犯罪的教唆行为；第三，要有教唆的故意。下面就来具体分析一下这几个成立条件。

成立条件 1：教唆对象

一般认为，教唆行为的对象必须是特定的，即可以确定被教唆者的具体范围。不过，这并不意味着只能针对一个人进行教唆，对特定的两三个人也可以实施教唆行为，行为人也能成立教唆犯。

但是，如果唆使的对象不特定，一般不认为是教唆，而认为是煽动。比如，如果行为人教唆张三在天安门广场上煽动群众分裂国家，行为人应该成立煽动分裂国家罪的教唆犯；但如果行为人自己在天安门广场上唆使不特定的人分裂国家，就不能成立煽动分裂国家罪的教唆犯，而应成立煽动分裂国家罪的正犯。

成立条件 2：教唆行为

成立教唆犯，必须有唆使他人实行犯罪的教唆行为，而且教唆行为必须引起他人实施不法行为的意思，进一步使他人实行犯罪。

如果被教唆者之前已经产生了实施不法行为的意思，行为人就不可能成立教唆犯，只能成立帮助犯（心理上的帮助）。但是，如果在 B 已有犯某一个罪的决意时，A 教唆 B 实施另一个犯罪行为，A 仍然成立后面这个罪的教唆犯；同样，如果 B 打算将来实行犯罪，而 A 教唆 B 现在实行，A 也成立教唆犯。

需要注意的是，成立教唆犯虽然要求教唆行为引起被教唆者实施不法行为的意思，却并不要求使被教唆者产生犯罪的故意。比如，在本节开头的例子中，甲的教唆行为引起了乙把毒药递给丙的意思，但乙并没有杀人故意。试想一下，如果要求教唆行为必须引起被教唆者的犯罪故意，那么，由于甲没有引起乙的杀人故意，甲就不成立教唆犯。同时，因为甲不具有间接正犯的故意，只具有教唆的故意，且甲没有支配乙的行为，所以也不能对甲以间接正犯论处，结果只能是甲不成立任何犯罪。这种结论显然不妥当。

事实上，乙实施了不法行为，且实施该行为的意思是由甲的教唆行为引起的，所以甲当然成立故意杀人罪的教唆犯。乙有没有故意不影响对甲的行为的认定，只会影响对乙的责任的判断。

再举个例子。张三是普通公民，李四是国企出纳，属于国家工作人员，两人关系很密切。张三谎称自己购房需要付首付，唆使李四把公款挪给自己使用，并说等两周后自己的定期存款到期就可以归还。李四信以为真，把 50 万公款挪出来交给张三。拿到这笔钱后，张三并没有去买房，而是去贩卖毒品了。获利之后，张三在两周内把 50 万归还给了李四所在的国企。

根据《刑法》第 384 条的规定，如果李四知道张三使用公款贩卖毒品，那么李四不仅成立挪用公款罪，还成立贩卖毒品罪的共犯。

但是，李四对于张三使用公款贩卖毒品的事实并不知情，误以为张三是用公款买房且会在两周之内归还，所以他既不具有贩卖毒品的故意，也不具有挪用公款罪的故意。之所以说李四没有挪用公款的故意，是因为按照《刑法》的规定，只有挪用公款数额较大、三个月不归还，才符合挪用公款罪的构成要件。总之，张三的行为客观上引起了李四实施挪用公款的行为，但没有引起李四挪用公款罪的故意。

如果要求教唆行为必须引起被教唆者的犯罪故意，张三就不成立挪用公款罪的教唆犯，因为他没有引起李四挪用公款罪的故意。同时，因为挪用公款罪是真正身份犯，只有具备特殊身份的人才能成为正犯（包括间接正犯），所以缺乏身份要素的张三就不可能成立挪用公款罪的间接正犯，结果就只能是对张三宣告无罪。这显然并不妥当。

实际上，张三引起了李四实施挪用公款的不法行为，张三就应该成立挪用公款罪的教唆犯。

总结一下，教唆犯的成立并不要求教唆行为引起了被教唆者的犯罪故意，只要引起被教唆者实施不法行为的意思就可以了。

成立条件 3：教唆的故意

唆使行为只要引起他人实施不法行为，就是一种教唆行为，行为人就可以说是不法层面的教唆犯。但是，成立有责层面的教唆犯，还必须有责，所以行为人必须有教唆的故意。

关于教唆的故意，有一种需要特别讨论的情形，即侦查陷阱，也叫警察圈套。一般来说，基于国家公职机关的允许，促使他人实施犯罪行为，或者对他人已经计划的犯罪行为施加影响和控制，以便能够逮捕犯罪嫌疑人或证明相关罪行时，就成立侦查陷阱。

侦查陷阱是一种侦查手段，在有关毒品犯罪、走私犯罪的案件中比较常见。通常情况下，这种行为是合法的，但侦查人员也有可能成立教唆犯。比如，侦查人员的教唆行为导致被教唆者犯罪既遂，且侦查人员对犯罪既遂具有故意时，其行为就符合教唆犯的成立条件。如果侦查人员的侦查行为没有保护更优越或至少同等价值的法益，就应该以教唆犯论处。比如，唆使没有任何犯罪嫌疑的人去贩卖毒品，毫无疑问应该以贩卖毒品罪的教唆犯论处。

答学友问

学友：甲教唆乙杀丙，递给乙一把枪，但实际上枪里没有子弹。乙在甲没注意时检查枪支，发现没有子弹，以为是甲忘了放，就自己装上了。最终，乙用该枪杀死丙。对甲应该如何处理？

张明楷：这个问题涉及教唆的故意，即是否要求教唆犯明知并希望或放任危害结果的发生，这又和未遂的教唆相联系。未遂的教唆，是指教唆者故意教唆他人实施不能既遂的行为。也就是说，教唆者在实施教唆行为时就认识到，被教唆者产生犯意后，实行犯罪的结局只能是未得逞，不可能既遂。那么，这个问题里的甲算未遂的教唆吗？

如果甲把一支没有子弹的手枪交给乙，并且指示乙马上拿着这把枪去隔壁杀人，没想到乙会检查枪，那甲就是认为自己正在教唆他人实施不可能既遂的行为。

关于能不能处罚甲，包含两个方面的因素。其一，如果教唆者所唆使的行为是不能犯，那么无论教唆者的故意内容为何，都不成立犯罪。其二，如果教唆者所唆使的行为是可能导致结果发生的未遂犯，就要判断教唆犯是否具有教唆犯罪的故意。在后一种情形下，如果能够肯定教唆者并不希望或放任危害结果发生，就不应该认定为犯罪。但一般来说，如果被教唆者按照教唆者教唆的内容所实施的行为仍然具有导致结果发生的危险性，就很难否认教唆者具有犯罪故意，应该以教唆犯论处。

在这个案例中，如果甲明确地对乙说，你只能现在拿这把枪开枪杀人，不能用其他方式杀人，那甲教唆的行为似乎就是完全不会致人死亡的不能犯。但还要继续往下分析。

对教唆犯的成立来说，是否指示犯罪方法以及指示哪种犯罪方法并不影响教唆犯的成立。因为教唆行为通常是引起被教唆者实施符合构成要件的违法行为的意思，如何实施违法行为则由被教唆者决定；在被教唆者产生了实施违法行为的意思时，即使教唆者原本指示的是难以甚至不能导致结果发生的方法，但被教唆者完全可能会改变方法直至发生结果。在这种情况下，不得免除教唆者的责任。

该案例就是这种情况。甲虽然给了乙一把没有子弹的枪，但并没有要求乙现场开枪杀人，而是让乙拿着枪到其他地方杀人。一旦枪被乙带走，不在甲的实时控制下，乙就有很多种方法把人杀死。在这种情况下，即便甲指示了开枪杀人的方法，且该方法很难导致结果发生，但因为甲引起了乙实施违法行为的意思，且完全存在乙改变方法的可能性，所以很难说甲不希望或不放任结果发生，至少要认为甲是放任结果发生的。既然如此，就不能否认甲有犯罪故意，结论就是甲成立故意杀人罪既遂的教唆犯。

10 帮助犯

偷偷提供盗窃工具但没被正犯使用，构成犯罪吗？

前面讲过，犯罪的本质是法益侵害性，而共犯的处罚根据就在于他们通过正犯间接地引起了法益侵害结果。那么，如果帮助者偷偷提供盗窃工具，但正犯没有使用这个工具，即帮助者的帮助行为和法益侵害结果之间没有物理的因果性，还能不能处罚帮助者呢？这是一个存在争议的问题。为了搞清楚这个问题，需要先来看看什么是帮助犯。

简单地说，帮助正犯的就是帮助犯。帮助行为既可以是有形的，也可以是无形。比如，提供盗窃工具是有形的帮助；给想伤害别人的同伴出点子则是无形的帮助，也就是精神上的帮助行为。

不过，如果某种行为会使正犯行为的危险性降低，就不可能成立帮助犯。比如，甲绑架儿童，乙知道真相后单纯去照顾儿童，这时乙的行为就不成立绑架罪的帮助犯。

帮助犯的处罚根据

刑法之所以处罚帮助犯，是因为帮助行为促进了法益侵害结果的发生，因此，帮助行为和正犯的行为结果之间必须有因果性。这种因果性包括心理的因果性和物理的因果性。简单地说，只有当帮助行为与正犯的行为结果存在因果性时，才能使帮助犯承担正犯行为既遂的责任。为什么呢？主要有以下两个理由。

第一，共犯的处罚根据在于共犯通过正犯引起了法益侵害结果，因此，只有当帮助行为从物理或心理上促进、强化了正犯的行为结果时，才能处罚帮助犯。如果既没有物理上的促进，也没有心理上的帮助，肯定不能说帮助行为只是介入了正犯行为就造成了法益侵害结果。

比如，张三潜入某户人家时，刚好被李四发现。李四知道张三会盗窃，于是主动为张三望风，但并没有做其他事情，张三也不知道李四在为自己望风。而且直到盗窃成功离开作案现场后，张三对李四的行为依然一无所知。

在这种情况下，李四的行为在客观上没有对张三的盗窃结果产生任何作用，没有物理的因果性；同时，因为张三不知道李四在为自己望风，所以李四的行为也不可能从心理上强化、促进张三的犯意，也就没有心理的因果性。此外，李四的行为和张三的盗窃行为也没有任何因果性。所以，对张三的盗窃结果，李四不需要承担任何刑事责任。

但如果李四望风的事情张三是知情的，情况就不一样了。这时，望风行为在心理上促进了张三的盗窃行为和结果，即具有心理的因果性。所以，李四应该成立盗窃罪的帮助犯。

或者，李四在望风时阻止了被害人回到家里，客观上使张三的盗窃得以既遂。这时，尽管张三不知情，但李四的行为客观上确实帮助了张三的盗窃，与盗窃结果有物理的因果性，所以李四成立盗窃罪的帮助犯。

第二，如果帮助行为对结果没有促进作用，却要对帮助者以既遂的帮助犯论处，就会导致对未遂犯的帮助和对既遂犯的帮助之间丧失界限。

比如，甲想盗窃他人汽车，乙将一把盗车用的钥匙塞到甲的包里。甲前往盗车现场后，在使用钥匙时却发现根本打不开车门。但最终甲还是用其他方法偷走了汽车。

在这种情况下，直接认为乙成立盗窃既遂的帮助犯其实是不合理的。首先，乙提供的钥匙客观上对甲偷走汽车的结果没有起促进作用，也就没有物理的因果性。所以，从物理的因果性的角度来说，不能认定乙是盗窃既遂的帮助犯。

那么，接下来就要判断乙提供钥匙的行为有没有从心理上对甲的盗窃起到强化作用，即有没有心理的因果性。刑法理论上有一种观点，认为凡是物理上的帮助行为，都与正犯的行为结果具有心理的因果性。这种说法过于绝对了，我认为还是要具体判断物理的帮助行为是不是强化了正犯的犯意。下面分三种情形来分析。

情形 1：乙将钥匙给甲，甲到现场后只用了自己携带的工具，就成功盗走了汽车。在这种情况下，乙的行为与甲的盗窃结果具有心理的因果性，因为甲在盗窃过程中清楚地知道，即使用自己的工具打不开车门，也还有乙提供的钥匙。也就是说，乙的帮助行为强化了甲的犯意。

情形 2：甲到现场后，用乙提供的钥匙打开车门盗走了汽车。在这种情况下，乙的行为与甲的盗窃结果既具有物理的因果性，也具有心理的因果性，乙自然属于盗窃既遂的帮助犯。

情形 3：甲到现场后先用了乙提供的钥匙，但发现根本没用，于是又试了自己的工具，这次成功打开车门把汽车盗走了。在这种情况下，通常认为乙的行为只与甲的盗窃着手有物理的因果性，但与盗窃结果既没有物理的因果性，也没有心理的因果性，因为甲已经知道乙给的钥匙没有任何用，便不能认为乙的行为强化了甲的犯意。结论是，乙成立盗窃未遂的帮助犯。

不过要注意，在最后这种情形下，如果乙不提供钥匙，甲就不会去现场盗车，那么就应当肯定乙的行为与盗窃结果具有心理的因果性，认定乙成立盗窃既遂的帮助犯。

到这里，本节标题中的问题也很清楚了。因为帮助者提供的工具没有被正犯使用，所以没有物理的因果性。同时，因为帮助者是偷偷提供的工具，正犯不知情，所以，除非工具本身给了正犯心理安慰，或者正犯是因为这个工具才去盗窃的，否则提供工具的行为就与盗窃既遂的结果之间没有心理的因果性。结论就是，帮助者不成立盗窃既遂的帮助犯。

总结一下，只有当帮助行为与正犯的行为结果具有物理或心理的因果性时，帮助者才对正犯的行为结果负责。

中立行为能否成立帮助犯

关于帮助犯，有一个存在争议的重要问题：当那些看起来无害的中立行为在客观上帮助了正犯时，行为人能不能成立帮助犯？比如，出租车司机 A 知道 B 要去实施杀人行为，但仍然把 B 运往目的地，而 B 到目的地后真的杀死了一个人。那么，A 驾驶出租车送甲的行为能成立故意杀人罪的帮助犯吗？

总的来说，中立行为是一种日常生活行为，如果没有任何限制，就会导致许多日常生活行为成为犯罪行为，所以要限制中立行为成立帮助犯的范围。

　　我认为，对于这个问题应该综合考虑，其中特别要考虑正犯行为的紧迫性。如果正犯行为并不紧迫，比如 A 只是估计对方将来可能会实施犯罪行为，那么就不能认为 A 把 B 送到目的地的行为成立故意杀人罪的帮助犯。但如果正犯行为很紧迫，比如，甲坐上乙驾驶的出租车后，发现前方路人丙的手上提着包，就让乙靠近丙行驶，乙知道甲的用意，却仍然靠近丙行驶。甲夺了丙的提包后让乙加速行驶，乙立即提速并把甲送往目的地。在这种情况下，就应当认为乙的行为成立抢夺罪的帮助犯。

11 承继的共犯

甲将人打晕后，乙加入取走财物，乙成立抢劫罪吗？

先来看一个例子。甲抢劫被害人，已经把被害人打晕了，这时乙加入进来，跟甲一起把被害人的财物取走了。在这种情况下，甲的行为肯定成立抢劫罪既遂，但后来加入的乙是否也成立抢劫罪呢？这个问题涉及的就是承继的共犯的内容。

什么是承继的共犯

承继的共犯包括承继的共同正犯和承继的帮助犯，其成立有一个重要的条件，即行为人事前没有通谋。要注意的是，不可能存在承继的教唆犯，因为教唆犯的成立要求唆使他人实施犯罪行为，而教唆行为一定是存在于犯罪行为之前的，所以不符合"事前没有通谋"这个条件。下面来分别看一下两种承继的共犯。

第一，承继的共同正犯。

承继的共同正犯指的是，前行为人实施了一部分正犯行为之后，后行为人有共同实施犯罪行为的意思，也参与了犯罪，并且对结果的发生起到了重要作用。比如，甲以抢劫的故意殴打丙并压制了丙的反抗，这时，乙在了解真相的前提下和甲一起强取了丙的财物。在这种情况下，一般认为乙成立承继的共同正犯。

第二，承继的帮助犯。

承继的帮助犯指的是，前行为人实施了一部分实行行为之后，知道真相的后行为人有帮助的故意，并且实施了帮助行为。比如，A 实施抢劫杀人行为，并在杀死被害人后强取财物，这时，知道真相的 B 为了让 A 在黑暗中更容易取得财物，就拿着手电筒为 A 照明。在这种情况下，B 成立承继的帮助犯。

承继犯的成立时间

对于即成犯，即一旦犯罪结果发生，犯罪就完成且结束的场合，比如盗窃、抢劫等，行为在法律上已经既遂，但还没有实质性完结的，能不能成立承继犯呢？比如，A 窃取他人财物既遂，被害人发现自己财物被盗，于是追赶 A。这时，B 使用欺骗手段帮 A 摆脱了被害人的追赶，并使 A 最终获得了财物。在这种情况下，B 成立承继的共犯吗？

对于这种情况，有一种说法是肯定说，认为在"实质性完结"之前，即在 A 最终获得财物之前，后行为人都可以成立承继的共犯。但是，如果对于"实质性完结"没有明确的标准，不仅会导致共犯处罚的不确定性，还会扩大共犯的处罚范围。我认为，对于即成犯，承继的共犯只能存在于犯罪既遂之前，犯罪既遂后、实质性完结前的帮助行为，一般来说以妨害司法类的犯罪处理。

对于继续犯（持续犯），即行为从着手实行到终止之前一直是持续状态的犯罪，比如非法拘禁罪，犯罪既遂之后依然可以成立承继的共犯。

承继的行为性质

承继的行为性质应该怎么认定？也就是说，当前行为人实施了某个犯罪的一部分实行行为之后，后行为人故意参与了这个犯罪，那后行为人能不能就这个犯罪成立共同犯罪？比如，在前面讲的甲以抢劫的故意殴打丙，之后乙故意参与并夺取丙财物的例子中，甲肯定成立抢劫罪，那后参与的乙是否成立抢劫罪呢？

我认为，乙也成立抢劫罪。原则上，后行为人的行为性质与前行为人的行为性质相同。

比如，在诈骗罪中，前行为人实施了欺骗行为，后行为人只参与了接受财物。这时，一般应该将后行为人认定为诈骗罪的承继的帮助犯，因为后行为人的行为的确与结果的发生有物理的因果性。

再比如，在抢劫罪中，前行为人实施了暴力、胁迫等行为，后行为人参与了取走财物的行为，那么后行为人也应该成立抢劫罪。至于后行为人是抢劫罪承继的共同正犯还是承继的帮助犯，取决于他在共同犯罪中起到的实质作用是什么。在我国，完全可以通过主犯、从犯的认定做到合理量刑。

不过，就抢劫罪这样的犯罪而言，这个问题的争议很大。有学者认为，由于前行为人已经压制了被害人的反抗，后行为人加入进来实施的就只是盗窃，而没有抢劫。所以，只能将后行为人认定为盗窃罪的共犯。这个观点有一定的道理，但割裂了犯罪行为的整体性，也不符合司法实践的要求。

考虑到各国司法实践都将这种情况下后行为人的行为认定为成立抢劫罪，日本的山口厚教授提出，前行为人实施暴力、胁迫等行为后，就产生了消除被害人不能反抗状态的作为义务；如果后行为人与前行为人共谋分担部分行为，他就使自己也产生了作为义务，进而也成立不作为的抢劫，与前行为人成立抢劫罪的共同正犯。

这种观点也有一定的道理，但依然存在问题。比如，如果前行为人把被害人打伤了，可以说他有消除被害人不能反抗状态的作为义务，但难以认为后行为人产生了这样的义务。

我认为，无论哪种情形，都要认定后行为人成立抢劫罪，因为他参与的是抢劫行为的一部分。

但是，在结合犯中，如果后行为人仅参与了后一犯罪，就不成立结合犯，仅成立后一犯罪。因为结合犯是两个独立的犯罪类型的结合，所以应当分别认定各个参与人的行为性质。比如，甲绑架被害人后，没有参与绑架的乙和甲共同杀害了被害人。在这种情况下，甲的行为属于绑架杀人，应适用绑架杀人的法定刑，乙的行为则只能认定为故意杀人，因为乙只参与了绑架杀人这个结合犯中的杀人这一犯罪行为。

承继的责任范围

在承继的共犯中，既然后行为人没有参与前面的行为，那么，后行为人要不要对前行为人的行为造成的结果负责呢？比如，甲以抢劫的故意殴打丙并导致丙死亡，在这之后，乙参与了夺取财物的行为。那么，乙要不要承担抢劫致人死亡的责任呢？

我认为，后行为人不用对自己参与之前的行为造成的结果承担责任。在这个例子中，乙只需承担普通抢劫的责任，不需要承担抢劫致人死亡的加重责任。一方面，这是因为前行为人实施的行为已经造成了结果，后行为人的行为不可能成为这个结果的原因；另一方面，是因为后行为人虽然了解前行为人的行为及其造成的结果，但这并不代表两人对结果有共同的故意，也不能说这个结果是由两人共同造成的。

要特别注意的是，在有行为人中途参与实施伤害、杀人行为的案件中，如果能证明伤亡结果是后行为人参与之后造成的，那么前行为人和后行为人都要对伤亡结果承担责任；如果不能证明伤亡结果是后行为人参与之后造成的，那么根据存疑时有利于被告的原则，前行为人必须对伤亡结果承担责任，后行为人则至多只承担未遂犯的责任。

可能有人会认为这对前行为人不公平，因为伤亡结果不一定是前行为人造成的。但实际上，即便结果是由后行为人造成的，由于后行为人与前行为人在后一阶段形成了共犯关系，前行为人也需要对这个结果负责。也就是说，并不存在对前行为人处罚不公平的情况。

到这里，本节标题中的问题也就很清楚了。答案就是，中途加入的行为人无须对自己参与之前的行为造成的结果负责，只需对和自己的行为有因果性的结果负责。

答学友问

学友：甲以帮忙在某企业找工作为名骗取了 A、B、C 各 10 万元钱，但一个月之后，三人仍然没有被安排工作，于是质问甲并要求甲还钱。这时，甲找到了乙，让乙冒充该企业的面试官对三人进行面试。面试完后，乙告诉三人不要着急，企业录取程序复杂，让他们回去等消息。又过了两个月，三人仍没有被录取，于是报案。在本案中，乙能否成立诈骗罪承继的共犯？如果认为甲的行为在收到钱时就已既遂，乙不能成立承继的共犯，那对乙的行为该如何认定呢？

张明楷： 问题中说得没错，在甲收到三人各 10 万元钱时，诈骗行为就已既遂，不可能再成立承继的共犯，所以乙不是诈骗罪承继的共犯。那么，应该怎么认定乙的行为呢？可能有两种思路。

第一，认为甲在骗取财物后，又和乙一起实施了一个新的诈骗行为，为的是骗取被害人延迟要求返还财物的财产性利益。但这种思路未必可行，因为这个行为并不是欺骗被害人完全放弃返还财物的请求权，而只是拖延了时间。也就是说，后来的欺骗行为只是使被害人暂缓要求行为人返还财物。

如果说使用欺骗手段使自己延期履行债务的行为能构成对财产性利益的诈骗罪，那么，这个案件中的甲就对财物和财产性利益都构成诈骗罪，只不过被害人只有一个财产损失，所以属于包括的一罪；乙则只对财产性利益构成诈骗罪。但这不是承继的共犯，而是普通的共犯。不过在我国，因为不能计算数额等原因，司法机关一直没有把这种行为认定为成立诈骗罪。

第二，把乙的行为理解为掩饰、隐瞒甲通过诈骗取得的赃物的行为。在本案中，乙明知这 30 万是甲诈骗所得，仍然通过冒充企业面试官进行假面试的方式，让被害人暂时不要求返还财物，掩饰了甲的犯罪所得。因此，乙成立掩饰、隐瞒犯罪所得罪。

不过要注意，甲虽然也一起实施了掩饰、隐瞒犯罪所得的行为，但因为他掩饰、隐瞒的是自己的犯罪所得，根据期待可能性的原理，我们没法期待甲不实施这样的行为，因此甲不再构成掩饰、隐瞒犯罪所得罪。

12 片面的共犯与不作为的共犯

甲帮想盗窃的乙撬门，而乙不知情，甲成立共犯吗？

我们通常讨论的共犯是行为人之间有意思联络的共同犯罪，比如几个人商量着一起去抢劫，但在现实生活中也存在例外。比如，张三知道李四要到王五家盗窃，提前把王五家的门撬开，于是李四很方便地进入王五家盗窃成功，但他对张三的行为并不知情。再比如，仓库管理员知道赵六要来仓库偷东西，为了暗中帮助赵六，晚上就没锁仓库的门，于是赵六顺利进入仓库并盗窃成功。

这些情况显然与一般的共犯形式有区别，但也有成立共犯的可能。本节要讲的两种共同犯罪的类型，即片面的共犯和不作为的共犯，就属于这种情况。

片面的共犯

片面的共犯指的是，参与同一犯罪的人中，有的人认识到了自己在和他人共同实施犯罪行为，有的人则没有认识到有其他人在和自己共同实施犯罪行为。简单地说，就是行为人之间没有形成合意，只有一方知道自己是在和另一方共同犯罪，另一方却以为自己是在独立地实施犯罪。

片面的共犯包括以下三种情况。

第一，片面的共同实行，也叫片面的共同正犯。

比如，甲得知乙将要强奸丙女，便提前给丙投放了安眠药，并暗中观察乙的奸淫行为，但乙并不知情。在乙离开现场后，甲又奸淫了丙。在这种情况下，甲不仅是普通强奸的正犯，也是轮奸的片面的共同正犯。他不仅要对自己的强奸行为与结果负责，也要对乙的强奸行为与结果负责。不过，乙并不成立轮奸的共同正犯，仅承担普通强奸罪既遂的责任。

第二，片面的教唆，指被教唆者没有意识到自己被教唆的情况。

比如，张三把李四妻子和他人通奸的照片以及一把枪放在李四的桌子上，李四看到照片立即产生了杀人的故意，并且用张三放在桌上的枪杀死了妻子。在这种情况下，李四不知道张三在教唆自己杀人，所以张三的行为属于片面的教唆。

第三，片面的帮助，指实行的一方没有认识到另一方的帮助行为。

比如，李四正在追杀王五，和王五有仇的张三知道了这个情况，于是暗中设置障碍物把王五绊倒，使李四顺利杀害了王五。在这种情况下，李四对张三设置障碍物的帮助行为并不知情，所以张三的行为属于片面的帮助。

那么，为什么要肯定片面的共犯成立共同犯罪呢？还是从因果性上考虑。共同犯罪的因果关系包括物理的因果关系和心理的因果关系，而片面的共犯可以共同引起法益侵害，同时也可以与侵害结果之间具有物理的因果性，所以应该肯定片面的共犯成立共同犯罪。

也许有人会觉得，共同犯罪强调的是共犯之间相互沟通、彼此联络，如果其中一方并不知情，似乎就不符合共同犯罪的特征了。其实，共同犯罪理论要解决的，主要是那些没有实施构成要件行为的行为人，或者虽然实施了构成要件行为但没有直接造成结果的行为人，在具备什么样的条件时需要对结果负责的问题。

根据前面讲过的内容，只要一个行为与结果之间具有物理或心理的因果性，就要将结果归属于这个行为。也就是说，没有相互沟通、彼此联络，也完全可能存在物理的因果性，而这就是片面共犯的情形。相应地，既然是片面共犯，在处罚时就应当只对知情的一方适用共同犯罪的处罚原则，对不知情的一方则不适用。

比如，李四要入室抢劫一个富豪的财物，张三知道这个情况后提前把富豪打晕并造成富豪重伤，不过事前并没有与李四商量过。李四进入富豪家后，发现富豪昏迷了，非常高兴，于是在完全没有障碍的情况下窃取了财物。

在这种情况下，李四对张三打伤富豪的事实并不知情，所以不能对李四适用共同犯罪的规定。也就是说，李四的行为只成立普通的盗窃罪，不承担抢劫罪的责任，也不对富豪的重伤结果负责。但是，对张三则应当适用共同犯罪的规定。也就是说，张三不仅要对自己行为造成的富豪重伤的结果负责，也要对李四造成的财产损失结果负责，所以张三的行为成立抢劫罪既遂，适用抢劫致人重伤的法定刑。

不作为的共犯

不作为是指行为人能够履行自己的义务却没有履行，不作为的共犯则是指，共犯人的行为都表现为不作为，或者部分共犯人的行为表现为不作为。具体来说，不作为的共犯可以分为以下四种情况。

第一，不作为的共同正犯。

这是指两个人都有防止同一结果发生的共同义务，却都不去履行作为义务，而且这两个人对于不履行义务达成了一致。也就是说，两人基于意思联络而都不履行义务。比如，夫妻两人基于意思联络，都不给婴儿提供食物，导致婴儿死亡。在这种情况下，两人就是不作为的共犯，都成立故意杀人罪的共同正犯。

第二，不作为与作为构成的共同正犯。

比如，甲乙达成一致意见，要杀害乙的女儿丙。于是，甲出手把丙推入深水池，乙在现场看到女儿落水后则没有提供任何救助，即没有作为。在这种情况下，乙就是以不作为的方式与甲形成共同正犯，两人都成立故意杀人罪的共同正犯。

第三，不作为犯的共犯。

这是指正犯没有履行义务，属于不作为，同时其他参与人以作为的方式实施了帮助行为或教唆行为。比如，对婴儿负有抚养义务的母亲为了不抚养婴儿，让保姆把婴儿抱到集市抛弃。这时，母亲成立遗弃罪的正犯，保姆成立遗弃罪的帮助犯。又比如，甲造成丙重伤之后打算立即救助丙，但过路人乙劝说甲不要救助，甲接受教唆而没有救助丙，进而导致丙死亡。这时，乙成立不作为的故意杀人罪的教唆犯。

第四，不作为方式的共犯。

这是指行为人以不作为的方式参与共同犯罪。比如，剧场负责人看到演员在演淫秽节目却不制止的，就成立不作为的帮助犯。一般来说，在法律上对正犯的犯罪行为具有防止义务的人，故意不履行防止义务的，至少应该成立不作为的帮助犯。但如果该行为人和作为者一起支配了犯罪事实，就应该成立不作为的共同正犯。

要注意的是，我们一般不认为有不作为的教唆犯。因为教唆行为是指引起了别人实施不法行为的意思，而不作为的方式不可能引起别人这个意思。不过，虽然理论上不太可能存在不作为的教唆犯，但如果行为在客观上起到了教唆作用，行为人在这之后却不作为、不制止的，又该怎么处理呢？

比如，张三知道李四很喜欢书店里的一本珍贵古籍，就开玩笑地对李四说："你个穷书生，我看只能去偷了！"李四把张三的玩笑当真了，偷走了古籍。在这种情况下，因为教唆犯的成立必须有教唆的故意，而张三只是开了一句玩笑，并没有教唆李四实施盗窃的故意，所以张三不成立盗窃罪的教唆犯。

但如果张三开了这句玩笑后，李四当着他的面偷走了古籍，张三没有阻止。在这种情况下，因为张三开玩笑的行为客观上使李四产生了犯意进而实施了盗窃行为，所以张三产生了阻止李四盗窃的义务。如果张三在能够履行阻止义务的情况下却没有阻止，那他就有可能成立不作为犯。

不过，不能将张三认定为教唆犯，只能将他认定为帮助犯。

13 共犯与身份

> 家庭主妇收受他人财物，有可能成立受贿罪吗？

本节来看看共犯和身份的问题，这是共同犯罪中很重要的一部分内容。

无身份者和有身份者的共同犯罪

身份犯的单独犯必须具备构成要件的身份，但《刑法》对身份犯的共犯却没有这样的限制。也就是说，《刑法》分则规定的特殊身份其实都是就正犯来说的，教唆犯和帮助犯并不需要具备特殊身份。

比如，脱逃罪的犯罪主体必须是"依法被关押的罪犯、被告人、犯罪嫌疑人"，但普通人教唆或帮助这类人脱逃的，也可以构成脱逃罪的教唆犯或帮助犯。再比如，家庭主妇虽然不能单独构成受贿罪，却可以教唆、帮助有身份的他人实施受贿行为，从而成立受贿罪的教唆犯或帮助犯。

其实，无身份者成立共犯很好理解，因为如果认为无身份者不能成立身份犯的共犯，就会导致不该有的处罚漏洞。

比如，如果认为无身份者不成立身份犯的共犯，那么无身份者教唆国家机关工作人员叛逃的，无身份者教唆、帮助司法人员刑讯逼供的，无身份者帮助在押人员脱逃的，无身份者教唆国家工作人员挪用公款的，就都只能宣告无罪。这样的结论肯定不合理。

实际上，关于无身份者能成立身份犯的共犯这一点，我国刑法理论和司法实践基本已经达成了共识。不过，在这种情况下有一个问题比较棘手，就是无身份者和有身份者该怎么定罪量刑。

无身份者和有身份者如何定罪量刑

对于无身份者和有身份者共同犯罪该如何定罪量刑的问题，我国刑法理论和司法实践一直总结为如何确定共同犯罪的性质。司法解释认为，应当按照主犯的基本特征来确定共同犯罪的性质。比如，一般公民和国家工作人员共同骗取公共财物，如果主犯是国家工作人员，就要认定为贪污罪；如果主犯是一般公民，就应该认定为诈骗罪。

司法解释的观点有一定的合理性，但我认为缺陷也是客观存在的。

首先，司法解释认为应当按照主犯的基本特征来确定共同犯罪的性质。但在我国，是在确定了共同犯罪性质的前提下，才能认定谁是主犯谁是从犯的。比如，张三和李四合谋盗窃，张三负责撬保险柜，李四负责转移财物。在这种情况下，要先肯定两人成立盗窃罪的共同犯罪，然后再根据两人所起的作用来确定谁是主犯谁是从犯。所以，司法解释的这种观点在先后顺序上是行不通的。

其次，按照司法解释的观点，如果无身份者和有身份者在共同犯罪中起了相同的主要作用，即两人都是主犯，那就无法确定罪名了。事实上，"共同犯罪的性质"这个提法是有问题的，因为共犯人完全有可能触犯不同的罪名，需要将其行为分别认定为不同的犯罪，也就不存在按哪个人的行为性质确定共同犯罪性质的问题。

既然司法解释的观点不可取，那该怎么办呢？其实还是应该回到共同犯罪的本质上来。

　　前面讲过，共同犯罪理论要解决的基本问题是法益侵害结果应该归属于哪些人的行为。至于各个行为人成立什么罪名，取决于各自的特殊身份和责任内容。

　　认定共同犯罪时，要先判断谁是正犯，然后以正犯为中心判断教唆行为和帮助行为，之后再判断教唆者和帮助者的责任内容，最终确定其罪名。

　　通常来说，在有身份者为正犯，无身份者对正犯实施了教唆、帮助行为，且没有触犯其他罪名的情况下，只能按照身份犯触犯的罪名来对无身份者定罪量刑。比如，一般公民教唆国家工作人员收受贿赂，国家工作人员成立受贿罪，一般公民则成立受贿罪的教唆犯。

　　但是，在身份和责任内容不同的情况下，教唆者和帮助者触犯的罪名也可能不同于正犯。比如，一般公民教唆国家工作人员挪用公款，但国家工作人员以非法占有的目的将挪用的公款据为己有。这时，国家工作人员成立贪污罪，一般公民则成立挪用公款罪的教唆犯。再比如，国家工作人员甲让一般公民乙帮自己转移财物，乙答应了，但他只知道甲是盗窃财物，却根本不知道甲是利用职务之便盗窃财物。这时，甲成立贪污罪，乙则成立盗窃罪，因为乙没有共同贪污的故意。

　　需要注意，当不同身份者共同犯罪时，正犯行为是有相对性的。如果是一个行为触犯了两个以上的罪名，那就要按照量刑重的罪名来处罚。

　　比如，被保险人 A 与国有保险公司工作人员 B 勾结骗取保险金。就保险诈骗而言，A 是正犯；就贪污罪而言，B 是正犯。同时，考虑到教唆、帮助行为也具有相对性，就贪污罪而言，虽然 B 是正犯，但 A 的行为也可能属于教唆、帮助行为；就保险诈骗罪而言，B 的行为也可能属于教唆、帮助行为。

所以，A 既是保险诈骗罪的正犯，又是贪污罪的教唆犯或帮助犯；B 既是贪污罪的正犯，又是保险诈骗罪的教唆犯或帮助犯。也就是说，A 与 B 的行为都同时触犯了贪污罪与保险诈骗罪。假如对 A 按贪污罪的从犯处罚，比按保险诈骗罪的正犯处罚轻，就应当对 A 以保险诈骗罪的正犯论处。结论就是，二人构成共同犯罪，但应该对 B 按贪污罪的正犯处罚，对 A 按保险诈骗罪的正犯处罚。

再比如，国家机关工作人员 C 和私营企业部门经理 D 勾结之后，一起侵吞了两人所在的国家机关和私营企业的财物。考虑到 C 具有国家工作人员的身份，而 D 没有国家工作人员的身份，那么，C 应该成立贪污罪的正犯和职务侵占罪的共犯，D 则成立贪污罪的共犯和职务侵占罪的正犯。由于按照贪污罪的共犯来处罚会比职务侵占罪的正犯量刑轻，所以司法人员通常会按照职务侵占罪的正犯来处罚 D，也就是选择量刑重的罪名。

在对有身份者和无身份者共同犯罪的情况进行具体认定时，还要注意分析究竟是利用了谁的职务便利，这是定罪时要考虑的重要因素。比如在前面 C 和 D 共同犯罪的情况下，如果只利用了国家工作人员 C 的职务便利，那两人就成立贪污罪的共犯；但如果只利用了非国家工作人员 D 的职务便利，那么 C 的身份就不具有意义，两人仅成立职务侵占罪的共犯。

到这里，本节标题中的问题也就很清楚了。即便是没有身份的人，参与了身份犯罪，也有可能成立身份犯的共犯。所以，家庭主妇收受他人财物的，也有可能成立受贿罪。

14 共犯脱离

跟人约好一起盗窃但中途退出，还要对结果负责吗？

前面讲过，对于共同正犯中的每个行为人，要坚持"部分实行全部责任"的原则。但是，对于中途退出共犯关系的人，应该怎么认定其责任呢？比如，张三和李四约好一起到一个小区入户盗窃，张三还特意配了万能钥匙。但是，到小区门口时，张三害怕了，就对李四说"我不去了"，然后把万能钥匙给了李四。之后，李四用这把钥匙进入多户人家，窃取了大量财物。那么，张三要对李四盗窃财物的结果负责吗？这个问题涉及的是刑法理论中的共犯脱离，也就是本节要讨论的内容。

共犯脱离中的因果性问题

讨论共犯关系的脱离，其实就是在判断共犯的因果性问题。前面讲过，只有当共犯的行为和结果具有因果性时，才能把结果归属于共犯的行为，否则就不能把结果归属于共犯的行为。如果行为人实施了共犯行为，比如教唆、帮助行为或共同正犯行为，但后来又消除了该行为对犯罪结果的促进作用，导致先前的共犯行为和结果不具有因果性，这就属于共犯关系的脱离。共犯脱离的法律后果是，脱离者不需要对其他共犯造成的既遂结果负责，但根据情况的不同，脱离者要承担中止犯、预备犯或未遂犯的刑事责任。

比如，在前面提到的案例中，我们就需要考虑，张三的行为和李四盗窃既遂的结果之间的因果性有没有消除。如果消除了，那张三只成立盗窃罪的预备犯；如果没消除，那张三仍然成立盗窃罪的既遂。在这个案例中，张三虽然身体上退出了盗窃行为，但是他提供的万能钥匙对李四的盗窃起到了促进作用。也就是说，张三提供钥匙的行为和盗窃结果具有物理的因果性，所以张三的行为仍然成立盗窃罪的既遂。

共犯脱离分为两种类型，一种是着手前的脱离，另一种是着手后的脱离。下面就来具体分析一下这两种情况。

着手前的共犯脱离

一般来说，如果脱离者是在正犯着手实施不法行为之前脱离的，那么，因为这时犯罪行为还处在预备阶段，所以脱离者只需要对预备行为负责。具体来说，分为以下两种情况。

第一，如果是被动脱离，脱离者成立犯罪预备。

比如，王五喊赵六一起去抢劫，在路上，王五嫌赵六太啰唆，于是一拳把赵六打晕，自己一个人去实施抢劫了。在这种情况下，赵六和抢劫既遂的结果之间没有因果关系，他就是共犯的被动脱离者，最多只承担抢劫预备的责任。

第二，如果是主动脱离，脱离者成立犯罪预备阶段的犯罪中止。

关于这种情况，需要强调的是，在着手前，行为人即使主动实施了脱离行为，也不意味着实现了共犯脱离。不管是教唆犯、帮助犯还是共同正犯，判断共犯脱离的核心，都在于共犯是否消除了自己的行为与结果之间的因果性。

首先，关于教唆犯的脱离。教唆行为和正犯的行为结果之间通常具有心理的因果性。所以，要认定教唆者成立共犯脱离，他就必须在引起他人的犯意后，消除教唆行为与被教唆者行为之间心理的因果性。也就是说，教唆者要让被教唆者放弃犯意。如果被教唆者放弃犯意后，自己又起了犯意实行犯罪，教唆者不再对其行为结果负责。

比如，甲教唆乙去盗窃，乙被说动了。后来，甲担心乙被抓后会把自己供出来，就动之以情、晓之以理地劝乙不要去盗窃，乙想了想，觉得盗窃的确有风险，就放弃了。但后来有一次在公交车上，乙看见身边女士的手提包没合上，就顺手把里面的钱包偷走了。在这种情况下，甲已经消除了教唆行为引起的犯意，乙后来的盗窃行为与其教唆行为完全没有关系，所以甲无须对乙的盗窃行为负责。

但是，如果教唆者努力劝说被教唆者放弃犯意，但被教唆者执意不放弃并造成法益侵害结果的，教唆者仍然要承担既遂犯的责任。

其次，关于帮助犯的脱离。帮助行为和正犯的行为结果之间既可能具有物理的因果性，也可能具有心理的因果性，还可能两者兼具。只有将这两种因果性都消除掉，才能认定成立帮助犯的脱离。

比如，帮助犯把凶器提供给正犯后，在正犯着手之前取回凶器的，或者答应按时望风，在正犯着手之前告诉对方自己不再为他望风的，就成立帮助犯的脱离。在这种情况下，即便正犯仍然着手实施了犯罪行为，帮助者也无须为其行为结果负责。

最后，关于共同正犯的脱离。与帮助犯的脱离一样，共同正犯的脱离也要看是否消除了物理和心理的因果性。

比如，张三和李四商量好盗窃他人家中的财物，张三负责制定入户的路线和逃跑计划，李四负责制作盗窃工具。着手之前，李四因为害怕而决定不去盗窃了，他不仅告诉了张三自己的决定，还销毁了自己制作的盗窃工具。在这种情况下，李四已经脱离了共犯关系，也就无须对张三的既遂结果负责。

着手后的共犯脱离

着手之后的共犯脱离，指的是在正犯着手之后、结果发生之前脱离。关于如何处理，具体也分为两种情况。

第一，如果消除了自己的行为与既遂结果之间可能具有的因果性，那脱离者不用对既遂结果负责。

比如，甲入户盗窃，请乙为自己望风，乙同意了。但是在甲入户物色财物的过程中，乙打电话告诉甲自己离开了，不再给他望风了。甲知道后继续实施盗窃，并且既遂。在这种情况下，乙成立盗窃罪的中止犯，不对既遂结果负责。

第二，如果没有消除自己的行为与既遂结果之间的因果性，那脱离者依然要对既遂结果负责。

比如，甲入户盗窃，请乙为自己望风，乙同意了。但是在甲入户之后，乙没通知甲就悄悄溜走了，甲在不知道乙中途离开的情况下继续实施盗窃，并且既遂。在这个案例中，甲一直以为乙在为自己望风，即使乙离开了，甲依然能安心盗窃，所以，乙并没有消除自己先前的望风行为与甲盗窃结果之间心理的因果性，也就意味着乙并没有脱离共犯关系，仍然要对甲盗窃既遂的结果负责。

共同正犯的脱离，本质上也是对因果性的判断。比如，一对夫妻想杀死女儿的非婚生孩子，在两人以为已经杀死孩子后，丈夫先行离开。后来，妻子发现孩子还活着，于是独自把孩子杀死。在这种情况下，丈夫和妻子先前共同实施的杀害行为与孩子生命处于危险状态的结果具有因果性，所以两人成立故意杀人罪未遂的共同正犯。但是，我们不能把丈夫离开后妻子独自杀害孩子的结果归属于丈夫先前的行为，因此，妻子必须独自承担杀人既遂的刑事责任。也就是说，丈夫成立故意杀人罪未遂，妻子成立故意杀人罪既遂。

总而言之，共犯脱离的核心在于脱离者消除了自己的行为与结果之间的因果性。只要消除了因果性，脱离者就不用对既遂结果负责，之后，只需根据具体案情判断他是成立预备犯、中止犯还是未遂犯就可以了。

15 法条竞合

一行为同时触犯强奸罪和强制猥亵罪，该定什么？

在现实生活中，犯罪情况总是多种多样的，反映在刑事立法上，《刑法》的规定也是错综复杂的。这就导致在某些情况下，一个犯罪行为可能会同时符合多个法条规定的犯罪构成要件。比如，军人故意泄露国家军事秘密的行为，既符合《刑法》第 398 条规定的故意泄露国家秘密罪的构成要件，又符合第 432 条规定的故意泄露军事秘密罪的构成要件。那么，这时究竟该适用哪个法条来定罪量刑呢？

什么是法条竞合

法条竞合指的是，一个行为同时符合多个法条规定的犯罪构成要件，由于这几个法条之间存在包容关系，在定罪量刑时只能适用其中一个。比如，《刑法》第 235 条规定："过失伤害他人致人重伤的，处三年以下有期徒刑或者拘役。本法另有规定的，依照规定。"这就表明，如果某种行为符合过失致人重伤罪的构成要件，但同时又符合其他法条规定的犯罪构成要件，就应当依照其他法条来处理，不再适用过失致人重伤罪的规定。这里所谓的"另有规定"，就是特别规定。

你可能会问，为什么只能适用一个法条呢？因为在法条竞合的情况下，本质上只存在一个法益侵害事实。犯罪行为之所以会符合多个法条规定的构成要件，只是因为《刑法》的规定非常错综复杂，导致这个法条规定的犯罪可能是另一个法条规定的犯罪的一部分。也就是说，多个法条之间存在包容关系。如果同时适用多个法条，必然会带来对行为的重复评价。而对行为的重复评价，则会导致对行为人的重复处罚，这就违背了刑法的人权保障机能。

需要特别注意的是，如果两个法条规定的构成要件是相互对立或矛盾的，那就不可能属于法条竞合。比如，《刑法》第 264 条规定的盗窃罪和第 266 条规定的诈骗罪就是对立关系，因为盗窃是违背被害人意志去非法占有他人财物，而诈骗是使受骗者基于错误认识处分被害人的财物。就一个法益侵害结果来说，某个行为不可能既触犯盗窃罪的规定，又触犯诈骗罪的规定。这就意味着，盗窃罪和诈骗罪的法条不可能存在法条竞合关系。

那么，法条竞合的包容关系是怎么体现的呢？从原理上讲，如果甲法条记载了乙法条的全部要素，同时至少包含一个进一步的特别要素，使甲法条和乙法条有所区别，那甲法条就是特别法条，乙法条就是普通法条。

比如，《刑法》第 258 条规定了重婚罪，第 259 条规定了破坏军婚罪——"明知是现役军人的配偶而与之同居或者结婚的，处三年以下有期徒刑或者拘役"。如果一个行为符合破坏军婚罪的构成要件，那它必然也符合重婚罪的构成要件，但符合重婚罪构成要件的不一定符合破坏军婚罪的构成要件，因为破坏军婚罪的法条比重婚罪多了"现役军人的配偶"这个特别要素。所以，破坏军婚罪的法条是特别法条，重婚罪的法条是普通法条。

特别法条优于普通法条

在法条竞合的情况下，原则上是特别法条优于普通法条。如果我们能明确哪些法条之间存在竞合关系，就可以采取特别法条优于普通法条的原则来对行为人定罪量刑。

比如，强奸罪和强制猥亵罪就是特别法条和普通法条的竞合关系，强奸既遂的行为肯定也符合强制猥亵罪的构成要件，但只能将其认定为特别法条规定的强奸罪，而不能认定为强制猥亵罪，也不能认为行为同时构成两个罪。

需要特别注意的是，关于法条竞合的特别关系的处理，还存在重法条优于轻法条的说法，我以前也主张过这种观点。但实际上，之所以会出现这种情况，是因为把想象竞合当作法条竞合来处理了。比如，行为人通过销售伪劣商品来骗取财物的，有人主张销售伪劣产品罪是诈骗罪的特别法条，但应当采取重法条优于轻法条的原则，否则就会造成处罚的不公平。其实，这种情形属于想象竞合，而非法条竞合。而想象竞合的处理原则，就是从一重罪处罚。关于想象竞合的内容，下一节再来具体介绍。

什么情况下适用普通法条

关于法条竞合，虽然原则上是特别法条优于普通法条，但这并不意味着普通法条在法条竞合的情况下就完全没有意义了。在以下几种情况下，仍然要适用或者考虑普通法条。

第一，当适用特别法条会使犯罪行为由于实体或程序上的原因

不受处罚时，就要适用普通法条。

比如，甲已经着手实施了持枪抢劫行为，但他在没有压制被害人的反抗，也没有造成任何损害的情况下，主动放弃了使用枪支，徒手劫取了财物。在这种情况下，原本应当适用"持枪抢劫"的特别法条，但因为甲中止了持枪的行为，所以应该成立持枪抢劫的中止犯；同时，因为持枪的行为没有导致损害结果，所以持枪抢劫应当免除处罚。但是，因为甲徒手劫取了财物，所以依然可以对甲适用普通抢劫罪既遂的法定刑。

再比如，甲借了乙的汽车，在知道这辆车已经买了保险的前提下谎称车辆丢失了，然后欺骗乙到保险公司索赔。在这种情况下，甲不具备投保人、被保险人或受益人的身份要素，所以无法成立保险诈骗罪的间接正犯；但他的行为满足普通诈骗罪的构成要件，而一般来说，普通诈骗罪和保险诈骗罪是普通法条和特别法条的关系，所以甲依然能成立普通诈骗罪的间接正犯。

第二，只要不违背量刑原则，在量刑时就应当考虑被排除适用的普通法条。

比如，《刑法》第 236 条规定，"在公共场所当众强奸妇女"的，"处十年以上有期徒刑、无期徒刑或者死刑"，第 237 条规定，在公共场所当众犯强制猥亵罪的，"处五年以上有期徒刑"。其中，强奸罪是强制猥亵罪的特别法条，而当众强奸妇女是当众强制猥亵的特别法条。那么，如果行为人在公共场所当众强奸未遂，但同时构成强制猥亵罪既遂的，要如何定罪量刑？

在这种情况下，如果根据特别法条，认定行为人的行为构成强奸罪，就得适用强奸罪未遂的规定，可以从轻或者减轻处罚，而减轻处罚时就要适用"三年以上十年以下有期徒刑"的法定刑。那具体定几年合适呢？这时，就要考虑到普通法条的量刑标准——当众强制猥亵规定"处五年以上有期徒刑"，所以，对这个行为人判处的刑罚就不应低于五年有期徒刑。也就是说，如果要减轻处罚，对行为人的量刑范围就应该是五年以上十年以下有期徒刑。

第三，在共同犯罪案件中，可能对一部分行为人适用特别法条，对另一部分行为人适用普通法条。

比如，正犯持枪抢劫，但帮助犯并不知道正犯有持枪行为，那么，就应当对正犯适用特别法条，即持枪抢劫的法条，对帮助犯则适用普通法条，即普通抢劫罪的法条。

现在回来看一下本节开头的问题。因为《刑法》第432条故意泄漏军事秘密罪是第398条故意泄漏国家秘密罪的特别法条，所以军人故意泄漏军事秘密的，应当根据特别法条优于一般法条的原则，适用第432条的规定。也就是说，行为人成立故意泄漏军事秘密罪。

16 想象竞合

开枪打死人的同时毁坏了财物，该怎么处罚？

前面提到过，在刑法理论中，有一个非常容易与法条竞合混淆的概念，叫作想象竞合。先来看一个简单的例子：张三开枪射击自己的仇人，结果不仅导致了仇人的死亡，还毁坏了仇人随身携带的价值过万的贵重物品。在这种情况下，张三的射击行为不仅符合故意杀人罪的构成要件，还符合故意毁坏财物罪的构成要件，即一个行为触犯了两个罪名。那么，对张三的行为，是定一个故意杀人罪，还是定故意杀人罪和故意毁坏财物罪两个罪，然后数罪并罚？这涉及的就是想象竞合的问题。

想象竞合指的是一个行为同时触犯数个罪名的情形。虽然一个行为触犯了数个罪名，但在刑法上要把它作为科刑上的一罪，即只按数罪中处罚最重的那一个罪来处理，这就是想象竞合从一重罪处罚的原则。

法条竞合和想象竞合都是行为人只实施了一个行为，法条竞合是指一个行为符合多个法条规定的犯罪构成要件，想象竞合则是指一个行为触犯多个罪名。听起来可能很类似，但其实两者完全不同。长期以来，我国刑法理论都采用形式标准来区分法条竞合和想象竞合。在我看来，形式标准的确是必要的，但它只是一个前提性标准，还必须有实质标准。下面，就分别来看一下形式标准和实质标准究竟是什么。

区分法条竞合和想象竞合的形式标准

一般来说，如果法条之间存在包容关系，那就是法条竞合。也就是说，法条竞合是法条之间的一种逻辑关系，而不是事实关系。法条之间的包容关系是不需要借助具体案件事实的联结来发现的，而是通过对构成要件进行解释就可以发现的。

比如，行为人伤害被害人，导致被害人死亡。行为人的行为同时符合故意杀人罪和故意伤害罪的犯罪构成要件，其中，故意杀人罪是故意伤害罪的特别法条，因为故意杀人罪的成立条件不仅包含故意伤害罪的全部要素，还有多于故意伤害罪的要素，即杀人行为和杀人故意。

法条竞合是因为两个法条本身就存在包容关系，行为样态不影响法条之间的竞合关系。但如果只有借助特定的案件事实才能使两个法条产生关联，而案件事实改变，两个法条就没有了关系甚至是变成了对立关系，那这种情况就应该是想象竞合。

比如，《刑法》第232条规定的是故意杀人罪，第275条规定的是故意毁坏财物罪。单看法条，无论如何都不能看出两者存在包容关系，所以它们不是法条竞合关系。但如果想一想本节开头张三杀人的同时毁坏了他人价值过万的财物的例子，就会发现，张三的行为使故意杀人罪和故意毁坏财物罪的法条产生了联系。可一旦改变案件事实，两个法条就不存在这种联系了。

所以，两个法条之间存在包容关系是判断成立法条竞合的形式标准。凡是不符合这个标准的，就不可能是法条竞合。

那是不是只要两个法条之间存在包容关系，就是法条竞合呢？

也不一定。在这种情况下，仍然存在成立想象竞合的可能，而这就需要在形式标准的基础上进行实质标准的判断。

区分法条竞合和想象竞合的实质标准

区分法条竞合和想象竞合的实质标准，包括以下两个方面。

第一，法益的同一性。

这是指法条竞合时，由于法条之间本来就存在包容关系，虽然行为同时违反了数个法条，但本质上只侵害了一个法条所保护的法益。如果一个行为侵害了多个法条所保护的法益，那就不可能是法条竞合，而只能是想象竞合。

比如过失致人死亡罪和交通肇事罪，从形式上看，似乎交通肇事罪是过失致人死亡罪的特别情形，但从侵害的法益上看，过失致人死亡罪侵害的是人的生命，交通肇事罪侵害的是公共安全，两者保护的法益不同，所以它们不是法条竞合关系，只能是想象竞合。

需要注意的是，法益的同一性还意味着法益主体的同一性。如果行为侵害了不同法益主体的相同法益，也不可能属于法条竞合。

比如，行为人开一枪导致一人死亡、一人重伤，这就不属于法条竞合，而属于想象竞合，因为这个行为侵害了不同法益主体的生命和身体健康两个法益。相应地，行为人开一枪导致两人死亡，也属于想象竞合，因为生命是个人专属法益，两人死亡意味着存在两个法益侵害事实。

再比如，某公司职员甲谎称自己因职务占有的笔记本电脑是自己所有的，并将其卖给了乙。甲的行为既符合职务侵占罪的构成要件，也符合诈骗罪的构成要件，但他的行为既侵犯了公司的法益，也侵犯了乙的法益，所以也应当认定为想象竞合。

第二，不法的包容性。

这是指即使符合法益的同一性标准，但如果适用一个法条不能充分评价行为的不法内容，那也不是法条竞合，而只能是想象竞合。

比如，很多学者认为，盗窃罪和盗伐林木罪是法条竞合关系，但这其实不是绝对的。盗伐林木罪的法定最高刑为 15 年有期徒刑，但盗窃罪规定，普通盗窃"数额特别巨大"的，法定最高刑可以达到无期徒刑。假如行为人盗伐的林木价值 100 万，已经达到了普通盗窃罪需要判处无期徒刑的不法程度，但如果按照法条竞合的处理原则，适用特殊法条（盗伐林木罪），那最多只能对行为人判处 15 年有期徒刑，而这必然会导致违法事实没有被完全评价。

所以，这种情况应当认定为想象竞合——行为人盗伐林木的行为既触犯了普通盗窃罪，又触犯了盗伐林木罪，这样就既充分评价了侵害财产利益的不法事实，又充分评价了盗伐行为对森林资源的不法侵害内容。在处刑上，只需对行为人从一重罪处罚即可，也就是适用普通盗窃罪相应的法定刑，最高可以达到无期徒刑。

要特别注意的是，**法条竞合与想象竞合的区分并不是固定不变的，而是取决于适用一个法条能否充分、全面评价行为的不法内容。**也就是说，即使两个法条在通常情况下是法条竞合关系，但在某些特殊情况下，即适用一个法条不能充分、全面评价行为的不法内容时，也可以成立想象竞合。

比如，一般来说，故意杀人罪是故意伤害罪的特别法条，所以通常情况下，对故意杀人行为，无论是既遂还是未遂，都要适用特别法条，按故意杀人罪论处。但是，在行为人以特别残忍的手段实施杀人行为并致人重伤、给被害人造成严重残疾的情况下，如果还适用特别法条，将其行为认定为故意杀人罪未遂，从轻或者减轻处罚，就没有充分评价行为人这一行为的不法内容。所以，这时应当认定为想象竞合，从一重罪处罚。也就是说，应该适用故意伤害罪中"十年以上有期徒刑、无期徒刑或者死刑"的法定刑，而不是故意杀人罪未遂犯的从宽处罚规定。

总结一下，法条竞合和想象竞合的区分不能止步于形式的标准，还要有实质标准。两者的区分标准也不是固定不变的，而是取决于适用一个法条能否充分、全面评价行为的不法内容。

分论

第**4**章

侵犯公民人身权利、民主权利罪

01 故意杀人罪与故意伤害罪

张三想教训李四，并导致李四死亡，该定什么罪？

严重的故意伤害行为经常会导致被害人死亡的结果，但行为人到底是有杀人的故意还是有伤害的故意，是很难准确判断的主观内容。所以，究竟是故意杀人罪还是故意伤害罪（致死）就成了一个很难认定的问题。

比如，张三和李四都是"江湖混混"，张三对李四欺负过自己的兄弟这件事耿耿于怀，于是准备找时机"教训"一下他。在一个月黑风高的夜晚，张三携带尖刀偷袭李四，恰好扎破李四大腿上的动脉，导致李四死亡。在这个案例中，张三是成立故意伤害罪还是故意杀人罪就很难认定。

那么，司法实践中该怎样区分故意杀人罪和故意伤害罪？二者的区别是不是只在于行为人故意内容的不同？或者说，故意伤害罪和故意杀人罪有什么关系？这些就是本节要解决的问题。

故意杀人罪和故意伤害罪的关系

故意杀人是指故意非法剥夺他人生命的行为，故意伤害是指故意非法损害他人身体健康的行为。关于故意杀人罪和故意伤害罪的关系，有以下两种对立的观点。

第一，对立说。这种观点认为，故意杀人罪和故意伤害罪是对立的，即杀人和伤害是两个相互排斥的概念，杀人故意排除伤害故意，所以杀人不包含伤害。

第二，单一说。这种观点认为，故意杀人罪和故意伤害罪是单一的，杀人行为必然包含伤害行为，杀人故意必然包含伤害故意。

那么，这两种观点在案件的具体处理结果上有什么不同呢？

比如，张三把李四打死了，但无法查清他到底是直接杀了人还是将李四伤害致死。根据对立说，既然查不清究竟是张三的什么行为导致了李四的死亡，那按照存疑时有利于被告的原则，就只能宣告张三无罪，而这显然不合理。根据单一说，虽然无法查清张三究竟是杀人还是将李四伤害致死，但因为杀人行为包含伤害行为，所以至少可以认定为伤害致死，进而可以将张三的行为认定为故意伤害罪（致死）。

再比如，张三对李四实施暴力，起先是有伤害的故意，后来变成了有杀人的故意，但无法证明是有伤害故意时的行为还是有杀人故意时的行为导致了李四的死亡。根据对立说，因为无法确定李四的死亡结果是由伤害行为还是杀人行为导致的，所以既不能肯定死亡结果是由伤害行为导致的，也不能肯定死亡结果是由杀人行为导致的，所以张三不用对死亡结果负责，只能被认定为故意伤害罪（未遂）和故意杀人罪（未遂）。根据单一说，则可以把张三的行为认定为故意伤害罪（致死）。

总的来说，**单一说更具有合理性。**事实上，任何杀人既遂行为都必然经历过伤害的过程，任何杀人未遂也必然造成了伤害结果或具有造成伤害结果的危险性。也就是说，杀人行为其实是一种特殊的伤害行为，它不缺少伤害行为的任何特征，反而比伤害行为又多出了一些特征。

故意杀人罪和故意伤害罪的区分

那么，如何区分故意杀人罪和故意伤害罪呢？严格来说，这并不是如何区分两个罪的问题，而是如何认定一个行为是成立故意杀人罪还是成立故意伤害罪的问题。

故意伤害致死和故意杀人既遂，以及故意伤害和故意杀人未遂，在结果上没有任何区别，但故意伤害罪和故意杀人罪在构成要件和责任要素方面的区别非常明显，只是在司法实践中比较难以认定。

现在的司法实践以及传统的刑法理论一般认为，故意杀人罪和故意伤害罪的区别在于行为人故意的内容不同。同时还认为，行为的性质是由故意的内容决定的。也就是说，如果行为人想杀人，就是杀人行为；如果行为人想伤害人，就是伤害行为。于是，司法机关把精力都集中在了行为人的故意内容上。

但我认为，仅仅根据故意内容的不同来认定犯罪并不合适。一方面，是因为主观故意的内容本来就不容易准确判断；另一方面，是因为故意杀人和故意伤害在客观层面本来就存在区别。所以，**要判断一个行为是成立故意杀人罪还是成立故意伤害罪，应当遵循先客观后主观、主客观相结合的方法。**具体要怎么做呢？

先看客观层面，如果行为已经致人死亡，或者虽然只造成了伤害结果但具有致人死亡的紧迫危险，首先要肯定这个行为是杀人行为，然后再判断行为人有没有杀人的故意。如果没有杀人的故意，再判断行为人有没有伤害的故意。如果行为人没有伤害的故意，就判断有没有过失。

具体来说，可以先自己判断一下，在同样的情况下，用那样的工具攻击那样的部位，你能否认识到自己的行为会导致他人死亡。如果能认识到，但还是决定实施那样的行为，就表明行为人具有杀人的故意。如果不是很相信自己一个人的判断，你可以问问周围的人，看看他们能否认识到。如果他们的回答也是肯定的，那么，只要行为人没有特别之处，就应当认定他具有杀人的故意。所以在我看来，故意杀人和故意伤害的案件是最不需要犯罪嫌疑人口供的。

比如，瞄准被害人心脏开枪的，无论行为人怎样否认自己有杀人的故意，都应当将其行为认定为故意杀人罪。再比如，行为人以木棒为工具，在完全可以打击被害人头部等要害部位的情况下，却选择了打击被害人的背部和腿部，那么，即使他承认有杀人的故意，也不应该将其行为认定为故意杀人罪。总之，我们应当坚持罪刑法定和责任主义的原理，综合考虑案件的全部事实，正确认定究竟是构成故意杀人罪还是故意伤害罪。

但是，如果被害人没有死亡，又该如何判断一个行为是杀人行为还是伤害行为，以及行为人是有杀人故意还是伤害故意呢？这两个问题其实是在问怎么区分杀人未遂和故意伤害。这时需要判断以下两个问题。

第一，要先判断行为人的行为是否具有致人死亡的紧迫危险。 如果有，就是杀人行为。而在判断时，需要综合评价全部的客观事实。比如，行为人使用的是什么犯罪工具，打击的是要害部位还是非要害部位，打击的强度如何，行为人打击时使用了最大的力气还是控制了力度，犯罪行为有没有节制，被害人当时是不是处于容易反抗的状态，在被害人丧失反抗能力的情况下，行为人是否继续打击，等等。

比如，张三持尖刀对准李四的脖颈反复刺捅，这种行为当然具有导致死亡结果发生的紧迫危险。再比如，丈夫乘妻子熟睡，用劈柴的斧头多次砸妻子的头部，导致妻子血流不止，这个行为也具有同样的紧迫危险。对这样的行为，必须认定为杀人行为。

第二，在认定某种行为是杀人行为后，要判断行为人有没有认识到自己的行为可能导致他人死亡，即行为人有没有杀人故意。如果有，就将其行为认定为故意杀人罪未遂；如果没有，就再判断行为人有没有伤害的故意。比如，人流血过多会死亡是客观事实，也是一般人都知道的常识。如果行为人将他人的两只脚砍掉，但被害人并没有因此死亡，应当将其行为认定为故意杀人罪未遂，而不是故意伤害罪。

如果在某些案件中，实在很难判断行为人是否具有杀人的故意，那就应当按照存疑时有利于被告的原则，以较轻的犯罪来论处。

答学友问

学友：甲乙两人相约自杀，但是甲中途放弃或未遂后，本可以救助乙但没有救助，这种行为构成故意杀人罪吗？

张明楷：这个问题问的是相约自杀的情况下，未死亡一方的作为义务。

相约自杀指的是两人以上相互约定自愿共同自杀的行为，具体分为以下四种情况：

第一，相约双方各自实施自杀行为，其中一方死亡，另一方自杀未得逞，未得逞一方不构成犯罪；

第二，两人约好由其中一方杀死对方然后自杀，但杀人一方自杀未得逞的，对杀死对方的行为，应以故意杀人罪论处，但量刑时可以从轻处罚；

第三，相约自杀的一方为对方提供自杀工具的，属于帮助自杀的行为；

第四，以相约自杀为名诱骗他人自杀的，属于教唆自杀行为。

教唆别人自杀的，如果教唆、帮助行为具有杀人的间接正犯性质，应当将其行为认定为故意杀人罪。那么，哪些情况下教唆自杀的行为具有杀人的间接正犯性质呢？

首先，欺骗、唆使的是不能理解死亡意义的儿童或者精神病患者，使其自杀的。其次，凭借某种权势或利用某种特殊关系，以暴力、威胁或者其他心理强制方法，促使他人自杀身亡的，比如邪教组织成员组织、策划、煽动、教唆、帮助邪教组织人员自杀的。最后，行为人教唆自杀的行为使被害人对法益的有无、程度、情况等产生错误认识的。比如，医生对可以治愈的患者说"你得了癌症，只能活两周了"，进而导致患者自杀的。

除了具有间接正犯性质的教唆自杀行为，还有一种不具有间接正犯性质的教唆自杀行为，即单纯教唆别人自杀，但并没有支配别人去实施自杀的行为。这种情况在刑法理论上争议很大，但我国司法实践一般将其作为情节较轻的故意杀人罪来处理。由于中国人自杀一般不是自主选择的行为，从这个意义上说，我国司法实践的做法具有妥当性。

此外，对自杀者负有救助义务的人故意不予救助的，也可能成立不作为的故意杀人罪。

回到这个问题，下面分几种情况讨论。假设甲乙都是具有正常行为能力和责任能力的成年人。

情况1：甲乙都是自愿自杀，甲自杀时没想过放弃，只是因为客观原因没有自杀成。在这种情况下，甲对乙没有救助义务，甲的行为不构成犯罪。

情况2：甲乙一开始都是自愿自杀，但在自杀的过程中，甲产生了放弃的念头却没有告诉乙，乙在认为甲也会自杀的情况下自杀。日本发生过类似的判例，法院判决乙自杀的决意不是出于真意，是有瑕疵的，所以乙不是自杀；甲蓄意隐瞒自己的真实意图，导致乙放弃生命的行为，成立故意杀人罪。其实，日本《刑法》中专门规定有教唆、帮助自杀罪，尽管如此，日本法院还是将上述行为认定为故意杀人罪，而我国《刑法》没有规定教唆、帮助自杀罪，所以就更有理由把这种行为认定为故意杀人罪了。当然，这个问题在理论上的争议很大。

情况3：甲一开始就是以相约自杀为名诱骗乙自杀。在这种情况下，甲的行为是教唆自杀。如果甲的行为达不到间接正犯的程度，按照司法实践的通常做法，应将其行为认定为情节较轻的故意杀人罪。

02 强奸罪 |

妇女甲强制男性奸淫妇女乙，甲成立本罪吗？

强奸罪是现实生活中比较常见的一种犯罪类型，但在具体案件的认定上，仍然可能会遇到问题。比如，二妮答应和张三发生性关系，但前提是张三必须戴安全套，如果张三采取暴力、胁迫手段不戴安全套和二妮发生性关系，能成立强奸罪吗？再比如，二妮同意和张三在宾馆房间发生性关系，但张三在 KTV 强行和二妮发生性关系的，能成立强奸罪吗？这一节，就来介绍一些强奸罪的基本问题。

强奸罪保护的法益

我国《刑法》规定了两种强奸罪的类型：第一类叫作普通强奸，指的是使用暴力、胁迫或者其他手段强行与妇女性交的行为；第二类一般称为奸淫幼女（或者叫准强奸），指的是与不满 14 周岁的幼女性交的行为。

强奸罪保护的法益是妇女（以及幼女）对性行为的自主决定权，也叫性自主权，其基本内容是妇女按照自己的意志决定性行为的权利。但这只是普通强奸罪的要求，如果是奸淫幼女类的强奸罪，并不要求违背幼女的意志。也就是说，即便幼女同意，行为人也应当成立奸淫幼女类的强奸罪，因为幼女缺乏决定性行为的能力，即使征得幼女同意，与其性交也应认为是侵犯了她的性自主权。

性自主权不仅包括是否性交的决定权，也包括性交对象、时间、地点、方式等方面的决定权。比如本节开头提到的两个例子，张三不戴安全套或者不按二妮要求的地点强行与其发生性行为，依然成立强奸罪。

又比如，卖淫女仅同意分别和甲乙二人发生性关系，却不同意甲乙二人同时在场与其发生性关系，如果甲乙二人违背卖淫女的意思，强行同时在场和卖淫女发生性关系，也成立强奸罪。

又比如，张三和卖淫女约定了包夜服务，卖淫女和张三性交后借故离开，张三追回卖淫女后，使用暴力、胁迫等强制手段再次和卖淫女发生性行为的，也成立强奸罪。你可能会觉得，张三和卖淫女约好了包夜服务，这表明卖淫女已经对自己一整夜的性自主权进行了承诺。但实际上，如果以包夜服务为由否认后面这一行为成立强奸罪，那就意味着包夜服务这种非法协议是受刑法保护的，这显然不妥当。所以，不能以包夜服务为由否认张三的行为侵害了卖淫女的性自主权。

当然，在认定强奸罪时，是不是妇女的任何意志都具有这样的重要性，目前还没有定论，需要进一步研究。比如，妇女同意跟男士性交，但要求使用 A 种安全套，可实际上男士使用的是 B 种安全套。如果两种安全套的区别并不重要，就不宜认定该男士违背了妇女的意志。不过，即使是这种情形，也不绝对排除强奸罪成立的可能性。

普通强奸罪的成立条件

普通强奸罪的构成要件内容是，采用暴力、胁迫或者其他手段，强行与妇女性交。具体来说，包括以下几方面的内容。

第一，行为主体不限于男性。

《刑法》并没有把强奸罪的主体限定为男性，只是因为现实生活中绝大多数强奸案的主体都是男性，所以可能给人造成了只有男性才能犯强奸罪的错误印象。

从法条的规定来看，强奸罪的主体一般是男性，其中单独的直接正犯只能是男性。但是，妇女可以成为强奸罪的教唆犯、帮助犯、间接正犯或共同正犯。比如，妇女甲强制男性对妇女乙实施奸淫行为，妇女甲成立强奸罪的间接正犯。

第二，行为对象是妇女（包括幼女）。

由于《刑法》第 236 条第 2 款规定了奸淫幼女类的强奸罪，你可能会认为普通强奸罪的行为对象只能是 14 周岁以上的妇女，但其实没有必要做出这种限制，因为这样会导致某些案件处理结果的不妥当。

比如，13 周岁的幼女乙打扮得非常成熟，甲以为乙已满 18 周岁，并使用暴力、胁迫手段强行和乙发生了性关系。因为甲主观上并不知道乙是幼女，没有奸淫幼女的故意，所以不成立奸淫幼女罪。如果把普通强奸罪的行为对象限定为已满 14 周岁的妇女，就只能对甲宣告无罪，而这显然不合理。所以，我们没有必要去做这样的限定，对这个例子，正确的处理应该是将甲的行为认定为普通强奸罪。

那么，男性能成为强奸罪的对象吗？比如，妇女使用暴力、胁迫等手段和男子性交的，或者男子强行与其他男子性交的，能成立强奸罪吗？按照罪刑法定原则，行为人不成立强奸罪，但能够成立强制猥亵罪。

第三，行为内容是使用暴力、胁迫或者其他手段与妇女性交。

暴力和胁迫好理解，常见的暴力、胁迫之外的其他手段主要有：用灌醉或用药物麻醉的方法强奸妇女，利用妇女熟睡之机进行强奸，冒充妇女的丈夫或情人进行强奸，利用妇女患重病之机进行强奸，造成或利用妇女处于孤立无援的状态进行强奸，组织和利用会道门、邪教组织或者迷信奸淫妇女，等等。

第四，要有性交行为。

刑法理论与司法实践通常将《刑法》第 236 条规定的"强奸妇女"理解成狭义的性交，但如果行为人强行与妇女进行肛交或口交，是否成立强奸罪呢？从法条的表述来看，应该是成立的。但在现实生活中，人们一般不会认为这种行为属于强奸，所以现在的司法实践也没有把这种行为认定为强奸。以后如果一般人的观念发生了变化，认为这种行为也属于强奸，那么即使不修改法条，也可以认定这种行为成立强奸罪。

第五，行为人主观上必须有强奸的故意。

其中最重要的是，行为人必须认识到自己的行为违反了妇女的意志。如果行为人以为妇女是同意的，或者只是向妇女征求意见，打算如果妇女不同意就不与她性交，就不能认为行为人具有强奸的故意。

现实生活中发生过这样一起案件：某妇女酒后主动要求与一旁的男士性交，该男士知道妇女喝了酒，便拒绝了。但妇女没有放弃，又要求了几次。男士看妇女这么坚持，也就同意了。结果，妇女第二天醒来后，去警察局报了警。在这起案件中，我们可以认为，在妇女的反复要求下，男士并没有认识到自己的行为违反了妇女的意志，或者说很难认定男士具有强奸的故意。所以，这名男士的行为不构成强奸罪。

奸淫幼女类强奸罪的成立条件

关于奸淫幼女类强奸罪，客观方面只需要与幼女性交，不需要采用暴力、胁迫或者其他强制手段，即使是幼女主动要求与男性性交的，男性也成立强奸罪。主观方面要求有奸淫幼女的故意，其中包括认识到被害人是幼女。

需要注意的是，**此类强奸罪的行为对象是不满 14 周岁的幼女**。有人可能会问，有些幼女看来很成熟，心智也很成熟，也必须以 14 周岁为限吗？

不满 14 周岁的为幼女是法定的统一标准，所以不能撇开年龄，以是否发育成熟作为判断幼女的标准。由于幼女身心发育不成熟，缺乏辨别是非的能力，不能理解性行为的后果和意义，也没有抗拒能力，因此，无论行为人采用什么手段，无论幼女是否愿意，只要行为人在有故意的前提下和幼女性交，就侵害了幼女的性自主权，成立强奸罪。比如，以金钱、财物等方式引诱幼女和自己发生性关系的，或者明知卖淫女肯定是或可能是幼女而与其性交的，都成立强奸罪。

但是，成立奸淫幼女罪的前提是，**行为人主观上必须有奸淫幼女的故意**。幼女属于特定对象，是构成要件要素，行为人对此必须有认识。换句话说，明知对方一定是或可能是幼女，或者不在乎对方是不是幼女，并在此基础上决意实施奸淫行为的，就具备奸淫幼女的故意。

不过，奸淫幼女的强奸罪不存在过失犯。比如，幼女早熟，身材高大，而且虚报年龄，行为人在不知道对方是幼女的情况下，经幼女同意与其性交。在这种情况下，行为人并不知道对方是幼女，缺乏奸淫幼女的主观故意，所以不成立强奸罪。

答学友问

学友：如果招待所的女老板明知被害人是幼女，却引诱被害人卖淫三次，但是嫖娼者并不知道被害人是幼女，且现有证据无法认定嫖娼者知道，请问女老板能否成立强奸罪？

张明楷：我想这个案件可以这样处理。首先，女老板引诱幼女卖淫的行为本身已经成立引诱幼女卖淫罪。如果女老板欺骗嫖娼者，使其以为卖淫者是成年人而实施嫖娼行为，女老板属于强奸罪的间接正犯。如果女老板没有实施欺骗行为，只是嫖娼者自己并不知道，女老板可能成立强奸罪的教唆犯。不过，女老板触犯的引诱幼女卖淫罪与强奸罪是想象竞合关系，应对其从一重罪处罚。

在这两种情形中，嫖娼者主观上都没有强奸幼女的故意，所以嫖娼者的行为不成立犯罪，只是违反《治安管理处罚法》的一般违法行为。

03 强奸罪 II

骗对方与自己发生性关系才能被录用，构成本罪吗？

下面两节来谈谈关于强奸犯罪的一些新变化。一方面是与普通强奸罪有关的一些新观点，以及国外近年来对强奸罪的修改；另一方面是《刑法修正案（十一）》新增的对负有照护职责的人员性侵罪的认定问题。这一节，先来看看有关普通强奸罪的一些新观点。

关于强奸罪保护法益的新观点

通常认为，强奸罪的保护法益是性行为的自主决定权。不过，近年来，为了扩大强奸罪的处罚范围，国外不少学者提出了一些新观点。例如，日本的井田良教授认为，强奸罪的保护法益是被害人对侵害自己身体的隐秘领域（隐私部位）的性行为的防御权。按照这种观点，只要被害人说了"不可以""停下来"等话，而行为人仍然继续实施性行为的，就构成强奸罪。有学者认为，强奸罪的保护法益是被害人的人格尊严，也有学者认为是被害人的身体不被性利用的自由。比利时的通说认为，强奸罪的保护法益是被害人的身体完整性，但具体是什么内容，似乎只可意会不可言传。

我国司法实践常常将妇女性的羞耻心或名誉作为强奸罪的保护法益，但我并不赞成这种观点。

首先，把性的羞耻心当作强奸罪的保护法益并不合适。比如，卖淫女被强奸时可能并不感到羞耻，但不能否认强奸罪的成立。

其次，认为强奸罪的保护法益是名誉也不合理。虽然强奸罪有可能使被害人的名誉受到贬损，但名誉是由侮辱罪、诽谤罪来保护的，并不是强奸罪保护的内容。或许有人会说，《刑法》把在公共场所当众强奸妇女规定为加重情节，触犯这一点的行为人最高能判处死刑，这就意味着强奸罪保护被害人的名誉。这种理解也是不正确的。这种情况之所以需要提升法定刑，其实是因为性行为非公开化是一项重要原则，而公开化的强奸表明对被害人性行为自主权的侵害更严重。如果只是从保护名誉的角度处罚，就很难解释法定刑为什么会提高到死刑。

我认为，**强奸罪的保护法益依然应当采取性行为自主决定权的表述**。不管妇女因为什么不同意性交，行为人采取暴力、胁迫或者其他手段与之性交的，都成立强奸罪。具体的认定，可以参照上一节的内容。

强奸罪的行为对象和行为主体

在我国，强奸罪的行为对象只能是妇女，直接正犯只能是男性，妇女只能成为强奸罪的教唆犯、帮助犯或者间接正犯、共同正犯。但现在，越来越多的国家和地区不再将强奸罪的行为对象限定为妇女，而是将男性也包括在内。所以，不仅女性可以对男性实施强奸，同性之间也可以实施强奸。当然，这取决于各国刑法怎么规定性交的定义。

与强奸罪主体有关的另一个问题是，丈夫能不能成为强奸妻子的主体。从起源上看，"强奸"这个词是不包括丈夫和妻子之间的性交行为的。宗教上讲的不得奸淫，是指不能和不是自己妻子的人发生性行为。但是，丈夫能成为强奸妻子的主体，这在国外的刑法理论上没有什么争议，因为刑法没有明文将妻子排除在强奸罪的行为对象之外。不过，在各国的司法实践中，也并不像人们想的那样，丈夫在任何时候都能构成对妻子的强奸罪。

根据我国《刑法》第 236 条的规定，丈夫可以成为强奸妻子的行为主体。也就是说，承认婚内强奸成立强奸罪没有法条上的障碍。这主要还是国民观念的问题。在我国，农村和城市居民的观念区别很大，而一部《刑法》不可能在城市和农村区别适用。所以，我倾向于认为，可以按照社会一般观念来判断婚内强奸是否成立强奸罪。这里的一般观念，是指要按照当时当地的一般人的观念来理解。目前，在离婚诉讼期间、为离婚而分居的期间、有第三人在场的期间等明显异常的场合强奸妻子的，认定为强奸罪是可以被一般人接受的。

强奸罪的行为手段

从整个世界范围的刑法来看，强奸罪的行为手段大体有三类。

第一类是我国、日本、韩国最严格的限定，要求行为人使用暴力、胁迫或者强制方法，甚至要达到足以使被害人难以反抗的程度。

第二类是要求更缓和一点的，或者说，强奸手段包括不怎么明显的强制方法。比如，在法国刑法中，"趁机"，即利用被害人在当时缺乏做出同意的判断能力的情形，也是强奸罪的一种行为手段。

像是利用被害人在睡眠状态、药物中毒状态等实施性行为的,都成立强奸罪。

第三类是没有手段限制,只要未经对方同意而实施性行为的,都构成强奸罪。比如,德国刑法中的强奸罪就不要求有暴力、胁迫等强制行为,如果行为人通过实施暴力、胁迫等强制行为与妇女发生性行为,成立加重的强奸罪。

在我国的司法实践中,有不少案件是行为人采取欺骗手段与对方发生性行为,对方也知道是要发生性行为,但是因为受骗才同意的,这类情况也被认定为强奸罪。很多人常说,既然骗钱都是犯罪,为什么骗奸却无罪?从规范上讲,这个问题其实是要判断《刑法》第236条中的“其他手段”是否包含欺骗行为。

第236条对强奸罪行为手段的完整表述是“以暴力、胁迫或者其他手段”。如果不遵循同类解释规则,那确实可以将“其他手段”解释为包含欺骗手段。但是,如果遵循同类解释规则,就只能认为“其他手段”仅限于与“暴力、胁迫”相当或者相类似的强制手段。所以,这个问题其实是要考虑什么样的欺骗行为具有强制性。

在我看来,只有当欺骗行为导致具体的被害人不能自主地做出决定时,它才具有强制性。比如,张三利用迷信与妇女发生性关系,将其认定为强奸罪很容易被人接受。因为妇女在当时确实以为如果不与张三发生性关系,就可能遭受更严重的灾难。在这种情况下,就可以将张三的欺骗评价为利用迷信的强制手段。

不过,有些案件具有特殊性。比如,妇女甲的生活总是不顺,于是找乙算命,乙说:“我得输送点功力给你,这样你以后的生活才会变得顺利。”妇女甲问怎么输送,乙就说要发生性关系。妇女甲就同意了。可是，跟乙发生性关系后，妇女甲仍然生活不顺，于是她再次找到乙，乙说要再送功力，于是两人又发生了性关系。之后，妇女甲还是不顺，再次找乙，乙说："我的功力不够，我帮你介绍功力更深厚的人吧。"于是，乙向甲介绍了丙。案发后，妇女甲反复说自己是愿意的，不要将甲乙的行为认定为强奸罪。可是，法院还是认定甲乙的行为构成强奸罪。

你或许会认为，虽然妇女甲说自己是愿意的，但她其实是因为受到了欺骗，不能自主地做出决定。从这个意义说，甲乙的行为似乎也可以被认定为强奸罪。不过，我不同意这种观点。因为妇女甲是一个精神正常的人，甲乙虽然有欺骗行为，但没有达到强制的程度。即使认为妇女甲因为受欺骗而导致其承诺无效，甲乙的行为本身也不符合强奸罪的行为手段特征。

在有些案件中，行为人并没有利用迷信，也有被司法机关认定为强奸罪的，我觉得不合适。比如，李四在宾馆租了一个房间，谎称是为航空公司招聘空姐，并利用自媒体对外发布招聘消息，于是有许多女性前来应聘。李四告知应聘者符合条件并等待进一步审批后，提出这一行也有潜规则，就是只有与他发生性关系才能被录用。于是，有几位女性与他发生了性关系。事后，法院认定李四的行为成立强奸罪，但在我看来，李四的行为没有任何强制性，难以被认定为强奸罪。

总之，被害人受欺骗后做出的承诺是否有效，与被告人的行为本身是否符合强奸罪的构成要件是两个不同的问题，不能将其混为一谈。如果行为本身不符合强奸罪的构成要件，尤其是不符合强奸的行为手段要求，那么，不管被害人的承诺是否有效，行为人都不可能成立强奸罪。只有当行为符合强奸罪的客观构成要件时，才需要讨论被害人的承诺是否有效。比如，行为人与身患重病、无力反抗的妇女发生性关系，这种情况符合强奸罪的行为手段要件，这时才需要讨论妇女有没有承诺，以及承诺是否有效力。

04 负有照护职责人员性侵罪

15 周岁的少女主动与男教师发生性行为，男教师成立本罪吗？

这一节来介绍一下负有照护职责人员性侵罪的认定与处罚。在进入正题之前，先来看一个问题：15 周岁的少女主动要求与男教师发生性行为，男教师是否成立本罪？

负有照护职责人员性侵罪的保护法益

负有照护职责人员性侵罪是《刑法修正案（十一）》新增加的一项罪名。它是指对已满 14 周岁不满 16 周岁的未成年女性（以下简称"少女"）负有监护、收养、看护、教育、医疗等特殊职责的人员，与该少女发生性关系的行为。增设这个罪名，本质上是为了使少女的身心健康成长不受特殊职责人员对其实施性交行为的妨碍。

儿童的健康成长是刑法所要保护的法益，但刑法不可能规定一个妨害儿童健康成长罪，因为这样的规定没有明确的处罚范围。所以，刑法将一些典型的妨害儿童健康成长的行为类型化为几种犯罪，如奸淫幼女类型的强奸罪、猥亵儿童罪、雇用童工从事危重劳动罪、组织未成年人进行违反治安管理活动罪、引诱未成年人聚众淫乱罪、负有照护职责人员性侵罪，等等。刑法规定这些犯罪都是为了保护儿童的身心健康成长。

有人认为，负有照护职责人员性侵罪的保护法益仍然是少女的性行为自主决定权。我不赞成这一观点。因为如果采取这种观点，那么，少女同意与负有监护、收养、看护、教育、医疗等特殊职责的人发生性关系的，对方的行为就会因没有侵犯少女的性行为自主权而不构成本罪。但事实上并非如此。也就是说，即使少女自愿与负有特殊职责的人发生性关系，对方的行为也成立本罪，这表明少女的同意对负有特殊职责的人是无效的。反之，如果少女同意与其他人发生性关系，其同意则是有效的。比如，少女自愿与男同学发生性关系的，男同学不构成犯罪。

此外，如果负有上述特殊职责的人员使用强制手段与少女发生性关系，则侵害了少女的性行为自主权，应当以强奸罪追究刑事责任。这便表明，**负有照护职责人员性侵罪的保护法益不是少女的性行为自主权，而是少女的身心健康不因负有照护职责人员对其实施的性行为而受到妨碍**。

可能有人会说，其他男性与少女发生性关系的，也妨碍了少女的健康成长。这样说未尝不可。但是，负有监护、收养、看护、教育、医疗等特殊职责的人，原本是保护少女健康成长的人，所以，他们与少女发生性关系的行为对少女健康成长的妨碍更为严重，于是刑法将这种行为规定成了犯罪。

负有照护职责人员性侵罪的行为主体

本罪的行为主体仅限于对少女负有监护、收养、看护、教育、医疗等特殊职责的人。当然，这里的负有特殊职责并不限于法条明文列举的这几种。比如，狱警对被收监的少女也负有看护、教育等特殊职责，也可能成为本罪的行为主体。

但是，一定要注意，不能随意扩大本罪的主体范围（处罚范围）。并不是说只要存在看护、教育、医疗等行为外观，一个人就能成为本罪的行为主体；只有那些对少女的身心健康成长具有实质性的管护、指导等职责的人员，才能成为本罪的行为主体。

那么，什么是实质性的职责呢？我认为应该限定为，只有当依法、依规、依条理对少女的健康成长具有某方面的"职责"，使少女在相关领域对行为人形成比较稳定的依赖关系时，行为人才能成为本罪的主体。比如，一对夫妻要出差三天，因为不放心 15 周岁的女儿独自在家，就请帅气的朋友甲在方便时来家里照看一下女儿。在这期间，女孩自愿与甲发生了性关系。这种情况下，甲的行为就不构成本罪，因为他对女孩没有实质性的看护职责，只是临时性的、日常生活意义上的帮忙，女孩对甲也没有形成依赖关系。

反过来讲，如果少女的生活等较长时间依赖于特定的行为人，那行为人就可以成为本罪的主体。比如本节开头的问题：15 周岁的少女主动要求与男教师发生性行为的，男教师是否成立本罪？如果少女是在课外的临时补习班学习期间，自愿与补习教师发生性关系，那男教师不构成本罪。但如果是中小学教师，由于在法律上对学生负有特殊职责，他便可以成为本罪的主体，其行为构成本罪。

再比如，少女身体不舒服，去过一两次医院后，自愿与医务人员发生了性关系，这时，医务人员的行为也不构成本罪。但是，如果少女患有某种疾病，在较长时间内依赖于特定医务人员的治疗，对医务人员形成了依赖关系，这时她与医务人员发生性关系，医务人员就应当成立本罪。

负有照护职责人员性侵罪的行为对象

关于本罪的行为对象，法条中的表述是已满 14 周岁不满 16 周岁的未成年女性。但是，如果负有特殊职责的人员与不满 14 周岁的幼女发生性关系，但确实误以为对方是已满 14 周岁的少女，比如误以为对方 15 周岁，那是构成本罪，还是无罪？

首先可以确定，行为人不成立奸淫幼女类的强奸罪，因为他确实误以为对方已满 14 周岁，即没有认识到对方是幼女，也就不具有奸淫幼女的主观故意。

那么，行为人是否成立负有照护职责人员性侵罪呢？你可能会认为，本罪的行为对象是已满 14 周岁不满 16 周岁的未成年女性，所以，如果对方实际不满 14 周岁，而行为人误以为对方 15 周岁，就不构成本罪，也就是无罪的。但这种观点是明显错误的。试想一下，如果负有特殊职责的人员明知对方是 15 周岁的少女，没有产生错误认识，且双方自愿发生性关系，那他的行为完全符合本罪的构成要件，应当认定为本罪。如果负有特殊职责的人员与不满 14 周岁的少女自愿发生性关系，反倒不认定为本罪，是不是既不利于对幼女的保护，也不符合逻辑？刑法不会犯这样的错误。

所以，**本罪中的"已满 14 周岁"其实只是一个界限要素，而不是真正的构成要件要素**。换句话说，如果负有特殊职责的人员与不满 14 周岁的幼女发生性行为，但确实误以为对方已满 14 周岁，就不能认定为奸淫幼女类的强奸罪，但应当认定为负有照护职责人员性侵罪。

负有照护职责人员性侵罪的行为内容

本罪的行为内容是，与已满 14 周岁不满 16 周岁的未成年女性发生性关系。要特别强调的是，本罪的成立，不需要行为人积极利用特殊职责与少女发生性关系，更不需要行为人采用暴力、胁迫等强制手段。所以，即使少女同意，甚至是主动要求与行为人发生性关系，也不影响行为人的行为成立本罪。如果负有照护职责的人员使用强制手段与少女发生性关系，则应当直接认定为普通强奸罪。

此外，本罪中的"发生性关系"与普通强奸罪中的是一样的，指实施狭义的性交行为，不包括实施性交之外的猥亵行为。一方面，《刑法》将本罪设置在强奸罪之后、强制猥亵罪之前——强奸罪在第236 条，负有照护职责人员性侵罪在第 236 条之一，强制猥亵罪在237 条——就能说明这一点。另一方面，根据社会的一般观念，发生性关系只包括实施狭义的性交行为。

不过，强制猥亵罪和强奸罪的范围是有关联性的。如果扩大强奸罪的范围，就会缩小强制猥亵罪的范围，从长远来看，这个范围与国民观念有关，并不是一成不变的。比如，如果将强奸限定为狭义的性交行为，那强行进行口交、肛交的行为就属于强制猥亵；如果将强行进行口交、肛交的行为归入强奸罪，那就不能对这种行为以强制猥亵罪论处。

负有照护职责人员性侵罪的责任形式

本罪的责任形式是故意，行为人必须认识到对方是未满 16 周岁的少女。如果行为人确实以为对方已满 16 周岁，就不能认定为本罪。

实施本罪的行为，同时构成强奸罪的，属于想象竞合，应当以处罚更重的强奸罪追究刑事责任。也就是说，只要负有特殊职责的人员利用特殊职责进行要挟达到胁迫的程度，或者利用少女孤立无援的境地，即行为人的行为符合强奸罪的暴力、胁迫或者其他手段的要求时，就应当按强奸罪处罚。

05 强制猥亵罪

出于报复动机脱光妇女衣裤的行为，成立本罪吗？

如果没有学过刑法，你可能会觉得强制猥亵罪这个罪名有点陌生。但即便学过刑法，你也可能对强制猥亵罪的认定感到困惑。比如，什么行为是猥亵，猥亵和强奸又有什么区别？再比如，出于报复动机脱光妇女衣裤的行为，能不能成立强制猥亵罪？本节就来具体分析一下这些问题。

强制猥亵罪的客观方面

根据《刑法》第 237 条的规定，强制猥亵罪指的是以暴力、胁迫或者其他方法强制猥亵他人的行为。

从法条的规定可以看出，强制猥亵罪对行为主体和行为对象都没有限制。一方面，强制猥亵罪的行为主体并不限于男性，妇女不仅可以成为强制猥亵罪的教唆犯和帮助犯，也可以成为直接正犯、间接正犯和共同正犯。另一方面，强制猥亵罪的行为对象也不限于女性，男子强制猥亵男子或者妇女强制猥亵男子，都可以成立本罪。

强制猥亵罪最核心的问题在于对猥亵行为的认定。猥亵指的是针对他人实施的具有性的意义的侵害他人性自主权的行为。具体来说，猥亵行为包括三个要素。

第一，行为必须是针对他人实施的。

现实生活中存在很多种情形，最常见的有以下三种。

情形1：行为人直接对他人实施猥亵行为，或者迫使被害人容忍行为人或第三人对自己实施猥亵行为。比如有一个真实的案例。行为人性格孤僻，四十多年来一直独身生活，对女性有极强的欲望。在寒冬时节的早上6点，他每天都会准时出现在一个丁字路口，身披一件军大衣，里面什么都不穿。等到有早起上学的女学生走过来，他就敞开军大衣，把女学生堵在墙边，强迫女学生看他赤裸的身体。毫无疑问，这就是猥亵行为。

情况2：迫使他人对行为人或第三者实施猥亵行为，或者强迫他人自行实施猥亵行为。比如，张三有怪癖，喜欢强迫邻居家的男生对着女生手淫，这属于强制猥亵行为。再比如，张三强迫16岁的男生当着自己的面手淫，也是强制猥亵行为。

情形3：强迫被害人观看他人的猥亵行为。比如，几个男子强迫被害人一起观看人妖之间的性行为过程，这也属于强制猥亵。

第二，行为必须具有性的意义。

这是指行为人的行为和性相关，而不是单纯地侵害他人的名誉。随着人类社会的发展，在性方面形成了性行为非公开化、非强制性的准则。违反这些准则的行为，比如抓摸女性乳房、用生殖器接触他人身体等，就是广义上的猥亵行为。

第三，行为必须侵害他人的性自主权。

这是指猥亵行为违反了他人的意志，使他人广义的性自主决定权受到了侵害。比如，上司利用女下属的恐惧、羞耻心理，违背其意愿，在办公室抓摸其乳房、用生殖器接触其身体，都是侵害女下属性自主权的行为。

以上是猥亵行为的内容，此外，还有几个需要特别注意的问题。

问题 1：强制猥亵行为要求公然进行吗？答案是否定的。也就是说，强制猥亵行为不以公然实施为前提，即使是在非公开的场所，只有行为人和被害人在场，没有也不可能有第三者在场，行为人强制实施猥亵行为的，也成立本罪。比如，大强把二妮关在自己房间里，扒光二妮的衣服，抓摸二妮的乳房和性器官，也是强制猥亵行为。

问题 2：偷拍他人裸照、偷看他人裸体的行为，能构成强制猥亵罪吗？答案是不能。因为成立本罪要求猥亵行为具有强制性，即行为人必须以暴力、胁迫或者其他使他人不能反抗、不敢反抗、不知反抗的方法，强制猥亵他人，而偷拍他人裸照、偷看他人裸体不具有这样的强制性。

值得注意的是，在不少案件中，暴力本身也可能是猥亵行为，某些猥亵行为本身也是暴力行为。比如，行为人强行将手指插入妇女阴道，这种暴力行为本身就是猥亵行为。再比如，行为人趁妇女不注意，突然触摸妇女阴部，或者在妇女难以脱身的场所直接强行用生殖器顶擦妇女臀部，又或者趁他人不注意强行剥光他人内裤、强行肛交等行为，都既是暴力行为，也是猥亵行为。那这些情况，都应当认定为强制猥亵罪既遂。

问题 3：以网络为媒介实施的行为，能构成强制猥亵罪吗？比如，甲男在网上认识了乙女后，以威胁的方法强制乙女自拍裸照发给自己，这种情况构成强制猥亵吗？我认为不构成。因为乙女自拍裸照时没有任何其他人在场，甲男也只是强制乙女把裸照发给他一个人，这样其实很难认定为强制猥亵罪。但如果 A 男强迫 B 女在网上与自己裸聊，我认为就构成强制猥亵罪了。因为在这种情况下，虽然两人都没有出现在现实空间，但他们是可以看到彼此的。

强制猥亵罪的主观方面

要成立强制猥亵罪，除了要具备以上客观要件，行为人还必须具备强制猥亵的故意，即明知自己的猥亵行为侵犯了他人的性自主权，但仍然强行实施这个行为。

但问题是，强制猥亵罪的责任要素除了故意，是否还要求行为人有出于性刺激或性满足的内心倾向呢？这就回到了本节标题中的问题——出于报复动机脱光妇女衣裤的行为，成立强制猥亵罪吗？

如果认为强制猥亵罪的成立不要求行为人主观上有出于性刺激、性满足的内心倾向，那么即使行为人出于报复的内心倾向，也不影响强制猥亵罪的成立；如果认为强制猥亵罪的成立要求行为人主观上必须有出于性刺激、性满足的内心倾向，那么报复的内心倾向就不符合主观要件的要求，因此行为人不成立强制猥亵罪。

传统的刑法观点认为，强制猥亵罪的成立需要行为人主观上具有刺激或满足性欲的内心倾向。但与传统观点不同，我认为强制猥亵罪的成立并不需要这种内心倾向，因为即使是没有这种倾向的猥亵行为，也严重侵犯了他人的性自主权。所以，出于报复动机脱光妇女衣裤的行为，也应当成立强制猥亵罪。

强制猥亵罪和普通强奸罪的关系

有人可能会认为，既然《刑法》规定了强奸罪，那猥亵行为就只能是性交以外的行为了。其实并非如此，这样限制会人为地缩小强制猥亵罪的构成要件和处罚范围。虽然强行与妇女或幼女性交的行为成立强奸罪，但这并不意味着性交行为不是猥亵行为。之所以这么说，主要有以下几个原因。

首先，即使对猥亵概念不做规范性解释，而是按照汉语词义将其理解为淫乱、下流的语言或动作，那不正当的性交也是最淫乱、最下流的行为。从本质上讲，强制猥亵罪和普通强奸罪都是侵犯他人性自主权的犯罪，二者不是对立关系，而是普通法条和特别法条的关系。也就是说，强奸行为是强制猥亵行为的一种，但因为《刑法》特别规定了强奸罪，所以对强奸行为一般不再认定为强制猥亵罪。

其次，在《刑法》没有对其他不正当性交行为做出特别规定的情况下，这些行为当然应当包括在猥亵的概念之中。比如，妇女强行和男子性交的，成立强制猥亵罪。如果认为性交和猥亵是对立的，那这种行为就既不是猥亵行为，也不符合强奸罪的构成要件，因为强奸罪的对象必须是女性，最后就只能认定行为人无罪，而这显然不妥当。

最后，从实践上看，如果一概认为猥亵行为必须是性交以外的行为，那么妇女对幼男实施性交以外的猥亵行为构成猥亵儿童罪，和幼男性交的反而不构成犯罪，这显然会导致处罚的不协调。所以，不应当把性交行为排除在猥亵行为之外。

答学友问

学友： 如果行为人出于报复或虐待动机实施了猥亵行为，虽然同样侵害了被害人的法益，但不一定构成强制猥亵罪，应该可以定侮辱妇女罪吧？对于不能认定具有猥亵倾向的，不是可以按照侮辱妇女罪定罪处罚吗？主观上分辨是否具有刺激或满足性欲的内心倾向，不正是区分猥亵行为和侮辱行为的依据吗？

张明楷： 这个问题涉及猥亵行为和侮辱行为的关系。《刑法》第237条第1款明文并列规定了猥亵行为和侮辱行为，并将侮辱的对象限定为妇女，似乎意味着猥亵和侮辱是两种不同的行为。但其实不能这样理解。《刑法》第237条规定的是一个犯罪，猥亵行为和侮辱行为必然是等值的，不可能有明显的差异。既然如此，就不可能要求其中一种行为必须具有某种内心倾向，而另一种行为不需要具有。

我认为，侮辱行为并不是独立于猥亵行为的一种行为，两者并非对立关系，因为猥亵行为包括侵害他人性自主权的一切行为，而侮辱行为不可能超出这个范围。既然如此，就不应该也没必要以内心倾向去区分猥亵行为和侮辱行为。

事实上，刑法理论中所举的侮辱妇女的例子都是有疑问的。比如，通说认为，"本款规定的'侮辱妇女'，主要指对妇女实施猥亵行为以外的，损害妇女人格尊严的淫秽下流、伤风败俗的行为。比如，以多次偷剪妇女的发辫、衣服，向妇女身上泼洒腐蚀物、涂抹污物，故意向妇女显露生殖器，追逐、堵截妇女等手段侮辱妇女的行为"。但我不同意这样的说法。

首先，"多次偷剪妇女的发辫、衣服，向妇女身上泼洒腐蚀物、涂抹污物"的，没有侵害妇女的性自主权，不可能与强制猥亵行为相提并论，只能认定为《刑法》第246条规定的侮辱罪。但是，如果这些行为导致妇女性器官裸露，则成立强制猥亵罪，如果同时触犯侮辱罪，则是两者的想象竞合。

其次，"故意向妇女显露生殖器"的，行为人没有使用暴力、胁迫等强制方法强迫妇女观看，只是公然实施猥亵行为，并不构成强制猥亵罪和侮辱罪，也不构成其他犯罪。但是，如果行为人采用强制手段逼迫妇女观看自己的生殖器，则属于强制猥亵行为。

最后，"追逐、拦截妇女"的，属于《刑法》第293条规定的寻衅滋事行为，对于追逐、拦截妇女，情节恶劣的，应当认定为寻衅滋事罪。如果把这种行为认定为侮辱妇女，就意味着第293条规定的追逐、拦截对象仅限于男性，而这显然不合适。而且，《刑法》第237条第2款规定，"在公共场所当众"侮辱妇女的，要"处五年以上有期徒刑"。如果根据通说的观点，只要在公众场所当众追逐、拦截妇女，就必须适用这条的法定刑，那显然处罚太重，不符合罪刑均衡原则。所以，我认为追逐、拦截并非侮辱妇女的行为。

总结一下，刑法理论通说所归纳的"侮辱妇女"行为，要么属于侮辱行为、寻衅滋事行为，要么属于强制猥亵行为，要么不构成犯罪。因此，我认为司法机关应当淡化"侮辱妇女"的概念，凡是属于强制猥亵行为的，都认定为强制猥亵罪；不属于强制猥亵行为的，分别按其他犯罪处理或者不以犯罪论处。

06 非法拘禁罪

把熟睡的人锁在房间，等他醒来前开锁，构成本罪吗？

对于非法拘禁，很多人都不陌生，它是指故意非法拘禁他人，或者以其他方法非法剥夺他人人身自由的行为。比如，行为人为了讨债把被害人锁在房间三四天。但是，如果被害人不知道自己被剥夺了自由，行为人还能成立非法拘禁罪吗？比如，张三晚上把熟睡的李四锁在房间里，又赶在第二天李四醒来之前打开了门锁，张三的行为能构成非法拘禁罪吗？本节就来具体分析一下有关非法拘禁罪的问题。

非法拘禁罪保护的法益

非法拘禁罪保护的法益是人的身体活动自由。但关于身体活动自由，理论上存在不同的观点。

一种观点是可能的自由说，认为非法拘禁罪保护的法益是只要想活动身体就可以活动的自由。另一种观点是现实的自由说，认为非法拘禁罪保护的法益是在被害人打算现实地活动身体时就可以活动的自由。虽然这两种学说在大多数案件中不会有分歧，但在某些情况下会得出不同的结论。

比如前面张三锁住李四的案例，根据可能的自由说，非法拘禁罪的成立不要求被害人具有现实的、具体的行动意思或者能力，只要具有这种可能性就行。在这个案例中，李四任何时候都有醒来的可能性，因此张三的行为侵害了李四可能的自由，应当成立非法拘禁罪。

根据现实的自由说，非法拘禁罪的对象只能是有现实的、具体的行动意思或能力的自然人，而一时丧失这种意思或能力的人，只有在恢复了这种意思或能力后才能成为非法拘禁罪的对象，所以张三的行为不构成非法拘禁罪。

相对而言，我认为现实的自由说更合理，也就是说，非法拘禁罪保护的法益是在被害人打算现实地活动身体时就可以活动的自由。这是因为非法拘禁罪不是危险犯，而是实害犯，即只有对法益造成了实际损害，才能成立该罪。

在这个案例中，张三的行为只有侵害李四身体活动自由的可能性，而没有现实地侵害李四的身体活动自由。即便李四知道门被反锁，但如果李四本来就不想离开房间，就没有必要认为张三的行为是非法拘禁。相反，如果李四打算晚上离开房间，却因为房门被锁住而不能离开，那张三的行为就现实地侵害了李四的身体活动自由，成立非法拘禁罪。

非法拘禁罪的客观要件

在现实的案例中，剥夺人身自由的方法是多种多样的。总的来说，非法剥夺人身自由的行为包括两类：一类是直接拘束他人身体，剥夺他人身体活动自由，比如捆绑他人四肢、用手铐拘束他人双手；另一类是间接拘束他人身体，剥夺他人身体的场所移动自由，比如把他人监禁在一定场所，使其不能或明显难以离开、逃出。

剥夺人身自由的方法可以是有形的，也可以是无形的。比如，趁妇女洗澡时把她的衣服拿走，使其因为羞耻心而无法走出浴室，就是无形的方法。

无论是以暴力、胁迫的方式拘禁他人，还是利用他人的恐惧心理使其丧失行动自由，都可能成立非法拘禁罪。比如，行为人使被害人进入货车车厢，之后在高速公路上持续高速行驶，使被害人不敢轻易跳下车，这种行为毫无疑问是非法拘禁。

此外，使用欺骗方法使被害人误以为客观上不能转移场所，但实际上可以转移的，也可能成立非法拘禁罪。比如，被害人进入电梯后，行为人关闭电源，谎称电梯停电，被害人想离开而无法离开，也属于非法拘禁。但是，如果欺骗行为使被害人不愿意离开某场所，则不成立非法拘禁罪。比如，甲跟乙说："你就待在这个房间，等丙来了再离开。"但实际上，丙并不会来。在这种情况下，乙可以随时离开却一直在房间等，那乙就是自愿放弃了行动的自由，即便甲欺骗了乙，也不影响承诺的效力，所以甲不成立非法拘禁罪。

当然，剥夺人身自由的行为必须具有非法性，且不具备违法阻却事由。比如，司法机关依法对有犯罪事实和重大嫌疑的人采取拘留、逮捕等限制人身自由的强制措施，就阻却违法性。但是，如果司法机关已经发现不应该拘捕被害人，却故意不予释放的，则构成非法拘禁罪。

那么，是不是只要限制了他人的自由，就一定成立非法拘禁罪呢？并不是。非法拘禁情节显著轻微的，就不应当认定为非法拘禁罪。

司法解释规定了非法拘禁罪的立案标准，包括：

• 非法剥夺他人人身自由达到一定时间的；

• 非法拘禁 3 人次以上的；

- 非法剥夺他人人身自由，并使用械具或者捆绑等恶劣手段，或者实施殴打、侮辱、虐待行为的；
- 非法拘禁，造成被拘禁人轻伤、重伤、死亡的；
- 非法拘禁，情节严重，导致被拘禁人自杀、自残造成重伤、死亡，或者精神失常的；
- 司法工作人员对明知是没有违法犯罪事实的人而非法拘禁的。

以上情形，公安机关都应当立案并将其作为刑事案件进行侦查。

非法拘禁的对象没有限制，但成立非法拘禁罪，要求被害人认识到自己被剥夺自由的事实。需要注意的是，这里只要求被害人感受到自己的自由被限制了，不需要被害人认识到是谁限制了自己的自由。比如，民航机长载乘客从甲地飞往乙地上空，谎称乙地不能降落而又返回甲地。乘客虽然没有认识到机长对自己实施了非法拘禁行为，但只要认识到自己的自由被剥夺了，机长的行为就成立非法拘禁罪。

非法拘禁罪的主观要素

非法拘禁罪只能由故意构成，过失不成立本罪。比如，以为房间没有人而锁门，导致房间里的人不能出去的，不成立本罪。但是，如果因过失行为拘禁他人后，行为人知道了真相，就有义务释放他人，如果不释放的，则成立不作为的非法拘禁罪。

非法拘禁罪如何处罚

关于非法拘禁罪的处罚，一定要注意区分"非法拘禁致人重伤、死亡"和"非法拘禁他人，使用暴力致人伤残、死亡"这两种情形。

第一，非法拘禁致人重伤、死亡，这是非法拘禁罪的结果加重犯。也就是说，罪名还是非法拘禁罪，但法定刑有所提高。

这种情况是指非法拘禁行为本身致被害人重伤、死亡，而且重伤、死亡结果与非法拘禁行为之间具有直接的因果关系，也就是直接性要件。所谓直接性要件，就是要求重伤、死亡结果必须是非法拘禁行为本身造成的。换句话说，只有当非法拘禁行为本身具有致人重伤、死亡的危险，且这种危险已经现实化时，才能认定为非法拘禁致人重伤、死亡。

比如，捆绑他人四肢导致其长时间血液不循环而死亡的，就是非法拘禁致人死亡。再比如，行为人把被害人反锁在房间内，没有实施其他伤害行为，但被害人自伤、自杀造成伤残、死亡结果，或者被害人想从窗户逃走却不小心摔死的，就缺乏直接性要件，不能将行为人认定为非法拘禁罪的结果加重犯。

第二，非法拘禁他人，使用暴力致人伤残、死亡的，应分别以故意伤害罪、故意杀人罪论处。

这是《刑法》的明文规定，性质上属于法律拟制，而不是注意规定。关于这两个概念的具体内容，下一节会专门分析，这里只需要记住，只要实施非法拘禁的行为人使用暴力致被害人死亡，即使行为人没有杀人的故意，也应认定为故意杀人罪。

答学友问

学友：前面讲到，行为人把被害人反锁在房间内，如果没有实施其他伤害行为，被害人自伤、自杀造成伤残、死亡结果的，或者被害人想从窗户逃走却不小心摔死的，就缺乏直接性要件，不能认定为非法拘禁罪的结果加重犯，那这种行为成立什么罪呢？

张明楷：结果加重犯中直接的因果关系的成立标准，要高于基本犯罪中行为与结果之间因果关系的成立标准。前面讲因果关系时讲过，基本犯罪中，因果关系的判断分为两步，第一步是因果关系的事实判断，第二步是结果归属的规范判断。而结果加重犯的成立，不仅要求加重结果与基本犯罪行为之间具有因果关系与结果归属，还要求加重结果是基本行为的高度危险的直接现实化。

这个问题其实是想问：加重结果发生了，但不是基本行为的高度危险的直接现实化，所以不是结果加重犯；那有没有可能加重结果与基本犯罪行为之间满足因果关系与结果归属的要求，从而成立其他基本犯罪呢？我认为是有可能的。也就是说，虽然不成立结果加重犯，但如果所发生的结果能满足基本犯罪的因果关系和结果归属要求，还是有可能成立其他基本犯罪的。

回到题目中的例子。先看因果关系的事实判断。行为人把被害人反锁在房间里的行为与被害人死亡或伤残之间介入了被害人自己的行为，即自杀、自伤或者跳窗的行为。在发生介入行为时，要判断行为人的实行行为导致结果发生的危险性大小，介入因素的异常性大小，介入因素对结果发生的作用大小，以及介入行为是否在行为人的管辖范围内。

在这个案例中，行为人只是把被害人关起来，没有实施伤害行为，所以行为人的实行行为对被害人的危险性很小；被害人在没有遭到人身安全威胁的情况下自杀、自伤或跳窗，这个介入行为比较异常，而且对结果发生的作用大于行为人的行为；被害人的自杀、自伤或跳窗行为也不在行为人的管辖范围内。既然如此，被害人的死亡、伤残结果和行为人的行为之间就没有事实上的因果关系，也就不需要再进行客观归属上的判断了。

基于以上分析，我认为这个案例中行为人的行为也不满足基本犯罪的因果关系要求，所以只能将其认定为非法拘禁罪的基本犯。

07 法律拟制和注意规定

非法拘禁使用暴力致人死亡的，要怎么处理？

说到法律拟制和注意规定，你可能会觉得比较陌生。而由于二者在表述上有相似之处，但内容上又存在本质区别，所以如何对其进行正确区分一直是刑法理论中的重要内容。下面就来具体看一下二者的区别。

什么是法律拟制

法律拟制是一种特别规定，其特别之处在于，即使某种行为原本不符合某个罪的构成要件，但在《刑法》明文规定的特殊条件下，也应该按这个罪名论处。一定要注意，特殊条件是有《刑法》的明文规定。

比如，《刑法》第 267 条第 2 款规定，携带凶器抢夺的，依照抢劫罪的规定定罪处罚。如果没有这一款规定，对于单纯携带凶器抢夺的行为，就只能认定为抢夺罪，而不能认定为抢劫罪。而有了这个规定，携带凶器抢夺的行为就可以认定为抢劫罪了。这就是法律拟制。

再比如，《刑法》第 269 条规定的事后抢劫，以及第 238 条第 2 款规定的非法拘禁他人，使用暴力致人伤残、死亡的，分别以故意伤害罪、故意杀人罪论处，也是法律拟制。

那《刑法》为什么要设置法律拟制呢？我认为至少有以下两个

理由：第一，形式上或外在的理由是，基于法律经济性的考虑，避免重复；第二，实质上或内在的理由是，两种行为对法益侵害具有相同性或相似性，这也是最根本的理由。比如，《刑法》第 267 条第 2 款这个法律拟制的设立，一方面是为了避免重复规定抢劫罪的法定刑；另一方面是因为携带凶器抢夺的行为和抢劫的行为，在法益侵害上具有相同性或相似性。

也正是由于这两个原因，立法者绝不可以不加限制地设立法律拟制的规定。比如，立法者不可以把非法侵入住宅的行为拟制为盗窃罪，也不可以把非法搜查的行为拟制为抢劫罪，因为它们对法益的侵害程度存在重大差异。

什么是注意规定

注意规定是指在《刑法》已经做出过基本规定的前提下，提示司法人员注意，以免司法人员忽略的法律规定。注意规定的设置并不改变基本规定的内容，只是对基本规定内容的重申。

比如，《刑法》第 271 条第 1 款先规定了职务侵占罪，接着第 2 款规定："国有公司、企业或者其他国有单位中从事公务的人员和国有公司、企业或者其他国有单位委派到非国有公司、企业以及其他单位从事公务的人员有前款行为的，依照本法第 382 条、第 383 条的规定定罪处罚。"在这里，第 382 条和第 383 条规定的贪污罪就是基本规定，而第 271 条第 2 款的规定就是注意规定。

即使不设置注意规定，也存在相应的法律适用根据，即存在基本规定。设置注意规定的目的在于引起司法人员的注意，即使没有这个注意规定，也应当依照基本规定来定罪处罚。正是因为这一点，注意规定不会把原本不符合基本规定的行为按照基本规定论处。

比如《刑法》第 271 条第 2 款的规定，只有当国家工作人员的行为完全符合第 382 条和第 383 条规定的贪污罪的犯罪构成时，才能对其以贪污罪论处。

如何区分法律拟制和注意规定

法律拟制和注意规定在表述的形式上有些类似，要对两者进行区分，必须全面考虑以下几点。

第一，是否存在设置注意规定的必要？

如果有必要做出注意规定，那它可能是注意规定；如果根本没有必要做出注意规定，那它就可能是法律拟制。

比如，《刑法》第 198 条第 4 款规定："保险事故的鉴定人、证明人、财产评估人故意提供虚假的证明文件，为他人诈骗提供条件的，以保险诈骗的共犯论处。"这款规定的行为其实原本就符合保险诈骗罪的共同犯罪，但立法者为了防止司法工作人员把这种行为认定为提供虚假证明文件罪，所以设立了注意规定，以此来提醒司法工作人员，要把这种行为认定为保险诈骗罪的共犯。

第二，是否存在设置法律拟制的理由？

如果存在设置法律拟制的理由，那它就应该是法律拟制；如果不存在设置法律拟制的理由，那它就应该是注意规定。

比如，《刑法》第 236 条规定了强奸罪，第 259 条第 2 款规定："利用职权、从属关系，以胁迫手段奸淫现役军人的妻子的，依照本法第 236 条的规定定罪处罚。"如果说这属于法律拟制，那么只要是利用职权、从属关系奸淫现役军人妻子的，即使不符合强奸罪的犯罪构成，也应以强奸罪论处。这显然不合理，因为这种行为和强奸罪对法益的侵害程度并不相当。所以，这条规定属于注意规定，而不是法律拟制。

第三，某条款的内容和基本条款的内容是否相同？

如果相同，原则上应该是注意规定；如果不相同，则可能是法律拟制。

比如，《刑法》第 271 条规定了职务侵占罪，第 183 条第 1 款规定："保险公司的工作人员利用职务上的便利，故意编造未曾发生的保险事故进行虚假理赔，骗取保险金归自己所有的，依照本法第 271 条的规定定罪处罚。"如果说职务侵占包括利用职务上的便利骗取财物，那这款规定的行为内容和第 271 条规定的职务侵占罪的行为内容就是相同的，所以应当认为这是一个注意规定。如果说职务侵占不包括利用职务上的便利骗取财物，那这款规定的行为内容和职务侵占罪的行为内容就是不同的，所以应当认为这是一个法律拟制。

再比如，《刑法》第 269 条规定的事后抢劫："犯盗窃、诈骗、抢夺罪，为窝藏赃物、抗拒抓捕或者毁灭罪证而当场使用暴力或者以暴力相威胁的，依照本法第 263 条的规定定罪处罚。"这条规定的行为内容和《刑法》第 263 条规定的抢劫罪的行为内容存在区别，但《刑法》仍然明文规定这样的行为可以按抢劫罪的规定定罪处罚，所以这属于法律拟制，而不是注意规定。

到这里，本节标题中的问题就应该很清楚了。非法拘禁使用暴力致人死亡的，之所以要认定为故意杀人罪，是因为《刑法》特别规定了这样的法律拟制，从本质上来说，是因为这种行为和故意杀人行为对法益的侵害具有相同性或相似性。由于这个规定是法律拟制，所以，只要实施非法拘禁的行为人使用暴力致人死亡，即使行为人没有杀人的故意，也必须认定为故意杀人罪。当然，根据责任主义的原理，行为人还要对死亡具有预见可能性，也就是存在过失。

但是，如果行为人在非法拘禁过程中产生杀人的故意并实施杀人行为，就应当以非法拘禁罪和故意杀人罪实行数罪并罚，不可以再引用《刑法》第 238 条第 2 款关于法律拟制的规定。关于这一点，可以这样来理解。

假设行为人在非法拘禁期间强奸了被害人，由于非法拘禁罪是持续犯，当拘禁行为成立犯罪时就已既遂，因而在非法拘禁既遂并持续期间实施强奸行为，就侵犯了被害人的另一法益，理当将其认定为独立的新罪。所以，应该认定行为人成立非法拘禁罪与强奸罪，实行数罪并罚。同理，在非法拘禁期间故意杀害被害人的，也不能只认定为故意杀人罪一个罪，更何况杀人行为在违法程度上还要重于强奸行为。所以，非法拘禁期间，以杀人的故意杀害被害人的，就更应当数罪并罚了。

08 绑架罪

绑架人质但未实施勒索的，成立绑架既遂吗？

提起绑架罪，你一定不陌生。根据《刑法》第239条的规定，绑架罪是指利用被绑架人的近亲属或其他人对被绑架人安危的忧虑，以勒索财物或满足其他不法要求为目的，使用暴力、胁迫或麻醉方法劫持或者以实力控制他人的行为。

但是，如果行为人绑架了张三的儿子，本来想勒索张三的钱财，可还没来得及实施勒索行为就被警察抓获了。这时，行为人是成立绑架罪既遂，还是绑架罪未遂呢？要对这个问题做出正确的回答，就必须了解绑架罪所保护的法益及其客观构成要件。

绑架罪保护的法益

确定了绑架罪所保护的法益，就意味着确定了绑架罪的处罚范围，就可以解决有关绑架罪的各种特殊问题。比如，婴儿能不能成为绑架的对象？亲生父母能不能成为绑架儿童的行为主体？

有人可能会认为，绑架罪所保护的法益就是人身自由。的确，人身自由确实是绑架罪保护的法益，但必须把人身自由的内容具体化。我认为，**绑架罪保护的具体法益是被绑架人在本来的生活状态下的行动自由和身体安全**。

比如，绑架婴儿的行为虽然没有侵犯婴儿的行动自由，却使婴儿脱离了本来的生活状态，侵害了婴儿的身体安全，所以能够成立绑架罪；父母绑架未成年子女并将其作为人质的行为，也侵害了子女在本来的生活状态下的身体安全和行动自由，所以也能成立绑架罪；绑架行为没有使他人离开原本的生活场所，但行为人以实力控制了他人，使他人丧失行动自由或者危害他人身体安全的，也可以成立绑架罪。

再比如，征得被绑架者本人的同意却违反监护人意志，使被绑架者脱离监护人监护的，如果本人的同意是有效的，那么行为人的行为不成立绑架罪；如果本人的同意是无效的，那么行为人的行为成立绑架罪。需要注意的是，绑架严重精神病患者的，即便征得了被绑架人的同意，但由于精神病患者无法理解绑架的意义，其同意在刑法上也是无效的，行为人依然成立绑架罪。

绑架罪的客观要素

有人可能会认为，成立绑架罪，必须是把被害人绑了，藏到某个地方，再勒索财物，电视里都是这么演的。但实际上并没有这样的要求，也不应该有这样的要求。

《刑法》规定的绑架罪的构成要件内容是，使用暴力、胁迫或者麻醉方法劫持或者以实力控制他人。也就是说，绑架的成立并不要求使被害人离开原来的生活场所。在现实生活中，绑架的形态是多种多样的，所以我们必须先认识清楚绑架的实质，然后才能判断各种形态是否属于绑架。

绑架的实质是实力支配，即行为人使被害人处于行为人或第三者的实力支配之下。所以，即使被害人没有离开原本的生活场所，但只要行为人使被害人丧失行动自由和身体安全，就能够成立绑架罪。

俄罗斯曾发生过一起震惊世界的绑架人质案件。2002年10月的一天，40多名车臣绑匪闯入莫斯科轴承厂文化宫大楼剧院，把在那儿看音乐剧的700多名观众、100多名演员和文化宫的工作人员扣为人质。绑匪头目要求俄罗斯政府在一周之内撤出车臣共和国，否则他就要引爆莫斯科轴承厂文化宫大楼。在这个案件中，犯罪分子并没有在劫持人质之后把人质送到某个地方藏起来，而是直接将其控制在文化宫，这也是典型的绑架的行为方式。

绑架行为必须具有强制性，即行为人必须使用暴力、胁迫或麻醉方法控制他人。其中，暴力并不要求一定是拳打脚踢，只要是以违法的方式来行使有形力就行。因此，如果行为人采取偷盗、运送等方法，使缺乏或丧失行动能力的被害人处于行为人或第三者的实力支配之下，也可能成立绑架罪。比如，以勒索赎金为目的偷盗婴幼儿的，也成立绑架罪。

前面讲过，绑架罪是短缩的二行为犯。所谓短缩的二行为犯，就是说"完整"的犯罪行为原本由两个行为组成，但刑法规定，只要行为人以实施第二个行为为目的实施了第一个行为，就以犯罪既遂论处，不要求行为人客观上一定要实施第二个行为。

在绑架罪中，只要行为人以勒索财物或满足其他不法要求为目的，通过暴力、胁迫或麻醉等方法实施了劫持或者以实力控制他人的行为，绑架罪就已既遂，不要求行为人真的实施了勒索财物或满足其他不法要求的行为。

当然，如果行为人不以实施第二个行为为目的，即使客观上实施了第一个行为，也不成立本罪，但有可能成立其他犯罪。比如，行为人通过暴力、胁迫或麻醉的方法劫持或以实力控制了他人，但主观上没有勒索财物或满足其他不法要求的目的，那他就不可能成立绑架罪，只可能成立非法拘禁罪等。

那么，在短缩的二行为犯中，为什么行为人实施了第一个行为就要以既遂论处呢？这要从法益保护的角度来考虑。以绑架罪为例，绑架罪保护的法益是人的行动自由和人身安全，它是一个侵犯人身权利的犯罪，而不是侵犯财产权利的犯罪。所以，绑架罪的既遂结果是使他人的行动自由、身体安全受到侵害，而不是第三者遭受财产损失或者其他损失。也就是说，只要发生了侵害人身自由和安全的结果，即使行为人没有提出勒索财物或其他不法要求，或者提出了这些要求但没有实现，也成立绑架既遂。这也就回答了本节开篇的问题，绑架人质但没有实施勒索行为的，依然成立绑架罪既遂。

到这里，又产生了一个问题：如果绑架他人后勒索了数额较大的财物，该怎么处理呢？是将其评价为绑架罪，还是要另外评价为其他的犯罪，比如敲诈勒索罪？

虽然绑架之后勒索财物的行为符合敲诈勒索罪的犯罪构成，但通常可以把绑架行为和勒索财物的行为评价为牵连犯，适用从一重罪处罚的原则，也就是按绑架罪论处，不必实行数罪并罚。

但是，如果绑架后向第三者索取财物的行为超出了勒索的程度，也存在另外成立抢劫罪的可能性，就应当数罪并罚了。比如，张三绑架了二妮的孩子，之后前往二妮的住宅以杀害孩子相威胁，要求二妮交付财物。在这种情况下，就应当将张三的行为分别认定为绑架罪和抢劫罪，数罪并罚。

绑架罪的主观要素

绑架罪的主观要素包括以下三个方面的内容。

第一，具有故意。这是指行为人对侵害他人行动自由与身体安全的结果，具有希望或者放任态度。

第二，具有利用被绑架人的近亲属或者其他人（包括单位乃至国家）对被绑架人安危的忧虑的意思。这是主观的超过要素，只要行为人具有这种意思，即使客观上没有通告被绑架人的近亲属或者其他人，或者虽然通告他人但他人并没有产生忧虑，也不影响本罪的成立。

第三，具有勒索财物或满足其他不法要求的目的。其中的"财物"包括财产性利益，"不法"不限于刑法上的不法。以勒索赎金为目的偷盗婴幼儿的，应当以本罪论处。同样，为了将婴儿作为人质以实现其他不法目的，进而偷盗婴幼儿的，也成立本罪。第一项内容也是主观的超过要素，不需要客观化。

绑架罪与非法拘禁罪、抢劫罪的关系

首先，绑架罪和非法拘禁罪不是对立关系。虽然不能把非法拘禁评价为绑架，但却可以把绑架评价为非法拘禁。

比如，15 周岁的张三使用暴力方法绑架了李四，由于李四在被绑架后不断反抗，张三就对李四使用了暴力，并最终导致李四死亡。前面讲过，已满 14 周岁不满 16 周岁的人只需要对《刑法》明文规定的八种犯罪负责，所以 15 周岁的张三虽然实施了绑架行为，却不能以绑架罪论处。而张三又没有杀人的故意，也没有伤害的故意，按理来说就不能成立故意杀人罪或故意伤害罪。

在这种情况下，如果认为绑架罪和非法拘禁罪是对立关系，就只能对张三宣告无罪，而这显然不妥当。实际上，绑架完全可以被评价为非法拘禁。根据《刑法》第 238 条的规定，非法拘禁使用暴力致人死亡的，要以故意杀人罪论处；同时，《刑法》明文规定的已满 14 周岁不满 16 周岁的人需要负责的八种犯罪中包括故意杀人罪，所以应该对张三以故意杀人罪论处。

其次，绑架罪和抢劫罪也不是对立关系。一个行为完全有可能同时触犯绑架罪和抢劫罪。

比如，二妮牵着孩子走在回家的路上，张三突然冲过来抱起孩子，把刀架在孩子的脖子上，威胁二妮交付财物。在这种情况下，张三的行为同时触犯了绑架罪和抢劫罪，但因为只有一个行为，所以应当将其认定为想象竞合，从一重罪处罚。

答学友问

学友：文中举例说，张三绑架二妮的孩子后，到二妮的住宅以杀死孩子相威胁，要求二妮交付财物的，应当分别认定为绑架罪和抢劫罪，数罪并罚。但如果数个行为有牵连关系，一般不是择一重罪处罚吗？这个例子和牵连犯有什么本质区别呢？

张明楷：牵连犯是总论中罪数这一部分的内容。罪数是指一个人所犯的罪的数量，区分罪数就是区分一罪和数罪。

正确区分罪数有利于准确定罪。比如，行为人以抢劫的故意持刀杀死被害人后，立即取走被害人的财物。如果将其认定为一罪，就是抢劫罪；如果将其认定为数罪，就可能是故意杀人罪和侵占罪（或盗窃罪）。

正确区分罪数还有利于正确量刑。根据罪刑关系的基本原理，对一罪只能科处一个刑罚，对数罪则大多要数罪并罚。但是，也存在对数罪只科处一个刑罚的情况，比如想象竞合和牵连犯的从一重罪处罚，理论上把这种情形称为"科刑的一罪"。

我国《刑法》并没有规定牵连犯，但刑法理论和司法实践普遍接受了这个概念。刑法理论上的牵连犯，是指以实施某一犯罪为目的，其手段行为或结果行为又触犯了其他罪名的犯罪形态。牵连犯事实上侵害了数个法益、成立数罪，除了《刑法》明文规定要数罪并罚的情形，都是要从一重罪处罚。

牵连犯必须同时满足两个特征：第一，行为人为了实施一个犯罪，但其手段行为或结果行为又触犯了其他罪名；第二，数个行为之间存在手段行为和目的行为、原因行为和结果行为的牵连关系。比如在提问的这个案例中，张三绑架孩子企图获取财物是目的行为，张三到被绑架人亲属的住处以杀害孩子相威胁则是手段行为。

在牵连犯的理论中，最关键的是如何判断手段行为与目的行为或原因行为与结果行为之间具有牵连关系。一般来说，根据犯罪行为的性质，行为人所采取的手段通常是该犯罪所采取的手段时，或者结果属于该犯罪必然所产生的结果时，就具有牵连关系。比如，行为人通过非法侵入他人住宅的方式盗窃财物，侵入他人住宅这个手段行为与盗窃这个目的行为就具有牵连关系，所以要将行为认定为非法侵入住宅罪和盗窃罪两个罪，但要从一重罪处罚。

相反，如果某种犯罪通常不是另一犯罪的手段，那即使行为人将它作为另一犯罪的手段实施，也不能认为是牵连犯，还是要数罪并罚。比如，行为人为了强奸被害人而枪杀被害人的室友，枪杀被害人室友这个手段行为并不是强奸这个目的行为的通常做法，因此两个行为之间不具有牵连关系，应当分别将其认定为故意杀人罪与强奸罪，数罪并罚。

回到提问中的案例。一方面，因为绑架这个目的行为与到被绑架人亲属的住所勒索这个手段行为之间不具有通常的牵连关系，所以这不是牵连犯。

另一方面，绑架罪只要行为人以勒索财物等为目的实施绑架行为就构成既遂，不要求行为人客观上实施了勒索财物的行为。所以，张三绑架二妮的孩子之后就已经是绑架罪的既遂了，之后再去二妮家以杀害孩子相威胁，实际上已经是另一个抢劫行为了。

我认为，这两个罪只在主观方面有牵连关系，在客观方面并不存在通常的牵连关系，因此应该是绑架罪与抢劫罪数罪并罚，而不是从一重罪处罚。当然，这是我的个人看法，仅供参考。

09 **拐卖妇女罪**

如果妇女同意被出卖，行为人也成立本罪吗？

拐卖妇女、儿童罪是个很常见的罪名，但在具体的认定中也存在一些问题。比如，张三发现东北有些农村非常贫困，很多小伙子娶不到媳妇，于是就从俄罗斯花钱买来姑娘，再卖给这个村的人当媳妇。这是拐卖妇女的行为。但如果姑娘觉得在俄罗斯生活更困难，非常愿意被卖给中国小伙子当媳妇，那张三的行为还成立拐卖妇女罪吗？

拐卖妇女、儿童罪的构成要件行为

拐卖妇女、儿童罪的构成要件行为是"拐骗、绑架、收买、贩卖、接送、中转妇女、儿童的行为"，其共同特点是把被害人置于自己或第三者的非法支配之下。其中，支配是指通过对被害人施加物理或心理的影响，左右被害人的意志，使被害人难以摆脱行为人的影响，而不是说必须完全限制被害人的自由。

只要实施上述任何一种构成要件行为，就构成拐卖妇女、儿童罪；如果对妇女或儿童实施的不是上述行为，就不能构成该罪。比如，介绍他人收养儿童以索取财物的行为，就不成立拐卖儿童罪。

一定要记住，拐卖妇女、儿童罪是要把妇女或儿童当作商品出售。比如，行为人借着给男女双方做婚姻介绍人的机会，向其中一方或双方索取财物的，就不成立本罪，因为在这种情况下，行为人并没有把妇女当成商品出售。

你可能发现了，拐卖妇女、儿童罪的行为内容包括以出卖为目的绑架妇女、儿童的行为，那这里的"绑架"与绑架罪中的"绑架"是一样的吗？其实不一样，两者客观行为相似，但责任要素不同——拐卖妇女、儿童罪是以出卖为目的，即把妇女、儿童当作商品出卖，绑架罪则是以勒索财物或满足其他不法要求为目的，即通过把被害人作为人质来实现不法要求。也就是说，出卖目的是成立拐卖妇女、儿童罪的一个很重要的责任要素。那么，以抚养目的收买被拐卖的儿童后又出卖的，怎么认定呢？

如果没有后面的出卖行为，只是收买被拐卖的妇女、儿童，成立收买被拐卖的妇女、儿童罪。如果在收买之后又实施出卖行为，那在理论上应该成立收买被拐卖的妇女、儿童罪和拐卖妇女、儿童罪，实行数罪并罚。但是，因为《刑法》第 241 条第 5 款有个法律拟制的特别规定，即收买被拐卖的妇女、儿童又出卖的，依照拐卖妇女、儿童罪的规定定罪处罚。所以，对这种行为，认定为拐卖妇女、儿童罪就可以了。

存在争议的是本节开篇提出的问题：如果妇女同意被出卖，行为人能不能成立拐卖妇女罪？在刑法理论上，基本认为可以成立。因为拐卖行为是否违背被害人的意志并不影响本罪的认定，即使妇女自愿被出卖，也不能免除拐卖者的刑事责任，而只能将其作为量刑情节来考虑。但我不赞同这种观点。我认为，如果得到了妇女的有效承诺，就不能对行为人以犯罪论处。至于其原因，就要说到本罪保护的法益了。

拐卖妇女、儿童罪保护的法益

拐卖妇女、儿童罪保护的法益是被拐卖者在本来的生活状态下的身体安全和行动自由。因此，在被拐卖者没有同意的情况下，拐卖行为当然成立拐卖妇女、儿童罪。此外，拐卖婴儿的行为，虽然没有侵害其行动自由，但使婴儿脱离了本来的生活状态，侵害了婴儿的身体安全，所以成立拐卖儿童罪；父母拐卖未成年子女的行为，侵害了子女在本来的生活状态下的身体安全和行动自由，所以成立拐卖妇女、儿童罪；即使经过监护人同意，如果拐卖行为对被拐卖者的自由或身体安全造成了侵害，也成立拐卖妇女、儿童罪。

回到前面有争议的那个问题，有两种理解方式。一种是，由于拐卖妇女、儿童罪是侵犯妇女、儿童人身自由和身体安全的犯罪，所以，如果行为得到了妇女的有效承诺，就可以阻却违法性，进而不成立拐卖妇女罪。另一种是，如果行为得到了妇女的有效承诺，就不能将该行为评价为拐卖，所以阻却了构成要件符合性，进而不成立拐卖妇女罪。

需要注意的是，在这种情况下，妇女的承诺必须是具体、有效的。比如，张三征得二妮的同意，把二妮带给李四做妻子，即使张三收了李四的巨额财物，从形式上看似乎是把二妮当作商品出卖并取得了对价，也不应将其行为认定为拐卖妇女罪。但是，如果二妮只是愿意离开居住地，并不愿意成为李四的妻子，可张三依然把她卖给了李四做妻子，那就应当成立拐卖妇女罪了。

比如，根据《刑法》第234条之一第2款规定：未经本人同意摘取其器官，或者摘取不满十八周岁的人的器官，或者强迫、欺骗他人捐献器官的，依照故意伤害罪、故意杀人罪的规定定罪处罚，可以知道，想要做出刑法上的有效承诺，承诺者的年龄必须在 18 周岁以上。所以，拐卖儿童的，即使征得了儿童的同意，但因为儿童不具备完全的独立做出决定的能力，其承诺也是无效的，所以行为人依然成立拐卖儿童罪。

又比如，张三把二妮介绍到卖淫场所，二妮也愿意到那儿卖淫的，即使张三获得了卖淫组织者给的巨额财物，也只能成立协助组织卖淫罪或介绍卖淫罪，而不成立拐卖妇女罪。

易与拐卖妇女、儿童相混淆的行为

在现实生活中，有些行为很容易和拐卖妇女、儿童的行为相混淆。

比如，借送养之名出卖亲生子女的行为与合法的民间送养行为。面对这种情况，应当审查把子女"送"人的背景和原因、有无收取钱财以及收取钱财的多少、对方是否具有抚养目的以及有无抚养能力等事实，然后进行综合判断。

根据我国最高人民法院、最高人民检察院、公安部、司法部在2010 年发布的《关于依法惩治拐卖妇女儿童犯罪的意见》（后文简称《意见》）第 17 条的规定，"迫于生活困难，或者受重男轻女思想影响，私自将没有独立生活能力的子女送给他人抚养，包括收取少量'营养费''感谢费'的，属于民间送养行为，不能以拐卖妇女、儿童罪论处"，因为这种行为本身就不是出卖行为。但是，明知对方没有抚养目的或抚养能力，仍然把亲生幼儿交付给对方以获取一定对价的，就应该认定为拐卖儿童罪。

再比如，以介绍对象为名，获取他人钱财后便携款携物潜逃的。对这种行为，只能认定为诈骗罪，而不能认定为拐卖妇女、儿童罪。举个例子。行为人和妇女通谋，由行为人把妇女介绍给某人成婚，获得钱财后，行为人和该妇女双双逃走。这是共同诈骗行为，而不是拐卖妇女行为。如果诈骗数额较大，应当以诈骗罪论处。

拐卖妇女、儿童罪的既遂

因为拐卖妇女、儿童罪涉及的行为方式比较多，所以关于它何时既遂，应该具体分析。

如果是以出卖为目的，拐骗、绑架、收买妇女、儿童，只要使被害人转移至行为人或第三者的非法支配范围内，就成立既遂，而不用以出卖了被害人为既遂标准。

如果是以出卖为目的，中转、接送妇女、儿童，这要么是行为人在拐骗、绑架妇女、儿童后自己实施的，要么是由其他共犯实施的，因此依然应当适用上面的标准，即只要使被害人转移至他人的非法支配范围内，就成立既遂。

如果是出卖捡到的儿童或亲生子女的，应当以出卖了被害人为既遂标准。因为捡到儿童的行为并不构成犯罪，只有在出卖时才具备了着手实施犯罪所要求的法益侵害的危险性，所以应当以出卖了被害人为既遂标准。

如果是先收买被拐卖的妇女、儿童，而后才产生出卖犯意进而出卖妇女、儿童的，也应当以出卖了被害人为既遂标准。

答学友问

学友： 甲未婚先孕，但在怀孕七个月时男朋友出走，于是甲便回娘家居住。之后，在母亲乙的陪护下，甲在医院生下一个男婴。甲生产后第二天，母亲便瞒着她将婴儿送与丙抚养，并收取营养费3万元。事后，母亲告诉甲婴儿已夭折，而丙又把婴儿交给多年未孕的女儿丁及其丈夫抚养。这种情况是否属于民间送养行为，3万元是否属于"少量钱财"，这种行为是否不成立拐卖儿童罪？

张明楷： 关于民间送养行为和拐卖妇女、儿童罪的区分，再补充两点。

首先，不能因为将孩子送人的主体是父母，就认为不成立拐卖妇女、儿童罪。实际上只要是将子女作为商品出卖，就成立该罪。因为这个罪是侵犯人身自由与身体安全的犯罪，出卖者与被出卖者之间是否具有父子、母子关系，并不会影响对被出卖者人身自由与身体安全的侵害。既然司法解释规定，出卖14周岁以上女性亲属或其他不满14周岁亲属的，应该以拐卖妇女、儿童罪论处，那出卖亲生子女的，也应该以拐卖妇女、儿童罪论处。

其次，司法解释常常将营利、获利的目的作为出卖亲生子女构成拐卖妇女、儿童罪的主观要素，但我认为这是不必要的。原因有两个：第一，拐卖妇女、儿童罪是侵犯人身自由与身体安全的犯罪，出卖者是否有获利目的并不影响其行为是否侵犯了被出卖者的人身自由与身体安全；第二，在法定的出卖目的之外，另外添加获利目的，既没有依据，也没有必要。

本节所讲的《意见》第 17 条规定的行为之所以不成立拐卖妇女、儿童罪，是因为这本身就不是出卖行为，而不是因为没有获利目的。这里的"少量'营养费''感谢费'"，意在说明这些钱不是子女的对价。而之所以强调少量，是因为如果数额太大，恐怕就有借"营养费""感谢费"之名行"出卖"之实的嫌疑了。《意见》也规定，"为收取明显不属于'营养费''感谢费'的巨额钱财而将子女'送'给他人的"，可以认定为出卖亲生子女，应当以拐卖妇女、儿童罪论处。至于少量和巨额的区分，我认为难以给出一个具体的数额标准，而是应该结合当时的具体情况，来判断收取的财物的性质。

在这个案例中，把孩子送人的是外婆，父母根本不知情，所以我认为不能适用《意见》第 17 条的规定，因为该规定明确说了是把自己的子女送给他人抚养的行为。而且，因为未婚先孕而把孩子送走，也很难说是因为"生活困难"或是"受重男轻女思想影响"。但是，虽然不能适用该规定，也不意味着外婆的行为一定构成拐卖儿童罪。

问题的关键仍然是外婆的行为是否属于把孩子作为商品出卖。从案情描述看，我倾向于认为外婆不是把孩子当商品出卖，她只是想让孩子离开母亲，以使母亲今后的生活不受影响。外婆为孩子找的是有抚养目的和抚养能力的人家，收取的 3 万块钱并非孩子的对价，也并非规定里说的"明显不属于'营养费''感谢费'的巨额钱财"。所以，外婆的行为不构成拐卖儿童罪。

那么，外婆的行为可能成立什么犯罪呢？首先，如果外婆的行为导致孩子身心健康受到严重损害，或者具有其他恶劣情节，符合遗弃罪特征的，可以成立遗弃罪。其次，外婆的行为可以被评价为将孩子偷走并使其脱离监护人，所以可能成立拐骗儿童罪。

丙和丁接收孩子的行为又该如何评价呢？首先，因为孩子不属于被拐卖的儿童，所以丙和丁的行为肯定不成立收买被拐卖的儿童罪。其次，如果丙丁事前与孩子的外婆通谋，共同参与并实施了拐骗儿童的行为，那两人可能与外婆成立拐骗儿童罪的共犯；如果丙丁没有参与拐骗儿童的行为，只是收养了孩子，那我认为不以犯罪论处比较好，但可以通过民事等手段让两人把孩子送回去。尤其是丁，她是从丙处接收的孩子，无论是从违法层面还是责任层面来看，都是不以犯罪论处的可能性较大。

10 刑讯逼供罪

> 警察为了解救人质而对绑架犯实施暴力，构成本罪吗？

看到"刑讯逼供"这个词，你肯定不会觉得陌生。但实际上，关于刑讯逼供罪，有很多值得思考的地方。比如，德国曾经发生过一起案件，犯罪分子绑架了一个无辜的人并将其藏在某个地方，但就是不将具体地点告诉警察。为了救人质，警察对绑架犯实施了暴力，让绑架犯说出了人质在什么地方。在这种情况下，警察的行为成立刑讯逼供罪吗？还是说，这可以成立正当防卫？

为什么刑讯逼供屡禁不止

刑讯逼供为什么会一直存在？实际上，这并不是一个刑法学的问题，而是一个犯罪学的问题。其中，最主要的原因还是观念问题。

一方面，有些人总觉得不能放过任何一个犯罪分子。但从客观上说，这是不可能做到的事。以不放过任何一个犯罪分子为目标来办案，必然会冤枉无辜者。其实，现实中有许多案件都没有办法侦破，我们只能选择不冤枉任何一个好人，而结局必然是会放过一些犯罪分子。或者说，我们只能宁愿放过犯罪分子，也不能冤枉无辜者。"违法必究"可以作为一个宣传口号，但不可能作为司法目标。

另一方面，很多人没有从根本上认识到刑讯逼供的危害性。在我看来，刑讯逼供的危害并不在于它可能会造成冤案，因为很多时候刑讯逼供并不会造成冤案，反而能让人根据以此获得的口供取得能证明被告人有罪的客观证据，有利于发现案件事实。所以，如果只是从会造成冤案的角度认识刑讯逼供的危害性，那是不是可以说，没有造成冤案的刑讯逼供就没有危害性，甚至是有积极的效果呢？是不是就可以说，只有造成了冤案的刑讯逼供才是恶的，没有造成冤案的刑讯逼供不仅无罪，还有功？这种逻辑是十分危险的，但却是现实中很多人对待刑讯逼供的态度。

事实上，刑讯逼供真正的恶在于对人性的摧残和对人尊严的毁灭，它其实是专制司法时代的残余，与现代的法治文明是格格不入的。

除了观念问题，还有几个原因。首先，有的办案人员太相信自己的预判。我以前经常讲，碰到一起案件，要先有一个预判，但这个预判必须是在规范训练基础之上的，然后再去对照法条，看自己的预判与法条规定是否契合。对办案人员来说也是一样的，没有预判就不能破案，也不能适用法律，但太相信自己的预判也不合适。预判具有二重性，好的、正确的预判是理想的，但错误的预判就是自己的敌人。所有人都应该不断反思自己的预判是否正确，但预判明显不成立却还要坚持的人也实在有很多。

其次，侦查手段也是一个问题。一方面，办案人员的侦查手段比较落后；另一方面，办案人员非常重视口供，喜欢用口供指导自己的侦查活动。当没有口供就无从下手侦查时，如果犯罪嫌疑人什么都不说，或者说出来的内容对下一步的侦查没有用，就只好刑讯逼供了。

最后，对刑讯逼供追究刑事责任的情况太少。司法实践中，通常只有在冤案获得平反后，才可能会对实施刑讯逼供的人进行责任追究；在其他情况下，除非刑讯逼供致人死亡或者重伤，否则基本不会被重视，行为人也不会被追究责任。一些司法人员总觉得刑讯逼供者是出于公心，是出于好的动机，所以不能追究刑事责任。可是，如果只有致人重伤或死亡才可能被追究刑事责任，那么，刑讯逼供永远都不可能得到抑制。

刑讯逼供罪的构成要件

刑讯逼供罪，是指司法工作人员对犯罪嫌疑人、被告人使用肉刑或者变相肉刑，逼取供述的行为。

本罪的保护法益，首先是犯罪嫌疑人、被告人的人身权利，其次是司法活动的正当性。

本罪是身份犯，行为主体必须是司法工作人员，即有侦查、检察、审判、监管职责的工作人员。此外，未受公安机关正式录用，受委托履行侦查、监管职责的人员，合同制民警，以及监察人员办理职务犯罪案件或者监管职务犯罪嫌疑人时，也可以成为本罪的主体。

本罪的行为对象，是侦查过程中的犯罪嫌疑人和起诉、审判过程中的刑事被告人。但是，不能完全按照《刑事诉讼法》的规定来理解"犯罪嫌疑人"，只要是被公安、司法机关作为犯罪嫌疑人对待，或者被采取刑事追诉手段的人，都属于这里的犯罪嫌疑人。比如，警察为了决定是否立案而对被举报人、被控告人刑讯逼供的，也应该认定为本罪。

　　本罪的行为手段包括两点，一是必须采用刑讯方法，即必须使用肉刑或者变相肉刑。其中，肉刑是指对被害人的肉体施行暴力，如吊打、捆绑、殴打以及其他折磨人肉体的方法。变相肉刑一般是指对被害人使用类似于暴力的摧残和折磨，如冻、饿、晒、烤、不准睡觉等，司法实践中还有人在被害人身上浇可乐、引蚊虫叮咬被害人等。没有使用肉刑或变相肉刑的诱供、指供，不成立本罪。

　　二是必须有逼供行为，即逼迫犯罪嫌疑人、被告人做出某种供述（包括口供与书面陈述）。但是，这不限于逼取有罪供述，强迫犯罪嫌疑人、被告人做无罪、罪轻辩解的，也成立本罪。至于行为人是否得到相应的供述，被害人的供述是否符合客观真实，并不影响本罪的成立。

　　本罪的主观方面是故意，至于行为人的犯罪动机是什么，并不影响本罪成立。在司法实践中，常常会因为行为人出于"为公"动机（如为了迅速结案），就不以犯罪论处；只有当行为人出于"为私"动机（如为了挟嫌报复）时，才以犯罪论处。我不赞成这种做法，因为不管是"为公"还是"为私"，刑讯逼供行为都侵犯了他人的人身权利，不应该影响定罪。

刑讯逼供罪与正当防卫的关系

　　有一部电影叫《战略特勤组》（*Unthinkable*）。电影中，恐怖分子宣称在美国三个城市分别安放了一颗小型原子弹，但无论如何都不肯说出安放在了哪里。有一位女警察反对刑讯逼供，但另一位黑人警察恰恰就采取了严酷的刑讯逼供方法。不过，即便是被刑讯逼供，恐怖分子也坚持不说，甚至在他的安排下，另一处安放的 C4 炸药已经爆炸，并造成几十人死亡。后来，黑人警察把恐怖分子的两个孩子带到他面前，以打算对孩子实施虐待相威胁，他才说出了原子弹的位置。

如果是在德国，这百分之百会被认定为酷刑。本节开头讲到了德国曾经发生过的一起案件。遗憾的是，在这起案件中，等警察赶到时，人质已经死亡了。这个警察对绑架犯实施暴力的行为也被认定为酷刑，法院认定其行为构成犯罪，但给予了特别轻的处罚。事后，有超过 63% 的德国国民认为不应当认定他的行为构成犯罪。

我一直有一个疑问：为什么要认定上述使用暴力迫使犯罪分子说出原子弹与人质所在地的行为属于刑讯逼供或酷刑？两个警察对犯罪分子施暴都不是为了逼供，而是为了营救他人，为什么不可以被评价为正当防卫？假如恐怖分子在飞机上安放了炸弹，而机组人员和乘客都不知道放在哪里。为了排除危险，乘客对恐怖分子实施暴力，迫使其说出炸弹的位置，避免了飞机的爆炸。刑法理论都认为，乘客的行为是对不作为的正当防卫。可是，如果实施暴力的不是乘客，而是飞机上的乘警，为什么就变成刑讯逼供或者酷刑了呢？

我认为，上述两个警察的行为完全可以不被评价为刑讯逼供，因为他们只是为了救人，犯罪分子的交代内容可以不作为供述使用。

有的人喜欢用滑坡论证来说明，认为一旦允许特例存在，就会导致刑讯逼供盛行。但实际上，这种特例具有明显的限制条件——不是为了逼供，而是为了救人。而且，为什么不是反过来的滑坡论证呢？也就是说，一旦不让警察在这种情况下救人，警察就都不会再救人？当然，我只是为了说明用滑坡论证反驳这种行为成立正当防卫不妥当，并不是说后一个滑坡论证就是妥当的。

还有人喜欢一种"高大上"的理论，即用人的尊严来说明，认为人的尊严，包括恐怖分子的尊严，无一例外都要受到保护；对生命的保护有例外，但对人尊严的保护没有例外。我不赞成将这种理论应用到现实生活中。比如，在《战略特勤组》这部电影中，如果说一个恐怖分子的尊严比多数人的生命都重要，我是难以接受的。当然，如果多数人都能接受这种理论，那我也认可，你可以问问周围的一般人是否接受。刑法理论对案件的处理结论，一定要被与案件无关的一般人接受。如果一个"高大上"的理论不能解决现实问题，那它有什么意义呢？如果这种理论会让很多无辜者死亡，那它还"高大上"吗？

总的来说，我认为应当正确处理刑讯逼供罪与营救行为（正当防卫）的关系。犯罪分子绑架他人后，将人质藏匿在危险场所，不及时营救就有生命危险时，一般人或者司法工作人员使用暴力迫使犯罪分子说出藏匿地点的，都属于正当防卫，即属于对持续犯的正当防卫。不应当将这种营救行为评价为刑讯逼供罪，因为这种行为不是为了逼取口供，不符合刑讯逼供罪的构成要件；而且，如果认为这种行为属于刑讯逼供，也就意味着公民的正当防卫均属于私刑，这恐怕不合适。

11 侵犯公民个人信息罪

向他人提供电话号码，但没有其他信息，构成本罪吗？

2009 年，《刑法修正案（七）》增设了侵犯公民个人信息罪。当时，我国还没有一部法律专门针对公民个人信息予以专门保护。实际上，在 2020 年《民法典》颁布之前，有关个人信息保护的条款只是散落于《中华人民共和国网络安全法》《中华人民共和国消费者权益保护法》等其他法律中。可以说，当时增加这个罪名，对公民个人信息权益起到了十分有效的保障作用。2021 年，在保护公民个人信息领域发生了一件大事——8 月 20 日，第十三届全国人大常委会表决通过了《中华人民共和国个人信息保护法》（后文简称《个人信息保护法》），这是我国第一部个人信息保护方面的民事专门法律。这也使侵犯公民个人信息罪再次受到了大家的关注。

在介绍这个罪名的具体内容之前，还是先来看一个问题：行为人向他人提供了 100 个电话号码，但只有号码，没有姓名等其他信息，构成本罪吗？

侵犯公民个人信息罪的保护法益和行为对象

《刑法》第 253 条之一分 3 款规定了侵犯公民个人信息罪：

违反国家有关规定，向他人出售或者提供公民个人信息,情节严重的,处三年以下有期徒刑或者拘役,并处或者单处罚金;情节特别严重的,处三年以上七年以下有期徒刑,并处罚金。

违反国家有关规定,将在履行职责或者提供服务过程中获得的公民个人信息,出售或者提供给他人的,依照前款的规定从重处罚。

窃取或者以其他方法非法获取公民个人信息的,依照第一款的规定处罚。

这个罪名保护的法益是公民的个人信息权,包括个人信息不被不正当收集、采集的权利,不被不正当扩散的权利,以及不被滥用的权利。

本罪的行为对象是公民个人信息。在司法实践中,首先要解决的问题是,什么是刑法意义上的公民个人信息。2021 年 8 月通过的《个人信息保护法》第 4 条规定:"个人信息是以电子或者其他方式记录的与已识别或者可识别的自然人有关的各种信息,不包括匿名化处理后的信息。"这个规定比较抽象。2017 年 5 月 8 日最高人民法院、最高人民检察院《关于办理侵犯公民个人信息刑事案件适用法律若干问题的解释》第 1 条规定:"刑法第二百五十三条之一规定的'公民个人信息',是指以电子或者其他方式记录的能够单独或者与其他信息结合识别特定自然人身份或者反映特定自然人活动情况的各种信息,包括姓名、身份证件号码、通信通讯联系方式、住址、账号密码、财产状况、行踪轨迹等。"

从法益保护的角度来说,**凡是与自然人有关的各种信息,都是**

公民个人信息。除了上述司法解释列举的信息，公民个人信息还包括婚姻状况、工作单位、学历、履历等能够识别公民个人身份或者涉及公民个人隐私的信息、数据资料，以及公民生理状态、遗传特征、经济状况、电话通话清单、个人具体行踪等。但是，"公民"并不包含单位和死者。比如，在一些网络平台上可以查询企业的工商信息、诉讼信息等，这些都属于单位的信息，不是公民个人信息。

怎么判断呢？我觉得大体上可以说，并不是任何单独的一项信息，就能构成公民个人信息。另外，除了考虑个人信息的公共属性，还需要根据一般人的观念进行判断。比如，行为人对外公布全国所有刑法学专业博士生的姓名或者刑法学教授的姓名，就不可能成立本罪。

只要是能识别公民身份等方面的相对重要的信息，就可以成为公民个人信息。例如，姓名＋手机号、姓名＋家庭住址、姓名＋银行卡号、姓名＋身份证号、姓名＋存款信息、姓名＋行踪轨迹等，都属于刑法保护的公民个人信息。但一般来说，姓名＋性别、姓名＋毕业院校、姓名＋学历、姓名＋职务等，难以成为刑法保护的公民个人信息。不过，如果是姓名＋多项不重要的信息，也可能被综合评价为刑法保护的公民个人信息。

到这里，就可以回答本节开头的问题了。如果行为人只是提供了100个手机号码，但没有提供对应的姓名，也没有其他可以识别身份的信息，那这就不是公民个人信息，行为人不构成本罪。

侵犯公民个人信息罪的行为内容

本罪的构成要件行为包括三种类型。

第一，违反国家有关规定，向他人出售或者提供公民个人信息。这里的"出售"其实也是"提供"的一种方式，因为它是一种常见的类型，所以法条把它独立规定了出来。关于提供的方式，没有限定，凡是使他人可以知悉公民个人信息的行为，都属于提供。

第二，违反国家有关规定，将在履行职责或者提供服务过程中获得的公民个人信息，出售或者提供给他人。例如，银行工作人员在工作中获得的储户个人信息，宾馆工作人员在工作中获得的旅客个人信息，网络、电信服务商在提供网络、电信服务过程中获得的公民个人信息，都属于这一类型下的公民个人信息。行为人将这些公民个人信息出售或者提供给他人的，成立侵犯公民个人信息罪。

第三，窃取或者以其他方法非法获取公民个人信息。"窃取"也是"非法获取"的一种方式，只是因为这种方式比较常见，所以法条把它独立规定了出来。凡是非法获取公民个人信息的行为，如买入、骗取、夺取等，都属于"以其他方法非法获取"。比如，张三冒充司法工作人员，欺骗国家机关或者金融、电信、交通、教育、医疗等单位的工作人员，让他们给自己提供公民个人信息的行为，就属于这种类型。

下面来看一个案例。客户张三向小额贷款公司借款，公司不能确定张三提供的身份证是否真实，于是要求张三手持身份证拍照，也向张三说明了他们要将其身份证上的相关信息和照片提交给有关公司、部门，以验证身份证的真伪，张三当场表示同意。之后，小额贷款公司将上述个人信息提交给相关公司，相关公司又将上述信息提供给有关部门，有关部门人员依法根据上述信息调取张三身份证的存档照片（没有其他信息），并在对照片进行网格化处理后将其交给相关公司，相关公司再交给小额贷款公司，由小额贷款公司自己判断身份证的真伪。

在这样的案件中，身份证及其相关信息与照片都是张三自愿提供且同意他人使用的，除此之外，只有一张网格照片，所以，从规范意义上说，只能就这张网格照片本身来判断相关人员的行为是否构成侵犯公民个人信息罪。因为网格照片上没有其他信息，所以不能认定为侵犯公民个人信息罪。

简单地说，这样认定有两个理由：一是不能认为相关人员非法获取了公民个人信息；二是不能认为相关人员非法提供了公民个人的姓名、身份证号、照片等信息，因为公民个人同意他人使用。也就是说，如果公民自愿提供、同意他人使用自己的个人信息，行为人不成立本罪。当然，如果相关人员超出公民同意的范围使用、提供上述信息，那还是有可能构成本罪。

还有一点需要注意：**只有当上述三种类型的行为达到情节严重的程度时，才符合本罪的构成要件**。总的来说，我认为对本罪的构成要件行为和"情节严重"的解释不要过于严格，不要想着去限制本罪的成立范围，因为法条已经对此做出了限制，那学理解释也好，司法解释也好，就不能再进一步加以限制。比如，司法解释规定，"非法获取、出售或者提供行踪轨迹信息、通信内容、征信信息、财产信息50条以上的"属于情节严重，应当追究刑事责任。可是，究竟该如何认定行踪轨迹的信息条数呢？

举个例子。一位大学老师早晨从家里出发去到学校办公室（第1条信息），在办公室工作一小时（第2条信息），然后去教学楼（第3条信息），上了三节课（第4条信息），下课后去教工餐厅吃饭（第

5 条信息），饭后又回到了办公室（第 6 条信息）。如果行为人向他人提供了这位老师的这个行踪轨迹，是认定为提供了 1 条信息，还是认定为提供了 6 条信息呢？我认为要认定为提供了 6 条信息。

另外，不能要求行踪轨迹很具体，大体的行踪轨迹也包括在内。比如，行为人提供的信息是某个公民前三个月都在北京，这当然也属于行踪轨迹。

侵犯公民个人信息罪的责任形式和处罚

本罪的责任形式是故意，也就是说，成立本罪不需要特定的目的或动机。比如，行为人非法获取了 10 所著名大学新生的个人信息，旨在研究各地高中教育的现状。这一动机不影响其行为构成侵犯公民个人信息罪。

由于公民个人的信用卡信息资料同时也是公民个人信息，因此，实施侵犯公民个人信息罪的行为，同时触犯《刑法》第 177 条之一规定的窃取、收买、非法提供信用卡信息罪的，属于想象竞合，从一重罪处罚。比如，无业人员张三从银行窃取了许多持卡人的信用卡信息资料。这一行为就同时构成了侵犯公民个人信息罪和窃取信用卡信息罪，由于只有一个行为，就只能按想象竞合，从一重罪处罚。

非法获取公民个人信息后，又出售或者提供给他人的，视情节分别认定为情节严重或者情节特别严重，不必实行数罪并罚。

第5章

侵犯财产罪

01 非法占有目的

"你陪我玩，我就把手机还你"，这属于非法占有目的吗？

侵犯财产罪一般被简称为财产罪，可以分为两大类：一类是取得罪，即非法取得他人财物的犯罪，比如盗窃罪、诈骗罪、抢劫罪、敲诈勒索罪等，此外，金融诈骗罪、合同诈骗罪、贪污罪等也是取得罪；另一类是毁弃罪，是指故意毁坏财物、破坏生产经营的犯罪。

因为取得罪是取得他人财物的犯罪，所以，除了客观上必须具有非法取得或者占有他人财物的行为与结果，主观上还必须具有故意与非法占有目的。这一节就来讲一下非法占有目的。下面，先来看一个案例。

甲见女子乙长得漂亮，就想让她陪自己玩。甲上前和乙搭讪，见乙一直在看手机，就将该手机夺过来放到自己的口袋里，并声称只要乙陪自己玩，就将手机还给她。乙说并不认识甲，不同意陪甲玩。甲便拿着手机离开现场，离开前对乙说："我不会关手机，如果你想好了答应陪我，我就把手机还给你。"后来，乙多次联系甲，甲始终声称不陪他玩就不还手机，乙无奈之下放弃了要回手机，甲便将手机变卖了。那么，甲主观上是否具有抢夺罪中的非法占有目的呢？

非法占有目的的基本含义

非法占有目的，是指排除权利人，将他人的财物作为自己的财物进行支配，并遵从财物的用途进行利用、处分的意思。非法占有目的由"排除意思"与"利用意思"构成，前者重视的是法律的侧面，后者重视的是经济的侧面，二者机能不同。

在认定行为人是否具有非法占有目的时，不能笼统地判断行为人有没有非法占有目的，而是要先确定案件的焦点所在。也就是说，如果案件事实并不涉及盗窃罪、抢夺罪等取得罪与毁弃罪的界限，或者说，如果行为人明显具有利用意思，乃至已经利用了财物，就只需要判断行为人是否具有排除意思。反之，如果行为人已经转移了财物，被害人也因此丧失了财物，或者说，行为人明显具有排除意思，案件事实仅涉及盗窃罪、抢夺罪等取得罪与毁弃罪的界限时，就只需要判断行为人是否具有利用意思。

例如，女子甲为了收集离婚诉讼所需的证据，窃取了丈夫送给情妇乙的财物。在这种情况下，甲对财物有利用意思，所需要讨论的只是有无排除意思。这便需要根据甲是否返还财物、返还的时间、乙对财产的利用必要性等做出判断。如果甲在打完官司后立即将财物归还给了乙，就应认定没有排除意思。

再比如，A 杀害 B 后，用 C 的车将 B 的尸体运往外地，然后将车抛弃在外地。在这种情况下，A 已经具有排除意思，所需要讨论的只是 A 用 C 的车将 B 的尸体运往外地是否属于具有利用意思的行为，我认为可以持肯定回答。

排除意思的主要机能

排除意思的主要机能，是将不值得用刑罚谴责的盗用行为排除在犯罪之外。所以，难以事先形式地确定排除意思的含义，而应根据刑法的目的、刑事政策等，从实质上确定不值得用刑罚谴责的盗用行为的界限，再确定排除意思的含义。说到底，排除意思是达到了可罚程度的妨害他人利用财物的意思，或者说是引起可罚的法益侵害的意思。

可以肯定的是，当行为人具有永久或者长期不法占有他人财物的意思时，当然具有排除意思。除此之外，以下三种情形也应被认定为具有排除意思。

第一，行为人虽然只有一时使用的意思，但没有返还的意思，反而具有在使用后毁弃、放置的意思的，由于具有持续性地侵害他人对财物的利用可能性的意思，应认定为存在排除意思。例如，行为人盗用他人轿车，开到目的地后，将轿车抛弃在目的地的，存在排除意思，构成盗窃罪。

第二，行为人虽然具有返还的意思，但具有侵害相当程度的利用可能性的意思的，应当认定为具有排除意思。对此，需要通过考察被害人的利用可能性与必要性的程度、预定的妨害被害人利用的时间、财物的价值等来判断是否具有可罚性。例如，在 2021 年法律职业资格考试开始前窃取他人正在使用的 2021 年指导用书，即使具有返还的意思，且在当年考试结束后归还的，也应认定为具有排除意思。再比如，盗开出租车、救护车的，即使在相对较短的时间内返还了，也应认定为具有排除意思。

第三，行为人虽然具有返还的意思，对被害人利用可能性的侵害也相对轻微，但具有消耗财物中的价值的意思的，应认定为具有排除意思。例如，为了伪装退货、取得商品对价而从超市拿走商品的，应认定为具有排除意思。又比如，盗窃他人车牌，或者窃取他人手机，以便短时间内让被害人用金钱赎回的，存在排除意思。

相反，如果行为人打算在短期内归还，且不影响他人的利用可能性，也没有消耗财物的价值，则不具有排除意思。例如，行为人在下午骑走他人上班时放在楼下的电动车，又在他人下班前归还的，不应认定为具有排除意思。

利用意思的主要机能

利用意思的机能，是使盗窃罪、抢夺罪等取得罪与故意毁坏财物罪、破坏生产经营罪等毁弃罪相区别。利用意思，是指遵从财物可能具有的用法进行利用、处分的意思。

第一，利用意思不限于遵从财物的经济用途进行利用、处分的意思。比如，窃取他人的钢材，将其作为废品卖给废品回收公司的，具有利用意思。

第二，利用意思不限于遵从财物的本来用途进行利用、处分的意思。比如，男性基于特殊癖好窃取女士内衣的，虽然不是基于内衣的本来用途进行利用、处分，但仍然具有利用意思，成立盗窃罪。再比如，为了燃柴取暖而窃取他人家具的，也具有利用意思。

第三，一般来说，凡是以单纯毁坏、隐匿意思以外的意思取得他人财物的，或者说，凡是具有享用财物可能产生的某种效用、利益的意思的，都可能被评价为具有遵从财物可能具有的用法进行利用、处分的意思。

第四，以毁坏的意思取得他人财物后予以隐瞒，能够被评价为毁坏财物的，成立故意毁坏财物罪，因为这种行为导致被害人丧失了财物的效用。以毁坏的意思取得他人财物后，没有毁坏财物，而是利用该财物的，则成立侵占罪。以毁坏的意思取得他人财物后，没有利用，而是归还或者放置在他人容易发现的场所的，不成立犯罪。

非法占有目的的认定

关于非法占有目的的认定，有两点需要特别说明一下。

第一，非法占有目的既包括以使行为人自己非法占有为目的，也包括以使第三者（包括单位）非法占有为目的。比如，甲为了让朋友乙非法占有而盗窃他人手机的，毫无疑问，肯定成立盗窃罪。再比如，为了让单位非法占有而盗窃他人财物的，也成立盗窃罪。

之所以这样认定，有以下几个原因。首先，为了让第三者非法占有而实施的盗窃行为，同样侵犯了他人的财产；其次，以使第三者非法占有为目的，并不意味着毁坏、隐匿财产，仍然能够被评价为具有遵从财物可能具有的用法进行利用、处分的意思；最后，以使第三者非法占有为目的，也说明行为人具有利欲动机，其可谴责性重于故意毁坏财物罪。

当然，这里的第三者应当是与行为人有一定关系的第三者，而不是任何第三者。比如，从超市扔出商品，让不相识的过路人捡走的，不应认定为盗窃罪，而宜认定为故意毁坏财物罪。

第二，非法占有的目的既可以是确定的，也可以是不确定的。确定的非法占有目的，是指行为人确切地知道自己的行为会排除他人对财物的占有，对该财物具有确定的利用意思。不确定的非法占有目的，是指行为人知道自己的行为可能会排除他人对财物的占有，自己可能会利用该财物，却仍然实施非法取得他人财物的行为。

在本节开头的案例中，甲就没有确定的非法占有目的，因为如果乙陪他玩，他就会归还手机。但是，他也知道乙可能不陪自己玩，因而自己可能占有乙的手机，而且事后也确实取得了乙的手机，所以，甲具有不确定的非法占有目的，其行为成立抢夺罪。

非法占有目的的对象

关于非法占有的对象，刑法理论上存在物质理论、价值理论与结合理论的争论。物质理论认为，非法占有目的是指行为人具有将他人的财物本身予以非法占有的意思。价值理论认为，非法占有目的是指行为人具有非法占有他人财物的价值的意思。结合理论认为，只要行为人具有非法占有他人的财物本身或者财物价值的意思，就具有非法占有目的。显然，结合理论实际上是择一理论。

根据物质理论，行为人取走他人财物后，将依附于财物的经济价值抽出后将该物返还的，不成立盗窃罪、抢夺罪、诈骗罪等取得罪，这显然不合适。

根据价值理论，取得缺乏经济价值的财物的行为，不成立盗窃罪、抢夺罪、诈骗罪等取得罪，这也不一定妥当。比如，行为人入户盗窃他人具有纪念意义的照片，虽然照片可能缺乏经济价值，但不能否认盗窃罪的成立。

所以，综合理论成为刑法理论的通说。在我国，盗窃罪、诈骗罪等取得罪的行为对象既包括狭义的财物，也包括财产性利益，所以，非法占有目的中的占有对象既包括财物本身，也包括财产性利益。其中的财物，不仅包括财物本身，也包括附着于财物的经济价值。当然，附着于财物的经济价值有时也可能被评价为财产性利益。比如，行为人窃取被害人的购物卡后，使用该购物卡购买商品，之后，他将所购商品归自己所有，而将购物卡还给被害人。在这种情况下，行为人就购物卡的经济价值具有非法占有目的，因而成立盗窃罪。

非法占有目的中"非法"的含义

虽然非法占有目的是主观要素，但对于是否"非法"，必须进行客观判断，而不能以行为人的内心想法为标准。换言之，对于非法占有目的中的"非法"，应根据财产罪的保护法益进行理解和判断：只要侵害了盗窃罪、诈骗罪等财产罪的保护法益，就可以认定为非法，进而认定行为人的占有目的具有非法性。

因此，一般来说，如果行为人没有占有他人财产的合法根据，或者说没有使他人转移财产给自己或第三者的合法根据，却具有占有他人财产的目的，就属于非法占有目的。这里的合法根据，通常是指具有相关财产法的根据，当然，也要考虑刑法的特别规定。

例如，如果行为人没有转移财产的民法根据或者民法上的权利，就可以认定其占有目的具有非法性。

　　再比如，如果行为人对某种财物享有所有权，但他人对该财物具有合法占有的权利，而行为人窃取了该财物的，侵犯了盗窃罪的保护法益，应当认定行为人的占有目的具有非法性。反之，如果自己所有的特定物被他人非法占有，而自己窃回该特定物的，则不能认定为具有非法占有目的。但是，对特定物享有债权的行为人，窃取债务人的金钱或者其他财物的，则应认定为具有非法占有目的。

02 盗窃罪 I

窃取自己所有但他人合法占有的财物，成立本罪吗？

在刑法上，盗窃罪是指以非法占有为目的，窃取他人占有的数额较大的财物，或者多次盗窃、入户盗窃、携带凶器盗窃、扒窃的行为。盗窃罪在许多国家都是发生率最高的犯罪，许多国家的刑法都将其规定为财产犯罪之首。

盗窃他人数额较大的财物肯定成立盗窃罪，但是，如果是窃取自己所有但由他人合法占有的财物，能否成立盗窃罪呢？比如，张三为了借钱把自己的车质押给了李四，约定还款后取车。但张三为了继续向王五借钱，就把质押给李四的车偷了回来，再次质押给了王五。在这种情况下，张三的行为是否成立盗窃罪？要正确回答这个问题，首先需要了解盗窃罪保护的法益是什么。

盗窃罪保护的法益

关于盗窃罪保护的法益，争议特别大。我认为，盗窃罪保护的法益包括两类。

第一类是财产所有权以及其他财产权。财产所有权可以根据民法确定，包括财物的占有权、使用权、收益权与处分权。其他财产权则包括合法占有财物的权利、债权和享有其他财产性利益的权利。

第二类是需要通过法定程序改变现状的占有。这种占有状态比较特殊，意味着此时如果要违背占有人的意志改变占有现状，就只能通过没收、追缴、债权转让等法定程序来实现。

举个例子，A 盗窃了数额较大的毒品，这时，A 成立盗窃罪，且他对毒品的占有是非法占有。但是，非法占有并不代表不受法律保护。在这种情况下，只有通过法定程序改变占有的现状才是合法的，比如公安机关通过没收或追缴等法定程序改变 A 对毒品的占有。相反，如果不是通过这种法定程序改变 A 对毒品的占有，就有可能成立盗窃罪。也就是说，窃取 A 基于盗窃所占有的毒品，也成立盗窃罪。

但要注意，在非法占有的情况下，原权利人恢复权利的行为不成立盗窃罪。也就是说，原权利人把自己的财物从非法占有者手中拿走的，不能认定为盗窃罪。比如，张三价值上万元的摩托车被偷了，某一天，张三发现他被偷的摩托车在某家网吧门外停着。于是，张三找人打开车锁，骑走了摩托车。事后查明，摩托车的"新主人"李四就是盗走张三摩托车的人。在这种情况下，摩托车是李四非法占有的，虽然这种非法占有是需要通过法定程序来改变的占有，但原权利人（张三）恢复自己权利的行为没有侵犯盗窃罪所保护的法益，所以张三的行为不成立盗窃罪。但如果不是失主本人，而是第三人把摩托车偷走，就成立盗窃罪了。

再比如，在前面讲的 A 盗窃毒品的案例中，如果毒品的原持有人把毒品从 A 手中盗走，应该怎么认定呢？这个案例与盗窃摩托车的案例完全不一样。因为毒品本身就是违禁品，任何人都没有权利持有，也就不存在原权利人恢复权利一说。所以，毒品的原持有人把毒品偷回去的行为依然成立盗窃罪。

民法和刑法在这个问题上的观点是一致的——即使在民法上属

于非法占有，也不意味着这个占有本身不受法律保护。当然，对原权利人来说，行为人的占有确实是非法的，但法律并不允许其他人任意侵害行为人非法占有的财物。民法保护非法占有，意味着应当把财物返还给原权利人。刑法保护非法占有，则意味着他人不能随意侵害这个占有，只能通过法定程序来改变。

到这里，本节开头的问题就很清楚了。张三把质押给李四的车偷回来又质押给王五，实际上是窃取自己所有但由他人合法占有的财物，自然应当成立盗窃罪，因为盗窃罪保护的法益中包括他人的合法占有。

理解了盗窃罪保护的法益，司法实践中一些类似的难题就都可以得到解决了。比如，盗窃他人用于违法犯罪的财物，比如犯罪工具，成立盗窃罪。再比如，甲从诈骗犯乙那儿窃取了乙从丙那儿骗取的财物，也成立盗窃罪。

共罚的事后行为

不过，在盗窃行为已经侵害了他人的所有权或其他权利的情况下，同一个行为人又针对财物实施了其他行为，行为人不另行成立其他财产犯罪。比如，张三偷走了李四的摩托车，之后又毁坏了这辆摩托车。可以肯定的是，张三成立盗窃罪，但是，张三事后毁坏摩托车的行为是否需要另外被评价为故意毁坏财物罪呢？答案是不需要，因为这属于共罚的事后行为。

共罚的事后行为也叫不可罚的事后行为，是不能独立定罪的事后行为。具体来说，这是指在状态犯（如抢劫、盗窃等）的情况下，利用犯罪行为结果实施的行为。如果孤立地看，这个行为符合其他犯罪的犯罪构成要件，具有可罚性。但因为在之前盗窃等罪名的判定中，已经对毁坏财物等事后行为的法益侵害结果进行了评价，所以就不再将其单独认定为其他犯罪了。当然，这只针对实施了前行为的人，如果一个人只参与了事后行为，那他依然有可能成立犯罪。

共罚的事后行为之所以不另外成立其他犯罪，主要是因为事后行为没有侵犯新的法益，或者对事后行为缺乏期待可能性。比如，在张三偷摩托车后又毁坏摩托车的案例中，张三毁坏摩托车的行为没有侵犯新的法益，他的盗窃行为和毁坏行为侵犯的是同一个被害人的同一辆摩托车。再比如，行为人盗窃或抢劫之后隐藏赃物的，不再认定为掩饰、隐瞒犯罪所得罪，因为法律并不期待盗窃犯或抢劫犯不去隐藏自己盗窃或抢劫得来的赃物。不过，如果是其他人明知是赃物而掩饰、隐藏的，就有可能构成赃物犯罪。道理很简单，因为其他人的行为不仅侵犯了司法秩序这一新的法益，也具有期待可能性。

与不可罚的事后行为相对应，如果事后行为侵犯了新的法益，并且行为人也具有期待可能性，则应当与前罪数罪并罚。

比如，行为人把盗窃的仿真品（其价值数额较大）冒充文物出卖给他人骗取财物的，应当认定为盗窃罪和诈骗罪，数罪并罚。又比如，盗窃他人生产的伪劣产品后销售，销售金额达到法定数额的，应当认定为盗窃罪和销售伪劣产品罪，数罪并罚。再比如，国有企业收受回扣款归企业所有后，直接负责的主管人员又利用职务之便贪污回扣款的，应当将该主管人员认定为单位受贿罪和贪污罪，数罪并罚。

答学友问

学友：盗窃行为所侵犯的对象能否是被害人所占有的财产性利益？

张明楷：其实这个问题在侵犯财产罪中具有普遍意义。总的来说，除了拒不支付劳动报酬罪，侵犯财产罪的对象都是财物。德国、日本等国的刑法明文区分了财物与财产性利益，但我国刑法一概使用"财物"这一概念，这就需要根据我国刑法的规定对财物的内涵与外延进行分析。主要有两个问题。

第一个问题是，财物是不是仅限于有体物？换句话说，是不是盗窃光、热等无体物就不成立盗窃罪？

刑法上的财物应该包括有体物和无体物。随着社会的发展，许多无体物的经济价值越来越明显，而且也可以对它们进行管理，使它们成为所有权的对象，所以应该将无体物作为财产罪的对象。比如，前面讲过的盗窃虚拟财产的行为，也成立盗窃罪。

当然，对于盗窃某些无体物的行为，《刑法》规定了专门的罪名。比如，侵犯商标权、专利权、著作权、商业秘密等无形财产的行为，成立侵犯知识产权罪，所以，这些无形财产一般不属于财产犯罪的对象。

另一个问题是，债券、股权等财产性利益能不能成为财产犯罪的对象？

实际上，我国《刑法》分则所规定的财物包括普通财物与财产性利益，否则处罚漏洞就太大了。所以，无论是刑法理论还是司法实践，一般都认为财产性利益也可以成为财产犯罪的对象。

比如，行为人通过技术手段将他人存折中的存款转入自己的存折，但在他还没去取钱时就被警方发现了。在这个案例中，行为人转移的就是被害人对银行的债权这一财产性利益，且其行为成立盗窃罪既遂——债权已经转移到行为人自己的账户上，被害人已经遭受了损失，所以就不需要再去考虑他有没有提现这一情节了。

再比如，行为人使用伪造的武装部队车辆号牌，欺骗高速公路收费人员免除自己的过路费。这其实是一个诈骗行为，是使用欺骗方法使他人免除自己的债务，而这就意味着行为人取得了财产性利益。因此，行为人应当成立诈骗罪。

总之，作为财产犯罪对象的财物，既包括普通财物（有体物和无体物），也包括财产性利益。

03 盗窃罪 II

拿走他人遗忘在宾馆房间的财物，成立本罪吗？

你肯定知道，盗窃罪的行为对象必须是他人占有的财物，对于自己占有的他人的财物，以及没有人占有的财物，不可能成立盗窃罪。但是，遗忘在宾馆房间的财物由谁占有呢？如果认为财物这时已经脱离了原所有人的占有，并转移给宾馆管理者占有，那新客人把财物拿走的行为就成立盗窃罪；如果认为财物这时既脱离了原所有人的占有，也不由宾馆管理者占有，那它就属于脱离占有物，新客人把财物拿走的行为就成立侵占罪。

这个问题涉及的是对财物被谁占有的判断，而这对盗窃罪的认定至关重要。下面就来看一下究竟该如何判断。

什么是占有

盗窃罪中的占有是指事实上的支配。对财物事实上的支配，意味着被害人在通常情况下能够左右财物的情况，对财物的支配没有障碍。那么，这种事实上的支配该如何判断呢？

事实上的支配并不等于物理上的支配，需要根据社会的一般观念来判断。如果社会一般观念认为财物属于他人占有，就意味着一般人不能擅自转移该占有。也就可以说，在规范意义上，他人占有了这个财物。正是由于这个原因，我们把对占有的判断叫作规范的判断。

但是，社会一般观念只是判断的标准，具体来说，应该把哪些事实拿出来让一般人判断呢？答案是所有事实。也就是说，在判断占有时，要把行为时的所有事实拿出来作为判断资料。

比如，我每次从清华明理楼回家都会经过一条小路，有段时间，路边每天都有一个很小的蔬菜摊，上面一般只摆着几种蔬菜，一袋一袋的，并且标明了每袋的价格，明确告知买菜的行人要把相应的钱投入一个特定的铁盒。菜农并不会一直待在这个菜摊，把蔬菜分装好后，他就会到三公里外的另一个市场卖菜。

以上所有事实都是判断资料。虽然从物理事实上看，菜农离菜摊的距离很远，对蔬菜缺乏物理上的支配，但根据社会的一般观念，菜农仍然占有着这些蔬菜。所以，拿走蔬菜不给钱的行为侵犯了菜农的占有，如果达到一定数额，就可以成立盗窃罪。

再比如，你买了一台新款的 iPhone 手机，上班时，同事说想看一看，于是你把手机递给了同事。这时，即便同事两手紧握着手机，它也是由你占有的。所以，如果同事试图把手机藏起来并据为己有，就侵犯了你的占有，可能成立盗窃罪。

关于占有的判断

在现实生活中，关于占有的判断比较复杂，下面来看几种典型的情况。

第一，辅助占有不是占有。比如，秘书陪老板同行，在老板身后帮老板提着公文包。这时，秘书的占有就是辅助占有，公文包实际上依然是由老板占有。再比如，火车站有很多帮乘客搬运行李的

"小红帽",在这些"小红帽"帮乘客把行李从火车站内搬到站外的过程中,行李依然由乘客占有。辅助占有者把财物据为己有的,成立盗窃罪。

第二,只要财物在他人的事实支配领域内,即使他人没有现实地拿着或监视着,也属于他人占有。比如,我们住宅内、车内或信箱内的财物,即使自己完全忘记了它们的存在,也属于我们自己占有。住在宾馆的客人穿着宾馆提供的睡衣,此时睡衣依然由宾馆所有人占有;同样,顾客试穿商店里的衣服时,衣服依然由店主或店员占有。

第三,虽然表面上不属于他人支配的领域,但可以推断出是由他人事实上支配时,也属于他人占有。比如,大学生在学校食堂用自己的钱包、笔记本电脑等财物占座位,然后去购买饭菜的,钱包、电脑等依然由该大学生占有。再比如,房东把房屋租给租客,但把衣柜上锁的,衣柜里的财物由房东占有,而不是由租客占有。

第四,明显属于他人支配、管理的财物,即使他人短暂遗忘或离开,但只要财物处于他人支配力所能涉及的范围,即他人可以没有障碍地取回财物,就应当认为是他人占有。比如,张三在餐馆就餐时把提包放在座位上,付款时忘了拿,只要时间比较短,就应当认定张三仍然占有着自己的提包。

第五,原占有者将财物遗失、遗忘在某个相对封闭的场所后,财物由场所管理者占有。比如,一个高尔夫球场内散落着客人打过的高尔夫球,而客人已经不要这些球了,即原占有者丧失了占有,则它们转由高尔夫球场的管理者占有。如果有人拿走这些高尔夫球,就成立盗窃罪。再比如,前一位乘客遗忘在出租车后备厢里的财物由出租车司机占有，后一位乘客将其据为己有的，成立盗窃罪。

到这里，本节标题中的问题就很清楚了。他人遗忘在宾馆房间的财物已经脱离了原所有人的占有，并转移给了宾馆管理者占有，如果新的客人把这些财物拿走，就成立盗窃罪。

第六，死者占有的情况。主要有以下三种情形。

情形 1：行为人以抢劫为目的，故意杀害他人后，当场取得他人财物。在这种情况下，毫无疑问，行为人成立抢劫罪。

情形 2：行为人不是出于占有财物的目的，而是出于其他目的杀害他人，之后又产生非法占有他人财物的意思，取得死者的财物。

情形 3：无关的第三者从死者身上取得财物。

我认为，后两种情形，应当否认死者对财物的占有，把死者身上或身边的财物解释为遗忘物。所以，后两种情形中的行为人应当成立侵占罪，而不是盗窃罪——盗窃罪的成立以违反被害人的意志为前提，而死者不可能有意志，所以不能认定为盗窃罪。

第七，关于存款的占有归属，这也是国内外刑法理论争议比较大的一个问题。在法律上，存款有两种含义：一种是指存款人对银行享有的债权，另一种是指存款债权所指向的现金。

关于存款债权，我认为不管是从事实上还是从法律上来说，都由存款人占有，而债权属于财产性利益，可以成为盗窃罪的对象。因此，行为人利用技术手段把他人的存款转移到自己账户中的，成立盗窃罪。

关于存款债权所指向的现金，是由银行管理者占有，而不是由存款人占有。比如，李四需要向张三支付 1 万元现金，由于手上没有现金，李四就把一张有 10 万元存款的储蓄卡交给了张三，让张三自己取 1 万元，然后再把卡还给自己。但是，张三从 ATM 机取了 10 万元现金并据为已有。在这种情况下，我认为张三成立盗窃罪，但他的行为不是侵犯了李四的占有，而是侵犯了银行管理者对 9 万元现金的占有。

第八，几个人共同管理某种财物，且这几个人存在上下、主从关系时，下位者是否也占有该财物？比如，私营商店的店员是否占有商店的财物？如果认为店员也占有，那么店员取走商店财物的行为就不构成盗窃罪；如果认为店员不占有，那店员取走商店财物的行为就可能成立盗窃罪。

在这种情况下，财物通常属于上位者（店主）占有。即使下位者（店员）在物理上握有财物，或者可以在物理上支配财物，也只不过是辅助占有者。所以，如果下位者基于非法占有的目的取走财物，就应当成立盗窃罪。不过，这也不是绝对的。如果上位者和下位者具有高度信赖关系，下位者被授予了某种程度的处分权，就应该承认下位者的占有。下位者任意处分财物的，就不构成盗窃罪，而构成其他犯罪，比如侵占罪。

答学友问

学友：某日半夜，甲以盗窃的故意潜入乙家，发现乙在睡觉，而乙床边的茶几上有一张纸条，上面写着"如果有需要就拿去用吧，望不要伤害我与家人"，纸条下面压着 200 元钱。甲见到字后，将 200 元取走并离开。在这种情况下，甲的行为是否成立盗窃罪？

张明楷：盗窃罪的行为内容一定是违背他人意志盗走他人财物的行为，如果被害人是在意志自由的情况下自己处分了财产，行为人就不可能成立盗窃罪。

回到这个案例上，如果把纸条上的这句话理解为乙主动放弃了财产，那甲实施的就不是窃取行为，不符合盗窃罪的构成要件，所以不成立盗窃罪。

不过，我觉得不能按字面含义来理解这句话。乙是担心犯罪分子伤害自己和家人才这么写的，所以不能认为乙主动放弃了自己的财产。换句话说，乙其实是希望犯罪分子既不取走自己的财物，也不伤害自己和家人，但如果犯罪分子要为了取得财物而伤害自己或家人，那就只好通过放弃财物来保护自己和家人的生命、身体安全。在这种情况下，应当认为甲的行为违反了被害人的意志，成立盗窃罪。

04 盗窃罪 Ⅲ

被他人看着公然取走他人财物，成立本罪吗？

前面两节讲了盗窃罪保护的法益，以及如何规范地判断盗窃罪里的占有。根据这些内容，就可以对一般的盗窃行为进行判断了。而这一节，就来看看盗窃罪的认定中一个争议比较大的问题：盗窃罪的成立究竟需不需要行为人秘密实施窃取行为？

如何评价公开盗窃的行为

我国刑法理论的主流观点认为，盗窃罪的成立要求行为人必须秘密实施窃取公私财物的行为。所谓的秘密窃取，就是采用隐秘的、自认为不会被财物保管人或所有人发现的方式取走财物。但事实上，完全有可能存在公开盗窃的情形。如果严格按照主流观点来认定，必然会造成处罚上的漏洞。正是因为有这样现实的考虑，国外的刑法理论和司法实践都不要求秘密窃取。

因此，我们有必要重新审视一下盗窃必须是秘密窃取的观点，也有必要讨论一下盗窃罪的成立究竟需不需要秘密实施窃取行为。

举个例子。某天夜里，独居的王老太洗漱完就早早上床休息了。张三看到房间的灯熄灭后，又等了一会儿才进入王老太的房间，准备行窃。可实际上，王老太这时还没有睡着，但她不敢吱声，就盯着张三的一举一动。张三其实也发现了王老太正在盯着自己，但他并没有放弃，而是在王老太的眼皮底下把屋里值钱的东西都拿走了。

在这种情况下，如果按照主流观点判断，张三的行为就不可能成立盗窃罪。因为他是在王老太眼皮子底下取走财物的，这显然不是秘密窃取。那么，这个行为就是无罪的吗？当然不是。主流观点认为这种行为构成抢夺罪，但我并不认同。因为抢夺罪的成立要求行为人夺取他人紧密占有的财物，但这个案件并非如此。而且，如果说这是抢夺，那么没有达到数额较大的要求的话，就不能定财产罪了。侵占罪呢？也不行，因为张三与王老太之间没有委托关系，他获取的也不是遗忘物或埋藏物。

这么一罗列，你会发现，如果张三的行为不成立盗窃罪，其他的罪名就更没办法成立了。

现在，主流观点这条路已经走不通了，那我们就应该反思一下主流观点是否正确。我认为不正确，因为盗窃其实是可以公开进行的。这样一来，这个案件也就好认定了——张三的行为成立盗窃罪。即使没有达到数额较大的要求，也可以认定为入户盗窃，以盗窃罪论处。

看到这里，你可能会有疑问，我是不是为了处罚的必要性才否认主流观点的？当然不是。事实上，主流观点本身就是有缺陷的。

前面讲过，凡是属于客观构成要件要素的事实，都属于故意的认识和意志内容，当然，客观的超过要素除外。以故意杀人罪既遂为例，其客观要素是杀人行为致人死亡，与之相对的故意内容是认识到自己的行为会致人死亡，并且希望或者放任这种死亡结果发生。那么以此类推，凡是不属于客观构成要件要素的事实，都不可能成为故意的认识和意志内容。比如，故意杀人罪既遂的客观构成要件要素里没有杀人必须秘密进行的要求，所以不要求行为人自认为在秘密杀人。

主流观点认为，盗窃罪的成立要求行为人采用隐秘的、自认为不会被财物保管人或所有人发现的方式取走财物。也就是说，一方面认为不需要限定客观的盗窃行为必须是秘密进行的，另一方面又要求行为人必须以自认为不会使被害人发觉的方法占有他人财物。这样一来，即使盗窃行为在客观上表现为公开形式，行为人主观上也必须认为自己是在秘密窃取。但是从故意犯罪成立的原理来看，当行为客观上表现为公开窃取时，要成立盗窃罪，行为人就必须认识到自己是在公开窃取。所以，主流观点与故意犯罪成立的原理是矛盾的。

此外，根据主流观点，同样是在客观上公开取得他人财物的行为，如果行为人自认为被害人没有发觉，成立盗窃罪；如果行为人自认为被害人发觉了，则成立抢夺罪。这种由主观因素决定行为性质的观点，显然不符合客观主义刑法认定犯罪成立的原理。

其实，即使是从文理上看，盗窃罪的行为也并不局限于秘密窃取。我国古代的刑法把侵犯财产的犯罪都叫作"盗"。比如，《唐律·贼盗律》规定："诸盗，公取、窃取皆为盗。"公取就是公然而取，窃取就是秘密窃取。很久之后，人们才把秘密窃取行为从"盗罪"中分离出来，形成"窃盗"这一概念。在这个概念中，"窃"是用来修饰"盗"的，从而特指秘密窃取。这样，"窃盗"和"强盗"这两个词就区别开了。可是，现行《刑法》使用的是"盗窃"，而非"窃盗"。"盗窃"里的"窃"不是用来修饰"盗"的，而是与"盗"并列的。因此，从词语的内涵来看，也没有必要将盗窃限定为秘密窃取。

实际上，在现实生活中，公开盗窃的情形大量存在。比如，前面提到的张三在王老太眼皮子底下盗窃。再比如，行为人明知停车场管理员正看守着自行车，仍然偷走自行车。

总结一下，不管是根据故意犯罪成立的原理，还是考虑到文字本身的含义，又或者是考虑到复杂的现实情况，都不应该把盗窃限定为秘密窃取的行为。

如何评价窃取财物又返还的行为

在盗窃罪的认定中，另一个需要特别注意的问题是：窃取他人财物又返还的，能否构成盗窃罪？

总论部分讲过，犯罪形态有两大特质，即终局性和排他性。也就是说，如果一个犯罪行为已经既遂，便不可能再回到未遂或其他形态。所以，在盗窃行为既遂之后，即便行为人又返还了财物，也不影响犯罪既遂的行为定性。不过，返还财物这个情节可能会成为量刑时酌情从轻处罚的考虑因素。

那么，盗窃罪的既遂该怎么认定呢？对此有很多学说。我认为，只要行为人取得或控制了财物，就是盗窃罪既遂。一般来说，只要被害人丧失了对财物的控制，就应当认定行为人取得了财物。比如，李四以盗窃的故意在火车上窃取他人财物，之后又把财物从窗口扔出去，打算下车后再捡回来。在这种情况下，不管李四事后有没有捡回财物，在他将财物扔出窗外的那一刻，就可以认为被害人丧失了对财物的控制，李四成立盗窃罪既遂。

这里需要注意的是，财物的性质、形状、体积大小，被害人对财物的占有状态，行为人的窃取样态，取得财物的价值，都会对盗窃罪既遂或未遂的认定结果产生影响。

比如，对于体积很小的财物，行为人在把它放入口袋或藏入怀中的那一刻，就已经既遂了；但对于体积很大的财物，一般只有在把它搬出商店后，才能认定为既遂。比如，行为人预谋在首饰店盗窃，让店员把钻戒拿出来给她看一看。然后，行为人趁店员不备，把假钻戒放回盒子，同时把真钻戒藏在了腋下。在这种情况下，当行为人把真钻戒夹在腋下时，盗窃行为就已既遂了。

比如，盗窃工厂内的财物，如果工厂是任何人都可以出入的，那么将财物搬出原来的仓库、车间就是既遂；如果工厂的出入相当严格，出入大门必须经过严格的检查，那么只有将财物搬出大门才是既遂。

比如，盗窃他人土地上的财物，原则上只要将财物转移至他人的支配领域之外，就应当认定为既遂。当然，"他人的支配领域之外"不是一个物理的概念，而是需要根据社会一般观念进行判断。

又比如，盗窃超市、自助商店内财物的，需要重点关注两个问题：第一，行为人盗窃的财物还没有拿出超市，或者还没有经过收银台时，能否认定为既遂？第二，许多超市的收银台外还有超市的管理者或保安看守，能否因此将盗窃既遂的时间推迟？对此，需要从日常生活的角度，根据交易习惯与方式进行判断。一般来说，如果行为人将小商品装进了自己的口袋，即使没有经过收银台，也构成盗窃既遂。这是考虑到了人格方面的障碍。而既然如此，如果行为人已经经过了收银台，就更应当成立盗窃既遂。

问题在于，是否需要考虑行为人的行为受到管理者或保安监视的情形？如果行为人的行为一直受到商店人员的监视，能否认定为盗窃既遂？我的初步看法是，如果行为人的行为一直受到监视，且行为人还处于超市内，认定为盗窃未遂比较合适；如果没有受到监视，且行为人将小商品装进了口袋，则应认定为盗窃既遂。但是，不管是否受到监视，如果行为人经过了收银台，就应当认为已经离开了超市，宜认定为盗窃既遂。即使超市外还有保安看守，也不影响盗窃既遂的认定。

还需要说明的是，如果行为人取得的财物价值特别低，就不应认定为盗窃既遂。比如，张三准备了盗窃工具前往银行盗窃金库，将保险柜撬开后，发现里面只有 10 块钱，并没有其他财物。张三不想空手回去，就拿走了这 10 块钱的现金。在这种情况下，我认为不应该将张三的行为认定为盗窃既遂。为什么呢？

从本质上说，犯罪必须是侵害法益的行为，只有当行为对法益的侵犯达到值得科处刑罚的程度时，它才具有刑法意义上的实质的违法性。因此，刑法所保护的财产，应该是价值相对较大的财产。那么，在认定财产犯罪是既遂还是未遂时，就不能只考虑行为人是否取得了财物，还必须进一步考虑取得的财物是否达到了一定数额。所以，张三的行为只能认定为盗窃未遂。

05 抢劫罪 I

实施暴力且取得财物就一概成立抢劫罪既遂吗?

抢劫罪也是财产犯罪中一个很常见的罪名,但它认定起来并不轻松,不仅难点多,还比较复杂。所以,我把这部分分成了五节内容。

本节的内容与这个问题有关:是不是只要行为人实施暴力且取得了财物,就成立抢劫罪既遂呢?有人可能会认为,肯定成立,但事情没有这么简单。比如,这个问题里提到了"暴力",可什么样的行为才算暴力呢?大人扇小孩一巴掌、男性扇女性一巴掌,一般都能认为是暴力,但如果是林黛玉扇鲁智深一巴掌呢?

又比如,衣衫褴褛的行为人拿着水果刀将被害人堵在死胡同里,逼迫被害人交出钱来。其实被害人是名特种兵,根本没害怕。但他发现行为人竟然是自己的小学同学,于是出于同情,把身上的钱都给了行为人。这是不是抢劫罪既遂呢?

接下来,我们就从抢劫罪的行为方式入手,看看具体该怎么认定各种行为是否成立抢劫罪既遂。

抢劫罪的行为方式

抢劫罪是指行为人当场使用暴力、胁迫或者其他强制方法,强取公私财物的行为。需要注意,无论是采取哪种强制行为,都必须达到足以压制被害人反抗的程度。那么,什么是"暴力、胁迫或者其他强制方法"呢?

首先,关于暴力。

暴力行为是指行为人对被害人非法行使有形力,使被害人不能反抗的行为,比如殴打、捆绑、伤害、禁闭等。这种暴力必须是针对人实施的,直接或间接作用于人的身体。不过,虽然抢劫罪里的暴力需要达到足以压制对方反抗的程度,但并不要求必须具有危害人身安全的性质。比如,行为人把被害人监禁在室内,虽然没有危害被害人的人身安全,但足以压制被害人的反抗,所以也属于暴力行为。

其次,关于胁迫。

胁迫是指以恶害相通告,即行为人向被害人通告,如果被害人不交付财物或者不让行为人取走财物,就会产生更严重的后果,想借此让被害人产生恐惧心理,从而不敢反抗。这种胁迫也必须达到足以压制对方反抗的程度。不过,胁迫并不要求如果被害人不交付财物或受到威胁后进行了反抗,行为人一定得实现胁迫的内容。事实上,只要行为人的行为使被害人以为行为人会实现胁迫的内容就可以了。

比如,张三将一包废纸装入背包,走进银行威胁工作人员:"我包里装着炸药,赶紧给我 20 万元现金,否则我就引爆它!"尽管张三客观上不可能实现威胁的内容,但只要其行为使银行工作人员认为他会实现,并因此产生了恐惧心理,张三的行为就属于抢劫罪中的胁迫。但是,如果张三吓唬被害人说:"你要是不交出财产,一定会被天打雷劈!"这就不属于胁迫了,因为被害人不可能认为张三能实现胁迫的内容,即不会因为这种说法产生任何恐惧心理。

关于抢劫罪中的胁迫，有一个经常被讨论的争议点——要不要把它限定为"以当场实施暴力相威胁"呢？一旦做出了这样的限定，如果行为人在被害人不交付财物或者进行反抗时，没有立即实现胁迫的内容，就不成立抢劫罪了。从构成要件的角度来看，这种限定并没有直接的法律根据。但从司法认定的角度来看，我认为应该做这样的限定，否则就很容易扩大抢劫罪的处罚范围。

比如，敲诈勒索罪的行为方式里也有胁迫，不过这个胁迫是指"以将来实施暴力相威胁"。如果不把抢劫罪中的胁迫行为限定为"以当场实施暴力相威胁"，就可能会把原本属于敲诈勒索罪的行为认定为抢劫罪。我国《刑法》规定的敲诈勒索罪的法定刑虽然比抢劫罪的低，但整体上看并不轻。所以，把没有"以当场实施暴力相威胁"的行为认定为敲诈勒索罪基本是合适的，但如果认定为抢劫罪，就不恰当地扩大了抢劫罪的处罚范围。

但要注意，对"当场"的理解也不能过于狭窄。如果通告恶害的时间与实现恶害的时间相距很近，也应认定为是"当场"。比如，张三在被害人家里安放了炸弹，威胁被害人说："三天之内，你必须给我100万，否则我就让炸弹爆炸。"因为张三做出威胁时，炸弹已经被安放在了被害人家中，而且三天之内这个时间也很短，法益侵害的危险已经十分紧迫，足以压制被害人的反抗。所以张三的行为可以归入以当场实施暴力相威胁的范畴，从而被认定为抢劫罪。

最后，关于其他强制方法。

强制被害人的方法还有很多，只要能压制被害人的反抗即可，比如用药物或酒精使被害人暂时丧失自由意志。

以上就是抢劫罪的行为方式。需要强调的是，要成立抢劫罪，不管行为人用的是哪种方式，都必须达到足以压制被害人反抗的程度。这也是判断某个行为是否成立抢劫罪的关键所在。

那么，具体来说该怎么判断呢？我认为，必须进行客观的判断——不是一般性的抽象判断，而是通过考察暴力、胁迫的程度、样态、手段、时间、场所等因素进行的具体判断。

比如，如果被害人非常胆小，行为人的暴力、胁迫行为虽然不能压制一般人的反抗，但事实上已经压制了被害人的反抗，那这就是抢劫罪中的暴力、胁迫。如果被害人胆子很大，行为人的暴力、胁迫行为虽然足以压制一般人的反抗，但没能压制被害人的反抗，那就只能将其认定为抢劫罪未遂了。

抢劫罪既遂的判定标准

抢劫罪属于侵犯财产罪，所以应当以行为人取得或占有被害人的财物为既遂标准。也就是说，导致被害人轻伤但没取得财物的，属于抢劫罪未遂；抢劫致人重伤、死亡但未取得财物的，属于结果加重犯的既遂，但基本犯仍然是未遂。

很多人认为，《刑法》第 263 条所规定的 8 种法定刑加重情形[1]不存在未遂形态。但事实上，除了"抢劫数额巨大"这种情形，其他加重情形都存在未遂形态。比如，入户抢劫或在公共交通工具上

---

[1]　这 8 种法定刑加重情形分别是：（1）入户抢劫的；（2）在公共交通工具上抢劫的；（3）抢劫银行或者其他金融机构的；（4）多次抢劫或者抢劫数额巨大的；（5）抢劫致人重伤、死亡的；（6）冒充军警人员抢劫的；（7）持枪抢劫的；（8）抢劫军用物资或者抢险、救灾、救济物资的。

抢劫，但没有取得财物的，成立抢劫罪未遂；多次抢劫但都没抢到财物的，也成立抢劫罪未遂。

普通抢劫罪的既遂有两个判定标准：第一，取得或占有被害人的财物；第二，取得财物这一结果与先前的暴力、胁迫等手段行为之间必须具有因果关系。也就是说，必须是由于压制了被害人的反抗而取得财物，才属于抢劫罪既遂。

举个例子。张三在李四家向李四的饮料中投放安眠药，打算两小时后再次进来取得财物。李四喝下有安眠药的饮料后不久就出了门，一下午都没回来。张三不知道这个情况，照计划在两个小时后进了李四家。进去后，张三发现屋里并没有人，于是顺利取走了财物。在这种情况下，张三取得财物与他投放安眠药的行为没有因果关系，他能取得财物，是因为李四家没人。所以，考虑到张三实施了投放安眠药的行为和盗窃财物的行为，就应当认定为抢劫罪未遂与盗窃罪，实行数罪并罚。

到这里，本节标题中的问题就很清楚了。行为人实施暴力且取得财物的，并不一定会成立抢劫罪既遂。只有当暴力行为压制了被害人的反抗，并且与取得财物的结果之间具有因果关系时，才能够成立抢劫罪既遂。

答学友问

学友：本节提到抢劫罪的加重情形中，除了"抢劫数额巨大"，其他的情形都存在未遂形态。为什么"抢劫数额巨大"不存在未遂形态呢？

张明楷：这个问题涉及加重情形内部的一个分类，叫作加重的构成要件与量刑规则。加重的构成要件可能存在未遂犯，但量刑规则是不可能存在未遂犯的。那么，这两者该如何区分呢？

如果《刑法》分则条文单纯以情节（特别）严重、情节（特别）恶劣以及数额或数量（特别）巨大、首要分子、多次、违法所得数额巨大、犯罪行为孳生之物数量（数额）巨大作为加重情形，那它就属于量刑规则。

如果是因为行为、对象等构成要件要素的特殊性使行为类型发生变化，进而导致违法性增加，并加重法定刑，那它就属于加重的构成要件。

具体到抢劫罪的 8 种加重情形，"抢劫数额巨大"属于量刑规则，其他情形则属于加重的构成要件。

区分量刑规则和加重的构成要件具有重要意义，尤其是对认定犯罪形态和适用法定刑而言。加重的构成要件可能存在未遂犯。比如，持枪抢劫未遂的，适用持枪抢劫的法定刑，同时适用《刑法》总则关于未遂犯的规定。但是，量刑规则不可能存在未遂犯。比如，行为人以数额巨大的财物为目标进行抢劫，但没有抢到，这时只能将其认定为抢劫罪基本犯的未遂，而不是抢劫罪加重犯的未遂。

06 抢劫罪 II

进入学生宿舍抢劫，属于入户抢劫吗？

关于抢劫罪，除了基本行为，还有八种要加重处罚的情形。这一节就来介绍一下其中的一种——入户抢劫。在入户抢劫中，最有争议的问题是对"户"的解释。比如，进入学生宿舍抢劫的，属于入户抢劫吗？

"入户抢劫"的"户"该如何解释

根据相关司法解释的规定，入户抢劫是指为实施抢劫行为而进入他人生活的与外界相对隔离的住所，并进行抢劫的行为。所以入户的"户"，就是指他人生活的与外界相对隔离的住所，包括封闭的院落、牧民的帐篷、渔民作为家庭生活场所的渔船，以及为生活租用的房屋等。那么，学生宿舍属于"户"吗？

之所以要讨论这个问题，是因为在刑法理论上，一般会对入户抢劫采取限制解释的态度，即限制入户抢劫的成立范围。而之所以采取这种态度，是因为入户抢劫的法定刑比较重——成立入户抢劫的，一般要处"十年以上有期徒刑、无期徒刑或者死刑"。基于罪刑均衡原则，法定刑过重的，在定罪量刑时更应该谨慎，应该采取限制解释的态度来对犯罪行为的构成要件进行解释。如果法定刑不重，可能就没有限制解释构成要件的必要了。

比如，虽然我们要对入户抢劫进行限制解释，却无须对入户盗窃进行限制解释。因为入户盗窃只是盗窃罪的基本行为类型，而不是加重处罚的情形，它是《刑法修正案（八）》为了扩大盗窃罪的处罚范围才增设的。也就是说，入户盗窃适用的是盗窃罪的基本法定刑，比较轻，因此没必要进行限制解释。

总的来说，虽然入户抢劫和入户盗窃都有"入户"两个字，却不能对两者做出完全相同的解释。要知道，刑法用语是有相对性的，在对具体罪名进行构成要件解释时，应当在罪刑法定原则之下，做出符合公平正义原则的解释。注意，虽然我们应该尽量对入户抢劫这个罪名做限制解释，不能扩大处罚范围，但也不能过度限制对"户"的解释，否则就可能导致不公平的结论。

举个简单的例子。博士生甲在校外租了一个两居室，长期在这里学习、生活。如果行为人乙闯入其中抢劫，一般会被认定为入户抢劫。这没什么争议。但是，如果乙闯入校内的宿舍抢劫住校博士生，又该怎么认定呢？如果把"户"严格限制为一般用于家庭生活的房屋，那学生宿舍就很难被认定为"户"。这样一来，乙侵入学生宿舍抢劫的行为就不构成入户抢劫了。可是，这样的结论很难让人觉得公平——不管是住校外还是校内，居住地的功能是一样的，也都跟外界隔离，为什么仅仅因为一个是租的两居室、一个是宿舍，就导致其受刑法保护的程度不同呢？

所以，对"户"进行这种形式上的限制是不合适的。我认为，既然学生宿舍是学生日常生活的场所，也和外界相对隔离，那侵入学生宿舍抢劫就应该成立入户抢劫。

如何限制入户抢劫的成立范围

那么，我们通常说的限制入户抢劫的成立范围，具体是要限制什么？

第一，入户的方式需要限定。

只有以下面两种方式入户并实施抢劫行为，才能认定为入户抢劫，从而适用加重的法定刑——一是违反被害人意志，携带凶器入户；二是违反被害人意志，以暴力、胁迫方式入户。

所以，以下几种情况都不应当认定为入户抢劫，只需认定为普通抢劫即可：

· 单纯尾随被害人入户后抢劫的；

· 因为被害人没锁门而偷溜入户后抢劫的；

· 利用偷配的钥匙或所谓万能钥匙入户后抢劫的；

· 通过欺骗方式入户后抢劫的。

第二，暴力、胁迫等行为必须发生在户内。

以抢劫目的入户，之后使用暴力迫使被害人离开户内，进而强取财物的，成立入户抢劫。但如果没有采用暴力，而是用欺骗的方式使被害人到户外去，然后才实施抢劫的，就不成立入户抢劫。

此外，根据《刑法》第269条的规定，犯盗窃、诈骗、抢夺罪，为窝藏赃物、抗拒抓捕或者毁灭罪证而当场使用暴力或者以暴力相威胁的，依照抢劫罪的规定定罪处罚。该规定属于法律拟制，所规定的情形在理论上被称为事后抢劫或准抢劫，但成立的罪名是抢劫罪。根据这一规定，我认为，入户盗窃、诈骗、抢夺后，为了窝藏赃物、抗拒抓捕或者毁灭罪证，在户内当场使用暴力或者以暴力相威胁的，应当成立入户抢劫。但如果是在户外使用暴力或者以暴力相威胁，就不成立入户抢劫了。

关于事后抢劫的内容，我会在本章第 12 节具体讨论。

第三，行为人的主观故意需要限定，入户时必须有抢劫的故意。

我认为，只有以抢劫的故意入户并实施抢劫，才能认定为入户抢劫。这可能和司法解释有所区别。

首先，"入户抢劫"这种表述意味着行为人入户就得是为了抢劫。比如，行为人为了强奸而入户，却在入户后实施抢劫的，就不属于入户抢劫了，只能算是入户后抢劫，应该认定为普通抢劫罪。

其次，以抢劫为目的入户，进而实施抢劫，使入户和抢劫的违法性不是简单地相加，而是有机地结合。所谓有机地结合，是指行为人在入户前做好了抢劫的各种准备，比如准备抢劫工具、共犯人之间进行明确的分工、制订周密的计划等，而这些准备工作使入户抢劫的违法性明显增大。

最后，行为人主观上对抢劫有预谋，意味着对行为人进行特殊预防的必要性更大。

那么，在实际操作中，应该怎么判断行为人入户时有没有抢劫的故意呢？一般来说，可以通过入户的方式来判断，比如是否携带凶器、是否是在明知户内有人时强行进入等。如果确实难以判断，就只能根据存疑时有利于被告的原则，否定行为人有抢劫的故意。

第四，行为人必须认识到自己侵入的是"户"。

比如，行为人以为侵入的是卖淫场所或普通商店，但实际上侵入的是家庭住所，并且实施抢劫，就不应认定为入户抢劫，因为行为人并没有认识到自己实施的是"入户"行为。又比如，行为人在进入"户"时主观上并不知道这是"户",进入之后才发现是"户"却仍然抢劫的,只是在户抢劫而不是入户抢劫,认定为普通抢劫罪即可。

那么,如果行为人原本就是户内成员,能不能成立入户抢劫呢?

司法实践中经常遇到这样的案件:张三和李四合租,张三联络了甲乙两人共同入户抢劫李四的财物。在这种情况下,甲乙两人的行为应当被认定为入户抢劫,因为两人入户的行为虽然得到了张三的同意,但被害人李四并没有同意。不过,户内成员张三的行为就不应该被认定为入户抢劫了。毕竟,张三入的是自己的户,所以他的入户行为在客观上不具备违法性。总的来说,户内成员教唆、帮助他人进入户内抢劫的,虽然他人可能成立入户抢劫,但户内成员自身并不成立入户抢劫,只成立普通抢劫。

答学友问

学友:既然行为人入户时必须有抢劫的故意,那不是和事后抢劫,在户内当场使用暴力或以暴力相威胁从而构成入户抢劫的情况矛盾吗?

张明楷:这位同学是想问,在事后抢劫的情况下,行为人入户时并没有抢劫的故意,却要认定为入户抢劫,这不是和本节讲的入户时必须要有抢劫的故意矛盾吗?

先来看看司法解释的规定。我国最高人民法院印发的《关于审理抢劫案件具体应用法律若干问题解释》指出:"对于入户盗窃,因被发现而当场使用暴力或者以暴力相威胁的行为,应当认定为入户抢劫。"但是，这个规定可能会导致许多不协调的情况。比如，如果行为人为了盗窃、诈骗、抢夺而入户，但因为事后采用了暴力行为，符合有关事后抢劫的规定，就认定为入户抢劫；可是，如果行为人为了杀人、伤害、强奸等入户，然后在户内实施抢劫，按照规定反而不成立入户抢劫，只成立一般抢劫。这样就存在明显的不协调之处。

因此，我认为，只有以抢劫的故意入户并实施抢劫的，才能认定为入户抢劫。不过需要明确的是，以抢劫为目的入户，其实也包括以事后抢劫为目的入户。所谓以事后抢劫为目的，就是指行为人入户时打算实施盗窃、诈骗、抢夺行为，但同时也打算如果被人发现就使用暴力或者以暴力相威胁，以此来窝藏赃物、抗拒抓捕或者毁灭罪证。

总之，入户时具有事后抢劫的目的，也属于以抢劫为目的入户，也应当被评价为入户抢劫。相反，如果入户时不具有事后抢劫的目的，那就应该被评价为一般抢劫。

07 抢劫罪 III

真正的军警人员抢劫，属于冒充军警人员抢劫吗？

除了入户抢劫，抢劫罪八种加重情形中还有一种需要特别注意，那就是冒充军警人员抢劫。从字面上看，你可能会觉得这很好理解，但在司法实践中，这种情形其实并不容易判断，而且在理论上还存在很大的争议。比如，行为人实施抢劫时声称自己是警察，就一概成立冒充军警人员抢劫吗？再比如，真正的军警人员抢劫，是否成立冒充军警人员抢劫呢？这些都是这种情形在具体认定时的难点，也是本节会讨论的问题。不过，在进入具体问题前，先来看看这一加重情形的判断标准。

冒充军警人员抢劫的判断标准

我国最高人民法院在 2016 年 1 月 6 日印发的《关于审理抢劫刑事案件适用法律若干问题的指导意见》（后文简称《抢劫案件指导》）明确要求，认定冒充军警人员抢劫时，必须判断行为人的行为是否足以使他人误以为其是军警人员。

具体怎么判断呢？一般来说，需要综合审查行为人有没有穿着军警制服、有没有携带枪支、有没有出示军警证件，等等。不过，如果行为人只是穿着类似于军警人员的服装，或者只是口头上说自己是军警人员但没有任何证件、武器，那就需要结合抢劫的地点、时间、暴力或威胁的具体情形，依照一般人的判断标准来认定。

下面看一个真实的案例。2013 年 12 月 17 日晚上，在某县城的一个路口，四名行为人把骑电动车的被害人强行拽上了他们的红色面包车。这辆车上挂着警灯，但在行为人劫持被害人的过程中并没有拉响。被害人被拉进车里后，行为人手持仿真枪威胁被害人，并说自己是警察，让被害人老实一点，不要反抗。就这样，他们抢走了被害人随身携带的一部手机和 3000 元现金。然后，他们把被害人拉到村口放下，驾车离开了。

检察机关认为，这四人的行为符合冒充军警人员抢劫这一加重情形。但辩护律师指出，这四人的行为不符合《抢劫案件指导》的要求，不应该成立冒充军警人员抢劫。律师给出了三个理由。

第一，几名行为人驾驶的车辆为红色面包车，从外观上看与真正的警车差异十分明显，不会让一般人误认为是警车。

第二，被害人的询问笔录表明，被害人当时明确地知道行为人所持枪支是玩具枪，因为跟真枪很不一样。再结合当时的时间、地点、着装等情况，一般人应当很容易就能识破行为人所谓的警察身份。

第三，根据几个行为人的当庭供述，警报器是面包车的前任车主买来当喇叭用的，因为这辆面包车没有喇叭，可喇叭对汽车来说又是必需的。也就是说，车里的警报器并不是行为人为了冒充军警人员抢劫而故意装上的。而且，不管是在案发前还是在案发后，行为人都是把警报器当喇叭使用，在本次抢劫过程中，也没有拉响过警报器。所以，行为人从头到尾都没有利用警报器向被害人显示，或者让被害人误以为自己是军警人员。

为什么律师要这么强调警报器这个细节呢？因为他认为，这可以论证行为人并不具有冒充军警人员抢劫的主观故意。根据责任主义原理，如果能证明行为人没有主观故意，就不能将其行为认定为冒充军警人员抢劫。

我认为，如果律师关于案件事实部分的举证是真实的，那他的前两个理由的确能证明几个行为人不足以使被害人或一般人认为他们是军警人员，但第三个理由就有待商榷了。当然，选择主观故意这个角度是可以的，只是在本案中，行为人已经向被害人声称过自己是警察了，所以很难说他们没有冒充军警人员的主观故意。

不过，即便行为人主观上存在冒充军警人员抢劫的故意，也不能简单地将其行为认定为冒充军警人员抢劫。因为认定犯罪时，要先判断客观构成要件，再判断主观责任。具体到本案，根据律师提出的前两个理由，这四人的行为显然不符合冒充军警人员抢劫的客观要件，所以不能将其认定为冒充军警人员抢劫。

事实上，法院也的确采纳了律师的观点，依照普通抢劫罪对四名行为人定罪处罚。

真正的军警人员抢劫该如何定罪量刑

了解了具体的判定标准，再来看一个在理论上争议很大的问题——真正的军警人员实施抢劫，是否符合冒充军警人员抢劫这一加重情形呢？

针对这个问题，《抢劫案件指导》也有相关规定："军警人员利用自身的真实身份实施抢劫的，不认定为'冒充军警人员抢劫'，应依法从重处罚。"但是，我并不赞成这种处理方法。我认为，与冒充军警人员抢劫相比，真正的军警人员显示自己的真实身份去抢劫的，更应当提升法定刑，判处更重的刑罚。具体来说，有以下几个原因。

第一，军警人员受过特殊训练，制服他人的能力肯定高于一般人。被害人在面对军警人员时，肯定会比面对一般抢劫者时更害怕，行为人的抢劫行为也就更容易得逞。也就是说，真正的军警人员显示身份抢劫的，更容易达到压制他人反抗的效果，也更有可能抢劫既遂。

第二，冒充军警人员抢劫肯定会严重损害国家机关的形象，但如果被害人或其他人事后知道是伪装的，其实是可以挽回国家机关形象的；但如果是真正的军警人员实施抢劫，那就很难挽回了。

这两点表明，真正的军警人员抢劫比冒充军警人员抢劫的法益侵害的危险性更高，所以应该受到更重的处罚。

第三，需要考虑共同犯罪中各个共犯人的量刑均衡问题。下面用一个具体的例子来说明背后的逻辑。

某县派出所的民警王某跟无业青年苏某关系很好。某天，两人商议以"抓嫖"为名，到幸福旅社抢劫旅客财物。两人进入旅社大门后，王某声称自己是警察，要例行查房，并用警棍威胁、逼迫旅社员工面向墙壁蹲下，然后从服务台抽屉内取出 500 元放入自己的口袋。苏某则冲上二楼，也声称自己是警察，并拿出手铐相威胁，强行拿走旅客的财物。之后，被害人报案，王某和苏某相继落网。

在这个案件中，苏某的行为肯定成立冒充军警人员抢劫。那警察王某呢？如果认为王某的行为成立普通抢劫罪，那显然不公平。因为从案情来看，王某是罪更重的，如果轻判，就不符合罪刑均衡的原则。

我认为，王某和苏某都成立抢劫罪，并且都应该适用加重的法定刑。可能有人会认为，苏某是冒充军警人员抢劫的正犯，警察王某是冒充军警人员抢劫的共犯，所以对王某应该从轻量刑。这种观点显然既不符合客观事实，也不符合罪刑均衡原则，并不可取。只有将王某认定为冒充军警人员抢劫的正犯，才能得出协调、合理的结论。所以，考虑到实质上的合理性以及罪刑均衡原则的要求，军警人员显示身份抢劫的，应当认定为冒充军警人员抢劫，适用加重法定刑。

但是，这里还存在一个难点——根据罪刑法定原则，我们必须解释法条中"冒充军警人员"这一表述如何能在语义上涵盖真正的军警人员。

我目前的一个解决思路是，将"冒充军警人员抢劫"中的"冒充"解释为假冒与充任，而不只是假冒。也就是说，一般人冒充军警人员属于"假冒"，而真的军警人员显示身份属于"充任"。

当然，很多人认为这个词不应当拆开来解释。但实际上，"冒充"和许多词一样，都是可以拆开来解释的。比如，"正直"一词中"正"和"直"的含义是不一样的，"咨询"一词中"咨"和"询"的含义原本也是不一样的。况且，《刑法》分则中不仅有"冒充"一词，还有"假冒"一词，而这里没有表述为"假冒"军警人员抢劫，那我们自然可以将"冒充"理解得与"假冒"不一样。

08 抢劫罪IV

　　携带凶器抢夺，为什么要认定为抢劫罪？

　　前面提到过，《刑法》第 267 条第 2 款明文规定，携带凶器抢夺的，以抢劫罪定罪处罚。但携带凶器盗窃的，却并不成立抢夺罪，而是仍然成立盗窃罪。这是为什么？或者说，这种规定背后的逻辑或法理是什么？本节就从这款规定的性质入手，来解答一下这个问题。

携带凶器抢夺的行为拟制为抢劫罪

　　前面讲过法律拟制和注意规定，而《刑法》第 267 条第 2 款的规定就属于法律拟制，也就是把原本不符合 A 罪构成要件的行为特别规定为 A 罪。具体到携带凶器抢夺这个行为，就是虽然行为人没有使用暴力、胁迫或者其他方法抢劫公私财物，但只要行为人携带凶器抢夺了公私财物，就以抢劫罪论处。

　　那么，这款规定为什么不是注意规定呢？

　　一方面，是因为《刑法》完全没有必要设置这样的注意规定。虽然《刑法》同时规定了抢劫罪和抢夺罪，但两个罪的区别相当明显，也就不需要特别提醒司法工作人员注意了。

　　另一方面，是因为这款规定符合法律拟制的原理。这里规定的是"携带"凶器抢夺，而不是"使用"凶器。按照《刑法》第 263 条的规定，以暴力、胁迫或者其他方法抢劫公私财物的，成立抢劫罪。如果没有使用暴力、胁迫或者其他方法，只是携带凶器抢夺的，就不符合抢劫罪的客观构成要件。如果没有这款特殊规定，携带凶器抢夺的行为就只能被认定为抢夺罪了。也就是说，这款规定是把原本不符合抢劫罪构成要件的行为特别规定成了抢劫罪。

再进一步，为什么一定要把携带凶器抢夺的行为拟制为抢劫罪呢？

一方面，在抢夺案件中，被害人一般都能当场发现被抢夺财物的事实，于是会要求行为人返还自己的财物。但如果行为人携带了凶器，那他客观上就为自己抗拒抓捕、窝藏赃物创造了便利条件。

另一方面，如果行为人主观上具有使用凶器的意识，那他使用凶器的可能性就非常大。而这导致携带凶器抢夺与抢劫行为相比，在法益侵害的紧迫程度上并没有实质的区别。所以，把携带凶器抢夺的行为拟制为抢劫，也就具有了实质的根据。

了解了把携带凶器抢夺的行为拟制为抢劫罪的理由，下面再来介绍两个有关这款规定的具体问题——"携带凶器抢夺"中的"凶器"和"携带"分别应该怎么理解？

如何理解"凶器"

一般来说，刑法上的凶器是指在性质或用法上足以杀伤他人的器物。所以，如果一个物品只有毁坏其他物品的特性，没有杀伤他人的机能，那它就不属于凶器。比如，可以划破他人衣服口袋，但不足以杀伤他人的微型刀片，就不应该被评价为凶器。

那么，在什么情形下，可以将携带具有杀伤力物品的行为认定为携带凶器呢？需要综合考虑以下四个因素。

第一，物品杀伤机能的高低。一个物品的杀伤机能越高，它被认定为凶器的可能性就越大。所以，各种仿制品，比如用塑料制成的手枪、匕首等，虽然在外观上与真实的凶器一样，但由于杀伤机能较低，就不能被认定为凶器。

第二，物品供杀伤他人使用的盖然性程度。关于这一点，首先要考虑在司法实践中，行为人携带的物品是否属于违法犯罪人员经常用于违法犯罪的凶器。如果是，那它被认定为凶器的可能性就比较大。其次，还要考虑行为人携带的物品在本案中被用于杀伤他人的盖然性程度。这与下面要讲的"携带"密切相关，所以等后文具体来讲。

第三，根据社会一般观念，这个物品使人感到危险的程度。也就是说，判断一个物品是否属于凶器时，不能只看它有没有杀伤机能，还要考虑它的外观。比如，领带也可以被用来勒死人，但应该没人会觉得系着领带抢夺是携带凶器抢夺，毕竟，一般人很难因为领带而产生危险感。所以，领带一般不会被认定为凶器。

第四，物品被携带的可能性。也就是说，在通常情况下，一般人外出时是否会携带这种物品。比如，菜刀、杀猪刀、铁棒等物品被携带的可能性很小，所以携带这些物品抢夺的，一般就要被认定为携带凶器抢夺。再比如，汽车虽然可以撞死人，但一般人外出开车的可能性很大，所以开着汽车抢夺的行为不会被评价为携带凶器抢夺。

如何理解 "携带"

很多人可能会认为，携带就是把物品带在身上。但其实并没有这么简单。这里的携带，是指在从事日常生活的住宅或居室以外的场所，将某个物品带在身上或置于自己身边。换句话说，携带的核心在于将凶器置于行为人现实的支配之下，可以随时使用。

所以，手持凶器、怀中藏着凶器、将凶器置于衣服口袋等行为，都属于携带凶器。没有亲自携带，而是让随从或同伴携带的，也属于携带凶器。比如，甲让乙手持凶器，两人一起去抢夺财物，这里甲的行为就属于携带凶器抢夺，成立抢劫罪。

但是，如果行为人把匕首放在行军包里并准备实施抢夺，而且由于行军包被绑得严严实实的，行为人想拿出匕首需要一定的时间，还得实施一系列动作，那么即使行为人客观上携带了凶器，也因为不能随时使用而不应被认定为 "携带凶器抢夺" 中的 "携带"。

也就是说，**携带凶器中的 "携带"，既要求行为人客观上可以随时使用凶器，也要求行为人主观上具有随时使用的意思**。如果行为人携带某个物品并不是为了违法犯罪，实施抢夺时也没有使用该物品的意思，就不能认定为携带凶器。

举个例子。一个果农经常在路边摆摊卖水果。为了方便顾客品尝，他就在摊位上放了一把水果刀。某一天，有个路过水果摊的路人露了财，果农顿起歹意，实施了抢夺行为。但在当时，果农并没有意识到自己带着这把水果刀，也就没有使用它的打算。所以，不能将这样的行为评价为携带凶器抢夺，只能对他以抢夺罪论处。

还要注意，**"携带" 并不要求行为人显示凶器，即不要求将凶**

器暴露在身体外部，也不要求行为人向被害人暗示自己携带着凶器。主要有以下几个原因。

首先，从"携带"这个词来看，它并不具有显示或暗示自己带有某种物品的含义。其次，从法益侵害的危险程度来看，显示或暗示自己携带凶器并实施抢夺行为，比当场扬言实施暴力、威胁并进行抢劫的行为，是有过之而无不及的。所以，显示或暗示自己携带凶器并实施抢夺的行为，已经符合了《刑法》第 263 条普通抢劫罪的构成要件。最后，抢夺行为大多表现为趁人不备夺取财物。既然是"趁人不备"，通常也就不会显示或暗示携带凶器了。

同样，**携带凶器抢夺也不要求行为人使用所携带的凶器。**如果行为人使用携带的凶器强取他人财物，就应该直接适用第 263 条普通抢劫罪的规定。这里所说没有使用凶器，是指行为人没有针对被害人使用凶器实施暴力或胁迫。也就是说，如果行为人使用凶器针对的是财物，而不是被害人，就要适用携带凶器抢夺成立抢劫罪的特别规定，而不是普通抢劫罪的规定。

比如，行为人携带管制刀具尾随他人，但他发现被害人背包的方式让他很难下手抢夺，于是找了个机会用管制刀具迅速将背包带划断，然后夺走了这个背包。这就属于携带了凶器但没有使用凶器的情况，因为行为人只是用凶器划断了背包带，并没有用凶器对被害人实施暴力或者进行胁迫。

简单地说，之所以要将携带凶器抢夺的行为拟制为抢劫罪，是因为携带凶器抢夺的行为和抢劫行为的法益侵害程度在实质上是相当的。因此，在判断什么是凶器，以及什么是携带时，一定要按照本节所讲的标准谨慎认定，以免扩大携带凶器抢夺成立抢劫罪的范围。此外，因为该规定是法律拟制，所以不能扩展适用。携带凶器盗窃的，依然成立盗窃罪，不能认定为抢劫罪。

09 诈骗罪 I

有欺骗行为，且取得了财物，就一定成立本罪吗？

诈骗罪是财产犯罪里一个十分常见的罪名，与电信诈骗、保健品诈骗、P2P诈骗、数字货币诈骗相关的新闻几乎每天都有。但实际上，对诈骗罪的认定真不是个简单的问题。比如，只要有欺骗行为就能成立诈骗罪吗？有欺骗的行为，也取得了财物，就一定成立诈骗罪吗？ATM机可以被欺骗吗？这些问题，都需要了解诈骗罪的构造才能正确回答。

在刑法上，诈骗罪既遂包括五个环环相扣的环节，也就是所谓的"诈骗五步走"。本节就分别来看看每一步是怎么走的。

第一步：行为人实施欺骗行为

既然是诈骗罪，第一步自然就是行为人实施了欺骗行为。这里所说的欺骗行为与日常生活中所说的欺骗并不完全相同，需要抓住以下两个要点。

第一，欺骗行为要足以使对方陷入错误认识。

在日常生活中，广告上的夸张宣传，比如喝了可乐就能冲上云霄等，不能被评价为诈骗罪中的欺骗行为。因为这种宣传太夸张了，通常不会让一般人产生错误认识。不过，判断欺骗行为是不是足以让对方产生认识错误时，也不能完全按照一般人的标准，而要考虑对方的个体情况。比如，行为人谎称自己在公检法机关有关系，可以帮忙捞人出狱，想借此骗取犯罪分子家属的财物。虽然一般人都能识破这个骗局，但倘若家属信以为真，这就应该被评价为欺骗行为。

第二，欺骗行为必须足以使对方陷入处分财产的错误认识，而不是陷入所有错误认识都可以。

比如，张三觊觎李四家一个古董很久了。有一天，张三看李四一个人在家，就跑来对李四说："你们家孩子在路上被车撞了，快去看看吧。"李四慌忙跑出门，张三趁机到李四家拿走了古董。在这种情况下，张三的欺骗行为没有让李四产生处分财物（即古董）的错误认识，所以这个行为并不是诈骗罪中的欺骗行为。结论是，张三的行为成立盗窃罪，而不是诈骗罪。

但是，如果张三欺骗李四说："你这个古董其实是个赝品，我出1万买了。"李四信以为真，以1万元的价格把价值100万元的古董卖给了张三。这时，张三的行为就是诈骗罪中的欺骗行为了。

第二步：受骗者陷入错误认识

诈骗的第一步是行为人实施欺骗行为，且该行为足以使对方产生处分财产的错误认识。第二步就是受骗者确实产生或维持了错误认识。当然，这里的错误认识也是指处分财产的错误认识。

举个例子。张三将事先准备好的镀金项链带在身上，然后到珠宝店指着相同样式的真金项链，让售货员拿出来给他看看。售货员接待其他顾客时，张三趁机将真金项链藏在身上，然后声称自己不买了，并将镀金项链"退还"给售货员。根据社会的一般观念，售货员把金项链递给张三只是让他暂时看一看，并不是把金项链处分给张三了。所以，售货员并没有陷入处分金项链的错误认识，张三的行为也就不成立诈骗罪，而是成立盗窃罪。

需要提醒的是，既然诈骗罪的第二步是让受骗者产生或维持错误认识，就说明**受骗者必须是有一定行为能力的自然人**。毕竟，幼儿、严重精神病患者等根本没有正常的认识能力，也就谈不上产生错误认识了。

同理，机器也不可能产生错误认识，也就是说，机器不会被骗。那么，如果甲用乙的储蓄卡在 ATM 机上取走现金，这个行为该怎么认定呢？储蓄卡的信息是真实的，密码和操作程序没有错误，ATM 机也不可能产生错误认识，那就既不存在欺骗，也不存在被欺骗。但可不可以说甲是针对 ATM 机背后的自然人实施了欺骗行为呢？也不行。毕竟，侦查机关调查时，银行的任何职员都不可能说自己被骗了。相反，甲之所以能在 ATM 机上取出钱，恰恰是因为他使用的都是真实信息。所以，这种行为不是欺骗行为，而是盗窃行为。

不过，如果甲捡到了乙的银行卡，然后拿着卡冒充乙去银行柜台取钱，这就要成立诈骗罪了。因为在这种情况下，如果甲不对银行柜员实施欺骗行为，让对方误以为自己是乙，他就没法取到钱。

第三步：受骗者基于错误认识处分财产

诈骗罪的第三步，是受骗者基于错误认识处分了财产。关于这一步，有三点需要特别注意。

第一，受骗者必须是对财产有处分权限的自然人，但不需要是

财物的所有权人或占有人。

比如，乙把车钥匙落在了超市的收银台上，收银员发现后便问是谁的，甲谎称是自己的。收银员将车钥匙交给甲后，甲将乙的车开走并据为己有。在这种情况下，收银员对乙的车没有处分权限，最多只对乙的车钥匙有处分权限。所以，甲对乙的车钥匙可能成立诈骗罪，对车本身则成立盗窃罪。

第二，这里说的处分是指转移财产的占有，而不是转移财产的所有权。

比如，甲打算以借为名来非法占有乙的汽车，所以他借到汽车后就逃匿了。从受骗者乙的角度来看，他只是想出借车辆，只有转移占有的意思，没有转移所有权的意思。但是，他把车借给甲也属于诈骗罪认可的处分行为。

第三，受骗者在处分财产时必须有处分的意识。这是指受骗者需要认识到，自己是在将某种财产转移给他人占有。但是，并不要求受骗者对财产的数量、价格等有明确的认识。

比如，甲在某商场购物时，调换了便宜照相机和贵重照相机的价格条形码，店员在不知情的情况下，将贵重照相机以便宜照相机的价格"出售"给了甲。这时，店员虽然没有意识到自己处分的是贵重照相机，但他客观上处分了照相机，所以应该认为他有处分的意识，甲的行为成立诈骗罪。

再比如，甲发现乙的书中夹着一张清代的邮票，便向乙讨要这本书。乙在没有意识到书中夹有贵重邮票的情况下，将书送给了甲，于是甲将这张邮票据为己有。这时，乙虽然客观上有处分邮票的行为，但他主观上没有处分邮票的意识，所以不能认为他做出了处分财产的行为，甲的行为也就不成立诈骗罪，而是成立盗窃罪。

第四步：行为人或第三者取得财产

诈骗罪的第四步，是行为人或第三者取得财产。这一步的关键在于，行为人或第三人取得的财产与被害人处分的财产必须具有同一性，即两者必须是同一种东西，这在理论上被称为"素材的同一性"。

比如，甲捡到了乙的银行存折，然后拿着存折冒充乙去银行柜台取了钱，这种行为成不成立诈骗罪呢？对乙来讲，甲的行为不成立诈骗罪，因为他只是侵占了存折。银行工作人员处分了现金，甲获得了现金，两者具有同一性，所以甲对银行成立诈骗罪。当然，这种情形也有可能被认定为三角诈骗，即银行职员是受骗人，但处分了乙的债权，乙是被害人。

第五步：被害人遭受财产损失

诈骗罪的最后一步，是被害人遭受了财产损失。通常，行为人取得了财产，被害人就遭受了财产损失。但也有不那么好判断的时候。比如，如果行为人在取得被害人财产的同时，也提供了相当的对价或商品，还能说被害人有财产损失吗？举个例子，你到商店买有机白菜，结果老板把普通白菜冒充有机白菜卖给了你，不过他卖的有机白菜和普通白菜的价格是一样的。这时，你有没有损失呢？这个问题很有意思，但比较复杂，我们在下一节继续讨论。

答学友问

学友： 张三在超市购物时，趁店员不注意，将较为贵重的方便面放进矿泉水盒子里，然后用矿泉水的价格来买单。张三的行为是盗窃还是诈骗？

张明楷： 这个问题涉及处分意识和处分行为。如果受骗者在处分财产时没有处分意识，就要考虑认定为盗窃罪；如果受骗者有处分意识，就要考虑认定为诈骗罪。这个问题在本节也有所涉及，这里再详细讲一下。

受骗者处分财产时必须有处分意识，即认识到自己是在把某种财产转移给行为人或第三者占有。但是，如果要求受骗者必须对处分的财物有准确的认识，那就几乎没有诈骗罪成立的余地了——在很多情况下，诈骗罪之所以成立，正是因为受骗者对处分的财物产生了错误认识。所以，诈骗罪的成立虽然要求受骗者有处分意识，但并不要求受骗者对财产的数量、价格等有明确的认识。

关于受骗人是否具有处分意识，我认为大概分为以下四种类型。

第一，受骗者没有认识到财物的真实价值，但认识到自己处分了该财物的，应当认为他有处分意识。比如，本节讲到的调换便宜照相机和贵重照相机的价格条形码的例子中，应当认为店员具有处分意识。

第二，受骗者没有认识到财物的数量，但认识到自己处分了一定的财物的，也应该认为他有处分意识。比如，乙将照相机包装盒里的泡沫取出，在里面装入两个照相机，然后拿着这个包装盒去付款，店员以为里面只装有一个照相机，于是只收取了一个照相机的货款。在这种情况下，店员虽然没认识到处分的财物的具体数量，但认识到自己将包装盒里的财物处分给了乙，所以应当认为他具有处分意识。

第三，受骗者没有意识到财物的种类而将其转移给行为人的，不应当认为他有处分意识。比如这个问题中的情况，店员虽然认识到自己将矿泉水盒子中的财物处分给了张三，但没有认识到自己处分的其实是方便面，所以应当认为店员没有处分方便面的意识，张三的行为成立盗窃罪。

第四，受骗者没有认识到财物的性质而将其转移给行为人的，也不应当认为他有处分意识。比如本节提到的，乙将夹着清代邮票的书送给甲的例子，乙客观上有处分邮票的行为，但主观上没有处分邮票的意识。所以，甲的行为成立盗窃罪——他实际上就是以要书为名掩盖盗窃事实。

学友： 老师，我一直对刑事欺诈（诈骗罪）和民事欺诈如何区分很困惑，请您帮助解惑。

张明楷： 司法实践中有很多人关注这个问题，但我认为这其实不是个真问题。

我建议不要总是纠结于民事侵权和侵犯财产罪的区别。民事违法和刑事违法不是对立关系，可以说，《刑法》分则中除危害国家安全罪之外的所有犯罪，都是广义的民事违法行为。

以诈骗罪为例，经常有人问民事欺诈与诈骗罪的区别。这个问题永远都讲不清楚，因为两者不是对立关系，而是包容关系，民事欺诈包含了诈骗罪。所以，我们需要做的其实就是把诈骗罪从民事欺诈中挑出来。依据什么挑呢？就依据《刑法》关于诈骗罪的犯罪构成来挑。如果一个民事欺诈行为符合诈骗罪的犯罪构成要件，那么它就构成诈骗罪，也就不用再去考虑它是不是民事欺诈了。这就好比"财物"是一个大的概念，汽车也是财物，我们没办法讨论汽车和财物有什么区别，只能讨论什么样的财物叫汽车。

因此，我们不需要考虑民事欺诈与诈骗罪的区别，只需要看这个行为是否符合诈骗罪或其他财产犯罪的构成要件。

10 诈骗罪 II

如果交易价格相当，还构成本罪吗？

上一节介绍了诈骗罪的五个环节，并具体讨论了前四个，本节就来讨论一下最后一步——被害人遭受财产损失。

先回到上一节最后的问题：假设你只吃有机白菜，普通白菜 10 块钱一棵，有机白菜 20 块钱一棵。你到商店购买有机白菜时，老板把普通白菜冒充有机白菜卖给了你，但他店里卖的两种白菜价格一样，都是 10 块钱一棵。这时，你有没有损失呢？你可能会觉得，我用买普通白菜的钱买到了普通白菜，并没有财产损失啊！其实这么理解损失是不合适的。

关于财产损失，财产犯罪理论中有一套判断方法，诈骗罪也不例外。不过，这套方法与我们日常生活中计算损失的思路不太一样。下面，就来看一下在诈骗罪等财产犯罪中，该怎么判断财产损失。

怎么判断有无财产损失

国外刑法理论认为，根据成立犯罪是否要求造成整体财产损失，可以将财产犯罪分为对个别财产的犯罪和对整体财产的犯罪。对个别财产的犯罪，特点是只要行为使被害人丧失了个别或特定财产，即使该行为同时使被害人获得了相应的利益，也成立犯罪。对整体财产的犯罪，则是指对被害人的财产状态整体进行侵害的犯罪，或者说是使被害人的整体财产状况恶化的犯罪。其特点是将财产的丧失与取得作为整体进行综合评价，如果整体财产没有减少，就意味着没有损失，可以否认犯罪的成立。比如，有些国家规定的背信罪就属于对整体财产的犯罪。

我认为，我国《刑法》规定的财产犯罪都属于对个别财产的犯罪，没有对整体财产的犯罪，诈骗罪也不例外。所以，关于诈骗罪，要判断的就是个别财产有没有损失。

判断有没有财产损失时，不能把损失的财产与取得的财产作为整体，合起来进行相互折抵、综合评价。

比如买有机白菜的例子。你花 10 块钱买了棵普通白菜，如果用 10 块钱减去普通白菜的钱，你会发现自己没有损失，因为普通白菜也是 10 块钱。但这么算考虑的其实是你的整体财产有没有损失，而诈骗罪中的损失是要考虑存不存在个别的财产损失。具体到这个例子中，你因为被欺骗而没有买到想买的有机白菜，同时，你还为这个错误支付了金钱。这就意味着你存在财产损失。因为你付出了 10 块钱，所以损失金额也是 10 块钱。

当然，如果认为只要被害人基于错误认识处分了财产，就是被害人有财产损失，那就把财产损失过于形式化了，会造成处罚范围过宽。

比如，一个商店只把酒卖给已满 18 周岁的成年人。但是，17 周岁的张三为了让店员把酒卖给自己，谎称自己已满 18 周岁。由于张三长得比较成熟，店员就相信了他，把酒卖给了他，他也支付了对价。如果过于形式化地理解财产损失，就会认为店员有财产损失。因为如果不是受到了欺骗，店员就不会把酒卖给张三。所以，店员是基于错误认识才处分了酒，即便张三支付了对价，店员也有财产损失。最后的结论是，张三的行为构成诈骗罪。

这样处理看似符合要考虑个别财产损失的观点。可是，在前面的例子中，受害人是想买有机蔬菜却没买到；在这个例子中，则是店员要卖酒，也按正常价格卖出去了，而且这也不会给店员带来其他交易上的不利。所以，店员其实并没有什么损失。

那么，究竟应该怎么判断个别财产有没有损失呢？简单地说，关于个别财产的丧失能不能被评价为财产损失，不能只拿被害人交付的财物及其得到的财物的客观金钱价值进行比较，还应联系被害人的交易目的、社会目的、财产对被害人的可利用性等去判断。一**个基本标准是，受骗者所认识到的"财产交换"有没有实现，以及受骗者处分财产想实现的"目的"有没有达成。**

比如，酒吧安排男性员工在网上冒充女性跟男子聊天，在男子同意见面后，酒吧老板又安排女服务员约男子到酒吧消费。女服务员故意点了很多高档饮食，狠狠敲了这个男子一笔。那这个男子有没有财产损失呢？答案是没有。因为男子来酒吧只是为了与女服务员见面，所以应当认为男子支付饮食费用的目的基本实现了，也就不能认为他遭受了财产损失。

再比如，行为人谎称某种普通食品是神奇的藏药，具有特殊作用，并使顾客产生了错误认识，花钱买了一份。由于购入的商品并不具有特殊作用，顾客的交换目的就没有实现。所以，即使行为人出售的商品与普通食品价格相同，也应当认为顾客遭受了财产损失，因为顾客想要实现的目的并没有达成。

以上两个例子讨论的是经济目的有没有实现，其实，财产也是实现社会目的的重要手段。如果社会目的没实现，也可能会存在财产损失。比如，演唱会主办者张三谎称会将演唱会的全部收益都捐给慈善机构，于是很多观众出于公益的目的买了票。但最后，张三把收益据为己有了。在这种情况下，观众交付财产的社会目的没有实现，所以应当认为观众存在财产损失。

如果针对的对象不同，对同一个行为得出的结论有时也会不同。

比如，某商店老板看到混纺羊毛衫销量不好，于是决定只卖纯羊毛衫。进货时，批发商谎称自己家的混纺羊毛衫是纯羊毛衫，并将其卖给了这个商店老板。这时，即使批发商是按照混纺羊毛衫的价格出售给商店老板的，也应当认为商店老板存在财产损失，因为他的交换目的没有实现。

但是，如果商店老板进完货后就发现了这批货不对，可他没去换货，而是对顾客谎称这是纯羊毛衫，并且以混纺羊毛衫的价格出售给顾客。这时，关于顾客有没有财产损失，就得分情况讨论了。

如果顾客购买羊毛衫是用来御寒保暖的，并不在意它是混纺的还是纯羊毛的，那么即便他买的不是纯羊毛的，交换目的也基本能实现。所以，商店老板的行为一般不会被认定为诈骗罪。

如果顾客是敏感皮肤，只能穿纯羊毛的，穿混纺的会过敏，那就可能会认定为交换目的没有实现，商店老板的行为构成诈骗罪。

不过，有两点需要特别注意。

第一，即便被害人是出于不法原因把财物交给行为人的，也不影响对财产损失的认定。

比如，李四向张三买毒品，买回来后才发现那不是毒品，而是面粉。在这种情况下，虽然李四给张三钱是为了购买毒品，性质上属于基于不法原因的给付，但李四的钱也是值得保护的。也就是说，法律上依然会认为李四遭受了财产损失，张三的行为成立诈骗罪。另外，刑法并不处罚为了自己吸食而购买毒品的行为，所以，即便李四购买的是真毒品也不成立任何犯罪，更别说买到的是假毒品了。

第二，通过欺骗方法来免除非法债务的，不应当认为被害人有财产损失。相反，通过欺骗方法来免除合法债务的，应当认为被害人有财产损失。

比如，行为人到卖淫场所嫖娼，在与卖淫者发生性行为后，又采取欺骗手段使其免收自己的嫖资。因为嫖资是非法债务，所以不能认为卖淫者存在财产损失，否则就意味着刑法保护卖淫行为。这个例子与前面购买毒品的例子的区别在于，李四用来购买毒品的钱本身是合法的，但这个例子中卖淫者所要收取的嫖资在性质上本身就是非法的。

再比如，行为人欺骗被害人提供了有经济价值的劳务，或者被害人提供劳务后，行为人通过欺骗的方法使被害人免除债务。在这两种情况下，都应当认为被害人遭受了财产损失，行为人有可能成立诈骗罪。

怎么计算诈骗数额

诈骗的数额与量刑轻重存在直接关系，所以在计算数额时必须格外谨慎。其中有一点非常关键，就是行为人以提供对价的方式实施欺骗行为，造成他人财产损失的，在计算诈骗数额时，不能扣除行为人支付的对价（如金钱、商品等）。

举个例子。甲隐瞒真相，用盗窃得来的车辆做质押，向乙借了

15万元现金。拿到钱后，甲马上就逃匿了。有人可能会认为，甲诈骗的数额是15万减去汽车的价值。其实不是，诈骗数额就是15万元。

前面讲了，诈骗罪的财产损失并不是整体的财产损失，而是个别财产的损失，所以不需要将失去的财产和获得的所谓补偿互相抵消。简单来说，想判断诈骗数额，单纯看行为人骗走的财产数额是多少就行了。

总结一下：判断被害人有没有财产损失，不能损益相抵，而应个别判断；在个别判断时，要考虑交换目的有没有实现，而不能认为只要交易价格相当或相差不大，就是没有财产损失。

答学友问

学友：捞人诈骗中虽然存在欺骗行为，但被害人的财产损失属于受保护的法益吗？

张明楷：所谓捞人诈骗，指的是行为人欺骗被采取强制措施的嫌疑人或嫌疑人的家属，谎称自己有关系，可以把嫌疑人捞出来，或者可以使嫌疑人脱罪，以此骗取对方财物。

在捞人诈骗中，虽然被害人基于错误认识交付了财物，但其目的具有非法性，那行为人的行为还成立诈骗罪吗？其实，这涉及的是本节讲到的一个问题——出于不法原因给付财物的，不影响对财产损失的认定，也就不影响对诈骗罪的认定。关于这一点，有以下三个理由。

第一，在这种情况下，诈骗行为在前，被害人基于不法原因给付在后，没有行为人的诈骗行为，被害人就不会处分财物，所以被害人的财产损失是由诈骗行为造成的。这就说明行为人的行为侵犯了他人的财物，当然成立诈骗罪。也就是说，虽然被害人是为了实现不法目的而处分的财产，但让他处分财产的更重要的原因是行为人的欺骗行为，所以应当认为被害人有财产损失。

第二，虽然一般来说，基于不法原因给付财物后，被害人没有返还请求权，但在给付之前，被害人所给付的财产并不具有违法性。

第三，基于刑事政策方面的考虑，如果否认这种情况下行为人的行为构成诈骗罪，那么不仅不利于预防诈骗犯罪，还给诈骗犯指明了逃避刑事制裁的方法和手段，肯定是不合适的。

回到这个问题，捞人诈骗中也存在财产损失，行为人成立诈骗罪。

11 诈骗罪Ⅲ

把商户的微信收款码换成自己的，构成本罪吗？

前面提到，甲捡到乙的银行存折，然后拿着存折冒充乙去银行柜台取了钱，这种情况有可能被认定为三角诈骗，但没有展开讲。其实，三角诈骗是诈骗罪中一种特殊但又常见的行为类型，实践中又出现了一些新的类型，这一节就专门来介绍一下。

先来看一个真实的案例：被告人把商户的微信收款码换成了自己的，直到月底结款时，商户才发现顾客付款时实际上是将货款支付给了被告人。被告人对几家商户采取了同样的手段，默默在家躺着收取了 70 万元。这个行为该怎么认定？

什么是三角诈骗

通常的诈骗都是二者间诈骗，受骗者（财产处分人）和被害人（财产受损失者）是同一个人。比如，张三卖假货给李四，李四既是受骗者，也是被害人。但是，也存在受骗者和被害人不是同一个人的情况，这被称为三角诈骗，也叫作三者间的诈骗，其中的受骗者可以被称为第三人。比如，王五作为李四的代理人，就李四一批货物的买卖与张三进行洽谈，张三欺骗王五，使王五处分了李四的货物，从而导致李四遭受财产损失。在这种情况下，王五是受骗者，即财产处分人，被害人却是李四。但是，张三的行为仍然成立诈骗罪。

实际上，刑法理论从来没有限制诈骗罪的受骗者与被害人必须为同一人。无论是英美刑法，还是大陆法系国家的刑法，都认为诈骗罪中的受骗者与被害人不必是同一人。可是，各国刑法却都没有明文规定三角诈骗。对此，你可能会有疑问：既然刑法没有明文规定"三角诈骗"，那怎么能肯定它构成诈骗罪呢？

其实不难，就像刑法没有规定"公然盗窃"的情形，但它同样要被认定为盗窃罪一样。三角诈骗和二者间诈骗对法益的侵害没有任何区别，三角诈骗行为完全符合诈骗罪的构成要件，只是受骗人与被害人不是同一人而已，但刑法也并没有要求受骗人与被害人必须是同一人。所以说，将三角诈骗认定为诈骗罪不存在刑法上的障碍。

事实上，我国《刑法》分则规定的"冒用他人的汇票、本票、支票""冒用他人信用卡"，都是三角诈骗。三角诈骗既是客观存在的犯罪现象，它本身也是诈骗罪的一种具体的行为方式，是《刑法》规定应当以诈骗罪论处的情形。所以，我们不能以二者间诈骗的事实为根据形成某种错误理论，比如行为人只能对被害人实施欺骗行为，然后再将这个错误的理论作为绝对真理，并以此否认三角诈骗构成诈骗罪。

三角诈骗的特征

在三角诈骗中，受骗人虽然是财产处分人，但不是被害人。比如前面举的代理案中，受骗的是代理人王五，而受到财产损失的被害人却是李四。**成立三角诈骗，要求受骗人（财产处分人）必须具**

有处分被害人财产的权限，或者处于可以处分被害人财产的地位。
如果受骗人没有处分被害人财产的权限或地位，行为人的行为就不
是诈骗，而是盗窃罪的间接正犯。

比如，有一些人正在学校食堂吃饭，其间李四到食堂门口接电
话，将挎包落在了自己的餐位上。此时，坐在远处的张三发现了李
四落下的挎包，就对正在食堂打扫卫生的清洁工王五说："那是我的
挎包，麻烦你递给我一下。"王五信以为真，将挎包递给张三，之
后张三立即逃离现场。在这种情况下，张三的行为应该成立盗窃罪，
而不是诈骗罪。因为王五并没有占有李四的挎包，不具有处分挎包
的权限或地位。换句话说，王五是张三盗窃挎包的工具，而不是诈
骗罪中的财产处分者。

其实，**受骗者有没有处分被害人财产的权限或地位，就是区分
诈骗罪和盗窃罪间接正犯的关键。**那么，什么情况才算有处分被害
人财产的权限或地位呢？

当受骗者具有法律上的代理权时，就像代理案中的代理人王五，
或者是银行等金融机构的职员依据对方提供的银行卡、存折等支付
现金时，都属于具有处分被害人财产的权限或地位。在这种情况下，
认定为三角诈骗应该不难。

但是，如果将这种权限或地位限定于法律上的处分权限与地位，
就会过于缩小诈骗罪的成立范围。比如，王五是李四的长期住家保
姆，李四不在家时，张三跑到李四家欺骗保姆说："李四让我把他那
套爱马仕的西服拿到公司干洗，我是来取西服的。"保姆信以为真，
将西服交给了张三，而张三拿到西服后立马逃走。在这种情况下，
保姆在法律上并不具有处分李四的财产的权限或地位，但如果因此

就认定张三的行为成立盗窃罪，恐怕难以让人接受。其实，张三的行为同样应该成立诈骗罪。

所以，**只要受骗者在事实上具有处分被害人财产的权限或地位，就可以将行为人的行为认定为诈骗罪。**

三角诈骗的形式

实践中经常发生诉讼诈骗的情形。比如，张三伪造了一张李四欠自己人民币 60 万元的借条，向法院提起民事诉讼，要求法院判决李四归还自己 60 万元。审理法官王五认为借条具有真实性，做出了由李四向张三归还 60 万元的判决。因为自己并没有欠张三钱，所以李四拒不执行这份判决。之后，法院通过强制执行，将李四所有的 60 万元财产转移给张三所有。

在这种情况下，李四是被害人，但他没有陷入任何错误认识，也没有基于错误认识处分财产。但是，张三的行为使法官王五陷入了错误认识，而王五不仅有权做出上述判决，还有权决定强制执行。也就是说，王五具有处分李四财产的法定权力。所以，法官王五是受骗者，也是财产处分人，而张三的行为完全符合三角诈骗的特征。实际上，刑法理论公认，诉讼诈骗是三角诈骗的典型形式，完全符合诈骗罪的构成要件，可以成立诈骗罪。

需要注意的是，诉讼诈骗行为还可能涉及虚假诉讼罪。如果虚假诉讼行为同时构成诈骗罪，并且按诈骗罪处罚较重，就要按诈骗罪处罚。关于这一点，会在后面讲虚假诉讼罪时具体介绍，这里就不展开了。

近年来，三角诈骗又发展出了新的行为类型，比如本节开头提到的二维码案。在这个案件中，受骗的是顾客，他们误以为二维码是商家的，进而处分了自己的钱款，让骗子或者骗子设置的收款人收取了钱款，而真正受损失的是商家。但是，这里的三角诈骗并不是传统类型的三角诈骗，而是一种新类型。

普通三角诈骗，是受骗者基于错误认识处分被害人的财产，使被害人遭受财产损失；新类型的三角诈骗则是，受骗者基于错误认识处分自己的财产，使他人（被害人）遭受财产损失。但这个区别其实并不重要，因为新类型的三角诈骗既没有改变受骗者，受骗者依然具有处分财产的权限或地位，也没有改变被害人和被告人。所以，应当承认这种类型属于三角诈骗，二维码案的行为人应该成立诈骗罪。

新类型的三角诈骗并不是只能适用于二维码案件，而是可以适用于许多类似的案件。比如，2015 年 8 月，张某借用李某的购物网站账号网购了一部价值 6000 元的手机，收货人填的是自己，收货地址填的也是自己家住址，并且自己付了全款。在卖家发货前，李某瞒着张某登录该账号，并联系卖家把收货人和收货地址都改成了自己的。后来，卖家将张某购买的手机寄送给李某，李某将手机据为己有。在这种情况下，李某的行为也属于三角诈骗。

12 事后抢劫

　　抢夺价值低廉的手机，能成立事后抢劫吗？

　　事后抢劫也叫准抢劫，其成立需要以犯盗窃、诈骗、抢夺罪为前提，所以我把这部分内容安排在了这里，而没有和抢劫罪的内容放在一起。这一节，就来讨论一下究竟什么是事后抢劫，又该怎么认定事后抢劫。当然，事后抢劫并不是一个罪名，而是抢劫罪的一种特殊类型。凡是成立事后抢劫的，都要认定为抢劫罪。

什么是事后抢劫

　　《刑法》第 269 条规定，犯盗窃、诈骗、抢夺罪，为窝藏赃物、抗拒抓捕或者毁灭罪证而当场使用暴力或者以暴力相威胁的，依照抢劫罪的规定定罪处罚。

　　具体来说，事后抢劫的"事"只包括盗窃、诈骗、抢夺这三种罪。而这类行为之所以能被称为"抢劫"，是因为在实施了这些财产犯罪后，行为人又当场使用了暴力或者以暴力相威胁。行为人这么做的目的有三种：一是窝藏之前取得的赃物，二是抗拒因为之前的行为而遭遇的抓捕，三是毁灭之前行为的罪证。根据法律规定，这一整套行为要被评价为抢劫罪，而不能认定为两个罪名。

　　了解了什么是事后抢劫，接着来了解一下事后抢劫怎么认定。关于事后抢劫的成立条件，存在不少争议，下面就来重点讨论一下其中最有价值的四个问题。

关于事后抢劫的财物数额

在我国，要成立盗窃罪、诈骗罪和抢夺罪，原则上前提是取得数额较大的财物，但抢劫罪的成立却没有这种要求。那么，行为人盗窃、诈骗、抢夺数额较小的财物，出于窝藏赃物等目的而当场使用暴力或者以暴力相威胁的，能不能成立事后抢劫呢？

我认为，**只有当盗窃、诈骗、抢夺的行为能被评价为犯盗窃、诈骗、抢夺"罪"时，才有可能成立事后抢劫**。毕竟，事后抢劫之所以是财产罪，就是因为前面的盗窃、诈骗、抢夺行为是财产罪。如果前行为不成立财产罪，只是一般的违法行为，那么不管后面的暴力行为多么严重，都不可能成立财产罪，而是视情况成立其他犯罪。

要注意的是，这里说的"罪"，既包括犯罪既遂，也包括犯罪未遂。也就是说，即使盗窃、诈骗、抢夺的财物数额较小，但只要行为人具有取得数额较大财物的危险性，主观上也具有盗窃、诈骗、抢夺数额较大财物的故意，那就有可能成立事后抢劫。相应地，如果客观上不可能盗窃、诈骗、抢夺数额较大的财物，即连犯罪未遂都不可能成立的，事后行为也就不可能成立事后抢劫了。

举个例子。甲路过乙开的卖手机的小店时，窃取了乙放在柜台上的手机。乙发现后就开始追，甲为抗拒抓捕就对乙实施了暴力，且足以压制乙的反抗。后来甲才知道，自己偷的是个山寨机，值不了多少钱，根本达不到成立盗窃罪的标准。

在这种情况下，虽然这个手机值不了多少钱，没有达到成立盗窃罪的标准，但刑法理论一般认为，甲看到手机就盗走，还是有盗窃数额较大财物的可能性的，或者说其行为在理论上属于盗窃未遂，而不是不能犯。所以，甲事后以暴力抗拒抓捕的行为能成立事后抢劫。

如果行为人扒窃、入户盗窃或携带凶器盗窃，即使取得的财物数额不大，事后的行为也能成立事后抢劫，因为这三种情形构成盗窃罪不以数额较大为前提。

如果是多次盗窃的情况，比如行为人在第三次盗窃时，为窝藏赃物、抗拒抓捕或毁灭罪证，而对他人使用暴力或者以暴力相威胁，怎么处理？这个问题至少可能有三种答案。

第一，认为要把三次盗窃放在一起评价，正是因为有了第三次盗窃，行为人的行为才构成盗窃罪。这时，第三次盗窃就是在"犯盗窃罪"，所以其行为当然成立事后抢劫。

第二，认为要看最后一次盗窃行为是否可以单独被评价为"犯盗窃罪"，以此来判断是否成立事后抢劫。如果第三次盗窃只是盗窃了特定的数额较小的财物，没有盗窃数额较大财物的可能性，就不能将其行为认定为事后抢劫。不能因为行为人进行了三次盗窃，且三次盗窃一起构成了盗窃罪，就说行为人先犯了盗窃罪，所以按抢劫罪论处。毕竟，行为人只是针对第三次盗窃实施了暴力或者以暴力相威胁，而不是针对全部盗窃实施了这种行为。

第三，认为如果行为人是为了窝藏三次盗窃的赃物，或者毁灭三次盗窃罪的证据，又或者防止三次盗窃被发现而抗拒抓捕，就认定为抢劫罪。第三种答案可能更合理。当然，这肯定是有争议的。

关于特殊的盗窃、诈骗、抢夺行为

如果行为人实施特殊的盗窃、诈骗、抢夺行为，比如盗伐林木、金融诈骗、抢夺国家机关公文等，出于窝藏赃物等法定目的而当场实施暴力或者以暴力相威胁的，能成立事后抢劫吗？

这个问题争议很大，需要根据具体情况来判断，而判断的依据主要有两点。

第一，事后抢劫这条规定中的"犯盗窃、诈骗、抢夺罪"，应当限定为犯《刑法》第264条、第266条和第267条规定的盗窃罪、诈骗罪和抢夺罪，而不包括盗伐林木罪、合同诈骗罪等特殊的盗窃、诈骗、抢夺罪名。只有这样，才能确保不违反罪刑法定原则。因为在我国，刑法理论和司法实践所称的盗窃罪、诈骗罪和抢夺罪，就是指这三个法条所规定的罪名。

第二，凡是可以被评价为盗窃、诈骗、抢夺罪的行为，都可能再成立事后抢劫。

这两点单看都很好理解，但合在一起用来认定具体行为时，就需要仔细分析了。比如，盗伐林木也属于盗窃行为。换句话说，盗窃林木的行为除了能成立盗伐林木罪，其实也能被评价为盗窃罪。那么，盗伐林木的行为就可以成为事后抢劫的前行为。但是，这并不意味着也不需要把事后抢劫中的"犯盗窃罪"扩大或类推到"犯盗伐林木罪"，因为盗伐林木的行为完全符合盗窃罪的成立要件。同样，各种金融诈骗罪与合同诈骗罪也完全符合诈骗罪的成立要件，有可能成立事后抢劫。这样解释，既能得出合理的结论，也符合罪刑法定原则。

但是，如果一个人盗窃的是国家机关公文，虽然有可能成立盗窃国家机关公文罪，但由于国家公文的财产价值很低，不可能被评价为盗窃罪，也就不可能再成立事后抢劫。

总的来说，判断的关键在于行为人实施的盗窃、诈骗、抢夺行为，能不能成立普通的盗窃、诈骗、抢夺罪。至于这个行为是不是同时也能成立特殊的盗窃、诈骗、抢夺罪，就不重要了。

如何理解"当场"使用暴力或者以暴力相威胁

事后抢劫的法条中提到了"当场使用暴力或者以暴力相威胁"，这里的"当场"应该怎么理解呢？

总的来说，"当场"是指在盗窃、诈骗、抢夺的现场，或者行为人刚离开现场就被他人发现并抓捕的情形。这是一个同时表示时间与空间的综合概念。也就是说，只有当暴力或者以暴力相威胁的行为与盗窃等行为具有时间和空间上的紧密性时，才能被认定为"当场"。因为从本质上说，只有这样，这一系列行为才有可能被评价为一个犯罪。如果把在时间和空间上存在明显距离的两个行为整体评价为一个行为，就不合适了。

比如，张三实施盗窃行为后就离开了现场，但几个小时之后，他又由于其他原因回去了。没想到这时正好碰到被害人李四，李四企图索回财物，张三就实施暴力压制了李四的反抗。如果说这算当场使用暴力，估计没人会同意。但如果张三在实施盗窃行为的现场，或者刚离开现场就对李四实施暴力或者以暴力相威胁，那肯定就属于"当场"。

再比如，张三在实施盗窃行为的现场就被人发现了，那他被人追捕的整个过程都应该被认定为"当场"。即使中途有短暂的中断，但只要张三没有摆脱追捕人，就都算"当场"。

事后抢劫的刑事责任年龄

最后一个问题是，事后抢劫的刑事责任年龄应该确定为多少呢?

成立盗窃罪、诈骗罪、抢夺罪的刑事责任年龄是已满 16 周岁，但成立抢劫罪的刑事责任年龄却是已满 14 周岁。那么，如果一个 15 周岁的少年实施盗窃后，为窝藏赃物而当场使用了暴力，能以事后抢劫来追究他的刑事责任吗?

我认为可以。换句话说，事后抢劫的刑事责任年龄应当和抢劫罪的一样，也是已满 14 周岁。一方面，是因为事后抢劫和普通抢劫的法益侵害程度相当。另一方面，是因为事后抢劫本身就属于抢劫罪，而既然《刑法》第 17 条规定了已满 14 周岁不满 16 周岁的人应当对抢劫罪负责，那这个年龄段的人当然也应该对事后抢劫负责。

你可能会认为，只有已满 16 周岁的人才能"犯盗窃、诈骗、抢夺罪"，而 15 周岁的人不能犯这几种罪，所以不可能成立事后抢劫。但实际上，对于这个规定，不需要从完全有责的角度来理解，只要行为人实施了盗窃、诈骗、抢夺行为，并且具有相应的故意就可以了。

答学友问

学友：使用暴力或以暴力相威胁的对象是不是必须是被害人?以下几种情形是否构成事后抢劫：甲实施盗窃行为被受害人乙发现，在逃离时打伤堵在路口的丙；甲实施盗窃行为被警察追捕，在逃跑时打伤警察；甲实施盗窃行为被路人乙发现，在逃跑时打伤乙?

　　张明楷：这个问题实际上涉及的内容是，事后抢劫中，暴力或者以暴力相威胁与窝藏赃物等法定目的的关联性。

　　日本刑法理论中有一种观点，认为事后抢劫中暴力或者以暴力相威胁的对象只能是要追回赃物的被害人或抓捕人，甚至要求被害人、抓捕人必须认识到行为人实施了盗窃、诈骗、抢夺行为。也就是说，这种观点要求暴力或者以暴力相威胁与实现窝藏赃物等目的具有客观的关联性。

　　但是，我国《刑法》第269条既没有对暴力、胁迫的对象做出特别限定，也没有要求暴力、胁迫行为必须是因为先前的盗窃等行为被发现，只是要求犯盗窃等罪的行为人出于窝藏赃物等法定目的而当场实施暴力或者以暴力相威胁。也就是说，《刑法》条文只要求暴力、胁迫行为与实现窝藏赃物等目的之间具有主观的关联性。

　　如果按照《刑法》条文的规定来理解，那问题中的三种情形只要具备当场性与目的性，就都构成事后抢劫。不过，即使要求具有客观的关联性，也只是要求暴力、胁迫行为客观上有利于实现窝藏赃物等目的。也就是说，前两种情形肯定构成事后抢劫，只有第三种情形需要进一步判断。

　　第三种情形存在两种可能：第一，路人乙具有阻拦、抓捕甲的意思，这时不管按什么观点，甲都成立事后抢劫。第二，路人乙只是看到了甲的盗窃行为，但没有阻拦、抓捕的意思，而甲误以为乙会阻拦、抓捕自己。这时，按照客观的关联性说，甲不构成事后抢劫；按照主观的关联性说，甲仍然构成事后抢劫。

　　这就又产生了一个问题——在第三种情形的第二种可能下，按照客观的关联性说，甲不构成事后抢劫，那就只成立盗窃罪吗？如果盗窃的财物没有达到数额较大的标准，又该怎么办呢？

如果是在日本，这不是什么问题，因为日本对盗窃罪的成立没有数额要求。而且，日本还规定了暴行罪、胁迫罪，甲的行为即使不能被认定为抢劫罪，也可以被认定为盗窃罪与暴行罪或者盗窃罪与胁迫罪，实行数罪并罚。但我国《刑法》不是这样的。如果要求具备客观的关联性，甲的行为可能就不构成犯罪了，而这恐怕不合适。这是不少人认为应该只要求具备主观的关联性的一个重要理由。

13 敲诈勒索罪

"站住！把手机交出来！"这是敲诈勒索还是抢劫？

设想这样一个情境。张三对李四说："站住！把手机交出来！"如果李四真的把手机交出去了，那张三的行为能否成立敲诈勒索罪呢？书看到这里，你可能已经有经验了，知道这个问题多半有坑，不能轻易下结论。所以，下面就先来了解一下敲诈勒索罪的客观构成要件，看看具体认定上有哪些难点，然后再来解答这个问题。

敲诈勒索罪的客观构成要件

敲诈勒索罪是指以非法占有为目的，对他人实行威胁、恐吓，并借此索取公私财物，数额较大或者多次敲诈勒索的行为。其中，敲诈勒索行为是敲诈勒索罪构成要件符合性判断的核心。那什么是敲诈勒索行为呢？

敲诈勒索行为，就是威胁、胁迫或者恐吓对方，进而要求对方处分财产的行为。这里说的威胁、胁迫和恐吓，是指以恶害相通告，使对方产生恐惧心理的行为，比如暴力行为，以对方的自由、名誉相威胁等。

先来看看暴力行为。一般来说，行为人实施了一定的暴力行为，就会对被害人造成威胁，因为这意味着如果不交付财产，行为人就可能会继续实施暴力。不过，这里有两点需要注意。

首先，暴力行为不限于对被害人直接实施，也可以针对第三者甚至是行为人自己，只要能让被害人感受到威胁就可以。比如，行为人拿啤酒瓶猛砸自己的脑袋，这也是一种向被害人通告恶害的方式，属于敲诈勒索罪中的威胁。因为这个行为暗示着，如果你不交付财物，我就会以同样的方式对待你。

其次，敲诈勒索罪中的暴力不需要达到足以压制被害人反抗的程度，只要能让被害人产生恐惧心理就可以。这一点与抢劫罪不同，抢劫罪中的暴力必须达到足以压制被害人反抗的程度。

再来看看其他威胁被害人，使对方产生恐惧心理的方式。比如，对被害人的自由、名誉等进行威胁。需要注意，行为人所通告的被加害对象，既可以是交付财物的被害人，也可以是与被害人有密切关系的第三人。比如，行为人向男子声称，如果不交付财物就加害他的女朋友，这也属于敲诈勒索罪中的威胁行为。

但是，如果行为人所通告的被加害对象与对方没有任何关系，就不可能使对方产生恐惧心理，也就无法造成任何威胁。比如，行为人对甲说，如果你不把钱拿出来，我就会伤害路人乙。对甲来说，乙只是完全陌生的路人，甲根本不会因此产生任何恐惧心理，所以行为人通告的这种恶害就不属于敲诈勒索罪中的威胁行为。

当然，并不是说只要行为人实施了威胁、恐吓行为，就可以成立敲诈勒索罪既遂。比如，甲的胁迫行为没有使乙产生恐惧心理，但乙基于怜悯或其他原因而交付了财产给甲。这种情况其实与抢劫罪的相关原理是一样的，只能认定为敲诈勒索罪未遂。

再比如，丙的胁迫行为使丁产生了恐惧心理，之后丁报了警。警察为了逮捕丙，便让丁前往约定地点交付财物。在这种情况下，虽然丁交付了财物，但他并不是在处分财产，而是在协助警察逮捕罪犯，所以丙的行为也只能被认定为敲诈勒索罪未遂。

需要注意，虽然敲诈勒索罪里说的威胁是指通告恶害，但恶害最终有没有实现对犯罪的认定其实并不重要。也就是说，即便行为人通告的恶害是假的，只要能使对方产生恐惧心理，进而交付财物，就不影响敲诈勒索罪的成立。比如，张三向李四谎称绑架了他的儿子，如果不支付 100 万赎金就马上撕票。如果李四出于恐惧心理交付了赎金，那张三的行为就成立敲诈勒索罪。

那么，如果行为人威胁的内容并不违法，还有可能成立敲诈勒索罪吗？比如，甲为了非法取得乙抢劫得来的财物，以告发相威胁。乙被威胁后产生了恐惧心理，就把自己抢来的财物给了甲。这种情况其实在现实生活中经常发生，那甲的行为该怎么评价呢？根据法律规定，虽然向警察告发的行为并不违法，但甲仍然成立敲诈勒索罪，因为他向乙通告了恶害，并使乙产生恐惧心理，进而交付了财物。

以上就是有关敲诈勒索罪客观构成要件的内容，但了解了这些，在司法实践中还是会遇到无从下手的情况。所以，下面就来看两个最有代表性的认定难点。

如何区分权利行使与敲诈勒索罪

第一个难点是，怎么区分权利行使与敲诈勒索罪？比如，行为人在生日蛋糕中吃出了苍蝇，以向媒体反映或者向法院起诉相要挟，要求商家赔偿。这种行为，能成立敲诈勒索罪吗？

我认为不能。即使行为人要求的赔偿数额巨大，甚至特别巨大，也不应该将其行为认定为敲诈勒索罪，因为行为人的手段与目的都具有正当性。至于最终的赔偿数额，则取决于双方的商谈。

以此类推，顾客向商家要求损害赔偿的行为，原则上都不成立敲诈勒索罪。但是，如果行为人以伤害商家的生命、身体、财产等相要挟，而且要求的赔偿明显超过应当赔偿的数额，那就应该以敲诈勒索罪论处。因为此时行为人的手段不具有正当性，目的也超出了应当赔偿的范围。

相应地，债权人为了实现到期债权，对债务人实施胁迫的，又该如何处理呢？我认为，只要没有超出权利行使的范围，就应该认为没有给对方造成财产损失，不认定为犯罪。当然，这样认定的前提是行为人实施的手段行为本身不构成其他犯罪。比如，不能通过非法拘禁的方式去实现债权，否则会构成非法拘禁罪。

如何处理敲诈勒索罪与抢劫罪的关系

第二个难点是，怎么正确处理敲诈勒索罪与抢劫罪之间的关系？从行为类型上看，敲诈勒索罪和抢劫罪有不少相似之处——它们都以非法占有为目的，都使用暴力、胁迫的方法来威胁被害人，进而取得财物。所以，在司法实践中经常会遇到这样的难题：对被害人进行威胁进而取得财物的，究竟是成立敲诈勒索罪还是抢劫罪？

我认为，区分这两个罪名的关键在于行为是否足以压制被害人的反抗。抢劫罪中的暴力、胁迫必须达到足以压制被害人反抗的程度，敲诈勒索罪中的暴力、胁迫则只要能使被害人产生恐惧心理就可以。因此，抢劫罪表现为以当场使用暴力侵害相威胁，敲诈勒索罪的威胁方法则基本没有限制。

比如，张三在李四家留了张纸条，上面写着："李四，限你在三天之内给我 100 万，否则我就向你单位揭发你有婚外情的事。"这就属于敲诈勒索，因为张三没有当场以实施暴力相威胁。

再比如，甲背着炸药进入银行，之后威胁工作人员说："我包里装着炸药，给我 20 万元现金，否则我就引爆！"这就是足以压制他人反抗的威胁，成立抢劫罪。但是，如果甲对乙说："你不给我 1 万块钱，我就把你没修过的照片全放到网上！"这就属于敲诈勒索，因为这种威胁不足以压制对方的反抗。

现在，我们再回来看本节开头的那个问题。张三对李四说："站住！把手机交出来！"这种行为能成立敲诈勒索罪吗？

得分情况来看。如果张三是个七尺大汉，还拿着凶器，地点是深夜无人的巷子，威胁的对象是一个柔弱的姑娘。那很显然，这属于当场以暴力相威胁，而且足以压制被害人的反抗，所以应该被认定为抢劫罪。

但是，如果是大熊对和他体格差不多的小伙伴野比说："站住！把你的 iPhone 11 交出来！不然我告诉你妈你微积分考试不及格！"如果野比真的因此产生了恐惧心理，把手机交给了大熊，那就应当将大熊的行为认定为敲诈勒索罪。

答学友问

学友：前面举例，张三向李四谎称绑架了他的儿子，如果不支付 100 万元赎金就马上撕票。如果李四出于恐惧心理交付了赎金，那张三的行为就成立敲诈勒索罪。此情形是否同时构成诈骗罪呢?

张明楷: 这个问题涉及诈骗罪和敲诈勒索罪的关系。这两个罪的结构很相似,其关系大致可以总结为以下几种情况。

第一,行为人仅实施欺骗行为,被害人陷入错误认识并产生恐惧心理,进而处分财产的,成立诈骗罪。

第二,行为人仅实施胁迫行为,被害人虽陷入一定的错误认识,但完全或主要基于恐惧心理处分财产的,成立敲诈勒索罪。

第三,行为同时具有欺骗与胁迫性质,被害人仅陷入错误认识,没有产生恐惧心理,并基于错误认识而处分财产的,成立诈骗罪。

第四,行为同时具有欺骗与胁迫性质,被害人仅产生恐惧心理,没有陷入错误认识,并基于恐惧心理处分财产的,成立敲诈勒索罪。

第五,行为同时具有欺骗与胁迫性质,被害人既陷入错误认识又产生恐惧心理,进而处分财产的,成立诈骗罪与敲诈勒索罪的想象竞合,从一重罪处罚。

那么,张三谎称绑架了李四的儿子并要求赎金,由于这个行为既具有胁迫性质,也具有欺骗性质,所以,如果李四既产生了恐惧心理,担心不给赎金儿子会被伤害,又陷入了错误认识,以为不给赎金就没法救回儿子,那李四的行为就会同时成立敲诈勒索罪和诈骗罪,属于想象竞合,从一重罪处罚。

14 侵占罪

将他人丢失的名表据为己有，构成本罪吗？

前面讲的几种重要的财产犯罪，都会侵害他人的占有。比如盗窃罪，一定是侵害了被害人对财物的占有，然后建立起新的占有。但实际上，并不是所有的财产犯罪都必须侵害他人的占有。本节要讲的侵占罪，就是没有侵害占有的财产犯罪。

根据《刑法》的规定，侵占罪保护的对象有两类，一类是委托物，另一类是他人的遗忘物或者埋藏物。对于委托物，行为人是合法的占有者，而遗忘物和埋藏物原本就处于无人占有的状态，所以侵占罪并不会侵犯占有。虽然这个罪看起来很好理解，但要判断起来其实并不容易。

比如，张三在咖啡馆请隔壁桌的陌生人帮忙看管下笔记本电脑，自己去趟洗手间。结果，这个人趁张三去洗手间，拿着他的电脑离开了。那么，这个人的行为是成立盗窃罪还是侵占罪？

再比如，李四在路上发现了一块价值 1 万元的名表，就捡起来自己用了，没有还给失主。那么，这块表算遗忘物吗？李四的行为构成侵占罪吗？

下面，我们就来看看侵占罪的两种类型具体应该怎么认定。

委托物侵占罪

侵占罪的第一种类型是委托物侵占罪，这是指行为人把代为保管的他人财物非法占为己有，数额较大，拒不退还的行为。简单地说，就是把自己合法占有的他人财物非法转变为自己所有。该罪保护的法益是财物的所有权和已经存在的委托关系。比如，朋友要长期出国，把他的车交给你保管，这时你就是代为保管他的车的人。如果你起了非分之想，把这辆车当自己的给卖了，这就是委托物侵占。

对委托物侵占罪的认定，关键在于理解"代为保管"这个表述。

委托物侵占罪的对象是代为保管的他人财物，相应地，行为主体就是特定的，即代为保管他人财物的那个人。在卖掉朋友车辆的例子中，成立委托物侵占罪的前提就是存在委托关系——朋友把车交给你保管，你就有了代为保管这辆车的身份，也就合法占有了这辆车。

那什么是代为保管呢？一般意义上的代为保管范围比较广。比如，在日常生活中，我们可能会觉得，既然张三让隔壁桌的顾客帮忙看管自己的笔记本电脑，那这个人就是代为保管了张三的电脑。但在刑法上却不是这样的。根据《刑法》的规定，侵占罪的特点是行为人将自己占有的财产，不法转变为自己所有。所以，只有当行为人对财物的看管意味着他占有该财物，并且具有处分该财物的可能性时，才属于侵占罪中的代为保管。换句话说，**代为保管其实就意味着对他人的财物具有支配力，一般认为，这种支配分为事实上的支配和法律上的支配。**

事实上的支配，也就是事实上的占有，与盗窃罪中他人占有的财物里的"占有"含义相同，只要根据社会一般人观念，行为人对财物具有事实上的支配，可以被评价为行为人占有即可。按照社会一般观念，张三虽然短暂离开了自己的笔记本电脑，但他还是对其有事实上的支配，即他依然占有着该电脑，最多只能说他的占有有些松弛。既然这样，暂时帮张三看管笔记本电脑的陌生人，就不是代为保管，因为他对该电脑并不具有事实上的支配，充其量只是辅助占有者。所以，这个人拿走张三笔记本电脑的行为不是侵占，而是盗窃。

法律上的支配，也就是法律上的占有，是指行为人虽然没有在事实上占有财物，但在法律上对该财物具有支配力。因为侵占罪的特点是把自己占有的财产不法地转变为自己所有，所以只要某种占有意味着行为人具有处分的可能性，便属于侵占罪中的代为保管。比如，张三合法地将房产登记在李四名下，李四就在法律上占有了该房产，如果李四擅自出卖该房产，就成立侵占罪。再比如，乙借用甲的身份证在银行存款，或者单位基于某种原因以 A 个人的名义在银行存款，那甲和 A 就在法律上分别占有了乙和单位的存款。如果甲或 A 取出这笔存款据为己有，就成立侵占罪。

需要注意，**不管是事实上的支配，还是法律上的支配，都必须以合法的委托关系为前提**。所以，窝藏或代为销售的赃物不能成为委托物侵占罪的对象。比如，甲把盗窃得来的财物交给乙窝藏，乙知道财物的来源后将其据为己有。在这种情况下，甲的行为成立盗窃罪，但乙的行为并不成立委托物侵占罪，因为甲乙之间的委托关系不合法。不过，因为赃物对于真正的所有权人来说，属于脱离占有物，所以乙的行为成立下面要讲的脱离占有物侵占罪。

当然，由于乙把赃物据为己有，他的行为同时还成立赃物犯罪。在认定时，侵占脱离占有物的行为会被窝藏赃物的行为吸收，所以最终只需认定为赃物犯罪即可。

除了"代为保管",委托物侵占罪的法条中还有两个重要的表述——"非法占为己有"和"拒不退还"。这两个用语表达的其实是同一个含义,即把自己占有的他人财物非法变为自己所有的财物。

比如,李四让张三在一段时间内保管自己的电脑,而张三在代为保管期间把电脑卖给了王五,张三的行为当然构成侵占罪。只有不能得出行为人已经将他人财物非法占为己有的结论时,才需要通过拒不退还来进行补充判断。比如,乙让甲把一个价值5000元的行李箱带给丙,可是甲一直将行李箱放在自己家里,没有进行任何处理。在这种情况下,不能得出甲已经将该行李箱非法占为己有的结论,只有当乙或丙向甲索要行李箱,而甲拒不交出时,甲才成立侵占罪。

脱离占有物侵占罪

侵占罪的第二种类型是脱离占有物侵占罪,也就是侵占遗忘物或者埋藏物。

首先,来看看遗忘物。

在这方面,有一个争议点——遗忘物与遗失物有区别吗?按照传统刑法理论,遗忘物是指回想一下就能知道放在哪里,容易找回,脱离物主时间短,还在物主控制范围内的物;遗失物则是指完全丢失,怎么都找不到,已经脱离物主控制的物。

按照这种观点,在本节开头捡手表的例子中,如果失主记忆力很好,知道把手表丢在哪儿了,只是还没来得及去找就被李四捡到了,那它就是遗忘物。既然遗忘物属于侵占罪保护的对象,李四捡了不还的行为就构成犯罪。但是,如果失主记忆力特别差,完全想不起来把手表丢在哪儿了，那这块手表就属于遗失物，李四的行为就不构成犯罪了。也就是说，李四的行为是否构成犯罪其实建立在失主的记忆力上，这显然很不合理。

所以我认为，区别遗忘物与遗失物是相当困难的，甚至是不可能的，也根本没有必要。那么具体到这个例子中，不管失主的记忆力好不好，李四的行为都成立侵占罪。

为了避免出现这种争议，我认为不能完全按照字面意义去理解遗忘物，而应该对其做刑法意义上的解释，也就是从规范层面去理解，把它解释为"并非基于他人本意脱离了他人的占有，而是偶然由行为人占有或者占有人不明的财物"。需要注意的是，这里并不存在委托关系。因此，邮局误投的邮件、飘落到楼下的衣物、河流中的漂流物、被偷走的东西、死者身上的财物等，只要他人没有放弃所有权的，都属于遗忘物。

其次，再来看看埋藏物。

说到埋藏物，你可能会想到"此地无银三百两"这个故事，但这样理解就错了。在这个故事中，他人有意埋藏于特定的地下，且具有占有意思的财物，仍然属于他人占有的财物，拿走它们的行为应该成立盗窃罪。

侵占罪所保护的埋藏物，是指埋于地下或者藏于他物之中，归他人所有但并未被他人占有，偶然被行为人发现的财物。比如，甲买了乙的房子，在装修时发现了乙的太爷爷埋的金条。甲没告诉乙，直接把金条据为己有了。在这种情况下，甲的行为就属于侵占埋藏物，成立脱离占有物侵占罪。

但请注意，在财物既不属于国家所有，所有权人又不明的情况下，由于财物有可能属于行为人所有，根据存疑时有利于被告的原则，不得对行为人以侵占罪论处。比如，行为人的父亲早年买了一套别墅，父亲死后，行为人在院子里挖出了许多银圆，但银圆的所有人不明。在这种情况下，不能认定行为人的行为构成侵占罪。

答学友问

学友： 对于不动产的侵占，前提一定是不动产已经登记在行为人名下了吗？

张明楷： 这个问题其实是在问，在委托物侵占罪中，什么情况下叫行为人代为保管了他人的财物。关于这一点，本节也具体讲过。行为人代为保管他人财物，是指行为人受委托而占有他人财物，也就是基于委托关系，对他人财物具有事实上或法律上的支配力。

关于不动产，因为不动产的名义登记人完全可以处分该不动产，所以如果不动产已经登记在行为人名下，就可以认为行为人已经代为保管了该不动产。这是对不动产在法律上的占有。

那么，对不动产可能存在事实上的占有吗？虽然不多见，但也可能存在。比如，早些年，张三住在单位公房里，经过房改，房子归张三所有了，但当时登记制度不完善，所以没登记，也没办房产证。后来，张三长期出国，就把房子给朋友李四住了，李四后来又擅自把房子卖了，并把房款据为己有。在这种情况下，虽然房子没登记在李四名下，但他对房子有事实上的占有，也属于代为保管了房子。所以，李四的行为构成侵占罪。

15 职务侵占罪

　欺骗单位会计虚报差旅费，构成本罪吗？

　　职务侵占罪和侵占罪虽然听起来很像，又都是财产犯罪，但两者在客观构成要件方面的区别还是很大的。根据《刑法》的规定，职务侵占罪是指公司、企业或者其他单位的工作人员，利用职务上的便利，将本单位财物非法占为己有，数额较大的行为。

　　这个法条听起来规定得很详细，但只知道这个法条，有很多问题都是无法解决的。比如，如果单位工作人员篡改发票金额，欺骗单位会计，虚报差旅费，能认定为职务侵占罪吗？想回答这个问题，还必须具体分析、了解职务侵占罪的客观构成要件。

职务侵占罪的行为主体

　　根据《刑法》的规定，职务侵占罪的行为主体必须是公司、企业或者其他单位的工作人员。如果是国有公司的员工或从事公务的人员，利用职务之便，将本单位财物占为己有的，应当成立贪污罪，而不是职务侵占罪。比如，村民委员会等农村基层组织的工作人员利用职务之便侵吞集体财产的，因为他们在法律上不是国家工作人员，所以其行为应该被认定为职务侵占罪。

　　那么，应该如何判断行为人是否满足这个特殊主体的要求呢？是从形式上看他的职务头衔，还是从实质上看他在单位承担的工作？我认为应该从实质的角度来判断。也就是说，只要行为人事实上在从事公司、企业或其他单位的员工所从事的事务，那他原则上就属于职务侵占罪的行为主体。

比如，某公司的法定代表人被捕后，其妻子自行到公司代行法定代表人的职责。在这期间，妻子利用职务之便，将公司财物据为己有。在这种情况下，妻子虽然名义上没有法定代表人的头衔，但她实际上在从事本公司法定代表人应该做的事，所以符合职务侵占罪的主体要求，其行为应当被认定为职务侵占罪。

职务侵占罪的构成要件行为

职务侵占罪的构成要件行为，就是利用职务上的便利，将数额较大的单位财物非法占为己有。其中有两个问题需要注意。

第一，什么是"利用职务上的便利"？

刑法理论和司法解释一般认为，这是指行为人利用自己主管、管理、经手单位财物等的便利条件。这里的"主管""管理""经手"，是指对单位财物的支配与控制。也就是说，行为人利用的是自己基于职务所具有的决定或处置单位财物的权力和职权，而不是工作机会。

举个例子。王某在某工厂做出纳，利用这种便利条件，他进入工厂车间，偷了工厂的一些原材料去变卖。在这种情况下，王某能偷走原料与出纳这个职务所具有的职权没有任何关系。事实上，他只是利用了自己是工厂员工的工作机会来进出车间。所以，王某的行为应该成立盗窃罪，而不是职务侵占罪。

需要特别注意的是，不能因为某种行为和行为人的职务有一点关联，就将该行为认定为职务侵占罪。比如，外企的一个采购员为企业采购了一批产品，企业让他提供销售单位的账号，但他把自己的账号提供了上去，于是该企业将货款打到了他的账号上。很多人认为，采购员的行为构成职务侵占罪。但我并不认同这种结论。因为采购员并没有主管、管理、经手单位的货款，所以他的行为不可能构成职务侵占罪，而是构成诈骗罪。

第二，什么是"非法占为己有"？也就是说，职务侵占罪的行为类型是什么？

刑法理论的通说和司法实践的观点都认为，职务侵占罪的行为类型不仅包括狭义的侵占行为，也包括利用职务便利进行的窃取、骗取等行为。之所以这样认为，是因为职务侵占罪和贪污罪的区别只在于行为主体和行为对象，两者在行为类型上没有什么不同。既然贪污罪的行为类型包括窃取、骗取的行为，那职务侵占罪自然也包括这种行为。

但是，我认为这样理解并不正确，主要有以下几个理由。

首先，从法条本身来看，贪污罪的表述是"利用职务上的便利，侵吞、窃取、骗取或者以其他手段非法占有公共财物"，职务侵占罪的表述则是"将本单位财物占为己有"。贪污罪的法条已经明文规定了窃取、骗取这两种行为手段，但职务侵占罪没有。既然两个罪对行为方式的表述有明显的不同，就不能认为两者对行为类型的要求没什么区别。

其次，在现实生活中，盗窃、骗取单位财物的情形，基本上都是利用工作机会，而不是利用职务之便。因为如果行为人的职务性质已经让他具有了支配单位财物的权力，那他就没必要再去实施盗窃或欺骗行为了。比如，出纳有管理单位现金的职权，他不需要欺骗谁就能把财物占为己有。

最后，在《刑法修正案（十一）》颁布之前，职务侵占罪的法定刑比盗窃罪和诈骗罪的轻，《刑法修正案（十一）》虽然提高了职务侵占罪的法定刑，但从司法实践来看，职务侵占罪的定罪起点远远高于盗窃罪和诈骗罪，量刑也轻于这两个罪。可是，利用职务便利进行的盗窃、诈骗行为对法益的侵害，却不可能比盗窃罪、诈骗罪轻。所以，没有理由将利用职务便利进行的盗窃、诈骗行为认定为处罚较轻的职务侵占罪。事实上，只有对这样的行为以盗窃罪、诈骗罪论处，才能实现罪刑均衡的原则。

总的来说，认为职务侵占罪的行为类型不包括窃取、骗取的行为是有实质理由的。既然可以把职务侵占罪的行为类型限定为狭义的侵占行为，就可以把职务侵占行为表述为，行为人将自己基于职务或职权占有的本单位财物占为己有或使第三者所有的行为，且不包括利用职务上的便利窃取和骗取本单位财物的行为，除非《刑法》有特别规定。

比如，某单位的仓库管理员将仓库内的单位财物据为己有，因为他基于仓库管理员的职务，事实上占有了仓库内的单位财物，所以其行为成立职务侵占罪。

比如，某单位的门卫将单位财物据为己有，因为门卫不可能基于自己看门的职权占有单位财物，只可能利用自己的工作机会进入单位通过窃取来占有，所以其行为成立盗窃罪，而不是职务侵占罪。

再比如，快递公司员工在分拣作业的过程中，利用暂时接触邮包的便利条件，窃取邮包后私自取出里面的财物据为己有。因为员工的业务仅仅是分拣邮包，而不是保管邮包，所以其行为也应当成立盗窃罪。这里需要特别说明的是，暂时接触并不是利用职务便利中的"经手"，只有当占有或支配、控制了本单位的财物时，才叫"经手"。

到这里，本节开头的问题就很清楚了。单位工作人员篡改发票金额、欺骗单位会计、虚报差旅费的行为，不属于狭义的侵占行为，而是与职务有关的诈骗行为，所以应当成立诈骗罪，而不是职务侵占罪。

职务侵占罪的行为对象

职务侵占罪的行为对象是"本单位财物"，它既包括单位所有的物理意义上的财物，也包括单位所有的财产性利益和确定的收益，比如公司的资金、物品、商业数据、股份、应收账款等。

比如，A 公司享有 B 公司 40% 的股份，甲全权代理 A 公司参与 B 公司的管理，但甲在管理过程中利用职务上的便利，将 A 公司的股份转移到了自己个人名下。这里的股份就属于财产性利益，是职务侵占罪保护的单位财物。也就是说，甲基于职务便利，事实上把 A 公司的财物据为己有了，应当成立职务侵占罪。

再比如，乙是受彩票发行机构委托，在彩票投注站代为销售福利彩票的非国家工作人员，他以不交纳彩票投注金的方式擅自打印并获得彩票。或者，丙是网络公司负责维护服务器和游戏软件的运维经理，他通过修改游戏数据的方式创造游戏武器、装备，然后贩卖给游戏玩家，将贩卖所得据为己有。在这两种情况下，乙和丙的行为都成立职务侵占罪，而他们所侵占的是单位确定的收益。

答学友问

学友：在实务中碰到过这样一起案件，行为人是甲公司的销售人员，而甲公司的销售货款通常是由具体负责销售的人员在买方公司以现金方式结算后，带回甲公司上交财务部门。但是，行为人没有将带回的 10 万元货款上交财务部门，而是全部据为己有。请问，行为人的行为构成职务侵占罪吗？

张明楷：我想这位同学问的其实是两个问题。第一，如果财物还没到单位账上，是否算单位财物？第二，销售人员拿到货款后，是否属于基于职务或业务占有了这些财物？

关于第一个问题，本节讲过，作为职务侵占罪对象的"本单位财物"，既包括单位现有的财物，也包括财产性利益和确定的收益。在这个案例中，虽然这 10 万元货款还没有到单位账上，但也属于单位确定的收益，可以成为职务侵占罪的对象。

关于第二个问题，职务侵占罪中的利用职务上的便利，是指行为人利用自己基于职务或业务占有了本单位财物的这种状态，而不是指后续行为还要利用职务干什么。在这个案例中，销售人员收回的是自己负责的销售业务的货款，当然属于基于职务或业务而占有了货款。所以，销售人员的行为成立职务侵占罪。

16 故意毁坏财物罪

故意低价抛售他人的股票，成立本罪吗？

　　说到故意毁坏财物罪，你可能首先会想到从物理意义上弄坏某个东西，比如把别人价值连城的玉镯摔碎，把别人的电脑砸坏等。但这样理解这个罪名就太片面了。

　　举个例子。宋某和刘某是好朋友，经常在一起炒股，彼此非常信任。宋某还曾把自己的股票资金账号和密码告诉刘某，委托她帮自己交易股票。2013 年年底，刘某由于投资上的失误，亏损了 2 万多元，股票市值只剩 6 万多元，这可把她郁闷坏了。刘某心想，不能就我自己倒霉，如果宋某也赔钱了，那我好歹能心理平衡点儿。于是，她用宋某之前告诉她的账号和密码，偷偷查看了宋某的股票交易账户。账户显示，宋某的股票市值超过 10 万元。出于嫉妒心理，刘某擅自操作宋某的股票交易账户，把一些宋某看涨的股票以低价抛售，再高价买回，接着再低价抛售。刘某这么操作了好几次，直到宋某的股票市值缩水到和自己的差不多才停手。而这时，刘某给宋某造成的直接经济损失已经超过 5 万元，这个数额可不小。

　　在这个例子中，宋某的财产在事实上遭受了比较大的损失，可刘某并没有在物理上弄坏宋某的东西，那刘某的行为能成立故意毁坏财物罪吗？这一节，就来仔细分析一下相关的内容。

如何理解故意毁坏财物罪的"毁坏"

《刑法》第 275 条规定，故意毁坏财物罪是指故意毁坏公私财物，数额较大或者有其他严重情节的行为。该罪的行为对象是国家、单位或者他人所有的财物，包括动产、不动产，也包括狭义的财物和财产性利益。而理解该罪的关键，是正确理解"毁坏"这个词。具体来说，就是要理解，"毁坏"是不是只包括物理上的毁损。

在日常生活中，毁坏通常都是指物理上的损毁。但是，如果将故意毁坏财物罪中的毁坏也限定为物理上的毁损，那现实中很多应当以犯罪论处的行为，就没办法成立犯罪了。换句话说，如果将该罪中的毁坏限定在物理层面，就会导致处罚范围的不当缩小。

举个例子。小陈是水产品老板老赵的司机，负责带着老赵把水产品从杭州市下属的一个县运输到杭州。有一天，小陈向老赵提出想带女友随车到杭州玩一玩，但被老赵拒绝了。小陈觉得在女友面前丢了面子，就对老赵怀恨在心，想找机会报复回来。于是，在某次从杭州返程的途中，老赵睡着之后，小陈找出老赵藏在驾驶室工具箱里的 8.5 万元现金，一把扔出了窗外。小陈是痛快了，但老赵这趟买卖完全是血本无归了。

如果把毁坏限定为物理上的毁损，那小陈的行为肯定不成立故意毁坏财物罪。但是，因为小陈的行为没有破坏他人对财物占有，进而建立新的占有，所以不构成盗窃罪。因为小陈并没有占有老赵的现金，所以也不构成侵占罪。这样一来，这个案子就没法认定了。

相反，如果不将毁坏限定为物理上的毁损，就好认定了。当然，这不只是为了给扔钱这样的行为定罪，更是为了达到法益保护的目的。具体到这个例子中，虽然小陈扔钱的行为没有在物理上给现金本身造成任何破坏，但这和把现金烧了对老赵的法益侵害程度是一样的，都会导致老赵不能再利用这些钱的结果。从这个意义上说，小陈的行为也属于对财物的毁坏，应该成立故意毁坏财物罪。

那么，是不是对财物施加了物理的有形力，就属于毁坏呢？这么理解就快接近"毁坏"这个词在故意毁坏财物罪中的涵摄范围了，但还不够准确。比如，如果以是否施加有形力为标准，那行为人打开他人的鸟笼让鸟飞走，或者打开他人鱼池的水闸把鱼放走，就都不成立毁坏财物罪了，因为行为人并没有对鸟和鱼本身施加任何有形力。可实际上，这种行为对被害人财产的侵害，与直接使用有形力摔坏玉镯造成的侵害是一样的。

另外，既然我国刑法中的财物包括财产性利益，那么，财产性利益就可以成为故意毁坏财物罪的对象。而既然财产性利益可以成为故意毁坏财物罪的对象，就不能把毁坏仅限于物理的毁损和使用有形力的毁坏。

所以，在判断某个行为是不是"毁坏"时，如果只看有没有对财物施加有形力，就太形式化了。那到底应该怎么判断呢？我认为，**不管有没有物理上的毁损，也不管有没有对财物本身施加有形力，只要是针对财物实施的、能导致财物效用丧失或减少的行为，就都属于故意毁坏财物罪里的毁坏。**

这个判断主要包括两点。首先，行为必须是针对财物实施的。之所以这样规定，是因为只有这样，才能说是对财物本身的毁坏。比如，李四经常开着豪车炫富，张三看不惯，就将李四关了起来，使他不能开自己的豪车。虽然豪车在李四被关的那段时间丧失了效用，但不能说张三的行为构成故意毁坏财物罪，只能说他的行为可能成立非法拘禁罪。

其次，判断的核心在于财物的权利人还能不能继续使用该财物，该财物的效用是不是有所减损。比如，摔碎别人的玉镯、砸坏别人的电脑，都会让其权利人无法继续使用玉镯或电脑。再比如，行为人对他人实施诈骗行为后，为了避免司法机关发现自己与被害人的通话记录，将被害人的手机等财物取走，长时间藏在家中，准备伺机扔掉。案发时，手机等仍然在行为人的家中。在这种情况下，行为人就是通过对手机等财物施加有形力，使被害人丧失了财物的使用价值，属于毁坏财物。

要知道，《刑法》规定这个罪名，就是想保障他人能够按照财物的用途使用财物，同时禁止以不合法的方式影响他人对财物的使用。所以，也只有这样理解"毁坏"，才能真正保护故意毁坏财物罪所要保护的法益。

三类损坏财物效用的行为

知道了判断"毁坏"的关键在于财物效用是否有所减损后，再来看看具体有哪些行为会损坏财物的效用。

每种物品都有它本来的用途和可能的用途。比如，杯子本来是用来装水的，但某些特别好看的杯子也有一定的观赏价值，在生活中还可能会把杯子当笔筒用。那么，到底是侵害了财物本来的用途，导致不能遵从其本来的用法使用算毁坏，还是只要损坏了财物的效用，不管是本来的还是附加的，就都属于毁坏呢？

法律不是独立于现实生活而存在的。既然在日常生活中，我们对某样财物的使用并不限于它本身的用法，那只要是有损财物效用的行为，就都应该属于毁坏。具体说来，毁坏财物效用的行为可以分为三类。

第一，通过对财物施加有形力，导致财物的完整性受到明显的毁损，或者使财物受到物理性的毁损。比如，把别人的电脑砸坏，或者把别人养的宠物杀害，等等。

第二，通过对财物施加有形力，导致财物的效用减少或者丧失。比如，涂黑他人广告牌上的内容，导致广告牌的效用发挥不出来。又比如，把他人的汽油与燃料油相混合，把他人分装的大量不同纽扣相混合，把他人的戒指扔进大海等，都属于导致财物效用减少的行为。

德国有一个这方面的判例。被告人为了使交通监控摄像头不能确认自己的机动车，就在车上装了数个反射镜，导致监控摄像头在开启闪光灯时过度曝光，不能拍下他的车牌及其身份。最后，巴伐利亚州高等法院将这种行为认定为故意毁坏财物罪，因为这导致监控摄像头对他的车不能起到应有的作用了。

第三，通过对财物施加有形力以外的手段，导致财物的效用减少或者丧失。前面提到的把别人的鸟笼打开导致鸟飞走，就属于这一类行为。本节开头的案例中，刘某偷偷对宋某所持股票进行低出高买的操作，给宋某造成 5 万多元经济损失，也属于这一类行为。所以，刘某的行为应该成立故意毁坏财物罪。

需要注意的是，财物效用的减少或者丧失，不仅包括因为物理上的损害导致的，也包括因为心理、感情上的损害导致的。比如，日本曾发生过这样一起案件：行为人把粪便放到人家煮饭用的锅里，对方发现后非常生气。虽然行为人采取了一系列补救行为来表示歉意，包括用最强力的洗涤剂洗锅、对锅进行高温消毒等，但对方也不愿意再继续使用这口锅了。从一般人的心理出发，这样的锅确实是不可能继续使用了，所以这种情况也属于财物效用丧失，行为人也因此被认定为成立故意毁坏财物罪。

另外，故意毁坏财物罪所保护的财物效用，还包括美观方面的效用。比如，把咖啡泼到他人的石膏雕塑作品上也是毁坏。针对美观效用，某个行为是否属于毁坏，与财物能否被修复没有关系。但是，如果修复只需花费少量时间和费用，那这种行为就没有必要认定为故意毁坏财物罪了。比如把清水洒到金属材质的雕塑上，因为只要擦拭干净就能恢复原状，所以一般不会被认定为故意毁坏财物罪。

第 **6** 章

危害公共安全罪

01 以危险方法危害公共安全罪

怎么避免本罪沦为"口袋罪"?

在危害公共安全罪中,最基础的一类就是《刑法》第 114 条和第 115 条规定的放火罪、决水罪、爆炸罪、投放危险物质罪和以其他危险方法危害公共安全罪,以及与它们相对应的过失犯罪。这一节,我们先来看一个很重要,也是司法实践中迫切需要解决的问题——怎么做才能避免以其他危险方法危害公共安全罪沦为"口袋罪"?

根据《刑法》的规定,以危险方法危害公共安全罪,是指故意使用放火、决水、爆炸、投放危险物质以外的危险方法,危害公共安全的行为。看起来,这似乎说得很清楚,但实际上,对于什么方法属于放火、决水、爆炸、投放危险物质以外的危险方法,《刑法》条文并没有明确规定。也就是说,这个罪名没有达到罪刑法定原则的明确性要求。正是因为这一点,在司法实践中,司法工作人员常常把危害公共安全但不构成其他具体犯罪的行为都认定为本罪。可以说,司法实践的做法明显不当地扩大了本罪的适用范围。于是,学者们就把这个罪形象地称为"口袋罪",也有人称它为兜底条款。

那么,我们该如何避免这种情况呢?我曾经搜集、分析过被认定为以危险方法危害公共安全罪的大量案例,并据此总结出了本罪被扩大适用的原因,以及限制本罪扩大适用的一些规则。下面介绍其中最重要的四个原因。

第一,有的司法机关没有遵循同类解释原则。

　　同类解释是指只有当案件事实和列举的要素相当时，才能适用《刑法》分则条文中"等"或"其他"的规定。可是，司法机关错误地把《刑法》第 114 条关于以危险方法危害公共安全罪的规定，当成了整个《刑法》分则第二章的"兜底条款"。实际上，只有与放火、决水、爆炸、投放危险物质这些行为的危险程度、可能造成的侵害结果具有相当性的行为，才能被归入"其他危险方法"。换句话说，如果某个行为不像放火、决水、爆炸那样，一旦发生就无法立即控制结果，那它就不成立本罪。

　　举个例子。钟某明知没了铜芯，消防栓就会丧失消防功能，仍然把草坪上正在使用的 25 个消防栓铜芯都偷走了。几个月后，钟某又在另一个地方偷走了正在使用的 43 个消防栓铜芯。这 68 个铜芯总价值约 2000 元。法院审理认为，钟某的行为足以危及不特定多人的人身及重大财产安全，具有危害公共安全的现实危险性，构成以危险方法危害公共安全罪。

　　这个判决就显然没有遵循同类解释原则。毕竟，就算钟某是在发生火灾时盗窃的铜芯，其行为的危险程度和可能造成的侵害结果，也不可能与放火、决水、爆炸等行为相当，更何况是在没有发生火灾时盗窃铜芯呢？所以我认为，钟某的行为只能被认定为故意毁坏财物罪或者盗窃罪。

　　第二，有的司法机关对以危险方法危害公共安全罪造成的结果理解不够准确，把一些只能造成非物质性结果的行为也认定成了本罪。

　　只有当行为足以造成物质性结果时，才能将其认定为以危险方法危害公共安全罪。具体来说，就本罪而言，物质性结果包括三类：

一是行为导致他人重伤，二是行为导致他人死亡，三是行为致使公私财物遭受重大损失。也就是说，比如造成特定人精神高度紧张，同时引起周围人恐慌的行为，就不能被认定为本罪。

举个例子。林某的劳动争议没有得到妥善解决，为了引起相关部门的关注，他携带汽油、菜刀、打火机等工具，来到深圳市福田区的某个路口。趁一辆公交车在等红灯，林某拦在车前，往自己身上倒了汽油，然后手持打火机和菜刀准备自焚。后来，他在民警的劝说下放弃了。一审法院认为，林某的行为引起了周围群众的恐慌，应当成立以危险方法危害公共安全罪。

我不认同这种认定。虽然林某准备在公交车前自焚，但这并不意味着他一定会实施自焚，毕竟他只是想引起关注。更何况，经过民警的劝说，林某也放弃了自焚的打算，也就不具有危害公共安全的具体危险。退一步说，就算林某已经着手点火自焚，那他的行为也不可能引起火灾，不足以造成致人重伤、死亡或者使公私财物遭受重大损失的物质性结果。所以我认为，林某的行为不能被认定为以危险方法危害公共安全罪。

第三，刑法理论把危害公共安全罪的行为对象表述为"不特定人"，有的司法机关对这个表述的含义理解有误，于是把一些其他犯罪错误地认定成了本罪。

这里的不特定人，不是指谁碰到谁倒霉这个意义上的不特定人，而是指随时有可能向多数发展的不特定人。所以，我认为应当确定的规则是：如果行为只能导致少数人伤亡，且不可能随时扩大或者增加被害范围，那么即便事前不能确定伤亡者是谁，也不能认定为本罪。

以常见的高空抛物行为为例。张三抱着砸着谁谁倒霉的心理，从高楼的窗户往下扔了一块砖头。不巧，他真的砸中了一名行人，还把这名行人砸成了重伤。按照司法解释的观点，故意从高空抛弃物品的，应该认定为以危险方法危害公共安全罪。但我不同意这种观点。毕竟，高空抛物行为一般不会像放火、爆炸那样，一旦实施就会造成无法控制的后果，也不会随时扩大或者增加被害范围，只是无法在事前确定伤亡者是哪个具体的人。所以，将张三的行为认定为故意伤害罪更合理。《刑法修正案（十一）》在妨害社会管理秩序罪中增设了高空抛物罪，而没有将高空抛物罪规定在危害公共安全罪中，这是可取的。

第四，有的司法机关错误地以为社会法益优于个人法益，所以把故意杀伤多人的行为都认定成了本罪。

举个例子。从 2006 年 4 月到 2009 年 5 月，雷某为寻求刺激，在多个乡镇的上下学路上，使用废弃的注射器、锥子、自制铁锐器等凶器刺伤中小学女生的胸部。在这期间，共有 24 名女生遭受了不同程度的伤害，其中一人被刺后当场死亡，两人受轻伤。法院认定，雷某的行为构成以危险方法危害公共安全罪，判处死刑，剥夺政治权利终身。

但我认为，雷某的行为应当同时成立故意杀人罪和故意伤害罪。因为雷某的行为侵害的是个人专属法益，所以可以实行数罪并罚。其实，这样认定的处罚并不会比认定为以危险方法危害公共安全罪轻，反而可以根据案情判处更适当的刑罚。

比如，行为人以杀人的故意向多人捅刀子，伤害了 24 人，但每个被害人都只是受了轻伤。如果按照以危险方法危害公共安全罪处罚，只能判处三年以上十年以下有期徒刑。但是，如果将其行为认定为故意杀人罪未遂，不管是认定为 24 个故意杀人罪未遂，还是只认定为一个故意杀人罪未遂，都适用"死刑、无期徒刑或者十年以上有期徒刑的法定刑"，可以判处更合适的刑罚。

退一步说，即使故意杀人行为也符合以危险方法危害公共安全罪的成立条件，那也属于想象竞合，应当从一重罪处罚。由于故意杀人罪的处罚比以危险方法危害公共安全罪重，所以要以故意杀人罪论处。

有些司法机关之所以会把明显的故意杀人罪认定为以危险方法危害公共安全罪，是因为他们以为社会法益优于个人法益。但在我看来，这个观点也是不成立的。因为从本质上来说，社会法益就是个人法益的集合。保护好每个个人的法益，才是保护社会法益的最佳途径。相反，如果只注重对社会法益的保护，就会导致个人法益的丧失，也就不能实现保护人民利益这个最根本的法益保护目的。

所以，司法工作人员首先应当确立社会法益并不优于个人法益的观念。对于用与放火、决水、爆炸、投放危险物质相当的危险方法杀害他人的行为，应当认定为故意杀人罪与危害公共安全罪的想象竞合，从一重罪处罚，即按故意杀人罪定罪处罚。

答学友问

学友：《刑法》第 114 条中"尚未造成严重后果的"和第 115 条是什么关系？第 114 条是第 115 条的未遂犯吗？

张明楷：先来看一下这两个法条的规定。114 条规定的是："放火、决水、爆炸以及投放毒害性、放射性、传染病病原体等物质或者以其他危险方法危害公共安全，尚未造成严重后果的，处三年以上十年以下有期徒刑。"第 115 条第 1 款规定的是："放火、决水、爆炸以及投放毒害性、放射性、传染病病原体等物质或者以其他危险方法致人重伤、死亡或者使公私财产遭受重大损失的，处十年以上有期徒刑、无期徒刑或者死刑。"

在法条上看，两者的区别就是第 114 条处罚的是尚未造成严重后果的行为，第 115 条处罚的是致人重伤、死亡或者致使公私财产遭受重大损失的行为。那两者是什么关系呢？

它们其实同时存在两种关系：第一，当把第 115 条第 1 款规定的犯罪作为普通的结果犯时，第 114 条规定的犯罪就是未遂犯；第二，当把第 114 条规定的犯罪作为基本犯（即既遂的具体危险犯）时，第 115 条第 1 款规定的犯罪就是结果加重犯。此外，第 115 条第 1 款也是一个量刑规则，即只有发生了致人重伤、死亡或者造成重大财产损失的结果时，才能适用该法条。

下面以放火罪为例，具体讲一下两个法条的关系。

第一，如果行为人实施了放火行为，造成不特定人或多数人伤亡的实害结果，且他对这个结果有认识并且持希望或放任态度，那这就属于普通的结果犯，应当适用第 115 条第 1 款的规定，而第 114 条规定的就是未遂犯。相应地，如果行为人以希望或放任不特定人或多数人伤亡的故意，实施了放火行为，但没有造成严重的伤亡实害结果，那就只能适用第 114 条的规定，并且不再适用总则关于未遂犯的处罚规定，而不是同时适用第 115 条第 1 款和总则关于未遂犯的规定。

第二，如果行为人实施放火行为时只对具体的公共危险具有故意，对发生的伤亡实害结果只具有过失，那就属于典型的结果加重犯，应当适用第115条第1款的规定，而第114条规定的就不是未遂犯。

适用第115条第1款必须以发生具体的公共危险为前提，毕竟该条款是因为发生了伤亡实害结果（即加重结果）才提高了法定刑。因此，即使行为人主观上只是希望或放任具体的公共危险发生，并不希望或放任伤亡实害结果发生，但只要他对实际发生的伤亡实害结果具有过失，就必须适用第115条第1款的规定。

另外，如果行为人实施放火行为时只对具体的公共危险具有故意，没有希望或放任伤亡等严重实害结果发生，放火行为客观上造成了具体的公共危险，但没有造成伤亡等严重实害结果，那就只能适用第114条的规定，且不能将其行为认定为放火罪未遂，而是要认定其放火行为构成既遂的具体危险犯。

总的来说，第114条规定的是既遂的具体危险犯，但其中又包含了第115条的未遂犯。

学友：关于醉酒驾车的问题，如果行为人造成了多人伤亡，实践中如何才能准确判断行为人究竟是成立交通肇事罪还是过失以危险方法危害公共安全罪呢？

张明楷：这个问题其实是在问，交通肇事罪、以危险方法危害公共安全罪和过失以危险方法危害公共安全罪的关系。首先要明确，这三者不是对立关系。某种情况具体应该成立哪一个犯罪，需要分类讨论。

第一，如果行为人实施高度危险的驾驶行为，对具体的公共危险和伤亡实害结果只有过失，那么可能同时触犯交通肇事罪和过失以危险方法危害公共安全罪。比如，甲应当预见刹车存在缺陷，但仍然以危险的高速度驾驶车辆，属于一个行为同时触犯这两个罪，应该认定为交通肇事罪，而不应当认定为过失以危险方法危害公共安全罪。一方面，是因为在这种情况下，通常认为交通肇事罪是特别法条；另一方面，是因为从总体上看，交通肇事罪的法定刑更重。

第二，如果行为人实施高度危险的驾驶行为，客观上存在和放火、决水、爆炸、投放危险物质相当的具体的公共危险，且行为人对此具有认识，也持希望或放任的态度，那么，即使没有发生伤亡结果，也成立以危险方法危害公共安全罪，而不应当认定为交通肇事罪。

第三，如果行为人实施高度危险的驾驶行为，客观上存在和放火、决水、爆炸、投放危险物质相当的具体的公共危险，且行为人对此具有认识，也持希望或放任的态度，但对已经发生的伤亡实害结果只有过失的，就同时触犯交通肇事罪和以危险方法危害公共安全罪，应当认定为以危险方法危害公共安全罪。

关于第二种和第三种情况，来看一个例子。司机驾驶小汽车以极快的速度在高速公路上逆行，他认识到了具体的公共危险，希望或放任这种危险结果发生，但他并不希望和放任伤亡的实害结果发生。如果没有造成伤亡结果，该行为成立第114条规定的以危险方法危害公共安全罪。如果造成了伤亡结果，该行为就属于以危险方法危害公共安全罪的结果加重犯，适用第115条第1款的规定。这时，该行为同时也触犯了交通肇事罪，但应认定为以危险方法危害公共安全罪。

第四，如果行为人实施高度危险的驾驶行为，客观上存在和放火、爆炸、投放危险物质相当的具体的公共危险，且行为人对具体的公共危险和伤亡结果都有认识，且希望或放任结果发生，那就同时触犯交通肇事罪和以危险方法危害公共安全罪，应当认定为以危险方法危害公共安全罪。此时的量刑要重于第三种情形。

当然，如果行为违反交通运输法规，虽然具有公共危险，但不具有和放火、决水、爆炸、投放危险物质相当的具体的公共危险的，就不可能成立以危险方法危害公共安全罪，只可能在发生伤亡实害结果时成立交通肇事罪。

02 涉枪犯罪

公园射击气球用的"枪"，是刑法上的枪支吗？

　　危害公共安全罪中有一类犯罪是涉枪犯罪。涉枪犯罪的种类不少，这里就不一一列举了，我们直接来看其中最具争议性，也最有必要搞清楚的一个问题——涉枪犯罪中的枪支，到底该依据什么标准来判断？比如，公园里射击气球的摊位上使用的所谓枪支，我们暂且称之为枪形物，属不属于刑法上要禁止的枪支呢？这一节，就来具体讨论一下这个问题。

关于枪支认定标准的争议

　　天津市的法院曾经审理过一起涉枪案件，引起了社会广泛的关注。案件情况大概是这样的：被告人赵春华摆设了一个气球射击摊位进行营利活动，公安机关在巡查过程中发现了这个情况，将她抓捕归案，并当场查获了涉案枪形物 9 支以及相关配件、塑料弹等物品。后来，经天津市公安局物证鉴定中心鉴定，其中 6 支是能正常发射、以压缩气体为动力的枪支。

　　经过审理，一审法院以非法持有枪支罪判处赵春华有期徒刑三年六个月。之后赵春华提出上诉，二审法院认为，赵春华非法持有的枪支均刚刚达到枪支认定标准，社会危害性较小，主观恶性和人身危险性较低，改判为有期徒刑三年，缓期三年执行。

　　很多人认为，赵春华的行为顶多是行政违法行为，法院不应该按照非法持有枪支罪对她进行定罪处罚。实际上，之所以会出现这样的判决结果，是因为关于枪支的认定标准，在《刑法》上没有明确的规定，也没有相关的立法解释和司法解释，这一直以来都是涉枪案件中存有争议的问题。

在赵春华一案中，法院其实是把能够在行政法规意义上被评价为枪支的涉案枪形物，直接认定为刑法意义上的枪支了。虽然我认为这两者是有区别的，但在我国目前的司法实践中，基本上都直接把《中华人民共和国枪支管理法》（后文简称《枪支管理法》）和公安部制定的相关规定，作为刑法上判断枪支的根据。那么，这些行政法规是怎么规定的呢？

《枪支管理法》第46条规定："本法所称枪支，是指以火药或者压缩气体等为动力，利用管状器具发射金属弹丸或者其他物质，足以致人伤亡或者丧失知觉的各种枪支。"

公安部的相关规定则显示，对于不能发射制式弹药的非制式枪支，当所发射弹丸的枪口比动能大于等于1.8焦耳/平方厘米时，就要认定为枪支。这个1.8焦耳/平方厘米是什么概念呢？曾经有军事专家形容，羽毛球和乒乓球扣杀的力度可能都比这高。也就是说，1.8焦耳/平方厘米比动能的弹丸，是不可能伤害到人的身体安全的。

看到这些内容，恐怕你也会觉得法院按照这个标准来审理赵春华案不合适。我也这样认为。**在刑事案件中，司法机关判断某枪形物是否属于枪支时，必须以涉枪犯罪保护的法益为指导，而不能直接把行政法规作为依据。**这是因为刑法是一门独立的法律，它规制的是犯罪行为，相应地，犯罪行为是刑法独有的规制对象，而不是刑法和其他法律共同的规制对象。对于违反其他法律的行为，刑法不会直接给予刑事制裁，而是需要进行独立判断。同样，对于违反刑法的行为及其刑事责任，也需要进行独立判断。

如何判断刑法意义上的"枪支"

要进行独立判断，我们就要根据犯罪保护的法益及其构成要件，来判断是否应当对某种行为给予刑事处罚。而在涉枪犯罪中，必须对枪支这一构成要件要素进行独立判断。具体来说，要考虑以下两个方面的内容。

首先，应当考虑涉枪犯罪保护的法益。

《刑法》之所以把涉枪犯罪规定在危害公共安全罪一章，是因为枪支具有显著的杀伤力，具有导致不特定人或者多数人伤亡的危险。换句话说，《刑法》分则规定涉枪犯罪，不是为了保护枪支管理秩序，而是为了保护公众的生命、身体安全。既然如此，就不能直接把行政机关颁发的枪支认定标准当作刑法上的枪支判断标准，因为那些认定标准都是为了管理枪支而制定的。在刑事司法中，我们必须实质性地判断某枪形物是否具有侵害公众生命、身体安全的危险。

我认为，只有同时符合以下三个条件，某枪形物才能被评价为刑法意义上的枪支。第一，具有导致不特定人或者多数人伤亡的危险；第二，以火药或者压缩气体等为动力；第三，是利用管状器具发射金属弹丸或者其他物质的枪形物。

其次，应当大体判断有没有抽象的危险。

在涉枪犯罪中，除了丢失枪支不报罪，其他的都是危险犯。在这些危险犯中，非法携带枪支、弹药危及公共安全罪是具体的危险犯，需要造成具体的公共危险，其他的则都是抽象的危险犯。

具体的危险犯和抽象的危险犯是一对相对应的概念，主要区别在于危险是否需要司法人员在个案中进行具体判断。具体的危险犯中的危险，需要司法人员在个案中，根据行为时的情况，具体判断当时的行为是否有引发侵害结果的紧迫危险。比如，在非法携带枪支、弹药危及公共安全罪中，行为是不是危及了公共安全，需要司法人员根据当时的情况具体判断。抽象的危险犯中的危险，则不需要司法人员在个案中具体判断。一般来说，只要实施了某个行为，就可以认为具有导致侵害结果发生的危险。

赵春华案涉及的是非法持有枪支罪，而这是一个抽象的危险犯。需要注意的是，虽然抽象的危险犯中的危险不需要司法工作人员具体判断，但如果个案中的特别情况导致行为根本不存在任何危险，就不能将其认定为该犯罪。换句话说，非法持有枪支罪的处罚根据是行为造成了抽象的危险，所以，如果行为不存在任何危险，那它就不具有构成要件符合性和违法性。

前面讲到，行政法规中认定枪支的标准，是弹丸的枪口比动能大于等于1.8焦耳／平方厘米，而这个标准下的"枪支"完全没有侵害公众生命、身体安全的危险，因此不能被直接认定为刑法意义上的枪支。而《枪支管理法》第47条也规定了，"单位和个人为开展游艺活动，可以配置口径不超过4.5毫米的气步枪"。可见，如果赵春华持有的气步枪口径没超过4.5毫米，那她就连行政法规都没有违反；即使口径超过了4.5毫米，根据前面讲的判断标准，她也只是违反了行政法规，而不应该成立犯罪。

　　总结一下，公安机关制定的枪支鉴定标准，只是涉枪犯罪中有关枪支认定的参考资料，而不能直接作为枪支认定的标准。如果涉案的枪形物完全不具有致人伤亡的危险，那无论如何都不能被评价为刑法意义上的枪支。

　　除了对枪支的判断不能照搬行政法规上的标准，对刑法中所有犯罪构成要件要素的判断，都要以各个罪保护的法益为指导，根据刑法的基本原则、刑法条文的具体规定和目的、刑法的补充性原理等进行独立判断。

03 交通肇事罪

将撞伤的人送到医院后逃跑，属于交通肇事后逃逸吗？

说到交通肇事罪，大多数人应该都不陌生，但关于本罪的认定，其实是存在一些争议的。比如，张三无证驾驶，错把油门当刹车，把行人撞成了重伤。之后，他连忙把行人送去了医院。在医护人员把行人抬进抢救室后，张三为了逃避法律责任，悄悄离开了医院。在这种情况下，张三的行为属于交通肇事后逃逸吗？

有观点认为，只要是为了逃避法律追究而逃跑的行为，就属于逃逸。但也有观点认为，只要行为人救助了伤者，逃跑的行为就不属于逃逸。到底哪种观点正确呢？这一节，就来具体介绍一下相关的内容。

交通肇事罪基本犯的认定

《刑法》第133条规定，交通肇事罪是指违反交通运输管理法规，因而发生重大事故，致人重伤、死亡或者使公私财产遭受重大损失的行为。也就是说，并不是所有交通肇事行为都成立交通肇事罪。

在交通肇事罪基本犯的认定中，主要有四个关键问题。

第一，关于交通肇事罪的主体——只有驾驶员才能成立本罪吗？

交通肇事罪不是身份犯，非交通运输人员也能成为本罪的主体。一方面，这是因为《刑法》并没有对本罪的行为主体做出限定；另一方面，这是因为在现实生活中，非交通运输人员也完全有可能违反交通运输管理法规，造成事故，进而满足交通肇事罪的构成要件。举个例子，王五在高速公路上拦车乞讨，导致了数车相撞、数人伤亡的重大交通事故，那么，王五的行为应当成立交通肇事罪。

第二，关于交通肇事罪成立的前提——没有违反交通运输管理法规，但造成重大损失的，能成立本罪吗？

交通肇事罪成立的前提是行为人必须有违反交通运输管理法规的行为。也就是说，如果发生了交通事故，但行为人没有违反任何交通运输管理法规，那他就不可能成立交通肇事罪，也不成立其他犯罪。比如，李四开车正常行驶在高速公路上，突然一个行人横穿高速公路，李四躲闪不及，将其撞死。在这种情况下，李四没有违反任何交通运输管理法规，所以他虽然撞死了人，但也不成立交通肇事罪。

在许多国家，几乎所有违反交通法规的行为，比如超速行驶、闯红灯、违章停车等，都成立犯罪，并不以造成事故为前提。但我国刑法的处罚范围很窄，存在违反交通运输管理法规的行为只是前提，并不是只要有这个前提就一定成立交通肇事罪，因为刑法还要求违规驾驶行为必须造成重大事故。而且，如果造成的事故在致人重伤、死亡或者使公私财产遭受重大损失这个范围之外，也不成立交通肇事罪。

第三，关于交通规范的保护目的——违反了交通运输管理法规，但这与导致的事故无关，能成立本罪吗？

具体的交通管理规范具有特定的目的，只有当结果的发生与行为人所违反的交通管理规范具有关联性时，该行为才成立交通肇事罪。

比如，行为人驾驶没有经过年检的车辆撞死了一个行人，但车辆本身并没有任何故障，事故是由行人横穿高速公路导致的。虽然交通运输管理法规明文规定，禁止驾驶没有经过年检的车辆，但这是为了防止因车辆存在故障而导致交通事故。在这个例子中，事故并不是由车辆故障导致的，所以不能将行为人的行为认定为交通肇事罪。

再比如，交通运输管理法规规定了禁止酒后驾驶，这是为了防止驾驶者因为饮酒而导致驾驶能力减退或丧失，进而造成交通事故。所以，如果饮酒没有让驾驶员的驾驶能力减退或丧失，但车辆出现了无法预料的刹车故障，进而导致了交通事故，那就不能对驾驶者以交通肇事罪论处。

第四，关于驾驶工具——驾驶非机动交通工具从事交通运输行为，违章造成重大事故的，能成立本罪吗？

如果这种行为发生在公共交通管理的范围内，具有危害公共安全的性质，那应该以交通肇事罪论处，否则就只能认定为其他犯罪。比如，在城区或其他行人较多、有机动车往来的道路上违章骑三轮车，造成重大事故的，就具有危害公共安全的性质，应当认定为交通肇事罪。但是，在行人稀少、没有机动车往来的道路上违章骑三轮车，致人重伤或死亡的，就不具有危害公共安全的性质，只能认定为过失致人重伤罪或过失致人死亡罪。

如何理解"逃逸"

《刑法》第 133 条规定，犯交通肇事罪的，处三年以下有期徒刑或者拘役；交通运输肇事后逃逸或者有其他特别恶劣情节的，处三年以上七年以下有期徒刑；因逃逸致人死亡的，处七年以上有期徒刑。很显然，交通运输肇事后逃逸和因逃逸致人死亡是本罪的加重情节。而想要理解这两种加重情节，关键就是理解这里的"逃逸"。

司法解释认为，交通运输肇事后逃逸，是指行为人在造成了构成交通肇事罪的交通事故后，为逃避法律追究而逃跑的行为。按照这种观点，在本节开头的例子中，张三将伤者送到医院后逃离的行为，属于交通肇事后逃逸。

但我认为，这么理解"逃逸"并不妥当。为什么这么说呢？

一方面，对所有犯罪人来说，在犯罪后为逃避法律追究而逃跑都是"人之常情"。也就是说，犯罪后不逃跑的行为是不具有期待可能性的。正是因为考虑到这一点，《刑法》才会把自首规定为法定的从宽处罚情节，才没有把逃避法律追究作为其他犯罪的加重情节。试想一下，为什么《刑法》没有规定杀人、抢劫后逃逸的要提高法定刑呢？难道是因为交通肇事罪更严重吗？显然不是。由此可见，交通肇事罪把逃逸作为加重情节，应该与逃避法律责任没什么关系。

另一方面，如果按照司法解释的观点来处理，会造成处罚的不合理。比如，甲开车追杀骑摩托车的乙，过失造成交通事故，导致丙重伤。为了继续追杀乙，甲没有停下来救助丙，最终导致丙死亡。按照司法解释的观点，因为甲离开不是为了逃避法律责任，而是为了追杀乙，所以该行为不属于逃逸。这显然是不合理的。

既然司法解释的观点不可取，那究竟应该怎么解释这里的"逃逸"呢？答案是要结合立法目的来解释。

《刑法》之所以将逃逸规定为交通肇事罪的法定刑加重情节，是因为在这种场合下有需要被救助的被害人，这样规定能促使行为人救助被害人。要知道，行为人先前的交通肇事行为使他人的生命处于危险状态，于是行为人产生了作为义务。如果不履行作为义务，就属于遗弃行为，当然能成为法定刑加重的根据。所以，**我们应当以不救助被害人为核心去理解和认定逃逸。也就是说，逃逸就是指逃避救助被害人的义务**。

按照这种观点，造成交通事故后，行为人留在原地，但就是不救人的，也应该认定为逃逸。造成交通事故后，行为人让家属或朋友去救助伤者，而自己离开现场的，则不应该认定为逃逸了。在本节开头的例子中，虽然张三在把人送到医院后就离开了，但因为他已经履行了救助被害人的义务，所以不应该将其行为认定为逃逸。

既然明确了逃逸是指逃避救助被害人的义务，那因逃逸致人死亡也就好理解了。具体来说，就是指因为不救助被害人而导致被害人死亡的行为。

最后还有一点需要注意——关于本罪的认定，无论是基本犯还是加重情节，都不能把交通行政管理法规上的责任等同于刑法上的责任。比如，赵六在白天把货车停在马路边，然后下车小便，这时一辆小客车飞速驶来，撞到货车尾部，司机当场死亡，而赵六报警后迅速逃离现场。按照《中华人民共和国道路交通安全法实施条例》第 92 条的规定，"发生交通事故后当事人逃逸的，逃逸的当事人承担全部责任"，赵六应该承担全部责任。但该条例规定的只是行政责任，司法机关不能把认定行政责任的法律根据直接当作认定刑事责任的法律根据，不能直接认定赵六构成交通肇事罪，而要进行独立的刑法规范判断。从案情来看，赵六对小客车司机的死亡没有责任，不构成交通肇事罪。

答学友问

学友：甲在一个雨夜正常开车行驶，骑电动车的乙突然横穿马路，被甲撞成重伤。甲下车看后，发现乙还活着，但他很害怕，于是开车逃逸，之后乙因失血过多而死。第二天，甲去自首。在司法实践中，通常会将甲的行为认定为交通肇事致人死亡，因为甲有自首情节，会判得比较轻。但我认为这不合理，虽然甲有自首情节，但应当追究他不作为故意杀人的责任。想听听您的看法。

张明楷：这个问题涉及交通肇事后逃逸及其与不作为故意杀人的关系。

关于交通肇事后逃逸的内容，本节已经讲过了，这里就不再赘述了。因不救助被害人而导致被害人死亡的，可能构成不作为的故意杀人罪，以及遗弃罪、过失致人死亡罪。对此，应将其认定为想象竞合犯，从一重罪处罚。有时候，也可能会存在前行为不符合交通肇事罪结果要件的情况，这时就只能将后行为认定为犯罪。

当然，成立不作为的故意杀人罪有一个前提，即被害人有被救助的可能性。如果被害人已经由于前面的肇事行为而不可能得到救助，比如已经死亡，就没有理由要求行为人再去救助了。在这种情况下，行为人离开现场的行为既不属于逃逸，也不构成其他犯罪，只构成交通肇事罪的基本犯。

在被害人有被救助的可能性时，也可能会出现数罪并罚的情形。比如，行为人交通肇事导致多人重伤，被害人留在原地可能被路人救助，但行为人却将其带离事故现场后隐藏或遗弃，致使被害人无法得到救助而死亡。这时，应当对行为人以交通肇事罪和故意杀人罪数罪并罚。

这个案情介绍得比较简单。首先要确定甲前面的行为是否违反交通管理法规。如果没有违反，发生事故是乙的责任，那甲的行为就不可能成立交通肇事罪。此时需要讨论甲有没有救助乙的义务。我国道路交通管理法规明文规定，发生交通事故时，当事人有救助义务。所以，如果甲没有救助，他有可能成立不作为犯罪，但并不必然成立故意杀人罪，也可能成立过失致人死亡罪或者遗弃罪，需要根据具体案情来判断。从这个问题中的案情介绍来看，我倾向于不认定为故意杀人罪。

如果甲前面的行为违反了交通管理法规，那他的行为就有可能成立交通肇事罪，也就更有救助义务了。这时要确定结果是由前面的肇事行为造成的，还是由后面的不救助行为造成的。如果是由前面的肇事行为造成的，就仅成立交通肇事罪；如果是由不救助行为造成的，就需要进一步判断甲对结果的心理状态。如果甲对乙死亡的结果具有故意，就有可能成立不作为的故意杀人罪。在这类案件中，不作为的故意杀人和因逃逸致人死亡并不是对立关系，而是可以竞合的。如果甲对乙死亡的结果没有故意，只有过失，一般会认定为交通肇事逃逸致人死亡。

04 危险驾驶罪

以为是酒后驾驶，实际是醉酒驾驶的，是犯罪吗?

2019 年 7 月，最高人民法院公布了 2019 年上半年全国法院审判执行数据，在审结的刑事案件中，危险驾驶罪首次超越了盗窃罪，成为实践中发生最多的犯罪类型。这一节，就来介绍一下危险驾驶罪的认定。

根据《刑法》的规定，危险驾驶罪包括四种法定情形——追逐竞驶、醉酒驾驶、严重超员超速行驶，以及违规运输危险化学品。每种情形在认定上都有其争议点。比如，甲和朋友聚会后，拿出随身携带的酒精测量仪，测了一下自己血液中的酒精浓度，发现低于醉酒驾驶的标准，就放心地开车上路了。结果途中，他遇到交警检查，测得酒精浓度超过了醉酒驾驶的标准。原来，甲的测量仪出了故障，测的数值是错的。那甲的行为能构成危险驾驶罪吗? 看完这一节的内容，你就知道正确答案了。

危险驾驶罪的四种情形

下面先来具体了解一下危险驾驶罪的四种法定情形。

第一，追逐竞驶。

这是指行为人在道路上高速、超速行驶，随意追逐、超越其他车辆，或者频繁、突然并线，从而近距离驶入其他车辆之前的危险驾驶行为。关于这种情形，有两个点需要注意。

首先，追逐竞驶行为不一定要发生在公共道路上。行为人在校园或大型厂矿内的道路上，以及在人行道上追逐竞驶的，也可能成立本罪。因为不管是在哪里的道路上追逐竞驶，都对不特定人或多数人的生命、身体安全造成了抽象的危险。

其次，追逐竞驶不一定需要有两个以上的行为人。比如，一个人在高速公路上以超越所有车辆为目标，大幅超速行驶和任意变线的，也属于追逐竞驶。

第二，严重超员、超速行驶。

这种情形的行为主体一般是从事校车业务或者旅客运输的驾驶员。如果他们驾驶的车辆严重超过额定乘员载客，或者他们严重超过规定时速行驶，就可能成立危险驾驶罪。此外，机动车所有人、管理人对严重超员、超速行驶负有直接责任的，也应当以本罪论处。所谓"负有直接责任"，是指严重超员、超速行驶的状态能够归属于他的作为或不作为行为。

第三，违规运输危险化学品。

这是指违反危险化学品安全管理规定运输危险化学品，危及公共安全的行为。这种情形比较清楚，也没什么争议，这里就不多讲了。

第四，醉酒驾驶。

就目前的司法实践来看，这是危险驾驶罪中最常见也最复杂的情形，因此我把它放在了最后。顾名思义，它是指在醉酒状态下在道路上驾驶机动车的行为。很多人认为这种行为危害不大，不应当被规定为犯罪，其实这种想法并不妥当。要知道，许多恶性交通事故都是由行为人醉酒驾驶造成的。在许多国家，不仅醉酒驾驶是犯罪，酒后驾驶也是犯罪。在日本，甚至坐在酒后驾驶者的车里也是犯罪。

在我国，只要血液中的酒精含量达到 80mg/100ml，就属于危险驾驶罪中的"醉酒驾驶机动车"了。虽然看起来很清楚，但在司法实践中，醉酒驾驶是危险驾驶罪的四种情形中争议最多的。其中争议比较大的点是，它的责任形式是故意还是过失。

我认为，与其他三种情形一样，醉酒驾驶也是故意犯罪，不是过失犯罪。这就意味着，行为人必须对自己醉酒驾驶的行为和结果有所认识。只有当行为人认识到自己是在喝了一定量的酒的状态下驾驶机动车时，才能说他有醉酒驾驶的故意。

不过，因为喝了酒的人通常并不知道自己是否达到了醉酒标准，所以不需要行为人认识到自己血液中酒精的具体含量，只要有大体上的认识就可以。也就是说，如果行为人知道自己喝了一定量的酒，事实上也达到了醉酒状态，并且驾驶机动车的，就可以认定他主观上有醉酒驾驶的故意。就算他辩解说以为自己只是酒后驾驶，不是醉酒驾驶，也不能排除故意的成立。否则所有醉酒的人都会这样辩解，而这显然不合适。

到这里，本节开头的案例就很好判断了。虽然甲自己用测量仪测的结果是没有达到醉酒状态，但他知道自己喝了不少酒，不然也不会先自己测一下。所以，即使测量仪出故障误导了甲，也不影响对他有醉酒驾驶故意的判断，他的行为仍然成立危险驾驶罪。

你可能还听说过这样的情况，行为人没有主动饮酒，但他喝的饮料被他人掺入了白酒。在这种情况下，如果行为人驾驶机动车之前或者当时意识到自己饮了酒，那就要认定他具有醉酒驾驶的故意。当然，如果他没有意识到自己饮了酒，就应当排除其故意的成立。

需要注意的是，危险驾驶罪中的醉酒驾驶是抽象的危险犯。因此，在认定醉酒驾驶行为有没有带来抽象的危险时，不需要司法人员在个案中具体判断。只要该行为属于一般社会生活经验之内的醉酒驾驶行为，就可以推定它具有造成侵害结果的危险。比如，行为人醉酒后在城市道路上驾车，即使当时周围没有其他车辆和行人，也应当认定该行为具有造成侵害结果的危险。也就是说，该行为造成了一种抽象的危险，侵害了法益赖以存在的安全条件。

那是不是只要实施了醉酒驾驶行为，就一定成立危险驾驶罪呢？也不是绝对的。如果行为根本不可能对法益造成任何危险，就不能将其认定为犯罪。比如，行为人深夜在没有车辆，也没有行人的郊外小路上醉酒驾驶，根本不可能造成他人伤亡，所以一般不认为它具有抽象的危险，不认定为危险驾驶罪。

危险驾驶罪和交通肇事罪的关系

危险驾驶罪和交通肇事罪在司法实践中都比较常见，甚至有些人可能会觉得它们很像。事实上，两者在刑法上的关系也很密切。可以这样理解：交通肇事罪既可能是危险驾驶罪的结果加重犯，也可能与危险驾驶罪数罪并罚。

先来看交通肇事罪是结果加重犯的情况。前面讲过，结果加重犯成立的前提是"直接性要件"，即加重结果是由行为人实施的基本犯行为直接引起的。也就是说，如果行为人故意实施危险驾驶行为，过失造成他人伤亡等事故，这时，成立的交通肇事罪是结果加重犯。比如，甲醉酒驾驶机动车，过失造成他人伤亡或重大财产损失的结果，就应该认为交通肇事罪是危险驾驶罪的结果加重犯，对甲以交通肇事罪论处。

　　这样理解也有利于解决共犯问题。比如，毕业后的女同学甲去外地出差，晚上和男同学乙在餐馆喝酒。酒后，乙准备打车把甲送回宾馆，但甲明知乙喝多了，还是执意要求他开车送自己回去。在甲的反复唆使下，乙决定开车送甲回去。但在经过第二个路口时，乙遇到红灯未能及时刹车，造成一名行人死亡。

　　在这种情况下，甲乙两人的行为都要被认定为交通肇事罪，其中，甲是交通肇事罪的教唆犯。你可能会说，交通肇事罪是过失犯罪，怎么会有教唆犯呢？其实，这时的交通肇事罪是危险驾驶罪的结果加重犯，而结果加重犯当然是有共犯的。只有当构成交通肇事罪的行为不构成危险驾驶罪时，交通肇事罪才是单纯的过失犯。

　　再来看交通肇事罪与危险驾驶罪数罪并罚的情况。如果致人伤亡的交通事故不是由醉酒驾驶等危险驾驶的基本行为引起的，而是由其他违反交通运输管理法规的行为引起的，那就应当对行为人以危险驾驶罪与交通肇事罪论处，实行数罪并罚。

　　比如，李四在深夜醉酒驾车回家，路上发生了交通事故，撞死了正常行走的路人。但调查发现，事故发生的原因并不是李四醉酒导致自己控制车辆的能力减弱，而是车辆本身存在灯光和刹车故障，导致他没能及时刹车。也就是说，行人死亡的结果并不是由李四醉酒驾驶这个基本行为造成的，而是由李四驾驶有故障车辆的行为造成的。所以，不能只将李四的行为认定为交通肇事罪，而应认定为危险驾驶罪和交通肇事罪，实行数罪并罚。

第 **7** 章

破坏社会主义市场经济秩序罪

01 生产、销售伪劣产品罪

销售金额不到法定标准，构成犯罪吗？

生产、销售伪劣产品罪，是指生产者、销售者在产品中掺杂、掺假，以假充真、以次充好或者以不合格产品冒充合格产品，且销售金额达到法定标准的行为。这里的法定标准是 5 万元，而销售金额是指生产者、销售者出售伪劣产品后所得和应得的全部违法收入。

《刑法》之所以要专门规定一个销售金额，是因为它不仅能反映行为人获利的情况，还能表明该行为法益侵害的严重性——销售金额大，就说明行为人生产、销售伪劣产品的规模大、持续时间长、危害范围广——而且也方便司法机关准确认定和处罚犯罪。

不过，既然规定了销售金额，自然就产生了一个问题——销售金额没有达到 5 万元的，是构成本罪的未遂犯，还是不构成犯罪？比如，油脂经销者李四向饲料生产企业销售豆油等食用油，张三明知这一点，仍打算把用"地沟油"加工而成的劣质油脂销售给李四。但在还没卖出时，张三的销售点就被工商部门查处了。那么，张三的行为是构成销售伪劣产品罪未遂，还是不构成犯罪？

对于这个问题，你可能会觉得有点奇怪，因为在一般的财产犯罪，如盗窃罪中，即便没有盗得财物，也会对行为人以盗窃罪未遂论处，那生产、销售伪劣产品，但销售金额不足 5 万元的，难道不也应该以本罪的未遂犯论处吗？其实，这个问题本质上是在问，销售金额是本罪既遂的条件，还是本罪成立的条件？而要说清楚这个问题，就要分析一下这个罪名的客观构成要件。

生产、销售伪劣产品罪的客观构成要件

本罪的行为对象是伪劣产品。其中，"产品"是指经过加工、制作，用于销售的产品。伪的产品主要是指以假充真的产品，劣的产品是指掺杂、掺假的产品，以次充好的产品，以及冒充合格产品的不合格产品。比如，生产、销售不符合食品安全标准的食品添加剂的，也成立本罪。

本罪的行为方式包括四类，分别是在产品中掺杂、掺假，以假充真，以次充好，以及以不合格产品冒充合格产品。

那么，销售金额到底是本罪既遂的条件，还是成立的条件呢？

如果将其当作犯罪既遂的条件，那么销售金额没达到 5 万元的，就可能成立本罪的未遂犯。比如，生产者生产了伪劣产品，或者销售者购入了伪劣产品，但现在还没有销售的，只要将来销售后的金额有可能达到 5 万元，就构成本罪的未遂犯。

如果将其当作犯罪成立的条件，那在销售金额没有达到 5 万元时，行为就不满足本罪的客观构成要件，根本不构成犯罪。

对于这个问题，司法解释也有一个专门的规定："伪劣产品尚未销售，货值金额达到刑法第一百四十条规定的销售金额三倍以上的，以生产、销售伪劣产品罪（未遂）定罪处罚。"从中可以看出，司法解释其实采取了折中的态度，具体来说，有以下三点：第一，它认为销售金额达 5 万元以上不是本罪成立的条件，而是犯罪既遂的条件；第二，并非所有未遂犯都要处罚，只有情节严重的才需要处罚；第三，情节严重是指，尚未销售的伪劣产品的货值金额要达到法定销售金额的 3 倍（15 万元）以上。

不过，我认为，销售金额达到 5 万元以上是本罪成立的条件，而不是既遂的条件。所以，销售金额没有达到 5 万元的，不构成本罪。我为什么会这样认为呢？下面就分两种情况来具体讨论一下。

情况 1：已销售伪劣产品，但销售金额未达到 5 万元

根据《刑法》的规定，销售金额不满 5 万元的行为，其法益侵害性没有达到值得科处刑罚的程度，否则，立法机关在立法时就会降低销售金额的标准。也就是说，《刑法》之所以规定销售金额在 5 万元以上的才以犯罪论处，既是为了明确处罚的条件，也是为了限制处罚的范围。

所以，《刑法》第 140 条规定的销售金额，既是对本罪结果的要求，也是对本罪行为内容和法益侵害程度的要求。没有达到规定数额的，行为就不符合生产、销售伪劣产品罪的构成要件，不成立犯罪，也不能以未遂犯论处。这跟饮酒后驾驶，如果血液内酒精含量尚未达到醉酒驾驶的标准，就不构成危险驾驶罪的未遂犯是一个道理。

情况 2：已生产或购入伪劣产品，但还未销售

可能有人会觉得，既然本罪的罪名是"生产、销售伪劣产品罪"，那没有销售，只是单纯生产伪劣产品的行为也应该构成本罪。但我不同意这种观点，主要有以下几个理由。

第一，也是最根本的理由，犯罪的本质是法益侵害。如果行为人只是生产了伪劣产品，还没有使其进入市场，那就既没有破坏市

场经济秩序，也没有损害消费者的合法权益。既然没有造成法益侵害结果，自然就不构成犯罪。

那能不能说这种行为构成预备犯呢？从形式上说可以，但我国司法实践只处罚特别严重的犯罪的预备犯，不可能处罚生产、销售伪劣产品罪的预备犯。而且，我是不主张本罪的未遂犯的，就更不赞成处罚本罪的预备犯。

第二，从《刑法》第 140 条对构成要件的描述来看，虽然本罪的行为主体包括生产者，但都是以销售产品为目的的生产者，所以必然都是销售者。这也说明，本罪的行为方式不包括单纯生产伪劣产品的行为。

第三，把尚未销售伪劣产品的行为认定为未遂犯，会造成明显的处罚不均衡。比如，甲销售了 4.8 万元的伪劣产品，但没有储存；乙储存了价值 5 万元乃至 15 万元以上的伪劣产品，但没有销售。从法益侵害的角度来说，甲的行为肯定重于乙的行为，但由于没有达到法定的销售金额，甲的行为不构成犯罪，也不可能成立未遂犯。既然如此，就更不应当将乙的行为认定为犯罪。

第四，如果说只要生产了伪劣产品就成立本罪，那销售这些伪劣产品就是销售赃物的行为，成立赃物犯罪 [①]，应当被认定为生产、销售伪劣产品罪和赃物犯罪，实行两罪并罚。但实际上，这种行为只能被认定为生产、销售伪劣产品罪。所以，把单纯生产伪劣产品的行为认定为本罪显然是不妥当的。

[①] 赃物犯罪是指窝藏、转移、收购、代为销售或者以其他方法掩饰、隐瞒犯罪所得及其收益的行为。

此外，还有一种情形是行为人并非生产者，但从他人那里购买了大量伪劣产品后准备销售。如果行为人还没有销售，他的行为就没有侵害任何法益，不应当作为犯罪处理。如果他开始销售了，但销售金额没有达到 5 万元，那这种行为虽然侵害了法益，但法益侵害结果还没有达到值得科处刑罚的程度，也不应当作为犯罪处理。

总结一下：单纯生产伪劣产品但未销售的行为，不构成本罪；生产、销售伪劣产品，但销售金额不到 5 万元的，也不构成本罪，只需根据《中华人民共和国产品质量法》进行行政处罚就可以了。

答学友问

学友：按照您的观点，如果将 5 万元视为犯罪成立的条件，那生产、销售伪劣产品罪还有未遂犯吗？更进一步，是不是所有故意犯罪都有未遂犯呢？

张明楷：要回答这个问题，首先要区分一般意义上的犯罪未遂和构成犯罪的、值得处罚的未遂犯。

一般意义上的犯罪未遂，是指已经着手实行犯罪，由于行为人意志以外的原因而未得逞的情形。从这个意义上说，所有故意犯罪都有犯罪未遂，甚至可以认为，所有过失犯也都有犯罪未遂。比如，非法侵入住宅时，被他人挡在门外未能进入的，是非法侵入住宅未遂。想伤害他人但没有造成轻伤的，是伤害未遂。行为人有失火行为，但被他人立即扑灭的，也被一些人称为失火未遂。

但是，并不是所有未遂的情形都值得处罚，或者说，并不是所有未遂的情形都会被作为犯罪处理。《刑法》第 23 条第 2 款明文规定了处罚犯罪未遂，似乎所有的犯罪未遂都要受处罚。但事实上，犯罪未遂的处罚具有例外性，许多犯罪的未遂行为都达不到值得科处刑罚的程度。可是，《刑法》分则又没有明文规定哪些犯罪的未遂应当受到处罚。所以，我们只能实质性地考察，在未得逞的情况下，什么行为在不法和责任层面达到了值得科处刑罚的程度。经过这样的考察后，会发现以下两种情况的未遂是值得处罚的。

第一，罪质严重的未遂，比如故意杀人未遂、抢劫未遂、强奸未遂等；第二，达到情节严重程度的罪质一般的未遂，比如情节严重的盗窃未遂、情节严重的诈骗未遂等。除此之外，其他犯罪的未遂通常就不以犯罪论处了。比如前面说的几个例子，非法侵入住宅未遂就不作为犯罪处理。在我国司法实践中，伤害未遂一般也不会受到处罚。至于过失未遂，就更不可能处罚了，而且处罚过失未遂明显也违反了罪刑法定原则。

在生产、销售伪劣产品罪中，我认为只有销售金额达到5万元，才有可能构成本罪；销售金额没有达到5万元的，虽然也可以说是犯罪未遂，但不属于值得科处刑罚的未遂犯。比如，行为人生产或者购买了价值30万元的伪劣产品，但只销售了3万元的伪劣产品，该行为的不法就没有达到可罚的程度。所以，这种行为虽然可以说是未遂，但不是构成犯罪的未遂犯。

如果销售金额没有达到5万元的，也以本罪的未遂犯处罚，那《刑法》第140条关于销售金额的明文规定就丧失意义了。也就是说，如果销售金额3万元也构成犯罪，那立法者为什么不将销售金额要求改为3万元呢？我认为，这个规定就是说明，销售金额没有达到5万元的，不以犯罪论处。

02 生产、销售假药罪

销售未经批准的进口药，构成犯罪吗？

电影《我不是药神》上映后，引起了广泛的反响和讨论，很多观众都为主人公最后被判了刑而打抱不平。比如，有观众说，主人公卖的明明是能治病的真药，怎么就被认定为销售假药罪了呢？或许你也有同样的困惑。虽然影片内容有虚构的成分，但销售未经批准的进口药品，在刑法上究竟能否成立销售假药罪，确实是一个重要的刑法问题。这一节，我们就来具体看一下这个问题。

什么是"假药"

生产、销售假药罪，是指自然人或者单位故意生产、销售假药的行为。其中，最重要的问题就是到底什么是"假药"。在《刑法修正案（十一）》颁布之前，《刑法》明确规定，本罪中的假药，"是指依照《中华人民共和国药品管理法》（后文简称《药品管理法》）的规定属于假药和按假药处理的药品、非药品"。《刑法修正案（十一）》删除了这一规定，但在我看来，刑法上对假药的认定，仍然应以《药品管理法》的规定为根据。所以，刑法意义上的假药仍然取决于《药品管理法》的规定。

要注意的是，在《药品管理法》修改之前，本罪所说的假药包括两类，一类是真正的假药，即会侵害人体生命、健康安全的假药，另一类是拟制的假药，即单纯违反药品管理秩序，按照修改前的《药品管理法》的规定应当以假药论处的药品。比如，在《药品管理法》修改之前，没有经过批准而进口的合格药品，就属于拟制的假药。

需要注意的是，2019 年 12 月 1 日，新修改的《药品管理法》生效。其中一个主要变化是，未经批准而进口的合格药品不再属于假药。而《我不是药神》是在新法生效前拍的，所以电影主人公的行为自然会被认定为销售假药罪。

虽然《药品管理法》已经对有关假药的规定做了修改，但讨论究竟应该如何认定生产、销售假药罪，对于理解其他类似的条文还是很有价值的。

生产、销售假药罪应该如何量刑

《刑法》把生产、销售假药罪的处罚分成了三档：第一档，处 3 年以下有期徒刑或者拘役，并处罚金；第二档，对人体健康造成严重危害或者有其他严重情节的，处 3 年以上 10 年以下有期徒刑，并处罚金；第三档，致人死亡或者有其他特别严重情节的，处 10 年以上有期徒刑、无期徒刑或者死刑，并处罚金或者没收财产。其中，第一档是基础法定刑，第二档和第三档是升格的法定刑。

另外，司法解释对"其他严重情节"和"其他特别严重情节"都做了界定——生产、销售金额 20 万元以上的，属于有"其他严重情节"；生产、销售金额 50 万元以上的，属于有"其他特别严重情节"。也就是说，司法解释认为，如果生产、销售假药的金额达到了一定的标准，哪怕没有对人体健康造成侵害，也可以被认定为情节严重或者情节特别严重。

但我认为，这么规定是有问题的。主要有以下几个理由。

第一，按照《刑法》的规定，在《药品管理法》修改之前，假药既包括真正的假药，也包括拟制的假药。但是，危害患者生命健康的真正假药，和单纯违反药品管理秩序的拟制假药是有本质区别的。虽然修改后的《药品管理法》规定的都是真正的假药，但各种假药对人体的危险程度并不相同。所以，不能简单地根据销售假药的金额来判断情节是否严重和特别严重。

第二，从实质上看，《刑法》规定本罪的第二档和第三档法定刑，都是在保护药品管理秩序的基础上，强调保护公民的身体健康和生命安全。比如，有关第二档法定刑的条文规定的是，"对人体健康造成严重危害或者有其他严重情节的"，有关第三档法定刑的条文规定的是"致人死亡或者有其他特别严重情节的"，两个条文中"或者"前的文字都是在强调侵害身体健康和生命安全。所以，根据同类解释的规则，"或者"后面的"其他严重情节"和"其他特别严重情节"，就应该是与"或者"前的表述同质的解释，即都应该是侵害公民身体健康和生命安全的情节，而不能单纯只看生产、销售额。

第三，如果按照司法解释的规定来定罪量刑，会导致量刑的不公正。比如，在《药品管理法》修改之前，按照司法解释的规定，甲销售真正的假药造成他人死亡或者3人重伤，应该适用升格的第三档法定刑；乙销售没有进口批文的药品，销售额达到50万元，且该药品治愈了3名患者，也要适用升格的第三档法定刑。恐怕没人会认为这样的结论是合理的。

所以我认为，应当把"其他严重情节"和"其他特别严重情节"

限定为危害人的生命和健康的情节，而不能以生产、销售假药的金额为标准。也就是说，如果销售的药品不会危害人的生命和健康，无论销售额有多少，都不能适用第二档和第三档法定刑。

退一步说，即使认为由于行为人将假药销售给了不特定人或者多数人，在司法实践中难以查明销售行为对哪些人的生命、健康造成了侵害或危险，因此需要按销售金额来规定"其他严重情节"和"其他特别严重情节"，也只能针对真正的假药，而不能针对拟制的假药。也就是说，即使是在《药品管理法》修改之前，行为人销售未经批准的进口合格药品，即使销售金额很高，也不能认定为"其他严重情节"或"其他特别严重情节"，不能选择升格的法定刑，只能适用第一档法定刑。

与未经批准而进口的药品类似的，是没有批准文号而生产的药品。如果这种药品属于真正的假药，那将其以生产、销售假药罪论处是没有问题的。但实际上，一些没有批准文号的药品也是有疗效的。在《药品管理法》修改之前，这类药品也属于拟制的假药，但修改后，这类药品就没有被规定为假药了。我认为，生产、销售这类药品的行为，应当和销售未经批准进口的合格药品的行为做相同处理。

在我看来，正是因为司法解释没有区分真正的假药和拟制的假药，并且将生产、销售假药的行为一概按生产、销售的金额来确定是否构成严重情节和特别严重情节，所以对销售未经批准而进口的合格药品的行为处罚畸重，因而遭到了大众尤其是不少患者的反对，而这也是导致《药品管理法》修改的一个重要原因。

销售未经批准的合格药品该如何处理

既然未经批准的进口药品和未取得批准文号的药品都不再属于假药了，销售这些药品的行为也不构成生产、销售假药罪了，那是不是意味着任何人都可以从国外购入药品在国内销售呢？是不是任何人都可以不取得批准文号就生产、销售药品呢？

显然是不可以的。药品关系到国民的健康乃至生命安全，所以任何国家都有药品监督管理局，都要对药品进行严格的管理，如果不这样，必然会给国民的生命和身体健康带来危险。也就是说，药品管理秩序本身就是值得保护的法益。而正是因为这一点，任何国家都不会允许单位和个人随便从国外购入药品在国内销售，也不会允许单位和个人未取得批准文号就生产、销售药品。

那么，个人或单位未经批准从国外进口药品并在国内销售的行为，以及未取得批准文号而生产、销售药品的行为，有可能成立其他犯罪吗？

《刑法修正案（十一）》增加的《刑法》第142条之一规定的妨害药品管理罪解决了这一问题。该条规定，违反药品管理法规，有下列情形之一，足以严重危害人体健康的，构成妨害药品管理罪：

- 生产、销售国务院药品监督管理部门禁止使用的药品的；
- 未取得药品相关批准证明文件生产、进口药品，或者明知是上述药品而销售的；
- 药品申请注册中提供虚假的证明、数据、资料、样品或者采取其他欺骗手段的；
- 编造生产、检验记录的。

该条第 2 款还规定，实施妨害药品管理罪的行为，同时又构成生产、销售、提供假药罪或生产、销售、提供劣药罪，又或者构成其他犯罪的，依照处罚较重的规定定罪处罚。所以，如果行为人未取得相关批准证明文件，且所生产、进口和销售的药品属于修改后的《药品管理法》规定的假药的，依然成立生产、销售假药罪。

当然，司法机关又面临着另一个难题——如果"未取得药品相关批准证明文件生产、进口药品或者明知是上述药品而销售的"行为，并不足以危害人体健康，是否成立《刑法》第 225 条第 1 款规定的非法经营罪？

事实上，在《刑法修正案（十一）》通过之前，有许多司法机关将这种行为认定为非法经营罪。但是，在《刑法修正案（十一）》施行之后，如果还对这种行为以非法经营罪论处，就会出现明显的不协调现象。因为，上述行为足以危害人体健康的，成立妨害药品管理罪，最高只能处 7 年有期徒刑；不足以危害人体健康的，成立非法经营罪，反而最高可以处 15 年有期徒刑。

或许有人认为，不管这种行为是否足以危害人体健康，都同时触犯妨害药品管理罪和非法经营罪，《刑法》第 142 条之一也肯定了这种行为可能同时触犯其他罪名。所以，对上述行为同时触犯非法经营罪的，应当依照处罚较重的规定定罪处罚。可是，倘若持这一主张，《刑法》第 142 条之一第 2 款的规定就几乎没有适用的余地了，从而会淹没《刑法》增设妨害药品管理罪的旨趣。

所以我认为，"未取得药品相关批准证明文件生产、进口药品或者明知是上述药品而销售的"行为，如果不足以危害人体健康，就不以犯罪论处，按《药品管理法》的相关规定处罚即可。特别需要强调的是，不能为了将某个行为认定为妨害药品管理罪而忽略"足以危害人体健康"的要件，也不能认为凡是实施上述行为的均足以危害人体健康。换句话说，司法机关不能将本罪当作抽象的危险犯对待。

03 走私罪

走私珍稀植物，有可能成立走私普通货物、物品罪吗？

破坏社会主义市场经济秩序罪中有一类是走私罪。不过，走私罪并不包括走私毒品罪，因为走私毒品罪是被规定在妨害社会管理秩序罪中的。

走私罪一共包含十个罪名，分别是走私武器、弹药罪，走私核材料罪，走私假币罪，走私文物罪，走私贵重金属罪，走私珍贵动物、珍贵动物制品罪，走私淫秽物品罪，走私废物罪，走私国家禁止进出口的货物、物品罪，以及走私普通货物、物品罪。下面，就来具体看一下有关走私罪的一些问题。

走私类犯罪的分类

先来思考一个问题：走私珍稀植物的，有可能成立走私普通货物、物品罪吗？

看到这个问题，你可能会有些疑惑。珍稀植物是国家禁止进出口的货物，而且《刑法》里有一个专门的罪名，就叫走私国家禁止进出口的货物、物品罪，所以，走私珍稀植物不就应该成立走私国家禁止进出口的货物、物品罪吗？为什么还要问这有没有可能成立走私普通货物、物品罪呢？

其实，这个问题与走私罪的分类有关。具体来说，走私罪可以分为以下两类。

第一类是前面提到的十种走私罪中的前九种，它们都属于走私国家禁止进出口的货物、物品的犯罪。这九种犯罪针对的武器弹药、核材料、假币、文物、贵重金属、淫秽物品、废物等，都属于国家禁止进出口的货物、物品。如果违反海关法规，运输这些货物、物品出境或者入境，就侵害了国家针对它们的进出口管理制度。当然，国家禁止进出口的货物、物品不止这些，只是进出口这些物品侵害的法益更加严重，所以《刑法》规定了专门的罪名。除了这几种特定的货物、物品，走私其他禁止进出口的货物、物品的，就成立走私国家禁止进出口的货物、物品罪。

第二类是走私罪中的最后一个罪名，叫作走私普通货物、物品罪。顾名思义，这个罪针对的是国家没有禁止进出口的货物、物品。如果走私这类普通货物、物品的，会对我国的关税造成损失。

走私珍稀植物能否评价为走私普通货物、物品罪

看完走私罪的分类，你可能会觉得，走私国家禁止进出口的货物、物品，与走私普通货物、物品是对立关系，因为它们一个是针对禁止进出口的货物、物品，一个是针对可以进出口的货物、物品。既然如此，那走私珍稀植物应该成立走私国家禁止进出口的货物、物品罪，为什么还要分析它能否成立走私普通货物、物品罪呢？

要知道，这两个罪名在法定刑上有很大的差别。走私国家禁止进出口的货物、物品罪，要处五年以下有期徒刑或者拘役，并处或者单处罚金；情节严重的，处五年以上有期徒刑，并处罚金。而走私普通

货物、物品罪有更重的一档法定刑，那就是走私货物、物品偷逃应缴税额特别巨大或者有其他特别严重情节的，处十年以上有期徒刑或者无期徒刑，并处偷逃应缴税额一倍以上五倍以下罚金或者没收财产。

珍稀植物也是有财产价值的，这与普通货物、物品没有什么不同。那么，如果走私的是珍稀植物，且将其按普通货物、物品来评价，偷逃应缴税额特别巨大的，是不是仍然只能被认定为走私国家禁止进出口的货物、物品罪，最多处十五年有期徒刑，而不能按照走私普通货物、物品罪，处无期徒刑呢？

这个问题其实就是可不可以把走私珍稀植物的行为评价为走私普通货物、物品。答案是，完全可以。根据法条，走私普通货物、物品罪的对象是"本法第 151 条、第 152 条、第 347 条规定以外的货物、物品"，但这是一个表面的构成要件要素，不是成立犯罪所必需的，而是起到在通常情况下区分不同走私犯罪的作用。这就意味着，前九种走私罪以及走私毒品罪的对象，其实都可以被评价为普通货物、物品，都能成为走私普通货物、物品罪的对象。

这样理解能帮我们解决司法实践中的很多问题。

比如，从走私方向上看，走私国家禁止进出口的货物、物品犯罪中，大部分罪名，如走私珍贵动物、珍贵动物制品罪，是既禁止走私入境的行为，也禁止走私出境的行为，即双向禁止。但是，走私文物罪、走私贵重金属罪和走私废物罪都是单向禁止的。其中，走私文物罪和走私贵重金属罪是禁止走私出境，指违反海关法规，走私国家禁止出口的文物、黄金、白银或者其他贵重金属的行为；而走私废物罪是禁止走私入境，指逃避海关监管，将境外固体废物、液态废物和气态废物运输进境，情节严重的行为。

这样一来，问题就出现了——把外国的文物走私入境的行为，肯定不成立走私文物罪，那要怎么认定呢？认为这种行为不构成犯罪显然不合理，毕竟，走私手表、汽车、洗发水等普通物品入境的行为都可能成立走私普通货物、物品罪，那走私文物入境的行为就没有理由不以犯罪论处。其实，根据前面讲过的表面构成要件要素的内容可知，这种行为完全可以构成走私普通货物、物品罪，因为文物也是该罪的对象。走私贵重金属入境和走私废物出境的行为，也应该同样处理。

再比如，行为人客观上走私出境的是贵重金属，但他误以为是普通金属，该怎么处理呢？显然不能将其认定为走私贵重金属罪，因为他没有相应的故意。也不能将其认定为不构成犯罪，毕竟，以走私普通金属的故意走私普通金属的都构成犯罪，以走私普通金属的故意走私了贵重金属的，当然更应当构成犯罪。其实，在这种情况下，因为贵重金属也符合普通货物、物品的条件，所以要将这种行为认定为走私普通货物、物品罪。

法条竞合还是想象竞合

你可能会觉得走私国家禁止进出口的货物、物品罪和走私普通货物、物品罪是法条竞合关系。如果这样理解，那走私国家禁止进出口的货物、物品罪就是特别法条，而走私普通货物、物品罪是一般法条。按照特殊法条优于一般法条的处理原则，走私珍稀植物的行为就应该被认定为走私国家禁止进出口的货物、物品罪了。

实际上，虽然这两个法条通常是法条竞合关系，但在特殊情形下，它们也可能存在想象竞合关系。那么，它们什么时候是法条竞合，什么时候是想象竞合呢？

国家禁止进出口的货物、物品可以说是普通货物、物品的子集，这两个法条之间具有包容关系，保护的法益也具有同一性，都是对外贸易秩序。所以，如果走私国家禁止进出口的货物、物品数量不大，即使从偷逃关税的角度来说，也只能判处十五年以下有期徒刑，那么说两者是法条竞合关系是没问题的。

但是，并非走私国家禁止进出口的货物、物品的所有情况，都是用走私国家禁止进出口的货物、物品罪来评价就可以做到罪刑均衡的。就拿走私珍稀植物的例子来说，如果按普通货物、物品来评价，其偷逃应缴税额特别巨大，应当判处无期徒刑，但仍然对其以走私国家禁止进出口的货物、物品罪论处，最多处十五年有期徒刑，就明显违反了罪刑均衡原则。

具体来说，因为走私普通货物、物品罪的最高档法定刑重于走私国家禁止进出口的货物、物品罪，所以，如果行为人走私国家禁止进出口的货物、物品，而按普通货物、物品来评价，其偷逃应缴税额特别巨大或者有其他特别严重情节，那么，将其认定为走私国家禁止进出口的货物、物品类犯罪，就不能充分地评价偷逃数额特别巨大的关税这个不法内容。

所以在这种情况下，必须将行为认定为走私国家禁止进出口的货物、物品类犯罪和走私普通货物、物品罪的想象竞合，从一重罪处理，即按照走私普通货物、物品罪处罚。只有这样，才能够充分评价行为的不法内容。同样，走私废物入境的，如果其偷逃应缴税额特别巨大，应当判处无期徒刑，也属于走私废物罪与走私普通货物、物品罪的想象竞合。

04 伪造货币罪

伪造的货币必须有对应的真货币吗？

在山东省临沂市发生过这么一起案件：一对经营印刷厂的夫妇接受老客户的委托，印刷了百万张当作魔术道具使用的纸币，因为这些纸币的样式与人民币、美元的图案相同，面值上亿元，所以检察院以伪造货币罪对两人提起公诉。这些被指控为假币的纸币长什么样呢？它以真币图案为基础，在背面右侧的位置，以竖排形式加印了"魔术道具"四个字的字样，所用纸张和真币的纸张也有明显区别。

这起案件在刚被提起公诉时，引起了很多人的关注。之后在诉讼过程中，该检察院以证据发生变化为由，向法院撤回了对被告人的起诉，法院裁定准许检察院撤诉。那么问题来了，检察院究竟是基于什么理由做出撤诉决定的呢？

其实，这个案件的判断并不复杂，但在现实生活中，有些问题判断起来并不容易。比如，伪造货币罪的成立，必须要求有对应的真货币吗？要回答这些问题，就要先了解有关伪造货币罪的几个重要问题。

伪造货币罪保护的法益

伪造货币罪是指没有货币制作、发行权的人，非法制造外观上足以使一般人误认为是货币的假货币，妨害货币的公共信用的行为。

伪造货币罪保护的法益是货币的公共信用。货币的公共信用是交易安全和金融秩序的保障。但是，伪造货币的行为使人们对货币的真实性产生了怀疑，从而侵犯了货币的公共信用。

那么，如果一个行为没有侵犯货币的公共信用，但侵犯了国家的货币发行权，是否能成立伪造货币罪呢？比如，张三把大量硬币熔化，重新铸成新的硬币，而且无论是从外表、重量还是成色上，都无法将这些硬币与国家发行的真硬币区分开来。之后张三拿这些硬币去消费，能不能成立伪造货币罪呢？

除了货币的公共信用，有些学者认为货币发行权也是本罪保护的第二位的法益。张三的行为虽然没有侵犯货币的公共信用，但侵害了国家的货币发行权，因而也构成伪造货币罪。

我也认为应当对张三以伪造货币罪论处，但理由不同。我认为，总的来说，保护货币发行权也是为了保护货币的公共信用，张三的行为会导致国民对其他所有货币的真实性产生怀疑，因此依然侵犯了货币的公共信用。

伪造货币罪的客观构成要件

伪造货币罪的构成要件内容是，没有货币制作、发行权的人，伪造外观上足以使一般人误认为是货币的假货币。下面来具体分析一下其中几个重要的问题。

首先，"伪造"该如何理解？

伪造是指制造外观上足以使一般人误认为是货币的假货币的行为。一般来说，这可以分为两种情况。

第一种是司法实践中比较典型，也比较容易判断的伪造行为，即仿照真货币的形状、特征、图案、色彩等，制造出与其外观相同的假货币。也就是说，存在和伪造货币相对应的真货币。这种类型的案件一般都比较容易判断。

第二种是伪造没有真货币对应，但足以以假乱真的假货币。比如，中国人民银行并没有发行面额为 200 元与 1000 元的货币，但李四根据人民币的一般形状、基本特征等，自行设计、制作出了面额为 200 元和 1000 元的假货币，而且除了面额，从其他任何方面都看不出这是假币。这就是不存在和伪造货币相对应的真货币的情况。

我国刑法理论通说认为，只有存在对应的真货币的伪造行为，才属于伪造货币罪中的"伪造"，否则就不属于该罪中的"伪造"。按照这种观点，因为不存在面额为 200 元和 1000 元的真货币，所以李四的行为就不算伪造货币。

最高人民法院针对这个问题发布过司法解释，规定"仿照真货币的图案、形状、色彩等特征非法制造假币，冒充真币的行为，应当认定为刑法第一百七十条规定的'伪造货币'"。你可能会认为，司法解释与通说的观点是一样的。其实，这个规定并不是伪造货币的定义，它也没否认没有对应真币的伪造行为能够成立伪造货币罪，因为即使没有对应的真货币，也只有仿照真货币的图案、形状、色彩等特征伪造，才足以使一般人误认为是真货币。

你可能会觉得，没人会相信这种货币。但实际上，千万不要以为你知道所有货币的面额与形状。比如，行为人自行设计、伪造纪念硬币的，你可能完全辨别不出来。当然，如果行为人伪造的货币实在不像真币，不足以使一般人信以为真，那自然不属于伪造。

德国和日本的通说都认为，只要制作了足以使一般人误以为是真币的假币，就成立伪造货币罪，不要求存在与之相对应的真货币。德国有过这样一个判例：行为人伪造了实际上并不存在这种票面价值的货币，法院将其认定为伪造货币罪。在欧盟发行欧元之前，德国刑法理论还就伪造将来要发行的欧元的行为进行了讨论。通说认为，应当对这种行为以伪造货币罪论处。

我国刑法理论通说的观点，可能人为地缩小了伪造货币罪的成立范围。事实上，行为人完全有可能设计、制作出一种外观上足以使一般人误认为是真货币的假货币，尤其是可能设计出虚假的外国货币，而这也会侵犯货币的公共信用。因此，即使是没有对应真货币的伪造行为，也属于伪造货币。前面提到的李四伪造面额为 200元或 1000 元的假货币的行为，如果足以使一般人误以为是真货币，那他的行为就应当被认定为伪造货币罪。而且，故意伪造"错版"人民币的行为，也是伪造货币。

另外，伪造的方法没有任何限制，机器印制、石印、影印、复印、手描等，都可以被评价为"伪造"。

其次，伪造货币罪的行为对象是什么？也就是说，伪造的到底是什么"货币"？

根据司法解释的规定，行为人伪造的货币必须是正在流通的货币，包括正在流通的中国大陆货币（人民币）、外国货币及中国港澳台地区的货币，包括硬币、纸币、普通纪念币和贵金属纪念币。

之所以要包括境外货币，是因为随着国际贸易的发展，对货币的保护已成为各国共同的任务，刑法要基于世界主义的立场，处罚伪造中国货币和境外货币的所有行为。境外正在流通的货币即使在我国不能流通和兑换，也是我国刑法保护的对象。

最后，伪造货币罪最核心的内容是，所伪造以及可能伪造出来的假币，应"在外观上足以使一般人误认为是货币"。

如果行为人制造的物品完全不可能被误认为是货币，那就不成立伪造货币罪。比如，在本节开头讲的印刷用作魔术道具的纸币的案子中，行为人制造的所谓"纸币"，不仅纸张和真币有明显差别，背面还明显印有"魔术道具"的字样，一般人足以发现这不是真币。所以，行为人的行为不符合伪造货币罪的客观构成要件，不能被认定为伪造货币罪。正是因为这一点，检察院才做出了撤诉的决定。

伪造货币罪的主观方面

伪造货币罪的责任形式是故意，这一点无须过多解释。但问题在于，伪造货币罪的成立，是否要求行为人具有使用假币的主观目的呢？我的回答是否定的，我国刑法没有要求行为人具有使用货币的特定目的。

这一点和国外的刑法不同。国外刑法一般规定，伪造货币罪的成立必须有使用假币的目的，但考虑到伪造货币行为严重的法益侵害性，我国刑法没有在主观目的上做出特别规定。

不过，如果行为人没有使用目的，也没有认识到伪造的货币会落入他人之手，那就不存在伪造货币罪的故意，其行为也就不能被认定为伪造货币罪。比如，行为人制造了外观上足以使一般人误认为是货币的假币，但他立即就将这些假币都当冥币烧掉了。这时，行为人就不成立伪造货币罪。也就是说，只要行为人认识到自己伪造的货币可能会落入他人之手且被用于流通，就应当认定为伪造货币罪。

答学友问

学友：行为人将一万枚国家发行的 1 元硬币熔化，之后自制成一万五千枚 1 元硬币，是伪造货币罪，还是变造货币罪？

张明楷：我国《刑法》中既规定了伪造货币罪，也规定了变造货币罪。在许多国家，伪造与变造货币属于同一犯罪，法定刑相同，所以刑法理论并不会严格区分伪造与变造。但我国《刑法》将这两种行为规定成了不同的犯罪，二者不仅构成要件不同，法定刑也相差较大，甚至还会影响相关犯罪的认定。比如，《刑法》规定了使用假币罪，但没有规定使用变造货币罪，因此需要严格区分两个罪名。

关于伪造货币罪，本节已经具体介绍过了，这里不再赘述。

变造货币罪，是指没有货币制作、发行权的人对真正的货币进行各种方式的加工，使其改变为面额、形态、含量不同的货币，数额较大的行为。

变造的方式没有限制。《中国人民银行货币鉴别及假币收缴、鉴定管理办法》规定："变造币是指在真币的基础上，利用挖补、揭层、涂改、拼凑、移位、重印等多种方法制作，改变真币原形态的假币。"《最高人民法院关于审理伪造货币等案件具体应用法律若干问题的解释（二）》第 1 条第 2 款规定："对真货币采用剪贴、挖补、揭层、涂改、移位、重印等方法加工处理，改变真币形态、价值的行为，应当认定为刑法第一百七十三条规定的'变造货币'。"

变造是对真货币进行加工的行为，所以变造的货币与变造前的货币具有同一性。比如，1980 年发行的金属货币非常值钱，行为人把 1981 年发行的货币上的年份加工成 1980 年，这就属于变造。如果加工导致其与真货币丧失同一性，那就属于伪造货币了。比如，把日元涂改成欧元的，已经使货币发生了本质变化，应当认定为伪造货币罪。

以真货币为材料，制作成丧失了真货币外观的假币的行为，成立伪造货币罪。比如这个问题中的案例，行为人就成立伪造货币罪。

变造伪造的货币的，同时采用伪造和变造手段制造真伪拼凑货币的，以及以货币碎片为材料，加入其他纸张，制作成假币的，都成立伪造货币罪。比如，甲偶然翻动造纸厂内的碎纸堆时，发现纸堆下面有碎币，这其实是报废的货币碎片。甲将货币碎片拿回家，将其粘贴成若干张面额为10元、50元、100元的残币，合计面额为5000余元。然后，甲以这些货币被老鼠咬破为由，将其带到某银行兑换。在这种情况下，甲的行为成立伪造货币罪。当然，他同时也触犯了诈骗罪。

05 贷款诈骗罪

欺骗他人为自己提供担保后骗取贷款的，如何处理？

先来看一个案例。张三想要以非法占有为目的骗取银行的贷款。为了让银行放贷，他想到了欺骗朋友为自己做担保。于是，他对朋友李四谎称自己的工厂效益非常好，想扩大生产经营，需要向银行贷款，而这需要有人做担保。而且，他保证工厂一定会盈利，到时自己会给李四 100 万元的感谢费。在张三的利诱下，李四以自己的房产为他做了担保。之后，张三顺利从银行贷款 500 万元，一拿到钱就销声匿迹了。最后，银行无法收回贷款，就申请对李四提供的房产担保执行。

在这个案例中，骗取贷款的张三能成立贷款诈骗罪吗？这个问题之所以有争议，是因为有人认为，张三提供了担保，所以银行不会有损失，张三的行为也就不成立贷款诈骗罪。想要搞清这个问题，就要先来了解一下有关贷款诈骗罪的内容。

贷款诈骗罪中的欺骗行为

贷款诈骗罪是指以非法占有为目的，使用欺骗方法，骗取银行或者其他金融机构的贷款，数额较大的行为。它是金融诈骗罪的一种，也是一种特殊的诈骗罪，所以，该罪也符合普通诈骗罪的构成要件。

与诈骗罪一样，贷款诈骗罪的第一步也是行为人实施欺骗行为，只不过欺骗的对象是金融机构的工作人员。具体来说，采取以下行为骗取贷款的，都属于本罪中的骗取贷款行为：

- 编造引进资金、项目等虚假理由的；
- 使用虚假的经济合同的；
- 使用虚假的证明文件的；
- 使用虚假的产权证明作担保或者超出抵押物价值重复担保的；
- 使用虚假证明，将犯罪所得赃物作为自己的所有物，向金融机构抵押从而取得贷款的；
- 客观上的贷款条件和程序等完全符合相关规定，但行为人在贷款时隐瞒了自己的非法占有目的，通过事后转移贷款、担保物或携款潜逃等方式拒不归还贷款，从而骗取贷款的。

如果行为人同时使用多种方法骗取贷款，只成立一个罪，因为侵害的法益具有同一性。但是，如果行为人为了骗取贷款，所实施的欺骗行为超出了贷款诈骗罪所规定的行为范围，应当数罪并罚。比如，为了骗取贷款而虚报注册资本取得公司登记的，应当成立贷款诈骗罪和虚报注册资本罪，实行数罪并罚。

另外，既然是贷款诈骗罪，就一定要有对财产处分人的欺骗的行为。

如果行为人与金融机构负责贷款的全部人员串通，以非法占有为目的获取贷款，就不成立贷款诈骗罪，而是成立贪污罪或职务侵占罪等罪的共犯。

如果行为人只与金融机构负责贷款的部分人员串通，则要根据具体情况来认定。

情况 1：行为人与金融机构负责贷款的最终决定者串通。在这种情况下，虽然行为人可能欺骗了信贷员和部门审核人员，但做出处分行为的人没有陷入错误认识，所以行为人不成立贷款诈骗罪。这时，应该看他有没有非法占有的目的，以及这个行为的性质，然后根据情况将其行为认定为贪污罪、职务侵占罪、违规发放贷款罪等罪的共犯。

情况 2：行为人与金融机构的信贷员或部门审核人员串通，以非法占有为目的，共同欺骗银行分管领导等具有处分决定权的人员，使后者产生认识错误并核准贷款。这时可能同时触犯贪污罪（或职务侵占罪）和贷款诈骗罪，应当按照想象竞合的原则来处理。

非法占有的主观目的

贷款诈骗罪的主观方面有两点，一是行为人要有贷款诈骗的故意，二是行为人在取得贷款时，要有非法占有的目的。有贷款诈骗的故意好理解，但非法占有的目的要怎么判断呢？

要直接判断行为人是不是想非法占有贷款有一定的难度，因此我们需要通过客观事实来判断。一般来说，只要存在以下情况，就能肯定行为人具有非法占有的目的：

- 假冒他人名义贷款却拒不归还贷款的；
- 贷款后携款潜逃的；
- 没有按贷款用途使用贷款，而是用于挥霍，导致无法偿还贷款的；
- 改变贷款用途，把贷款用于高风险的经济活动，造成重大经济损失，导致无法偿还贷款的；

- 使用贷款进行违法犯罪活动的；

- 隐匿贷款去向的；

- 贷款到期后拒不偿还的；

……

需要注意，如果不能证明行为人在取得贷款时就具有非法占有的目的，就不能对其以贷款诈骗罪论处。

那么，如果行为人在合法取得贷款后，因情势变更而产生非法占有的意图，从而实施转移、隐匿贷款等行为，该怎么认定呢？比如，甲按规定合法取得了银行贷款，本想将其用于生产经营，盈利后返还贷款，没想到突然遇到新冠肺炎疫情，即便将贷款全部投入进去，企业的生产经营也会受到严重影响，不仅无法实现盈利，甚至可能成本都无法收回。于是，甲没有把贷款资金用于实际生产经营，而是以非法占有目的隐匿了贷款。在这种情况下，甲的行为能成立贷款诈骗罪吗？

我认为，如果行为人合法取得贷款之后产生非法占有目的，拒不还本付息，但没有采取欺骗方法使贷款人免除其还本付息义务的，不成立贷款诈骗罪，只能作为民事案件处理。但是，如果行为人采取欺骗方法使贷款人产生了错误认识，进而做出免除其债务的处分，那行为人成立普通诈骗罪，骗取的是免除债务这一财产性利益。

在这个案例中，如果甲只是转移、隐匿贷款，不想还了，那他不成立任何犯罪，只需承担民事违约责任。但是，如果国家针对新冠肺炎疫情推出了用于生产经营的贷款返还减免政策，而甲欺骗银行，说将贷款资金实际用于了生产经营，但全部亏损了，符合国家的贷款返还减免政策，从而让银行减免了他的还本付息义务，那他的行为就成立普通诈骗罪。

有足额担保能否成立贷款诈骗罪

回到本节开头的案例，张三以非法占有贷款为目的，欺骗李四为自己做担保，能认定为贷款诈骗罪吗？

有人可能会认为，张三让李四用房产为自己做担保，既然有足额担保，那银行就可以行使抵押权，也就不会有财产损失。所以，张三的行为不构成贷款诈骗罪，但可以对李四构成骗取财产性利益的诈骗罪，或者合同诈骗罪。

但我认为这种观点是有问题的。《刑法》第 193 条明确规定了贷款诈骗罪的几种构成要件行为：编造引进资金、项目等虚假理由的；使用虚假的经济合同的；使用虚假的证明文件的；使用虚假的产权证明做担保或者超出抵押物价值重复担保的；以其他方法诈骗贷款的。显然，没有足额担保只是贷款诈骗罪中的一种情形，所以，即使有足额担保，如果符合其他三种情形，也可能成立贷款诈骗罪。

不仅如此，即使贷款行为有足额担保，也不意味着金融机构就不会遭受损失。比如，提供担保时房子价值 600 万元，而银行实现担保时，房价已经降到了 200 万元，那银行还是会遭受损失。所以，不能说只要贷款时有足额担保，行为人的行为就不构成贷款诈骗罪。

退一步说，即使银行最终通过实现抵押权等方式挽回了损失，也不能否认贷款已经被行为人骗取了。行为人明明是骗取了银行的贷款，如果说他对银行不构成贷款诈骗罪，就明显不符合诈骗罪中的素材同一性原理。毕竟，正是因为行为人的欺骗行为给银行造成了损失，银行才会通过实现抵押权的方式挽回损失。如果没有损失，也就不用去挽回了。所以，这种行为应该成立贷款诈骗罪，否则就是没有评价行为人对贷款的诈骗行为和损害结果。

另外，行为人欺骗他人为自己提供担保，也就意味着使担保人处分了其财产性利益（担保利益），而行为人取得了财产性利益，所以他还应该对担保人成立诈骗罪或者合同诈骗罪。

总结一下，行为人采取欺骗手段使他人为自己提供担保，从而骗取金融机构贷款的，应认定为对担保人的（合同）诈骗罪，以及对金融机构的贷款诈骗罪。具体到这个案例中，张三成立对李四的（合同）诈骗罪和对银行的贷款诈骗罪。至于是要数罪并罚，还是要从一重罪处罚，理论上还存在争议。从我国的量刑现状来看，将其认定为牵连犯，从一重罪处罚也是可以的。

06 骗取贷款罪

骗取小额贷款公司的贷款，可以成立本罪吗？

骗取贷款罪是司法实践中近年来存在问题比较多的一个罪名。它是 2006 年《刑法修正案（六）》新增的罪名，2020 年《刑法修正案（十一）》又对其条文进行了修改，删除了"有其他严重情节"的规定，明确了只有"给银行或者其他金融机构造成重大损失"的行为才成立本罪。这一节，就来谈谈这个罪的有关内容。

骗取贷款罪的被害人

骗取贷款罪，是指自然人或单位以欺骗手段取得银行或者其他金融机构贷款，给银行或者其他金融机构造成重大损失的行为。按照这个定义，骗取贷款罪的保护法益是金融机构对贷款资金的所有权。而到这里，就产生了第一个问题：骗取贷款罪的被害人一般是银行，那么，小额贷款公司可以成为本罪的被害人吗？

我认为，就骗取贷款罪和贷款诈骗罪来说，应当将小额贷款公司作为金融机构看待。换句话说，采取欺骗手段骗取小额贷款公司资金的，也能成立骗取贷款罪或贷款诈骗罪。

一方面，这是因为小额贷款公司是经过法定部门依法批准成立的，本身就是专门从事贷款业务、金融业务的机构，虽然它们不能像银行那样吸收公众的存款，但并非所有金融机构都吸收存款。另一方面，虽然小额贷款公司是有限责任公司或者股份有限公司，但这与金融机构同样不冲突。既然要平等保护市场主体的法益，在刑法解释上也不存在任何障碍，那么，对于骗取小额贷款公司贷款的行为，就也应认定为骗取贷款罪或者贷款诈骗罪。顺便需要指出的是，小额贷款公司不能成为违法发放贷款罪的行为主体。

骗取贷款罪的行为结果

前面讲过行为犯和结果犯的区别，有人认为骗取贷款罪是行为犯，但我不赞成这种观点。

对于行为犯，学理上有不同的理解。有观点认为行为犯是指只要实施了构成要件行为就构成既遂的犯罪，如果采取这种观点，那骗取贷款罪显然不是行为犯。一方面，本罪明确要求行为人"取得银行或者其他金融机构贷款"，这明显是欺骗行为造成的一种结果。另一方面，法条明确规定，只有骗取贷款的行为"给银行或者其他金融机构造成重大损失的"，才成立犯罪。既然如此，就不可能只要实施了欺骗行为就构成犯罪既遂，本罪也就不可能是行为犯。

按照我的观点，行为犯是指构成要件行为与结果同时发生，因而不需要判断因果关系的犯罪。即便采取这种观点，骗取贷款罪也不是行为犯。因为并非只要行为人实施了欺骗行为，金融机构发放了贷款，就当然成立本罪；而是只有当行为人实施欺骗行为，使金融机构相关人员产生错误认识，进而基于错误认识发放了贷款，才能认定为本罪。也就是说，本罪的成立需要具备法定的因果关系。

需要讨论的是，法条中规定的"给银行或者其他金融机构造成重大损失"是不是构成要件结果？我认为，**骗取贷款罪是结果犯，**

其构成要件结果是"取得银行或者其他金融机构贷款"，而不是"给银行或者其他金融机构造成重大损失"。

之所以这样理解，是因为如果将"给银行或者其他金融机构造成重大损失"理解为本罪的构成要件结果，会导致一些难以解决的问题，或者说会导致一些逻辑不能自洽的情形。

首先，骗取贷款罪是故意犯罪，如果认为"造成重大损失"是本罪的构成要件结果，那就需要行为人对这个结果具有故意。也就是说，行为人要明知自己的行为会给银行或者其他金融机构造成重大损失，并且希望或者放任这种结果发生。可是，如果行为人明知自己不能还本付息，却还以欺骗手段向金融机构申请贷款，那就已经可以成立贷款诈骗罪了，而不能只认定为骗取贷款罪。

其次，如果认为"造成重大损失"是本罪的构成要件结果，也不能很好地解释共犯现象。举个例子，张三被金融机构列入了失信人名单，便冒用李四的名义骗取了金融机构的贷款。贷款即将到期时，张三准备归还本息，但王五知道后唆使张三不要还，于是张三便没有还。如果说"造成重大损失"是构成要件结果，那就要认定王五的行为成立本罪的教唆犯。但是，这样的结论明显不合适。毕竟，甲的实行行为（骗取贷款的行为）早就完成了，而教唆行为不可能发生在实行行为之后。

再次，如果认为"造成重大损失"是本罪的构成要件结果，那就只有等到行为人不能归还贷款之时，才成立犯罪既遂。这么理解有解释不通的地方。因为不能归还贷款只是一个客观事实，不能归还的原因多种多样，但这种事后的事实与原因本身不可能是本罪的构成要件要素。既然"造成重大损失"的事实与原因不是构成要件要素，"造成重大损失"就不可能是构成要件结果。

最后，我认为"造成重大损失"是客观处罚条件（下一节会稍微具体地介绍一下这个概念）。也就是说，如果行为人采取欺骗手段取得了银行或者其他金融机构的贷款，原本已经成立骗取贷款罪既遂；但是，出于刑事政策以及金融机构的经济利益等方面的考虑，如果行为人归还了本息，就不能处罚行为人。只有当行为人不能全部或者部分归还本息，因而给金融机构造成重大损失时，才能处罚行为人。

骗取贷款罪的行为手段

骗取贷款罪的构造和普通诈骗罪的构造是相同的，都要经历"诈骗五步走"的过程：第一步，行为人实施欺骗行为（采取欺骗手段）；第二步，金融机构工作人员产生行为人符合贷款条件的错误认识；第三步，工作人员基于错误认识发放贷款；第四步，行为人取得贷款；第五步，金融机构遭受财产损失。

需要注意的是，并不是只要提交虚假的贷款材料，就属于采取了欺骗手段。只有当欺骗手段使金融机构中具有处分权限的自然人就发放贷款产生了错误认识时，才属于采取了欺骗手段。

比如，金融机构工作人员明知张三有骗取贷款的真实想法，也知道他不符合申请贷款的条件，却主动要求他提供虚假材料。之后，张三根据其要求提供虚假材料，并取得贷款。在这种情况下，张三的行为就不能被认定为骗取贷款罪。可是，司法实践中却存在相反的错误判决。

　　再比如，李四在贷款材料方面弄虚作假，但他将真相告诉了金融机构中具有处分权限的王五。在这种情况下，也不能认定李四采取了欺骗手段。因为在所有诈骗犯罪中，只要具有处分权限的人知道真相，就不存在产生处分财产的错误认识的受骗者；既然没有受骗者，对财产的处分就不是基于错误认识做出的，也就不符合诈骗犯罪的构造。

　　有人认为，在这种情形下，虽然王五没有被骗，但王五所在的金融机构受骗了。这种观点完全不成立，因为只有具体的自然人才可能受骗，抽象的金融机构和作为整体的金融机构都不会受骗。

　　要真正理解骗取贷款罪的实行行为，还要了解贷款诈骗罪和骗取贷款罪的关系。

　　贷款诈骗罪和骗取贷款罪的基本构成要件是相同的，只不过贷款诈骗罪要求行为人主观上有非法占有目的，即不具有归还贷款本息的意思，而骗取贷款罪不要求这一点。因此，我们完全可以通过《刑法》第 193 条对贷款诈骗罪构成要件行为的规定，来判断某种行为是否属于骗取贷款罪的构成要件行为。

　　上一节讲到了贷款诈骗罪的四种具体欺骗手段和第五种，即其他欺骗手段。可以肯定的是，并非所有虚假手段都属于骗取贷款罪的构成要件行为，只有当虚假手段属于《刑法》第 193 条规定的四种类型，并且足以使金融机构工作人员将原本不应发放的贷款发放给行为人时，才能认定该行为符合骗取贷款罪的构成要件。具体来说，就是以下几种：

- 编造引进资金、项目等虚假理由骗取贷款；
- 使用虚假的经济合同骗取贷款；

- 使用虚假的证明文件骗取贷款；

- 使用虚假的产权证明做担保，或者超出抵押物价值重复担保，
  骗取贷款；

- 以其他欺骗手段骗取贷款。

按照同类解释的方法，"其他欺骗手段"仅限于与前四种相似的手段，而不是泛指一切欺骗手段。一般来说，骗取贷款罪中的欺骗手段都可以归入前四种类型，能归入这种兜底情形的特别罕见。

司法实践中存在争议的问题是：行为人虽然实施了欺骗手段，但提供了真实的足额担保，是否成立骗取贷款罪？我认为，即使提供了足额担保也可能成立本罪，因为"使用虚假的产权证明做担保，或者超出抵押物价值重复担保"只是欺骗行为的一种类型，故并非提供了足额担保，就表明行为人没有实施其他欺骗行为。试想一下，既然没有提供足额担保只是贷款诈骗罪的一种情形，也就是说，即使提供了足额担保，也可能成立贷款诈骗罪，那么，虽然提供了足额担保，但实施了其他欺骗行为的，就更有可能成立骗取贷款罪了。

07 信用卡诈骗罪 I

盗刷他人绑定了银行卡的微信钱包里的钱，成立本罪吗？

信用卡诈骗罪中的"信用卡"

《刑法》第 196 条规定了信用卡诈骗罪，指的是以非法占有为目的，利用信用卡进行诈骗活动，骗取数额较大财物的行为。

其中，对"信用卡"的理解不能过于机械。按照立法解释，商业银行或者其他金融机构发行的具有消费支付、信用贷款、转账结算、存取现金等全部功能或部分功能的电子支付卡，以及常见的银行卡、储蓄卡都属于这里的"信用卡"。

那么，社保卡是否属于信用卡呢？非法获取他人的社保卡后盗刷卡内较大数额社保金的，能不能认定为信用卡诈骗罪呢？按照立法解释的规定，社保卡并非这里的信用卡，因为它的发放主体不是金融机构，而是人力资源和社会保障部门，卡内的社保金也只能在定点医院、药店就医购药时使用，无法提取现金。

至于非法使用他人社保卡的行为该怎么定罪，其实主要取决于行为人的行为方式。比如，行为人在医院缴费时，把他人的社保卡当作自己的交给收费员，就是欺骗了收费员，使其基于错误认识和自己的权限处分了他人社保卡内的资金，所以，行为人成立诈骗罪。如果不是对自然人使用，而是直接在机器上使用的，则构成盗窃罪。

信用卡诈骗罪的行为方式

简单地说，信用卡诈骗罪就是行为人利用信用卡进行"诈骗"活动，是诈骗罪的一种特殊类型，因而它也符合普通诈骗罪的基本构造，也就是前面讲过的诈骗罪"五步走"。

需要强调的是，不能忽略本罪法条中的"诈骗"两字，也不能把我国的信用卡诈骗罪等同于德国、日本的利用计算机诈骗罪。德国、日本有关利用计算机诈骗罪的法条中其实并没有"诈骗"这个词，它不过是盗窃财产性利益而已，本质上是盗窃罪的一种特殊类型，只是在罪名上冠以"诈骗"。而之所以设置这个罪名，是因为德国、日本盗窃罪的行为对象仅限于有体物，对于利用计算机盗窃财产性利益的行为，没有办法认定为盗窃罪。又因为机器不能被骗，所以利用机器取得他人财产性利益的行为也不成立诈骗罪，于是不得不增设利用计算机诈骗罪。

我国《刑法》明文规定了信用卡诈骗罪的四种类型：一是使用伪造的信用卡或者以虚假的身份证明骗领的信用卡骗取财物，二是使用作废的信用卡骗取财物，三是冒用他人信用卡骗取财物，四是恶意透支。

其中，冒用他人信用卡，并不需要行为人现实地持有他人的信用卡。不过，如果行为人没有现实地持有他人信用卡，却冒用他人信用卡，那么，只有当行为人直接使用了他人信用卡的姓名、卡号、密码等内容时，才能认定为本罪，不能因为行为人取得财物的根据源于信用卡，就认定为冒用他人信用卡类型的信用卡诈骗罪。比如，张三在河边捡到了被害人一部手机，之后通过猜测密码的方式成功登录其微信账号，于是盗刷其微信钱包里的 8886 元，而微信钱包是绑定了被害人的银行卡的。在这种情况下，张三的行为应该成立盗窃罪，而不是信用卡诈骗罪，因为他并没有直接使用被害人信用卡的相关信息。

根据司法解释的规定，信用卡诈骗罪的前三种行为类型都以 5000 元为刑罚处罚的起点，而第四种类型，即恶意透支型的信用卡诈骗，以 5 万元为刑罚处罚的起点。下面就来重点讲讲这种类型。

恶意透支型信用卡诈骗罪

根据《刑法》第 196 条第 2 款的规定，恶意透支是指持卡人以非法占有为目的，超过规定限额或者规定期限透支，并且经发卡银行催收后仍不归还的行为。

首先要注意的是，恶意透支型信用卡诈骗罪是真正身份犯。也就是说，**恶意透支的行为主体必须是持卡人本人**。实际用卡人不是持卡人，比如，妻子申领信用卡后交给丈夫使用的，持卡人仍然是妻子，丈夫只是实际用卡人。如果丈夫在妻子不知情的情况下恶意透支信用卡，就属于冒用他人信用卡，而非恶意透支信用卡。

司法实践中，信用卡诈骗罪占信用卡相关犯罪的 95% 以上，而恶意透支这种类型又占信用卡诈骗罪的 90% 左右。之所以会这样，一方面是因为恶意透支之外的信用卡诈骗行为比较难实施，另一方面是因为司法实践中对这种类型的信用卡诈骗罪存在滥用的情况。具体来说，司法机关基本把"经发卡银行催收后仍不归还"当成了恶意透支型信用卡诈骗罪的核心要件。也就是说，不管持卡人事前的透支是恶意还是善意的，只要"经发卡银行催收后仍不归还"，就一律以信用卡诈骗罪论处。这种做法其实是不正确的。所以，正确理解恶意透支型信用卡诈骗罪的构造非常重要。

认定犯罪必须坚持行为与责任同时存在的原则，也就是说，只有行为人在实施构成要件行为时就具有责任，才可能构成犯罪。相应地，在恶意透支型信用卡诈骗罪中，只有行为人在实施透支行为时就具有不归还的意图（非法占有目的），才符合这个原则，才有可能构成信用卡诈骗罪；如果行为人在实施透支行为时有归还的意思，但事后由于其他原因而没有归还，则不符合这个原则，不能认定为信用卡诈骗罪。换句话说，**"经发卡银行催收后仍不归还"其实并不是恶意透支型信用卡诈骗罪的构成要件要素和责任要素，而是客观处罚条件。**

这里补充一点有关客观处罚条件的知识。在绝大多数情况下，一个行为只要具备构成要件符合性、违法性与有责性，就已经成立犯罪，行为人应当承担刑事责任；但在极少数情况下，出于刑事政策等方面的考虑，《刑法》还设置了客观处罚条件，只有具备这种条件，才能追究行为人的刑事责任。

总的来说，给一个罪名设置客观处罚条件主要有三方面的理由：一是刑事政策上的理由，比如，不设置客观处罚条件，某个行为就不具有一般预防与特殊预防的必要性；二是刑法外的利益衡量或者目的考量；三是为了使处罚范围明确化，或者为了限制处罚范围。

那么，将恶意透支型信用卡诈骗罪中的"经发卡银行催收后仍不归还"理解为客观处罚条件究竟有什么理由呢？

首先，这样理解符合刑罚的目的。刑罚的目的是预防犯罪，包括特殊预防和一般预防。例如，持卡人恶意透支信用卡后，经发卡银行催收后予以归还。一方面，表明持卡人回到了合法性的轨道；另一方面，持卡人也没有从中获得任何利益（已经还本付息），反而还遭受了损失（需要缴纳利息、滞纳金等）。就算不给予刑罚处罚，也不会激励持卡人继续实施恶意透支行为，而这意味着这种行为缺乏特殊预防的必要性。此外，一般人清楚地知道不能从恶意透支中获得任何利益，也就不会模仿，而这意味着这种行为缺乏一般预防的必要性。

其次，这样理解也符合商业利益，也就是前面所说的刑法外的利益衡量或者目的考量。我们都知道，发展信用卡业务不仅有利于促进其他相关业务的发展，如建立还款账户等，能为银行代理业务提供发展的渠道，还能为银行带来比之前更多的利益——透支利息和滞纳金是发卡银行的重要收入。所以，在透支信用卡的情况下，只要持卡人最终归还了银行所要求归还的钱款，发卡银行就实现了自己的重要目的。既然发卡银行实现了自己的重要目的，也没有任何损失，就没有必要处罚行为人。

最后，这样理解是为了明确处罚范围。只从外观看，其实很难区分透支行为是善意的还是恶意的，而这很容易导致处罚界限不明确。但是，如果设置了这样一个客观处罚条件，就算持卡人以前是恶意透支，但只要经发卡银行催收后予以归还，就不能追究持卡人的刑事责任了。反过来说，如果不设置这样一个客观处罚条件，就容易导致将善意透支行为认定为信用卡诈骗罪。

答学友问

学友：如何确认恶意透支的行为，在实践中又可以通过哪些证据来证明是恶意透支呢？

张明楷：判断是否为恶意透支的关键，是判断持卡人有没有非法占有目的，而要判断有没有非法占有目的，必须坚持以下三个原则。

第一，目的与行为同时存在原则。

只有当持卡人在实施透支行为时就具有非法占有目的，才能认定他具有非法占有目的。因为透支款是行为人通过透支行为取得的，在透支行为实施之后，他只能产生不归还的意思，而不可能对先前的透支款产生非法占有目的。

第二，综合判断原则。

非法占有目的存在于持卡人的内心，是主观要素，但仍需基于各种客观资料进行综合判断。《最高人民法院、最高人民检察院关于妨害信用卡管理刑事案件具体应用法律若干问题的解释》第6条第2款前段规定："对于是否以非法占有为目的，应当综合持卡人信用记录、还款能力和意愿、申领和透支信用卡的状况、透支资金的用途、透支后的表现、未按规定还款的原因等情节作出判断。"这显然是采取了综合判断原则。需要注意，"经发卡银行催收后仍不归还"只是一个判断资料，而不是判断的唯一标准。

第三，例外排除原则。

非法占有目的是主观的超过要素，在有些案件中可以由事实证明，在有些案件中则只能基于相关事实进行推定。显然，对非法占有目的的推定只是事实推定，而不是法律推定，所以可以被推翻。

也就是说，即使根据某些事实推定了持卡人具有非法占有目的，如果持卡人提出的反证足以推翻这个推定，也必须否认他具有非法占有目的。

这也是上述司法解释第 6 条第 3 款的规定："具有以下情形之一的，应当认定为刑法第一百九十六条第二款规定的'以非法占有为目的'，但有证据证明持卡人确实不具有非法占有目的的除外：（一）明知没有还款能力而大量透支，无法归还的；（二）使用虚假资信证明申领信用卡后透支，无法归还的；（三）透支后通过逃匿、改变联系方式等手段，逃避银行催收的；（四）抽逃、转移资金，隐匿财产，逃避还款的；（五）使用透支的资金进行犯罪活动的；（六）其他非法占有资金，拒不归还的情形。"

其中，前两项事实足以证明持卡人在透支时具有非法占有目的；第三到第六项以及经发卡银行催收后仍不归还，只是推定持卡人具有非法占有目的的判断资料。

08 信用卡诈骗罪 II

捡到他人信用卡去 ATM 机取钱，成立本罪吗？

机器能不能被骗

上一节讲到了信用卡诈骗罪的四种行为类型，其中需要特别关注的是冒用他人信用卡骗取财物。在这个类型中，有一些认定的难点，比如，甲捡到了别人的信用卡，想办法弄到密码后，在 ATM 机上把卡里的钱取走，这种行为是成立盗窃罪还是信用卡诈骗罪？

从本质上说，这个问题其实是在问机器能不能被骗。如果认为机器能被骗，那甲很明显就是"欺骗"了 ATM 机，使 ATM 机错误地处分了财产，应当成立信用卡诈骗罪。如果认为机器不能被骗，甲则成立盗窃罪。

那么，机器究竟能不能被骗呢？我国司法解释认为能，但我认为不能。主要有以下几个理由。

首先，从"诈骗"这个词的基本含义来分析。

诈骗引起的是一种认知错误，它必须作用于被害人的大脑，所以受骗者只能是自然人。因为只有人，才会在认知上受到影响，才有可能发生错误认识。而机器没有认知能力，只是它依照特定的指令来做反应或不做反应。指令正确，就有预设的动作出现；指令不正确，就不会做出预设的动作。因此，机器不会陷入错误认识。

机器不能识别持卡人，不能进行全方位的判断，但人可以。比如，你有真实的储蓄卡，但忘了密码，那你无论如何都没法在 ATM 机上取出钱。即使你跟 ATM 机说，"这真的是我的储蓄卡，求求你让我取钱吧"，也毫无用处。但是，如果你去找银行柜员，就可以通过密码挂失取出钱。反过来，如果我捡到了你的储蓄卡，并且知道了密码，那么即便我跟 ATM 机说"这不是我的储蓄卡"，我也能取出钱。反而如果我去跟银行柜员说这种话，就不可能取出钱。

显然，人和机器是不一样的。我们人可以欺骗人，但不能欺骗机器。因此，使用他人信用卡在 ATM 机上取钱的，不能说是"欺骗"了 ATM 机。

其次，如果认为机器可以被骗，就会导致各种诈骗罪丧失定型性，几乎无法区分诈骗罪和盗窃罪。

举例来说，如果认为机器可以被骗，那把普通铁币投入自动贩卖机，然后取出商品的行为也构成诈骗罪；使用某种工具打开汽车的智能锁，然后开走汽车的，也成立诈骗罪。但是，这显然不符合我们平时对"诈骗"这个词的认知。

有人可能会认为，机器是按人的意志来行事的，所以机器背后的人可能会受骗。也就是说，机器只是人的中介和工具，实际上是背后使用机器的人受了骗，然后机器又代替人处分了财物，所以说人间接受骗了。但是，这种理解也有问题，为什么呢？

一方面，机器如果是根据已经写好的程序运行的，那它在做出反应时，背后就没人，也就不能说是背后的人受了骗。即便可以说机器背后的人受骗了，你也无法说出究竟是哪个人受了骗，就算说出了某个人，他也不会承认。所以，抽象地说机器背后的人被骗了没有意义。而且，在无法说出谁受骗了的情况下，又说有人受骗了，也不符合罪刑法定原则。

另一方面，如果把间接受骗、间接处分财产也归入诈骗罪中的受骗和处分财产，那诈骗类犯罪的处罚范围就没有边际了。比如，行为人向一个独自在家的两岁孩子说谎，让孩子把家里的财物交给他，然后把财物据为己有，是不是也可以说孩子的父母间接受骗，然后通过孩子间接处分了财物呢？这样理解恐怕不合适。我认为，这样的情形只能成立盗窃罪，因为孩子的父母并没有受骗。

总的来说，机器不能被骗。既然如此，冒用他人信用卡在 ATM 机上取款的，就应该成立盗窃罪，而不是信用卡诈骗罪。

盗窃信用卡并使用的如何定罪

《刑法》第 196 条第 3 款规定，盗窃信用卡并使用的，依照盗窃罪的规定定罪处罚。那么，这款规定具体要怎么理解呢？其实，我们需要将这款规定中的"盗窃信用卡并使用"分成两种情况来分析。

第一种情况是对机器使用。这是指行为人盗窃他人信用卡后，在 ATM 机上使用，像前面分析的一样，这种行为完全符合盗窃罪的犯罪构成要件，但不符合诈骗罪和信用卡诈骗罪的基本构造。所以，就这种情况来说，《刑法》第 196 条第 3 款的规定属于注意规定，而不是法律拟制。

第二种情况是对人使用。这是指行为人盗窃他人信用卡后，在银行柜台对自然人使用，这种情况很明显就属于诈骗了。如果没有这一款规定，这种行为应当被认定为信用卡诈骗罪。可是，这一款规定明文要求对盗窃信用卡并使用的行为按盗窃罪论处。也就是说，将行为人盗窃他人信用卡后，在银行柜台对自然人使用的情况，特别规定成了盗窃罪。所以，就这种情况来说，《刑法》第 196 条第 3 款的规定属于法律拟制，而不是注意规定。

以盗窃以外的方式取得他人信用卡后使用的情况

既然《刑法》第 196 条第 3 款在对人使用的情况下属于法律拟制，那就不能将这种处理方式推而广之。也就是说，对于通过盗窃以外的方式取得信用卡又对自然人使用的，不能类比《刑法》第 193 条第 3 款的规定来处理，而应当根据使用的方式来确定犯罪性质。这是因为侵犯财产的行为是使用行为，而取得信用卡的行为本身并不侵犯他人财产。当然，如果取得信用卡的行为构成其他犯罪，则是另一回事了。

先来看看侵占、骗取、抢夺、勒索他人信用卡后使用的情况。

在这种情况下，如果是在机器上使用，应该认定为盗窃罪；如果是对自然人使用，则应该认定为冒用他人信用卡类型的信用卡诈骗罪。

举个例子。被害人李四到银行办理开户手续，银行刚办理了离职的员工张三主动接待。李四说自己只需要存折，不需要银行卡，之后张三拿着李四的身份证，独自到柜台为李四办理开户手续，但他告诉柜员需要办理存折和银行卡。柜员跟张三很熟悉，于是在客户本人不在场的情况下，既办理了存折，也办理了银行卡，然后一并交给张三。张三把存折交给李四，自己却偷偷留下了银行卡。后来，李四在账户内存款 5 万元，张三利用银行卡从 ATM 机中取走了这些钱。张三的行为要怎么认定呢？

首先，要看被害人的损失究竟是由哪个行为造成的。根据案情，张三从 ATM 机取款的行为才是造成李四财产损失的原因。接着，再来分析这个行为的性质。前面讲了，机器不能被骗，所以张三从 ATM 机取钱的行为是盗窃，而不是诈骗。也就是说，张三的行为应当成立盗窃罪。虽然张三先前实施了骗取或侵占信用卡的行为，但在这个案件中，这只是盗窃罪的预备行为，而不能认为盗窃行为是诈骗或者侵占行为的延伸。况且，单纯骗取或者侵占信用卡的行为，并不能使他人遭受财产损失。

再来看看抢劫他人信用卡后使用的情况。

对于这种案件，要根据具体情况来分析。

情况 1：抢劫信用卡并以实力控制被害人，当场提取现金的。这时应当认定为抢劫罪，抢劫数额就是所提取的现金的数额。

情况 2：使用暴力、胁迫或者其他强制手段抢劫信用卡，但并没有使用信用卡的。这时也应当认定为抢劫罪，因为抢劫罪的成立是没有数额要求的。在这种情况下，抢劫数额就是信用卡本身的数额，一般就是工本费，或者不计数额，根据具体情节来量刑。

情况 3：抢劫信用卡并在事后使用的。如果事后在机器上使用，应该成立抢劫罪和盗窃罪，实行数罪并罚；如果事后对自然人使用，则应当成立抢劫罪和信用卡诈骗罪，实行数罪并罚。

09 组织、领导传销活动罪

如果没有骗取财物，还成立本罪吗？

传销案件一直都备受关注，因为这类案件的波及范围很广，任何人都可能成为其受害者。而按照《刑法》的规定，组织、领导传销活动罪，是指"以推销商品、提供服务等经营活动为名，要求参加者以缴纳费用或者购买商品、服务等方式获得加入资格，并按照一定顺序组成层级，直接或者间接以发展人员的数量作为计酬或者返利依据，引诱、胁迫参加者继续发展他人参加，骗取财物，扰乱经济社会秩序"的活动。

《刑法》条文中写明了要"骗取财物"，但在很多人的认知里，参加传销活动的人往往是自愿缴纳入门费的。而且，在上层跑路、资金链断裂之前，他们好像并没有被骗钱，甚至有些人还赚了钱。所以，要怎么理解本罪中的"骗取财物"呢？是不是一定要参与者被骗走了财物，才能成立本罪？如果一个传销组织刚刚成立，还没开始实施诈骗，或者参与者不觉得自己被骗取了财物，能成立本罪吗？

要问答这些问题，就要先来看看本罪的构成要件。

什么是传销活动

组织、领导传销活动罪的构成要件内容是组织、领导传销活动。从广义上说，传销活动可以分为以下两大类。

一类是原始型传销，传销的是商品，以销售商品的数量作为计酬或者返利依据。组织、领导这类传销活动的，不成立本罪。司法解释也明确规定："以销售商品为目的、以销售业绩为计酬依据的单纯的'团队计酬'式传销活动，不作为犯罪处理。"不过，司法实践中仍然存在不少将这种行为认定为组织、领导传销活动罪的情况，这明显是错误的。

另一类是诈骗型传销，传销的不是真正的商品，只是以发展人员的数量作为计酬或者返利依据，也就是"拉人头"。组织、领导传销活动罪，针对的就是这种传销活动。

具体来说，组织、领导传销活动罪禁止的传销活动，是指组织者、领导者通过收取"入门费"来非法获取利益的行为。加入传销活动的人要么直接缴纳"入门费"，要么以购买商品、服务等为名获得加入资格。而在后一种情形下，商品和服务要么只是名义上的或者虚拟的，要么就是有真实内容但物非所值，参加者购买它们，只是为了获得加入传销组织的资格。加入后，参加者要通过发展下线，而不是通过销售商品来获取利益。所以，层级越高的参加者获利越多，上层跑路或者传销组织被公安机关查获时，层级最低的参加者就会成为受害者。

在实践中，传销活动通常都极具迷惑性，而且也会在形式上表现出经营活动的特征。那么，究竟该怎么判断一种经营活动是不是传销活动呢？

首先，要判断是否存在商品，这里的商品包括服务。

如果没有商品，而且符合传销的其他条件，就可以将其认定为传销活动。比如，一个传销组织卖的内容是国外某个小岛的共同经营股份，而这个小岛实际上是虚构的。如果符合其他条件，那这就是传销活动。

如果存在商品，就要进一步判断商品是不是道具。比如，某个组织的确在售卖商品，商品也的确在某个仓库里，但购买者根本不会去取得这个商品，只是为了成为会员而在名义上购买了该商品，那这个商品就是道具。这时，如果符合其他条件，就要将该组织的活动认定为传销活动。

其次，可以根据商品发生占有转移的对象来判断。

如果某商品只是在参与传销的人员之间转移，而没有转移给真正的消费者，参与者也不以使用该商品为目的，那这个商品就是道具。如果符合其他条件，就应该被认定为传销活动。

如果有一部分真正的消费者，就要进一步判断行为人是主要通过销售商品获利，还是主要通过收取"入门费"获利。如果主要通过收取"入门费"获利，且符合其他条件，也应当被认定为传销活动。

需要注意的是，形式上采取团队计酬方式，但实质上是以发展人员的数量作为计酬或者返利依据的传销活动，应当以组织、领导传销活动罪论处。也就是说，如果以销售商品的数量作为计酬或者返利的根据，就不成立犯罪；如果以发展人员的数量作为计酬或者返利的根据，就成立组织、领导传销活动罪。

什么是传销活动的组织者、领导者

组织、领导传销活动罪的实行行为是组织、领导诈骗型传销活动的行为，所以，参与传销的行为不成立本罪。

根据司法解释的规定，组织内部参与传销活动人员在 30 人以上，且层级在 3 级以上的，应当对组织者、领导者追究刑事责任。组织、领导多个传销组织，单个或者多个组织中的层级已达 3 级以上的，可将在各个组织中发展的人数合并计算。组织者、领导者形式上脱离原传销组织后，继续从原传销组织获取报酬或者返利的，原传销组织在其脱离后发展人员的层级数和人数，应当计算为其发展的层级数和人数。

下列人员可以认定为传销活动的组织者、领导者：

- 在传销活动中起发起、策划、操纵作用的人员；
- 在传销活动中承担管理、协调等职责的人员；
- 在传销活动中承担宣传、培训等职责的人员；
- 曾因组织、领导传销活动受过刑事处罚，或者 1 年以内因组织、领导传销活动受过行政处罚，又直接或者间接发展参与传销活动人员在 15 人以上，且层级在 3 级以上的人员；
- 其他对传销活动的实施，传销组织的建立、扩大等起关键作用的人员。

此外，以单位名义实施组织、领导传销活动犯罪的，对于受单位指派，仅从事劳务性工作的人员，一般不予追究刑事责任。

什么是"骗取财物"

《刑法》条文中明确规定，组织、领导传销活动罪要以骗取财物为成立条件。那么，要怎么理解和认定"骗取财物"呢？是不是一定要有具体的被害人被骗取了财物，才能认定本罪？

我认为，"骗取财物"只是对诈骗型传销组织性质的描述，是诈骗型传销组织的特征。也就是说，只要行为人组织、领导的传销活动具有骗取财物的性质，或者在客观上足以骗取他人的财物，就成立组织、领导传销活动罪。

这里的骗取财物，不要求客观上已经骗取了他人的财物，而是指这个组织的发展模式最终一定会导向骗取财物这个结果。这背后的道理也很简单。因为传销组织许诺或者支付给参与者的回报来自参与者的"入门费"，而且需要给参与者一定的返利，所以，要保证传销组织的生存，就必须不断地成倍增加参与者。然而，参与者是不可能无限量增加的，所以资金链必然会断裂。资金链断裂时，刚加入的人或者最低层级的参与者，就必然会成为受害者。因此，即便是在资金链断裂之前，这样的组织也已经具备了骗取财物的特征，已经构成了组织、领导传销活动罪，而无须等资金链断裂之后才认定为犯罪。当然，在司法实践中，一般都是组织者、领导者骗取了大量财物才导致案发。在此之前，一般难以发现案件事实。

此外，也可以从设立这个罪名的目的来理解这个问题。在《刑法修正案（七）》增设组织、领导传销活动罪之前，对于以"拉人头"、收取"入门费"的方式组织传销的违法犯罪活动，司法实践中一般按照非法经营罪、诈骗罪、集资诈骗罪来追究行为人的刑事责任。也就是说，在设立组织、领导传销活动罪之前，就已经可以处罚传销活动中的诈骗行为了。所以，《刑法修正案（七）》专门增设组织、领导传销活动罪，目的不在于处罚传销活动中的诈骗行为，而在于处罚诈骗型传销活动的组织、领导行为。

当然，这样理解也有利于从源头禁止传销组织。因为这意味着，只要非法设立诈骗型传销组织，就能成立组织、领导传销活动罪。

那么，如果组织、领导他人实施诈骗型传销活动，实际上也骗取了财物的，是不是只成立组织、领导传销活动罪呢？

我认为不是。以传销为名骗取财物的行为，完全有可能构成更重的诈骗犯罪。毕竟，不法分子在集资诈骗的过程中采用传销模式诱骗他人钱财的案件并不少见。在实践中，也出现过在传销过程中，以销售林地、墓地等名义，以高利率、高回报为诱饵，吸引社会公众投资，把非法募集的资金据为己有的案件。既然组织、领导传销活动罪的处罚对象是诈骗型传销组织的组织、领导行为，而不是诈骗行为本身，那么，这种情况就可以认定为想象竞合，从一重罪论处。

答学友问

学友：传销的认定和传销的处罚在实际实践过程中，是不是应该由市场监管部门执行呢？

张明楷：传销活动是行政法和刑法都禁止的行为，但两者所禁止的传销活动的范围是不一样的。

《禁止传销条例》第 7 条以列举的方式规定了传销行为的三种表现形式，分别是"拉人头"、收取"入门费"和团队计酬。而《刑法》第 224 条之一却只规定了两种情形，即"拉人头"传销和收取"入门费"传销，并且要同时满足这两种情形才能构成刑法意义上的传销活动。司法解释也明确规定，团队计酬式的传销活动不作为犯罪处理。由此可见，刑法上传销活动的范围要小于行政法规上传销的范围。

市场监管部门当然可以对《禁止传销条例》中规定的三种传销行为进行认定和处罚，但对于涉嫌犯罪的传销行为，关于是否成立犯罪的认定，只能由法院做出，这一点与其他犯罪行为的认定并无差别。

刑事违法的判断与行政违法的判断是相互独立的，法院需要依据犯罪构成的标准，对行为是否构成传销犯罪进行独立判断，市场监管部门是否对其进行认定并给予行政处罚，并不是行为构成犯罪的前置条件。即使是被市场监管部门认定为传销的行为，也可能不成立传销犯罪。相反，即使是没有被市场监管部门认定为传销的行为，也可能会被司法机关直接认定为组织、领导传销活动罪。

10 虚开增值税专用发票罪

没有用于骗取税款的，成立本罪吗？

破坏社会主义市场经济秩序罪中还有一个重要的罪名，那就是《刑法》第 205 条规定的虚开增值税专用发票、用于骗取出口退税、抵扣税款发票罪。顾名思义，本罪是指个人或者单位故意虚开增值税专用发票、用于骗取出口退税、抵扣税款的其他发票的行为。因为原理都是一样的，所以本节只介绍虚开增值税专用发票罪。

下面先来看一个案例。甲公司为了虚增业绩，和乙公司签订了虚假的买卖合同，乙公司给甲公司虚开了增值税专用发票。甲公司把 7000 万元的货款打入乙公司账户，乙公司扣除了 17% 的增值税和 2% 的手续费后，把剩余的款项打回甲公司的账户。甲公司向税务机关抵扣了 17% 的税款，乙公司向税务机关缴纳了 17% 的税款。

从形式上看，甲乙两个公司之间没有交易事实，而乙公司给甲公司开了增值税专用发票，并且缴纳了税款，那这种行为构成虚开增值税发票罪吗？换句话说，只要实施了虚开增值税专用发票的行为，就一定构成本罪吗？这涉及的问题是，虚开增值税专用发票罪是不是行为犯。想要回答这个问题，就要先了解一下这个罪的客观行为和侵害结果到底是什么。

虚开增值税专用发票罪的客观行为

虚开增值税专用发票罪的客观行为是虚开增值税专用发票。其中，虚开包括四种情况，分别是为他人虚开、为自己虚开、让他人为自己虚开、介绍他人虚开。根据司法解释，没有买入和销售货物，或者没有提供和接受应当纳税的劳务，而开具专用发票的，以及虽然买入和销售了货物，或者提供和接受了应当纳税的劳务，但开具数量或金额不实的专用发票的，也属于虚开增值税专用发票。

另外，国家税务总局在 2014 年发布的《关于纳税人对外开具增值税专用发票有关问题的公告》，对什么不属于"虚开"行为进行了大致的界定。

该公告指出，同时符合以下三个条件的，不属于对外虚开增值税专用发票：第一，纳税人向受票方纳税人销售了货物，或者提供了增值税应税劳务、应税服务；第二，纳税人向受票方纳税人收取了所销售货物、所提供应税劳务或者应税服务的款项，或者取得了索取销售款项的凭据；第三，纳税人按规定向受票方纳税人开具的增值税专用发票相关内容，与所销售货物、所提供应税劳务或者应税服务相符，且该增值税专用发票是纳税人合法取得，并以自己名义开具的。

当然，该公告只是界定了纳税人的什么行为不属于虚开增值税专用发票，并不意味着除此之外的情况都属于虚开增值税专用发票。也就是说，不能说只要某个行为不符合这三个条件，就认为它是虚开增值税专用发票。比如，某个正常经营的研发企业和客户签订了研发合同，收取了研发费用，开具了专用发票，但研发服务还没有发生或者还没有完成。这种情况就不符合公告中的第一个条件，但不能因此判定该企业虚开了增值税专用发票。

虚开增值税专用发票罪的侵害结果

司法机关习惯认为，虚开增值税专用发票罪是行为犯，并且只要实施了虚开行为，就一定构成犯罪。但这样理解行为犯是不合适的。即使是对行为犯来说，构成要件结果也是必要的。因为犯罪的本质是侵害法益，没有对法益造成侵害或危险的行为绝不可能构成犯罪。

前面讲过，行为犯是指行为终了和结果发生之间没有时间间隔，或者说行为与结果同时发生的犯罪。那么，本罪到底是不是行为犯呢？换句话说，是不是只要实施了虚开行为，就同时发生法益侵害结果呢？

本罪原来还有一款是这样规定的："有前款行为骗取国家税款，数额特别巨大，情节特别严重，给国家利益造成特别重大损失的，处无期徒刑或者死刑，并处没收财产。"虽然这一款规定已经被删除了，但它可以帮我们理解本罪的法益侵害结果。

这一款只规定了虚开增值税专用发票，骗取国家税款数额特别巨大的情形，那么，假如它没有被删除，虚开增值税专用发票并且骗取税款数额较大或者巨大的行为该怎么认定呢？显然也成立第1款规定的虚开增值税专用发票罪，而不是另成立一个新罪。这就说明，本罪包括了骗取税款的内容。

实际上，本罪的法益侵害结果就是骗取税款。当然，你可能会对此有疑问，因为从法条描述的构成要件看，本罪并没有提到一定要造成骗取税款的结果。的确没有。从法条表述上看，本罪属于抽象的危险犯。

前面讲危险驾驶罪时，提到了什么是抽象的危险犯。与危险驾驶罪的判断方式一样，在判断一个行为是否构成虚开增值税专用发票罪时，应当以一般的经济运行方式为根据，判断虚开增值税专用发票的行为是不是具有骗取国家税款的危险。如果不具有骗取国家税款的任何危险，就不能认定为本罪。

比如，甲乙双方以相同的数额相互为对方虚开增值税专用发票，并且已按规定缴纳税款，不具有骗取国家税款的故意与现实危险的；行为人为了虚增公司业绩，所虚开的增值税专用发票没有抵扣联，不可能去抵扣税款的；代开的发票有实际经营活动相对应，没有也不可能骗取国家税款的，都不能认定为本罪。

再比如本节开头的案例。虽然甲乙两个公司之间没有实际的交易，乙公司还给甲公司开具了增值税专用发票，但无论是甲公司还是乙公司，都按照规定缴纳税款了，其行为没有给国家税收造成实际损失和危险，所以不成立本罪。

或许有人认为，我的上述观点实际上将虚开增值税专用发票罪理解成了具体危险犯。如果这样说，我也不反对。只是由于法条没有关于具体危险犯的表述，我就没有将其表述为具体危险犯。其实，认为本罪是实害犯也是有可能的。当行为人为了骗取增值税款而虚开增值税专用发票，但客观上没有骗取增值税款时，按虚开增值税专用发票罪的未遂犯处理也并非不可能。

无论如何，我们不能把虚开增值税专用发票却没有骗取税款危险的行为，等同于虚开增值税专用发票并且骗取税款或者有骗取税款危险的行为，否则就会导致处罚的不协调，违背刑法的公正性。也就是说，只要虚开了增值税专用发票就构成本罪的观点是有问题的，司法机关应该放弃这种观点。当然，本罪的成立不仅要求客观上具有造成国家税款损失的危险，还要求行为人主观上认识到这种危险，并且希望或者放任这种危险发生。

虚开增值税专用发票罪 VS. 虚开发票罪

《刑法》第 205 条之一规定，自然人或者单位故意虚开《刑法》第 205 条规定以外的其他发票，情节严重的行为，成立虚开发票罪。这里需要注意，"《刑法》第 205 条规定以外"属于表面的构成要件要素。

比如，行为人以为是普通发票而虚开，但实际上虚开的是增值税专用发票的，也应当认定为虚开发票罪。再比如，行为人虚开增值税专用发票，或者虚开用于骗取出口退税、抵扣税款的发票，但不具有骗取、抵扣税款的危险的，如果情节严重，也应当认定为虚开发票罪。

有些司法机关正是因为虚开普通发票的行为都构成犯罪，才会认为虚开增值税专用发票的行为更应当成立犯罪，进而将不具有骗取税款危险的虚开增值税发票行为，认定为虚开增值税专用发票罪。其实，对于这种行为，按虚开发票罪论处就可以了。

第 **8** 章

妨害社会管理秩序罪

01 妨害公务罪

　　阻碍貌似合法实际上违法的公务，构成本罪吗？

　　妨害社会管理秩序罪，就是指故意或者过失妨害国家机关对社会的管理活动，破坏社会秩序，情节严重的行为。本节先来看一下妨害公务罪。

　　根据《刑法》的规定，妨害公务的行为可以分为两类：一类是以暴力、威胁方法阻碍国家机关工作人员依法执行职务，这是妨害公务罪的基本类型；另一类是阻碍人大代表依法执行代表职务，阻碍红十字会工作人员依法履行职责的行为，以及故意阻碍国家安全机关、公安机关依法执行国家安全工作任务，未使用暴力、威胁方法，造成严重后果的行为。本节只介绍妨害公务罪的基本类型。

　　对很多人来说，妨害公务罪听起来不陌生，但认定起来却没那么容易。比如，李四向市场监督管理部门举报张三生产、销售伪劣产品，市场监督管理人员依法将张三作为违法人员进行查处时，张三用暴力、威胁的方法阻碍市场监督管理人员的查处行为，于是就因涉嫌妨害公务罪被捕了。但法院审理时发现，李四指认错误，张三并没有实施生产、销售伪劣产品的违法行为，那张三的行为还能成立妨害公务罪吗？想要回答这个问题，就要来分析一下妨害公务罪基本类型的客观构成要件。

妨害公务罪中的"公务"

妨害公务罪的行为对象必须是国家机关工作人员，即在各级国家机关从事公务的人员。从现实出发，还应包括在中国共产党的各级机关、中国人民政治协商会议的各级机关从事公务的人员。

这里的公务是指依法执行的职务。如果正在执行的职务是违法的，阻止它以维护自己正当权益的行为则不会构成犯罪。那么，什么才叫依法执行的职务呢？具体来说，它需要同时符合以下三个条件。

第一，职务行为必须在一般职务权限之内，如果超出了这种权限，就不能认定为依法执行职务。比如，税务人员进行税收征管工作，是一般的职务权限，而公安人员进行这项工作就是超出了一般的职务权限。

第二，执行职务的主体具有实施职务行为的具体职务权限。比如，虽然执行死刑是司法警察的一般职务权限，但并非所有司法警察都有这种具体的职务权限，只有被指定负责执行死刑的司法警察才有这种权限。

第三，职务行为必须符合法律规定的重要条件、方式和程序。比如，逮捕犯罪嫌疑人，必须符合《中华人民共和国刑事诉讼法》（后文简称《刑事诉讼法》）规定的有关逮捕的条件、方式与程序，否则就是非法逮捕。

其中，前两点是保证职务行为在内容上合法的条件，第三点是保证职务行为在形式上合法的条件。虽然这三个条件看起来很清晰，但现实中的案件总是比想象的复杂。比如本节开头的案例，它之所以难以判定，就是因为涉及一个重要问题——究竟要以哪个时间点作为判断职务行为是否合法的基准呢？是法院裁判之时，还是市场监督管理人员实施查处行为之时？

如果以法院裁判时作为判断基准，市场监督管理人员将张三作为违法人员进行查处的行为就是不合法的，因为法院裁判张三没有实施违法行为，进而张三阻碍市场监督管理人员的查处行为就不成立犯罪。如果以行为时作为判断基准，那市场监督管理人员的查处行为就具有合法性，张三阻碍查处的行为就有可能成立妨害公务罪。

其实，无论采取哪种观点，都会出现不恰当之处。如果把裁判时作为判断基准，那么执行公务时许多明显具有正当性的职务行为都会得不到保护；如果把行为时作为判断基准，那么对于很多从结果上看明显不当的职务行为，被执行人也不能抵抗，这明显不公正。

对于这个问题，考虑到我国的现实情况，我倾向于以裁判时作为判断基准。也就是说，行为人对那些从裁判时来看不合法的职务行为进行阻碍的，不成立妨害公务罪。比如在本节开头的案例中，张三的行为就不成立妨害公务罪。

我之所以采取这种观点，主要有三个原因。首先，并不是只要程序合法就是合法职务行为，我们还要考虑这种职务行为是否侵害了被执行人的合法权益，否则就违反了刑法的人权保障机能。其次，说市场监督管理人员将客观上没有实施任何违法行为的人当作实施了违法行为的人予以查处是合法的，很难让人接受。当然，市场监督管理人员可能没有责任，但不能说他的行为就是合法的。最后，被执行人为了摆脱查处而对市场监督管理人员实施暴力、威胁行为时，并没有妨害公务罪的故意和期待可能性，因为他不认为自己反抗的是合法的职务行为，也不能期待他忍受非法的职务行为。

妨害公务罪的具体方式

妨害公务罪的基本行为方式是暴力和胁迫行为。

暴力是指广义上的暴力，不要求直接针对执行公务的人员的身体实施，只要是对执行公务的人员不法地行使有形力即可。比如，趁缉毒人员不备，突然向缉毒人员身上泼水，将其缴获的毒品抢过来马上吞下，导致无法确定毒品数量，进而无法处罚贩毒人员的，也属于妨害公务罪中的暴力行为。至于这一行为是否构成袭警罪，则是另一回事了。

威胁是指以造成不利后果相威胁，迫使执行职务的人员放弃职务行为，或者不正确地执行职务行为。关于不利后果的内容、性质、通告方法等，都没有限制。

另外，妨害公务罪是具体的危险犯，不是实害犯，也不是抽象的危险犯。所以，暴力、威胁行为只要足以阻碍执行职务就可以，不要求客观上已经阻碍了执行职务。

需要注意的是，不能把本罪的构成要件理解为对依法执行职务的人实施暴力、威胁行为，而应该理解为通过使用暴力、威胁的方法，使执行职务的人不能或者难以依法执行职务。比如，国家机关工作人员处理完双方争端后，其中一方认为处理不公正，于是踢了国家机关工作人员一脚后逃走。在这种情况下，由于职务行为已经完成，行为人没有使执行职务的人不能或者难以执行职务，因而不能将其行为认定为妨害公务罪。如果行为给国家机关工作人员造成了轻伤以上的结果，可以认定为故意伤害罪。

另外，公务人员依法执行公务时，被执行人实施摆脱、挣脱行为的，一般不认定为妨害公务罪。因为在这种情况下，被执行人没有期待可能性。也就是说，我们不能期待被执行人乖乖地束手就擒。比如，公安机关逮捕犯罪嫌疑人时，犯罪嫌疑人挣扎或者实施轻微的暴力反抗的，不能认定为妨害公务罪，也不能认定为袭警罪。

妨害公务罪的责任要素

妨害公务罪的成立要求行为人具有故意。也就是说，行为人必须明知他人在依法执行公务，而故意进行阻碍。

在司法实践中，可能会遇到行为人对公务行为的合法性产生认识错误的情况，这时行为人成立妨害公务罪吗？我认为不成立。因为这种错误属于对事实的认识错误，即行为人对所发生的构成要件事实没有认识，所以能阻却故意。比如，行政执法人员追缴违法所得时，行为人误以为其拿走的是他人合法所有的财物，于是以暴力、威胁方法进行阻碍的；再比如，行政执法人员在查处违法行为时出示了相关证件，但行为人误以为其出示的是虚假的证件而对其实施暴力的，都属于事实认识错误，不成立妨害公务罪，也不成立袭警罪。

当然，行为人主观上是否存在认识错误，需要根据当时的具体情况来判断，不能只以行为人的陈述为依据。是不是依法执行公务，属于规范的评价要素，行为人只需要认识到作为评价基础的事实就可以了。比如，只要行为人认识到警察在持逮捕证逮捕嫌疑人，就可以认定行为人认识到了警察在"依法"执行公务。

答学友问

学友：现在因为人员紧张，有时公安机关出警会存在没有正式警察在场的情况。如果出警的都是非正式人员，比如临时工、志愿者等，那是否属于依法执行职务呢？

张明楷：这涉及袭警罪和妨害公务罪的问题，但也可以一并讨论，因为两者所妨害的都是特定人员正在依法执行的公务。这位学友所提的问题涉及的有两点，一是妨害公务罪或袭警罪的行为对象，二是如何判断执行职务的行为是否合法。在袭警罪和妨害公务罪中，这两个问题是相同的，下面就以妨害公务罪为例一并说明。

先来看第一个问题。妨害公务罪的行为对象，除了本节讲过的内容，根据司法解释，还应包括合法执行行政执法职务的国有事业单位人员，以及国家机关中受委托从事行政执法活动的事业编制人员。

关于国家机关工作人员是否必须是正式在编人员，法律和司法解释没有直接规定。但有一个可以参考的间接规定，那就是全国人大常委会颁布的《关于〈中华人民共和国刑法〉第九章渎职罪主体适用问题的解释》。虽然该解释明文指出这是对渎职罪主体的解释，但因为渎职罪的主体都是国家机关工作人员，所以可以认为这就是对国家机关工作人员的解释。

该解释指出："在依照法律、法规规定行使国家行政管理职权的组织中从事公务的人员，或者在受国家机关委托代表国家机关行使职权的组织中从事公务的人员，或者虽未列入国家机关人员编制但在国家机关中从事公务的人员，在代表国家机关行使职权时，有渎职行为，构成犯罪的，依照刑法关于渎职罪的规定追究刑事责任。"

由此可以看出，一个人是否属于国家机关工作人员，不是取决于其固定身份，而是取决于其从事活动的内容及根据。比如，属于行政执法事业单位的镇财政所中，按国家机关在编干部管理的工作人员，是国家机关工作人员；经人事部门任命，但为工人编制的乡（镇）工商所所长，依法履行工商行政管理职责时，属于国家机关工作人员；合同制民警在依法执行公务期间，也属于国家机关工作人员。

所以，公安机关的非正式人员也可以成为妨害公务罪的行为对象。

再来看第二个问题。认定一个行为是否成立妨害公务罪时，还有一个重要的因素是国家机关工作人员是不是在依法执行公务。只有当他执行公务的活动具有合法性时，以暴力、威胁方法妨害该公务的行为才构成妨害公务罪。

《关于规范公安机关警务辅助人员管理工作的意见》第4条规定："警务辅助人员不具备执法主体资格，不能直接参与公安执法工作，应当在公安民警的指挥和监督下开展辅助性工作。"也就是说，公安机关出警时可以由正式警察带领辅警执法，但辅警、临时工、志愿者等不能独立出警。所以，如果出警的都是临时工、志愿者等非正式人员，就不属于"依法"执行职务。

总之，即使认为辅警等人员是国家机关工作人员，其独立出警的行为也是违法的，不属于依法执行职务。

02 袭警罪

误以为对方是假警察而实施暴力，构成本罪吗？

上一节提到过袭警罪，讲到了暴力袭击正在依法执行职务的人民警察的行为，完全可以按妨害公务罪处理。但是，《刑法修正案（十一）》新增了袭警罪，那是不是所有妨害警察执行公务的行为都不再成立妨害公务罪，而是成立袭警罪了呢？

袭警罪中的"暴力袭击"

袭警罪是指使用暴力袭击正在依法执行职务的人民警察的行为。袭警其实是妨害公务的一种情形，也就是说，袭警罪与妨害公务罪是特别法条和普通法条的关系，成立袭警罪以行为符合妨害公务罪的构成要件为前提；当行为同时符合袭警罪与妨害公务罪的构成要件时，以袭警罪定罪处罚。

袭警罪中的"暴力袭击"是指狭义的暴力，即对警察的身体不法地行使有形力。比如，对警察实施撕咬、踢打、抱摔的行为，或者向警察投掷重物。如果不是通过这种方式妨碍警察执行公务的，就不成立袭警罪，但可能成立妨害公务罪。比如，对正在依法执行职务的警察实施威胁行为，导致警察不能或者难以执行职务的，因为没有暴力行为，所以不成立袭警罪，而是成立妨害公务罪。再比如，打砸、毁坏、抢夺警察正在使用的警用车辆、警械等警用装备，妨害其执行公务的，因为只有对物的暴力，没有对人的暴力，所以也不成立袭警罪，但可能成立妨害公务罪。

也就是说，**只有直接针对警察人身实施袭击行为的，才能认定为袭警罪**。为什么这样理解呢？在《刑法修正案（十一）》施行之前，暴力袭警只是妨害公务罪的从重处罚情节，而非独立犯罪，所以，对警察实施广义的暴力可以构成妨害公务罪。所谓广义的暴力，是指不法地对人行使有形力的情形，但不要求直接对人的身体行使，只要对人的身体施以强烈的物理影响力即可，如在他人身边播放高分贝噪声。由于威胁行为能成立妨害公务罪，因而广义的暴力也能成立妨害公务罪。但是，在袭警罪成为独立犯罪之后，法条明文要求以暴力袭击警察的行为构成袭警罪，且袭警罪的法定刑高于妨害公务罪，在这种情况下，就应该把袭警罪中的暴力限定为狭义的暴力，否则就会导致刑法保护的不平等与处罚的不均衡。

既然成立袭警罪以成立妨害公务罪为前提，那么，袭警罪就不是单纯地对正在执行职务的警察实施暴力，而是指通过暴力袭警妨害警察正在执行的职务。妨害警察正在执行的职务，不要求客观上已经妨害了警察执行职务，只要暴力行为足以妨害警察执行职务就可以。也就是说，袭警罪是具体的危险犯。

如果暴力袭警完全不影响警察执行职务，就不成立袭警罪。比如，行为人因为交通违章行为被警察处理，之后，他认为警察处理得过于严厉，便踢了警察一脚后驾车逃走。在这种情况下，由于公务已经处理完毕，行为人不可能再对警察执行职务产生影响，因而不能认定为袭警罪。再比如，警察在路边与人寒暄时，行为人打了警察一拳后逃走，由于警察此时没有在执行公务，行为人不可能影响公务的执行，所以也不成立袭警罪。

袭警罪中的职务行为

袭警罪所妨害的必须是警察合法的职务行为。如果"妨害"的是非法的职务行为，当然不能成立袭警罪。合法的职务行为既需要内容上合法，也需要形式上合法。比如，警察逮捕犯罪嫌疑人时，首先，警察必须具有执行逮捕的职务权限，否则就不是合法的职务行为；其次，逮捕还必须符合《刑事诉讼法》规定的条件、方式和程序，否则就属于非法逮捕，也不是合法的职务行为。

对职务行为合法性的判断，不应当以执行职务的警察是否确信自己的行为合法为依据，而应当由法院通过对法律、法规进行解释来做出客观判断。在进行判断时，需要综合考虑职务行为对被执行人的利益损害的程度、职务行为的目的的正当性、执行职务手段的相当性，以及执行职务的必要性等因素。比如，在判断警察的侦查行为的合法性时，要综合考虑侦查行为对犯罪嫌疑人利益损害的种类与程度、案件的性质与嫌疑的程度、侦查手段的法律根据、违反犯罪嫌疑人意志的程度，以及具体侦查行为的必要性与紧迫性等，以此来合理判断侦查行为是否合法。

那么，在判断警察职务行为的合法性时，究竟是应该站在行为时进行判断，还是站在裁判时进行判断呢？比如，被害人丙指认甲对自己实施了伤害行为，警察对甲实施先行拘留，且该行为符合《刑事诉讼法》关于先行拘留的相关程序规定，但裁判时发现，伤害行为不是甲实施的，而是乙实施的，丙指认错误。如果站在裁判时进行判断，警察的行为就是不合法的，甲或者其他人阻碍警察先行拘留的行为就不成立犯罪；如果站在行为时进行判断，警察的行为就具有合法性，以暴力方法阻碍警察先行拘留的行为就有可能成立袭警罪。

如果站在裁判时进行判断，许多行为时明显正当的职务行为就得不到保护；但是，如果站在行为时进行判断，对结果上明显不当的职务行为也不能抵抗，就对被执行人明显不公正。

我认为，**要重视刑法的人权保障机能，站在裁判时进行判断**。也就是说，对于裁判时判明的不合法行为进行妨害的，不成立袭警罪。因为袭警罪中的职务行为是否合法，并不是就国家机关内部是否应当追责而言的，而是必须同时考虑相对于被执行人而言是否合法，否则就忽视了刑法的人权保障机能。

比如，由于被害人丙指认错误，警察对无辜的甲先行拘留的行为就不是合法行为；警察在犯罪现场拘留长相酷似犯罪嫌疑人 B 的无辜者 A，也不是合法行为。在这种情况下，即便站在行为时判断，认为警察的行为具有合法性，甲和 A 在为了摆脱先行拘留或拘留而对警察实施暴力行为时，也没有袭警罪的故意与期待可能性。

再进一步，如果客观上的确是合法的职务行为，但行为人误以为警察实施的是非法的职务行为，进而以暴力妨害的，是否成立袭警罪呢？

这属于行为人对警察职务行为的合法性产生了错误认识。警察依法执行职务属于袭警罪的构成要件要素，总则部分讲过，对构成要件要素产生错误认识属于事实认识错误，可以阻却故意，所以行为人不成立袭警罪。

比如，警察先行拘留现行犯时，行为人误以为警察拘留了守法公民而以暴力进行阻碍，此时，行为人认为自己的行为具有合法性，即对自己行为的社会意义具有不正确的理解，没有认识到自己行为的危害结果，因此缺乏故意，不成立袭警罪。

再比如，警察出示了逮捕证，但行为人误以为警察没有出示，或者以为警察出示的是伪造的逮捕证，进而对其实施暴力，也属于没有认识到自己行为的社会意义与危害结果，没有袭警罪的故意。

但是，如果行为人认识到警察正在持逮捕证逮捕犯罪嫌疑人，且对警察和逮捕证的真实性并无疑问，就可以认定行为人认识到了警察在"依法"执行公务，进而可以认定行为人存在袭警罪的故意。因为"依法"执行公务属于法律的评价要素，所以只要行为人认识到作为评价基础的事实，即真正的警察在持真实的逮捕证逮捕犯罪嫌疑人，一般就能认定行为人认识到了规范的构成要件要素——警察在"依法"执行公务。

成立袭警罪还要求行为人认识到执行职务的是警察。如果行为人误以为对方是假警察，或者因为对方身着便衣且没有显示身份而使用暴力，虽然客观上是袭警行为，但由于行为人主观上没有认识到自己在袭击警察，因此没有袭警的故意，不成立袭警罪。

袭警罪与不同程度的暴力

在认定一个行为是否成立袭警罪时，要特别注意暴力的程度。如果被执行方实施的只是一般的暴力行为，因为没有期待可能性，所以不宜认定为袭警罪。如果被执行方实施的是摆脱、挣脱行为，即使形成了对警察的暴力，也不宜认定为袭警罪。比如，张三在进行核酸检测时插队，警察制止并劝他排队，但他不听。之后，警察将张三带离队伍时，张三抓挠警察。虽然这属于不道德的行为，甚至属于违反《治安管理处罚法》等行政法规的行为，但不宜认定为袭警罪。再比如，公民因为合理要求没有得到满足而与警察发生轻微冲突的，也不宜认定为袭警罪。

在警察执行职务期间对其实施暴力袭击行为，如果同时构成故意伤害罪、故意杀人罪，属于想象竞合，从一重罪处罚。比如，在警察执行职务期间，行为人使用枪支、管制刀具，或者以驾驶机动车撞击等严重危及其人身安全的方式袭警，但仅造成警察轻伤的，仍然按袭警罪处罚；如果造成警察重伤及以上结果的，按照故意伤害罪处罚。

同样，在暴力袭警的同时，抢劫、抢夺警察枪支的，属于袭警罪与抢劫枪支罪、抢夺枪支罪想象竞合，从一重罪处罚。

03 身份证件犯罪

经过他人同意使用他人身份证，属于盗用吗？

身份证件是由国家机关制作、颁发的证明我们身份的证件，包括身份证、护照、驾驶证、社保卡等。身份证件能证明我们的身份，非常重要，一旦丢失，我们也会尽快挂失、补办，以防被他人冒用，进而导致严重的后果。正是因为身份证件对我们意义重大，所以《刑法》中也规定了相应的犯罪——伪造、变造、买卖身份证件罪和使用虚假身份证件、盗用身份证件罪。

先来看一个案例。张三想去服兵役，但他超龄了，于是他找到自己的好哥们儿李四，想拿李四的身份证去申请。李四想，反正自己一直在家务农，基本用不上身份证，就当帮帮自己的好哥们儿，于是就同意了。之后，张三拿着李四的身份证去申请服兵役了。在这种情况下，张三的行为构成盗用身份证件罪？也就是说，经过他人同意使用他人身份证件的，还叫盗用吗？想回答这个问题，要先来了解一下身份证件犯罪相关的内容。

什么是身份证件

谈到与身份证件有关的犯罪，有一个非常重要的问题，那就是到底什么样的证件才叫身份证件。具体来说，身份证件需要满足以下几个条件。

首先，它必须由国家机关制作，并且在外部具有证明身份的作用。有些证件虽然是由国家机关制作的，但仅在机关内部具有证明身份的作用，比如国家机关工作人员的工作证、出入证等，那它们就不是身份证件。

其次，既然是身份证件，那至少要有姓名、持证人照片以及其他必须具备的重要内容，否则不可能证明身份。所以，如果某个证件上有身份证号，但没有持证人照片，它就不属于身份证件。

最后，身份证件既可以是长期性的，也可以是临时性的或短期性的。比如，临时身份证也是身份证件。

身份证件犯罪的行为

身份证件犯罪的行为包括伪造、变造、买卖、非法使用和盗用，下面来看看这几种行为分别指什么。

第一，伪造身份证件。

包括无权制作身份证件的人擅自制作居民身份证，以及有权制作身份证件的人制作内容虚假的居民身份证，或者制作违反法律规定的身份证件。

比如，电信诈骗团伙为了注册账号，制作没有真实人员对应的身份证，这属于无权制作身份证件的人的伪造行为，被称为有形伪造。再比如，公安人员为张三制作姓名为李四的身份证件，或者违反规定给持有有效身份证的王五制作另一个相同的有效身份证，这属于有权制作身份证件的人的伪造行为，被称为无形伪造。

有人可能会认为，既然公安人员有权制作身份证件，那这种行为就不能叫伪造。其实，只要公安人员制作的身份证件内容是虚假的，或者不应当制作而制作，就属于伪造。更何况这种身份证件更难以识别，危害更大，当然要认定为伪造。

第二，变造身份证件。

这是指对真实有效的居民身份证件的非本质部分进行加工、修改，比如更改真实身份证件的住址部分。但是，如果对真实有效的居民身份证件的本质部分进行加工、修改，比如更改真实身份证件的姓名、照片部分，则属于伪造身份证件。

第三，买卖身份证件。

包括买入他人的真实身份证件，以及卖出自己或他人的真实身份证件，也包括买入或者卖出伪造、变造的身份证件。简单地说，这是指买卖应当由国家机关制作的居民身份证件的行为。

以前发生过一起案件：一个清洁工在打扫卫生时，总是会捡到别人丢失的身份证。后来，有个犯罪团伙知道了这件事，于是怂恿清洁工把捡到的身份证卖给他们。清洁工见钱眼开，就照做了。这时，清洁工的行为就构成了买卖身份证件罪。

第四和第五种行为是使用虚假身份证件、盗用身份证件。

这是指在依照国家规定应当提供身份证明的活动中，使用伪造、变造的或者盗自他人的居民身份证、护照、社保卡、驾驶证等依法可以用于证明身份的证件，情节严重的行为。

那什么是依照国家规定应当提供身份证明的活动呢？看一下下面这几个例子就清楚了。根据《中华人民共和国居民身份证法》的规定，公民在办理常住户口登记项目变更、兵役登记、婚姻登记、收养登记、申请办理出境手续等事项时，应当出示居民身份证。根据《中华人民共和国出境入境管理法》的规定，公民出境入境，应当向出入境边防检查机关交验本人的护照或者其他旅行证件等出境入境证件。根据《中华人民共和国反洗钱法》的规定，金融机构在与客户建立业务关系或者为客户提供规定金额以上的现金汇款、现钞兑换、票据兑付等一次性金融服务时，应当要求客户出示真实有效的身份证件或者其他身份证明文件。

使用伪造、变造的身份证件，是指将伪造、变造的身份证件作为真实的身份证件使用。其中，使用是指使身份证件的内容处于相对方认识或者可能认识的状态。使用的方法没有限制，包括出示、提供等。比如，在相对方要求查看身份证件时出示伪造、变造的身份证件；在相对方要求复印身份证件时，把伪造、变造的身份证件提供给相对方复印。

但需要注意，单纯提供伪造、变造的身份证件复印件的，不应该认定为使用伪造、变造的身份证件，只有提供原件的才属于使用。单纯携带伪造、变造的身份证件的，也不属于使用。

盗用他人的身份证件，是指将他人的身份证件当作证明自己身份的证件来使用。违反身份证件持有人的意志而使用的，比如窃取、夺取、拾取他人身份证件后冒用的，显然属于冒用。

但是，如果征得了持有人的同意，或者与持有人串通而冒用持有人的身份证件，还属于盗用吗？有人可能会觉得，既然叫盗用，那就是瞒着身份证件持有人偷偷地用，所以，这种情况就不能叫盗用了。

但我认为不能这样理解。因为本罪的设立不只是为了保护身份证件持有人的利益人，还要保护身份证件的公共信用。即便是在征得身份证件持有人的同意后使用，也会侵害身份证件的公共信用。

也就是说，"盗用"不是相对于身份证件持有人而言的，而是相对于验证身份者而言的。对查验身份的一方来说，只要行为人出示的是他人的身份证件，就属于盗用他人身份证件。所以，在本节开头的例子中，张三的行为是盗用身份证件，成立盗用身份证件罪，而且李四也构成本罪的共犯。

验证身份的一方成立共犯的情形

关于使用虚假身份证件、盗用身份证件，还有一个需要注意的问题：如果相对方明知行为人提供的是伪造、变造的身份证件或者是盗用他人的身份证件，仍然为其办理相关事项的，应当如何处理？比如，负责兵役工作的王五知道张三用的是李四的身份证，但他还是批准了张三服兵役的申请，这种情况应当如何处理？

我认为，即便相对方知情且办理了相关事项，也不影响使用者的行为构成使用虚假身份证件、盗用身份证件罪；不仅如此，相对方也可能成立该罪的共犯。在这个案例中，王五有可能成立盗用身份证件罪的共犯。当然，王五还有可能触犯其他罪名。

不过需要注意的是，使用伪造、变造的或者盗用他人的身份证件，只有情节严重的，才成立本罪。那什么情况属于情节严重呢？比如，使用或者盗用的次数多、数量大，严重扰乱相关事项的管理秩序，以及严重损害身份证件持有人的利益的。再比如，使用他人身份证件在宾馆开房吸毒的。前面例子中张三用李四的身份证去申请服兵役的，也属于情节严重，因为这种行为严重扰乱了征兵工作的秩序。

通常情况下，使用伪造、变造的或者盗用他人的身份证件，是为了实现其他不法目的，所以往往也会构成其他犯罪。在这种情况下，属于想象竞合，从一重罪处罚。比如，使用伪造、变造的社保卡或者盗用他人的社保卡骗取社会保险金的，就同时触犯了本罪和诈骗罪，应当适用诈骗罪的法定刑。

04 帮助信息网络犯罪活动罪
为什么要把帮助犯正犯化？

帮助信息网络犯罪活动罪，是指自然人或单位明知他人利用信息网络实施犯罪，为其犯罪提供互联网接入、服务器托管、网络存储、通讯传输等技术支持，或者提供广告推广、支付结算等帮助，情节严重的行为。本节就来具体讨论一下有关这个罪名的一些问题。

设立帮助信息网络犯罪活动罪的原因

说到帮助信息网络犯罪活动罪，很多人可能会觉得这就是信息网络犯罪的帮助犯，根据总则中关于从犯的规定来处罚就可以了，不明白为什么要单独列一个罪名。其实，我也觉得设立这个罪的意义不大。而之所以规定这个罪，一是基于网络犯罪的特点，二是基于传统的共同犯罪理论。

信息网络共同犯罪的参与人完全有可能不在同一个城市，甚至不在同一个国家，行为主体之间可能互不相识，各参与人只是分担部分行为，而这导致在司法实践中经常只能抓获帮助者，不能抓获正犯。按照传统的共同犯罪理论，如果没有查明正犯是谁，就不可能知道正犯是否达到刑事责任年龄，是否具有刑事责任能力和故意，以及帮助者和正犯是否具有共同的犯罪故意，因而无法认定帮助者与正犯构成共同犯罪。立法机关正是以这种理论为根据，增设帮助信息网络犯罪活动罪的。

不过按照我的观点，只要现有证据表明正犯利用信息网络实施了符合构成要件的不法行为，根据共犯的从属性原理，实施帮助行为的人就能成立帮助犯。至于正犯究竟是谁、是否被抓获、是否具有责任，都不影响帮助犯的成立。因此，即使不增设本罪，也能妥当处理所有的帮助行为。不过，既然《刑法》增设了这个罪，我们就要把它讲清楚，而要讲清楚，就必须了解帮助犯的正犯化这个概念。

帮助犯的正犯化，是指《刑法》分则条文直接把某种帮助行为规定为正犯行为，并且为其设置独立的法定刑。那么，帮助他人实施信息网络犯罪活动，究竟是不是帮助犯的正犯化呢？或者说，只要是帮助他人实施信息网络犯罪活动的行为，就都成立本罪吗？下面就来具体分析一下这个问题。

三种针对帮助犯独立的法定刑

《刑法》总则中有关于从犯的量刑规定，但分则条文又针对某些帮助行为单独设置了独立的法定刑。其中又包含以下三种情况。

第一，帮助犯的绝对正犯化。这就是我们通常所说的帮助犯的正犯化，是指帮助犯被分则条文提升为正犯，成为独立的罪名，与其他正犯没有区别。比如，《刑法》第120条之一规定的帮助恐怖活动罪，就是将原本的帮助行为规定成了正犯行为。

那么，帮助犯的绝对正犯化会产生什么效果呢？

首先，从定罪的角度来说，按照共犯的从属性原理，只有当正犯实施了符合构成要件的不法行为时，才能将帮助犯作为共犯处罚。但是，帮助犯被绝对正犯化后，哪怕被帮助的正犯没有实施符合构成要件的不法行为，帮助犯的帮助行为也能够成立犯罪。因为原本的帮助行为已经被提升为正犯行为，也就不用再依赖其他正犯成立犯罪了。

其次，从量刑的角度来说，帮助犯被绝对正犯化后，就不能再适用《刑法》总则关于从犯"应当从轻、减轻处罚或者免除处罚"的规定了，而要直接适用分则条文规定的法定刑。

第二，帮助犯的相对正犯化。这是指对帮助犯是否应被提升为正犯不能一概而论，而要独立判断帮助行为是否值得科处正犯的刑罚。也就是说，在这种情况下，帮助犯既可能被正犯化，也可能不被正犯化。比如，《刑法》第 358 条第 4 款规定的协助组织卖淫罪，就属于帮助犯的相对正犯化。

第三，帮助犯的量刑规则。这是指《刑法》分则没有把这种帮助犯提升为正犯，只是为它规定了独立的法定刑，从而使它不再适用《刑法》总则关于从犯的处罚规定，而是直接适用分则中独立的法定刑。例如，《刑法》第 244 条第 1 款规定："以暴力、威胁或者限制人身自由的方法强迫他人劳动的，处三年以下有期徒刑或者拘役，并处罚金；情节严重的，处三年以上十年以下有期徒刑，并处罚金。"第 2 款规定："明知他人实施前款行为，为其招募、运送人员或者有其他协助强迫他人劳动行为的，依照前款的规定处罚。"这里的第 2 款规定就是帮助犯的量刑规则。也就是说，该款规定，对强迫劳动罪的帮助犯，不再适用总则关于从犯的量刑规定。既然这类帮助犯没有被提升为正犯，那它的成立就还要符合共犯的从属性原理。

帮助信息网络犯罪活动罪是帮助犯的正犯化吗

我认为，帮助他人实施信息网络犯罪活动的行为，既不是帮助犯的绝对正犯化，也不是帮助犯的相对正犯化，充其量只能说是帮助犯的量刑规则，而且是部分情形下的量刑规则。我为什么会这样认为呢？

首先，关于一个规定到底是帮助犯的正犯化还是帮助犯的量刑规则，需要进行实质判断。在进行实质判断时，要具体判断相关行为是否侵犯了法益，以及侵犯的程度，进而得出合理的结论。那么，当网络技术提供者所帮助的正犯没有实施犯罪，或者正犯虽然实施了犯罪，但没有利用该技术时，帮助行为是否具有法益侵害性？是否值得作为独立的犯罪处罚呢？这要分两种情况来讨论。

情况1：网络技术提供者所帮助的正犯没有实施犯罪。比如，张三明知李四可能或者将要实施网络诈骗犯罪，却主动为他提供互联网技术支持，但李四最后根本没有这么做。在这种情况下，李四没有实施任何侵害法益的行为，而张三提供互联网技术支持的行为本身也不可能侵害任何法益，所以张三的行为不可能构成任何犯罪。

情况2：正犯实施了犯罪，但没有利用行为人的帮助行为。比如，王五明知赵六正在实施网络诈骗犯罪，却暗中为他提供互联网技术支持。之后，赵六虽然实施了网络诈骗犯罪，但对王五提供技术支持的事情毫不知情，也没有利用他提供的技术。在这种情况下，即使赵六的行为骗取了他人数额较大的财物，这一结果和王五的行为也不具有因果性——既不具有物理的因果性，也不具有心理的因果性。这就表明王五的行为对赵六侵害法益的行为和结果没有起到任何作用，而且该行为本身也不可能独立地侵害法益，所以不能对王五以犯罪论处。

综合以上情形可以看出，没有通过正犯行为造成法益侵害结果的单纯提供互联网技术支持的行为，不成立帮助信息网络犯罪活动罪。反过来，帮助行为要成立本罪，还是要符合共犯的从属性原理。也就是说，只有当正犯实施了网络犯罪活动的不法行为时，才能将提供互联网技术支持的帮助行为认定为本罪。所以结论就是，本罪不是帮助犯的正犯化，而是帮助犯的量刑规则。

不过，要特别说明的是，在司法实践中，最终按本罪定罪处罚的案件极少。因为根据《刑法》的规定 ① 与共同犯罪的原理，对触犯本罪的行为人，一般会按正犯的共犯来定罪处罚。比如，正犯利用信息网络实施诈骗的，一般会对帮助者以诈骗罪的共犯论处；正犯利用信息网络传播淫秽物品牟利的，一般会对帮助者以传播淫秽物品牟利罪的共犯论处。不过，如果正犯利用信息网络实施诈骗，而帮助者误以为正犯是在靠传播淫秽物品牟利，进而提供技术支持等帮助的，则会对帮助者以本罪论处。

答学友问

学友：对帮助犯的相对正犯化这一点不是特别理解，协助组织卖淫行为到底什么时候应当正犯化，什么时候应当认定共犯呢？

张明楷：这位同学其实是想问，是依据什么标准来认定帮助犯是否被正犯化的。在没有其他正犯的情况下，帮助犯是否被正犯化，取决于该帮助行为本身是否侵害了法益以及侵害的程度。

---

① 《刑法》第 287 条之二第 3 款规定，实施本罪行为，"同时构成其他犯罪的，依照处罚较重的规定定罪处罚"。

下面以问题中的协助组织卖淫罪为例来说明一下。

案例1：A明知B将要或者正在实施组织他人卖淫的行为，在没有通谋的情况下，以不为一般人所知的方式，比如向特定妇女发短信或微信介绍宾馆服务工作等，为B招募了5名妇女，而这些妇女并不知道真相。不过，B没有接收这5名妇女，更没有着手组织她们从事卖淫活动。之后，这5名妇女要求A补偿经济损失，导致案发。

案例2：甲明知乙将要或者正在实施组织他人卖淫的行为，在没有通谋的情况下，以不特定人、多数人可以知悉的方式公开招募卖淫女，且招募了6名妇女。这6名妇女知道要从事卖淫活动，但在乙还未接收她们，或者还未来得及组织她们从事卖淫活动时就案发了。

在案例1中，A虽然有为他人组织卖淫招募人员的行为与故意，但招募的人员并没有从事卖淫活动，而A的招募行为本身没有侵犯《刑法》所保护的法益，所以，A的行为不可能被认定为协助组织卖淫罪。在这种情况下，协助组织卖淫罪就没有将帮助犯正犯化。

在案例2中，乙虽然还没来得及组织甲招募的妇女从事卖淫活动，但甲的行为已经侵害了社会管理秩序，值得科处刑罚。所以，即使正犯乙没有针对甲招募的人员实施组织卖淫罪，甲招募妇女的行为也应以协助组织卖淫罪论处。换句话说，甲的行为成立协助组织卖淫罪，不需要存在符合构成要件的正犯行为。另外，如果甲的行为是由丙唆使的，对丙也应该以本罪的教唆犯论处。在这种情况下，协助组织卖淫罪就将帮助犯正犯化了。

总结一下，为他人组织卖淫所实施的招募、运送人员的行为是否成立协助组织卖淫罪，一方面取决于正犯是否实施了组织卖淫行为，另一方面取决于协助行为本身是否严重侵害了社会管理秩序。

05 聚众斗殴罪

此罪必须包括"聚众"和"斗殴"这两个行为吗？

聚众斗殴罪，是指聚集多人攻击对方身体或者相互攻击对方身体的行为。不过，并不是所有参与聚众斗殴的人都成立本罪，刑法只处罚首要分子和积极参加者。

司法实践中有种观点认为，要成立聚众斗殴罪，必须先纠集众人，再结伙斗殴，也就是说，聚众斗殴罪是复行为犯，必须包括"聚众"和"斗殴"这两个行为。你觉得这个观点正确吗？比如，两伙人本来都在烧烤摊吃夜宵，因为一言不合而打了起来，但他们并没有先纠集众人，那这种行为成立聚众斗殴罪吗？再比如，村民得知自己村子的人打算和邻村的人打群架，于是偷偷召集了很多兄弟来到自己的村子，但最后完全没打起来，那这个人的行为是成立聚众斗殴罪的未遂，还是聚众斗殴罪的预备呢？想要回答这些问题，就要来了解一下聚众斗殴罪的具体内容。

聚众斗殴罪的行为方式：聚众斗和聚众殴

既然是聚众斗殴，那肯定需要多人参与。通常，刑法上的多人是指三人以上。不过，本罪的成立不要求斗殴的各方都必须在三人以上。比如，一方只有一人或两人，另一方三人以上进行斗殴的，也成立本罪。此外，聚众的对象可以是没有达到刑事责任年龄、不具有刑事责任能力的人。比如，双方各三人斗殴，且双方都有两人没有达到刑事责任年龄，这种情况也应被认定为聚众斗殴。当然，只有达到刑事责任年龄的人才可能承担刑事责任。

聚众斗殴罪的行为方式包括聚众斗和聚众殴两种。其中，聚众斗是指各方相互攻击对方的身体，聚众殴是指人数多的一方单纯攻击人少一方的身体。

关于聚众斗殴罪，还有几个地方需要特别关注：第一，在聚众殴的情况下，单纯被攻击的人一般不成立本罪，除非他是首要分子。第二，聚众斗殴不限于两方人斗殴，也包括三方、四方斗殴的情形。第三，聚众斗殴一般会有首要分子，但不要求斗殴各方都有首要分子。第四，本罪属于扰乱公共秩序罪，所以，那些没有扰乱公共秩序的聚众斗殴行为，不应该被认定为本罪，但有可能成立故意伤害罪。

回到本节开头的问题，聚众斗殴到底是不是复行为犯呢？我认为不是，它是单一行为犯。我之所以这么认为，主要有以下两个理由。

第一，我们应该从规范的角度认识《刑法》分则所规定的行为。

在聚众斗殴罪中，聚众是指斗殴的方式是多人斗殴，而不是说要先聚众，再斗殴。"聚众斗殴"这一表述的重点在于参与斗殴的人数——本罪是扰乱公共秩序罪，而人数较少的斗殴不具有扰乱公共秩序的犯罪性质。所以，本罪的成立不要求在斗殴之前有聚众的行为。换句话说，双方、数人临时起意斗殴的，完全可能成立本罪，比如本节开头讲的吃烧烤一言不合打起来的情况。

如果在斗殴之前，有的行为人实施了纠集他人的行为，但最后没打起来，那这种行为只是聚众斗殴罪的预备行为，就像购买凶器是故意杀人罪的预备行为一样。如果认为聚众斗殴罪是复行为犯，那就意味着单纯纠集他人的行为是本罪的着手，甚至是既遂，而这就不当地扩大了本罪的处罚范围。所以，本节开头讲的为了打群架叫兄弟到自己村子的行为，最多只能被评价为犯罪预备。

第二，《刑法》规定，不仅要处罚聚众斗殴的首要分子，也要处罚其他积极参加者。

如果认为聚众斗殴罪是复行为犯，那就很难说明其他积极参加者也成立本罪。毕竟，积极参加者只是被纠集者，参与的只是斗殴行为，如果本罪的成立要求先有纠集行为，那就没有理由处罚这些只参加斗殴的人了。其实，即使是首要分子，也不能要求他实施了聚众和斗殴这两个行为。为什么呢？

首先，当众人已经基于其他原因聚集在一起时，完全有可能由于突发因素而发生斗殴，比如前面吃烧烤时因为一言不合而打起来的例子。在这种情况下，不存在也不应当要求先有纠集众人的行为。其次，根据《刑法》第 97 条的规定，在聚众斗殴罪中，首要分子是指起组织、策划、指挥作用的犯罪分子。所以，即使是首要分子，也可能只是策划、指挥了斗殴行为，而没有实施纠集众人的行为。如果认为本罪是复行为犯，就无法处罚这类首要分子了。最后，纠集众人斗殴的首要分子，完全有可能不直接参与斗殴行为。如果认为本罪是复行为犯，就会影响对这部分首要分子的认定。

总结一下，在行为方面，聚众斗殴罪的成立只要求有多人斗或多人殴，不需要先纠集众人，再实施斗或殴。

聚众斗殴罪的主观要素

聚众斗殴罪是故意犯罪，不可能因为过失而成立，但也不要求双方都有斗殴的故意。如果只有其中一方有斗殴的故意，就要对这一方以聚众斗殴罪论处。所谓具有故意，是指行为人知道自己一方在和对方相互斗殴，不要求参加者认识到有无首要分子以及首要分子是谁，也不要求有伤害、杀害他人的故意。

虽然聚众斗殴罪源于1979年《刑法》第160条规定的流氓罪，但在现行《刑法》中，成立本罪不要求行为人具有所谓的流氓动机。一方面，这是因为行为人是否具有流氓动机，不影响其行为是否扰乱了社会秩序。另一方面，是因为只要行为人对聚众斗殴行为及其结果具有故意，其行为就值得以刑罚谴责。况且，流氓动机的判断也不具有确定性，将其作为本罪的主观要素，要么会不当地限制本罪的处罚范围，要么会导致处罚范围的不确定。

聚众斗殴致人重伤、死亡的情况

聚众斗殴罪中有一个特殊规定：聚众斗殴致人重伤、死亡的，依照故意伤害罪、故意杀人罪的规定定罪处罚。

在司法实践中，一般认为这是一个注意规定。也就是说，只有当斗殴人员对他人重伤、死亡的结果具有故意时，才能将其行为认定为故意伤害罪与故意杀人罪。但我认为，这个规定是法律拟制。也就是说，只要斗殴人员对他人重伤、死亡的结果具有预见可能性，且客观上致人重伤、死亡，就能将其行为认定为故意伤害罪与故意杀人罪。

我之所以这样认为，是因为如果把这个规定理解为注意规定，可能会导致将数罪作为一罪处理的结果，进而导致处罚上的不协调。比如，甲故意致一人重伤，可以直接认定为故意伤害罪，适用"三年以上十年以下有期徒刑"的法定刑。乙在聚众斗殴的过程中故意致一人重伤，如果也只认定为故意伤害罪，适用相同的法定刑，那聚众斗殴的事实就没有得到评价。

但是，如果把这个规定理解为法律拟制，那么，乙在聚众斗殴的过程中致人重伤，不管他有没有伤害的故意，只要对重伤的结果存在过失，就可以被认定为故意伤害罪。同时，如果伤害之外的斗殴行为构成聚众斗殴罪，应当实行数罪并罚。这样，聚众斗殴的事实也就得到了评价。

需要注意的是，这里所说的致人重伤、死亡，不限于致斗殴的对方成员重伤、死亡，导致本方成员重伤、死亡的，也应认定为故意伤害罪与故意杀人罪。但是，如果参与斗殴的行为人以杀人的故意杀害他人，就没必要适用这个规定了，直接适用《刑法》第 232 条的规定，将其行为认定为故意杀人罪即可；如果杀人之外的斗殴行为构成聚众斗殴罪，应当实行数罪并罚。

另外，因为聚众斗殴罪只处罚首要分子和积极参加者，所以如果一般参加者或旁观者的行为导致他人重伤、死亡，不适用这个规定，而应根据其行为所符合的犯罪构成来认定。比如，甲旁观两方的斗殴行为，发现其中一方的成员 A 为免遭殴打而逃离现场，于是甲捡起一块石头猛砸 A 的头部，导致 A 死亡。在这种情况下，直接适用《刑法》第 232 条的规定，将甲的行为认定为故意杀人罪即可。

不过，如果不能查明重伤、死亡的原因，则不能认定所有斗殴者都成立故意伤害罪与故意杀人罪，只能对首要分子以故意伤害罪、故意杀人罪论处，否则就会不当地扩大刑罚的范围。

答学友问

学友：在聚众斗殴的过程中，如果 A 方明确表示希望停止，但 B 方继续实施暴力，那 A 方的反击行为可以构成正当防卫吗？如果可以，又要怎么认定呢？

张明楷：我认为这种情况是有可能成立正当防卫的。不过，关于究竟能否成立正当防卫，需要从防卫行为开始之时，分别判断前行为（斗殴行为）是否成立犯罪，以及后行为（防卫行为）是否符合正当防卫的成立要件，然后按照《刑法》第 20 条的规定处理。

06 寻衅滋事罪

为了讨债而辱骂、滋扰债务人，构成本罪吗？

先来看一个案例。张三认为生产口罩的利润巨大，于是准备投建口罩厂。因为缺乏资金，张三向李四借款 1000 万元，约定月息 2分，借期一年。但是，受政策影响，市场上口罩出现了供大于求的情况，张三的口罩厂不仅没赚钱，还亏了钱。于是张三就产生了不还钱的想法，并在借款到期后，以李四出借的是高利贷为由拒绝还钱。之后，李四多次到张三的工厂和家里讨债，并多次通过短信、微信、电话或当面辱骂张三"不还钱你断子绝孙""臭不要脸""不得好死"等，但张三仍拒绝还款。

在这种情况下，债权人李四的行为是否成立寻衅滋事罪？想要搞清楚这个问题，就要先来了解一下究竟什么是寻衅滋事罪。

寻衅滋事罪的行为类型

根据《刑法》第 293 条的规定，寻衅滋事罪包括四种行为类型。

第一，随意殴打他人，情节恶劣的行为。

这里要求的是随意地殴打，而不是一般地殴打，并且必须是情节恶劣的随意殴打行为。其中，随意一般意味着殴打的理由、对象、方式等明显异常。也就是说，即使让一般人从犯罪人的角度思考，也不能接受其殴打行为；而从行为人的角度来看，他殴打他人没有任何自我控制。简单地说，就是殴打行为是否事出有因——如果事出有因，就不是随意；如果事出无因，就是随意。刑法理论与司法实践也经常用这个标准来判断是否属于随意。

比如，他人向行为人提出了好的建议，行为人却因此殴打了他，这就应该被评价为随意殴打。相反，如果他人侮辱、谩骂行为人，行为人出手打人，则不具有随意性。再比如，几个人中只有一个人做出了对行为人不利的举动，而行为人却殴打了在场的好几个人，这种行为也应该被评价为随意殴打。

至于情节是否恶劣，应该围绕法益受侵害或受威胁的程度来判断。比如，以下几种情况都应当被认定为情节恶劣：

- 随意殴打他人并导致他人受轻微伤或轻伤的；
- 随意殴打他人手段恶劣、残忍的；
- 随意使用凶器殴打他人的；
- 纠集多人随意殴打他人的；
- 多次随意殴打他人或者一次随意殴打多人的；
- 随意殴打残疾人、儿童等弱势群体的。

但需要注意的是，不能将殴打他人的随意性评价为情节恶劣，因为这样就相当于去掉了一个必要的要件。只有当殴打行为同时具备随意性与恶劣性时，才能以寻衅滋事罪论处。

第二，追逐、拦截、辱骂、恐吓他人，情节恶劣的行为。

追逐，一般是指妨碍他人停留在一定场所的行为；拦截，一般是指阻止他人转移场所的行为。这两种行为都是妨碍他人行动自由的行为，既可能以暴力方式实施，也可能以威胁等方式实施。辱骂是指以言语对他人进行轻蔑的价值判断，它不限于针对特定个人，也包括针对一群人、一类人进行的谩骂。恐吓是以恶害相通告的行为。

对情节恶劣的判断，也必须以法益受侵害或受威胁的程度为中心。比如，根据司法解释的规定，以下几种情况都属于这一类型中的情节恶劣：

- 多次追逐、拦截、辱骂、恐吓他人，造成恶劣社会影响的；
- 持凶器追逐、拦截、辱骂、恐吓他人的；
- 追逐、拦截、辱骂、恐吓精神病人、残疾人、流浪乞讨人员、老年人、孕妇、未成年人，造成恶劣社会影响的；
- 引起他人精神失常、自杀等严重后果的；
- 严重影响他人的工作、生活、生产、经营的。

第三，强拿硬要或者任意损毁、占用公私财物，情节严重的行为。

强拿硬要是违背他人意志，强行取得他人财物的行为，既可以表现为夺取财物，也可以表现为迫使他人交付财物。这里的财物也包括财产性利益。比如，乘坐出租车后，迫使对方免除车费的行为，也属于强拿硬要。需要注意的是，虽然强拿硬要行为有一定的强制性，但不需要达到足以压制被害人反抗的程度。如果达到了这种程度，就可以直接认定为抢劫罪了。

损毁公私财物是指使公私财物的使用价值减少或丧失的一切行为。关于这里的"任意"，只需要把握住一点，那就是毁损的行为不具有合法根据或理由。

占用公私财物是指不当、非法使用公私财物的一切行为。占用公私财物的行为必须具有不正当性，但并不要求行为人具有非法占有目的。

"任意"不仅是对损毁公私财物的限制，也是对占用公私财物的限制。"任意"与"随意"的意义相近，但其程度低于"随意"的要求，侧重于说明行为不具有合法根据与理由。

第四，在公共场所起哄闹事，造成公共秩序严重混乱的行为。

公共场所是指不特定人或者多数人可以自由出入的场所。起哄闹事行为，应当是具有煽动性、蔓延性、扩展性的行为，而不是单纯影响公共场所局部活动的行为。比如，甲乙两人在电影院看电影时，因为争座位而相互斗殴的行为，就不能被评价为起哄闹事。在司法实践中，起哄闹事的一般是多人，但本罪的成立并不要求有多人实施。也就是说，一两个人起哄闹事，也可能成立本罪。

寻衅滋事罪保护的法益

关于寻衅滋事罪保护的法益，一方面，《刑法》将本罪规定在分则第六章"妨害社会管理秩序罪"的第一节"扰乱公共秩序罪"中；另一方面，《刑法》第 293 条规定，只有"破坏社会秩序"的寻衅滋事行为才成立本罪。所以可以肯定，《刑法》规定本罪的目的是保护公共秩序或社会秩序。

但是，公共秩序和社会秩序都是十分抽象的概念，如果一个罪保护的法益过于抽象化，必然会导致对构成要件的解释缺乏实质的限制，从而使构成要件丧失应有的机能。所以，应当联系寻衅滋事罪的四种具体行为类型来确定它保护的法益。

第一，随意殴打他人类型的寻衅滋事罪，保护的法益是公民在公共生活、公共活动中的身体安全。既然如此，随意殴打家庭成员，或者基于特殊原因在私人场所殴打特定个人的，就不构成本罪。

第二，追逐、拦截、辱骂、恐吓他人类型的寻衅滋事罪，保护的法益是公民在公共生活、公共活动中的行动自由、名誉与意思活动自由。所以，在没有多人在场的情况下，辱骂特定个人的，不属于本罪中的辱骂他人。

第三，强拿硬要或者任意损毁、占用公私财物类型的寻衅滋事罪，保护的法益是与财产有关的社会生活的安宁或平稳。比如，行为人多次使用轻微暴力或者胁迫手段，在自由市场任意损毁他人的小商品，导致他人被迫放弃商品经营，情节严重的，成立本罪。但如果行为人为了报复而一次性毁损了他人的物品，则一般不认为成立本罪。

第四，在公共场所起哄闹事类型的寻衅滋事罪，保护的法益是不特定人或者多数人在公共场所从事活动的自由与安全。所以，在特定人的办公室起哄闹事的，一般也不能认定为本罪。

此外，寻衅滋事罪的主观要件只能是故意。根据司法解释的规定，只有当行为人为寻求刺激、发泄情绪、逞强耍横等，无事生非，实施上述行为时，才有可能成立本罪。

到这里，本节开头的问题就很好判断了。虽然债权人李四实施了辱骂行为，但他是通过短信、微信、电话或者当面来辱骂的，针对的是特定的债务人张三，所以，根据寻衅滋事罪保护的法益来看，不能将这种行为认定为寻衅滋事罪。而且，李四也不是为了寻求刺激、发泄情绪、逞强耍横等而无事生非——一方面，个人偶尔放高利贷的行为最多也就是民法上是否保护其高息的问题，并非刑事违法行为；另一方面，李四是否放高利贷与其讨债行为是否构成寻衅滋事罪是两个独立的问题，不能因为他放了高利贷，就将其讨债行为评价为寻衅滋事罪。

此外，如果将讨债行为认定为犯罪，必然会助长"老赖"行为，也会鼓励一些人实施借款诈骗行为。这明显不符合刑罚目的，会使刑事司法丧失合理性和合法性。所以，司法机关不仅不能把这样的讨债行为认定为犯罪，还要特别警惕"老赖"先告状的情况。

需要注意的是，由于将讨债行为认定为寻衅滋事罪不合适，《刑法修正案（十一）》增设了催讨非法债务罪。这是指使用暴力、胁迫方法，或者限制他人人身自由或者侵入他人住宅，或者恐吓、跟踪、骚扰他人，催收高利放贷等产生的非法债务，情节严重的行为。其中的"非法债务"是指因高利贷和赌博产生的非法债务。当然，如果行为同时构成敲诈勒索罪、抢劫罪等，应当将其认定为想象竞合，从一重罪处罚。

从这一规定可以看出，催收合法债务，以及催收高利放贷中的本金与合法利息的，不应当认定为催讨非法债务罪与寻衅滋事罪。行为人以非法拘禁方式催讨合法债务的，只能认定为非法拘禁罪，不得认定为寻衅滋事罪。

寻衅滋事罪与其他罪的关系

我国刑法理论和司法实践一直非常注重不同犯罪之间的界限，而且习惯于找出此罪与彼罪之间的关键区别。但这常常会带来一些问题。比如，为了区分强拿硬要类型的寻衅滋事罪和敲诈勒索罪，就要求强拿硬要是出于流氓动机。这其实是为了区分此罪和彼罪而在法定的构成要件之外添加了新的要素。这样做既不能得出合理的结论，也不符合刑法的规定。

其实，由于犯罪错综复杂，为了避免处罚存在空隙，我国《刑法》不得不从不同侧面、以不同方式规定各种类型的犯罪，而这就难免会使一些条文之间形成交叉和重叠。在这种情况下，与其强调不同犯罪之间的区分，不如注重犯罪之间的竞合，这样更有助于解决争议问题。也就是说，要特别关注各个罪的构成要件内容。

具体到寻衅滋事罪，就是不要将它与故意伤害罪、故意毁坏财物罪、敲诈勒索罪等罪名对立起来，不要试图找出一个标准来区分这些犯罪，而要注重它与这些犯罪的想象竞合关系。

比如，甲将乙打成轻伤，这时，首先要肯定甲的行为成立故意伤害罪，然后再判断甲的行为是否属于随意殴打他人，情节恶劣。如果得出否定结论，就只能将甲的行为认定为故意伤害罪；如果得出肯定结论，就要认定甲的行为同时触犯故意伤害罪和寻衅滋事罪，属于想象竞合，从一重罪处罚。

同样，任意损毁财物类的寻衅滋事罪，可能与故意毁坏他人财物罪成立想象竞合；强拿硬要公私财物类的寻衅滋事罪，可能与敲诈勒索罪成立想象竞合；在公共场所追逐、拦截妇女的，追逐行为可能同时触犯寻衅滋事罪和过失致人重伤罪、过失致人死亡罪，拦截行为可能同时触犯寻衅滋事罪和非法拘禁罪等；辱骂他人造成严重后果的，可能同时触犯寻衅滋事罪和侮辱罪。对于这些成立想象竞合的情形，没有必要讨论此罪与彼罪的区别。

07 高空抛物罪

在 10 楼浇花时不小心撞下去一个花盆，构成本罪吗？

《刑法修正案（十一）》新增的罪名中有一个是高空抛物罪。在讲以危险方法危害公共安全罪时也提到过，不应该将高空抛物行为一概认定为以危险方法危害公共安全罪。比如，张三抱着砸着谁谁倒霉的心理从高楼的窗户往下扔了一块砖头，不巧真的砸中了一名行人，并将其砸成重伤，这种行为就应当被认定为故意伤害罪，而不是以危险方法危害公共安全罪。可是，《刑法修正案（十一）》增设了高空抛物罪，那么，这样的高空抛物行为是不是应该一律被认定为该罪呢？

根据《刑法》第291条之二的规定，高空抛物罪是指从建筑物或者其他高空抛掷物品，情节严重的行为。对于"高空"的高度，很难确定具体标准。不过，鉴于法条使用了"建筑物"一词，从建筑物二层抛掷物品就可以认定为高空抛物。所以，大体而言，只要达到或接近3米，就可以算作"高空"。但根据法条的表述，从地面向上抛掷物品，使物品从高空坠落的，不属于高空抛物。

本罪中的"物品"没有限定，无论是危险物品还是普通物品，也无论是体积大的还是体积小的，是比较重的还是比较轻的，都包括在内。

本罪的成立以"情节严重"为前提。在判断是否属于情节严重时，需要根据行为人所抛掷物品的数量、重量、危险程度，抛掷物品的高度，物品坠落场所的人员、财物的现状，以及行为的次数和所造成的结果等情况进行综合判断。

本罪只能由故意构成，过失导致物品坠落的，不管情节严重与否，都不成立本罪。比如，行为人在 10 楼阳台上浇花，不小心撞下去了一个花盆，因为没有故意，所以不成立高空抛物罪。

高空抛物罪的成立条件并不复杂，但因为高空抛物行为可能侵害的法益涉及方方面面，所以并不是说只要实施了高空抛物行为，就一律只能被认定为高空抛物罪。高空抛物行为完全有可能同时触犯其他犯罪，此时就要按照想象竞合的原则，从一重罪处罚。下面来看几种典型的情况。

第一，从高空抛掷燃烧物或爆炸物。

如果是故意抛掷燃烧物或爆炸物，且足以引起火灾或爆炸，甚至已经引起了火灾或爆炸，那就说明这种行为会导致具体危险或会使侵害结果随时扩大或增加，属于以危险方法危害公共安全，应当被认定为放火罪或爆炸罪。放火罪、爆炸罪与高空抛物罪是想象竞合关系，从一重罪处罚。如果是过失抛掷，结果引起了火灾或爆炸，致人重伤、死亡或者使公私财产遭受重大损失，则仅成立失火罪或过失爆炸罪。

第二，在高空下有人时抛掷物品。

如果是故意实施高空抛物行为，且已经致人死亡，应当认定为故意杀人罪既遂。毕竟，一般人都知道高空抛物有可能致人死亡，既然如此，就可以肯定行为人对被害人的死亡至少具有间接故意。

如果是故意实施高空抛物行为，虽然没有造成他人死亡的结果，但具有致人死亡的具体危险，应当认定为故意杀人罪未遂。因为只要具有致人死亡的具体危险的行为，就可以认定为杀人行为，如果行为人认识到了这种具体危险却仍然实施这种行为，即使没有致人死亡，也符合故意杀人罪未遂的成立条件。其中，只要同时具备以下两个条件，就可以认为具有致人死亡的具体危险：一是物品有可能砸中他人，即在行为人高空抛物时，高空下有具体的人；二是所抛之物具有剥夺他人生命的危险。为什么要这样规定呢？一方面是因为，如果行为人从高空抛下重物，但下面根本没有具体的人，就不存在致人死亡的具体危险，只存在抽象危险，因而不可能成立故意杀人罪；另一方面，如果高空下有具体的人，但行为人所抛之物过于轻微，如泡沫饭盒，即使砸中他人也不可能致人死亡，则同样不可能成立故意杀人罪。

不过，无论高空下具体的人有多少，都不影响故意杀人罪的认定。即使高空下人员众多，或者行为人所抛之物很多，也只需要认定为故意杀人罪，而不应当认定为以危险方法危害公共安全罪。这样认定有以下两个原因。

首先，虽然个人法益并不一概优于社会法益，但社会法益并不高于个人法益，且社会法益只是个人法益的集合，是以个人法益为中心而受到保护的。个人的所有法益都是受到法律承认和保护的，而社会法益受保护的程度是有限制的。只有当某种社会法益与个人的法益具有同质性，能够被分解或还原为个人法益，能促进人类的发展，且具有价值和受保护的必要时，它才能成为刑法所保护的法益。如果只注重对社会法益的保护，就可能导致个人法益的丧失，因为这会导致人们将个人作为保护社会法益的手段，从而牺牲个人法益。相反，注重对个人法益的保护，并不会导致社会法益的丧失，因为社会法益是个人法益的集合，保护好每个人的法益就是保护社会法益的最佳途径。

其次，将这种行为认定为故意杀人罪更能做到罪刑相适应。如果认定为以危险方法危害公共安全罪，只能适用"三年以上十年以下有期徒刑"的法定刑；如果认定为故意杀人罪，则可以适用"死刑、无期徒刑或者十年以上有期徒刑"的法定刑，在此前提下适用《刑法》总则关于未遂犯的处罚规定，反而可以做到罪刑相适应。

如果是故意实施高空抛物行为，没有导致他人死亡，也不具有致人死亡的具体危险，但导致他人身体受伤的，应当认定为故意伤害罪。

上述因高空抛物构成的故意杀人罪、故意伤害罪，与高空抛物罪也是想象竞合，应当从一重罪处罚。

如果是过失实施高空抛物行为，且致人死亡的，应当认定为过失致人死亡罪；致人重伤的，应当认定为过失致人重伤罪。比如前面提到的，在 10 楼阳台浇花时不小心撞下去一个花盆，如果花盆恰好砸到路人，并导致其重伤或死亡，就应该被认定为过失致人重伤或者过失致人死亡罪。

第三，在生产、作业中违反有关安全管理规定，从高空坠落物品，引发重大伤亡事故或者造成其他严重后果。这种情况应当认定为重大责任事故罪。如果是强令工人违章高空抛物，引发重大伤亡事故或者造成其他严重后果的，则应当认定为强令违章冒险作业罪。比如，在大型建筑工地，行为人过失导致建筑材料从高空坠落，造成他人死亡的，应当认定为重大责任事故罪。

第四，故意实施高空抛物行为，没有致人伤亡的危险，但导致

财物被毁坏。在这种情况下，如果达到了数额较大或者情节严重的标准，就应当认定为故意毁坏财物罪与高空抛物罪的想象竞合。比如，行为人从高楼的 10 层扔下重物，砸坏他人的汽车，造成他人的损失数额较大，且行为人对造成的损失具有故意时，就应当认定为故意毁坏财物罪与高空抛物罪的想象竞合。

第五，高空抛物行为有没有可能成立寻衅滋事罪？

我国刑法不处罚故意伤害未遂的行为，所以，故意实施高空抛物行为，具有导致他人身体伤害的危险，但没有导致他人受伤的，无法被认定为故意伤害罪。可是，多次实施高空抛物行为，或者所抛之物属于凶器等行为，能否构成寻衅滋事罪呢？这个问题的结论将会导致量刑上的巨大差异。如果认为这种行为只能成立高空抛物罪，那法定刑最高就是一年有期徒刑；如果认为这种行为可能成立寻衅滋事罪，则一般情况下法定刑最高可达五年有期徒刑，纠集他人多次实施的，甚至能达到十年有期徒刑。

虽然在刑法没有规定高空抛物罪时，对高空抛物行为有可能按寻衅滋事罪处理，但在刑法规定了高空抛物罪之后，对高空抛物行为，就不应当以寻衅滋事罪追究刑事责任了。

总之，如果高空抛物行为触犯其他罪名，属于想象竞合，应当从一重罪处罚；如果没有触犯其他罪名且情节严重，则应当按高空抛物罪追究刑事责任。

08 伪证罪

本想做伪证却说出真相，构成本罪吗？

伪证罪属于妨害司法罪，在认定时存在一些难点。比如，张三目睹了王五和赵六共同抢劫的行为，因此作为证人被公安机关询问。不过，张三想借机栽赃自己的情敌李四，于是在作证时对警察说谎，说自己看到了李四指挥王五和赵六实施抢劫。本来张三以为自己说的是谎话，可公安机关最后查明，王五和赵六抢劫的确是受到了李四的指使。那么，张三的行为成立伪证罪吗？

要说清楚这个问题，就要来看看什么是伪证罪。

伪证罪的行为主体

根据《刑法》第 305 条的规定，伪证罪是指在刑事诉讼中，证人、鉴定人、记录人、翻译人对与案件有重要关系的情节，故意做虚假证明、鉴定、记录、翻译，意图陷害他人或者隐匿罪证的行为。

根据法条的规定，伪证罪的行为主体必须是证人、鉴定人、记录人、翻译人这四种人，除此之外的人都不具备成立本罪的主体条件，但可能成立本罪的教唆犯与帮助犯。

司法实践中经常会遇到的一个问题是，证人包括被害人吗？之所以会有这样的疑问，是因为《刑事诉讼法》明确区分了证人证言和被害人陈述这两个概念，让人感觉被害人似乎不属于证人。但实际上，被害人陈述和证人证言都属于证据，被害人完全有可能做出虚假陈述，事实上这样做的也不在少数，而且这种行为也具有妨害司法客观公正的危险性。因此我认为，伪证罪行为主体中的证人应当包括被害人。被害人违背事实，否认自己的法益被犯罪行为侵害的，也可能成立伪证罪。

另外，在排除非法证据和涉及自首、立功情节认定的情况下，相关侦查人员、监管人员、检察人员也属于本罪行为主体中的证人。比如，某项对案件认定有重大影响的口供是靠刑讯逼供所得，按照法律规定应当被强制排除。如果监管人员知道真相却在法庭上做伪证，谎称侦查人员没有刑讯逼供，那监管人员的行为也成立伪证罪。当然，他可能还同时触犯了其他罪名。

伪证罪的构成要件内容

关于伪证罪的构成要件内容，主要有两个需要注意的问题。

第一，本罪的成立要求行为人必须做了虚假的证明、鉴定、记录、翻译，但什么是"虚假"呢？

通常，虚假包括两种情况：一种是捏造或者夸大事实，诬陷他人入罪；另一种是掩盖或者缩小事实，为他人开脱罪责。不过，单纯保持沉默，不做任何陈述的行为，不成立伪证罪。虽然《刑事诉讼法》规定，凡是知道案件情况的人都有作证的义务，但如果知道案件情况却拒不作证，即使具有隐匿罪证的意图，也不能被认定为伪证罪。毕竟，不作证并不属于做虚假证明。

并不是所有做虚假证明、鉴定等的行为都会被认定为做伪证，只有对与案件有重要关系的情节做虚假证明、鉴定、记录、翻译，才属于做伪证。这里的案件只限于刑事案件，而与案件有重要关系的情节，是指对案件结论有影响，比如与是否构成犯罪、犯罪的性质、罪行的轻重、量刑的轻重有重要关系的情节。所以，就犯罪嫌疑人、被告人是否具有自首、立功等法定量刑情节做伪证的，也可能成立本罪。当然，伪证行为只要足以影响案件结论就可以，不要求在客观上影响了案件的结论。

关于什么是虚假，国外刑法理论中存在不同的学说，而且不同学说对结果的认定可能会有实质性的影响。

有一种学说叫主观说，认为证人应当原封不动地陈述自己的记忆与实际体验，而对证人证言的真实性、可靠性进行判断是法官的任务。因此，按照自己的记忆与实际体验陈述的，即使陈述内容与客观事实不相符，也不是虚假的；不按照自己的记忆与实际体验陈述的，即使陈述内容与客观事实相符，也是虚假的。按照这种观点，本节开头例子中张三的行为就成立伪证罪，因为他没有看到李四指使他人抢劫，却谎称自己看到了。

还有一种学说叫客观说，认为只有当陈述内容与客观事实不相符时，才是虚假的。按照这种观点，张三的行为就不成立伪证罪，因为他虽然没有根据自己的记忆和实际体验来陈述，所说内容却与客观事实相符。

我比较认同客观说的观点，只有当证言既违反证人的记忆和实际体验，又不符合客观事实时，才是虚假的。为什么这么说呢？因为如果证言违反了证人的记忆和实际体验，却符合客观事实，就不可能妨害司法活动，不成立伪证罪；如果证言符合证人的记忆和实际体验，却与客观事实不相符，那行为人没有做伪证的故意，也不成立伪证罪。

第二，行为人必须是在刑事诉讼中做虚假的证明、鉴定、记录、翻译，而且一般是在立案侦查后、审判终结前的过程中做伪证。

在这里，应该对"刑事诉讼"略做扩大解释。比如，一个行为是否构成故意伤害罪，取决于它是否给他人造成了轻伤以上的伤害。而公安机关在决定是否立案侦查时，通常首先要给受害人做伤情鉴定。在伤情鉴定阶段，如果鉴定人把轻微伤鉴定为重伤，也应当认定为伪证罪。

第三，伪证罪是故意犯罪，除了要求行为人有做伪证的故意，还要求行为人有陷害他人或者隐匿罪证的意图。

通常，只要行为人明知自己做了虚假陈述，就可以认定他具有上述意图。而且，本罪的成立不要求行为人将陷害他人或者隐匿罪证作为唯一的意图。相应地，以下几种情况都不成立伪证罪：

- 证人因记忆不清而做了与事实不相符的证明；
- 鉴定人因技术不高而做了错误鉴定；
- 记录人因粗心大意而错记漏记；
- 翻译人因水平较低而错译漏译。

司法实践中的难点

在司法实践中，关于伪证罪的认定，需要注意以下几个问题。

第一，犯罪嫌疑人、被告人为摆脱罪责而做虚假陈述的，因为《刑法》没有规定犯罪嫌疑人、被告人可以成为本罪的行为主体，而且他们为摆脱罪责做虚假陈述的行为缺乏期待可能性，所以不成立伪证罪。

第二，犯罪嫌疑人、被告人教唆证人等为自己做伪证的，虽然证人的谎言比犯罪嫌疑人、被告人的谎言更难识破，但犯罪嫌疑人、被告人自己做虚假陈述的行为都不成立犯罪，而教唆他人做虚假陈述是比自己亲自做更轻的参与形式，所以，这种行为不成立伪证罪的教唆犯，但被教唆者做伪证的，成立伪证罪。

第三，按照规定，侦查人员在询问证人时，必须告知证人应当如实提供证据、证言，以及做伪证或隐匿证据需要负法律责任。如果侦查人员没有做这样的告知，证人做虚假证明的，我认为不成立伪证罪。

第四，证人按照司法工作人员的强制性要求做伪证，即使明知是伪证而做出的，也不能以伪证罪论处。在这种情况下，只能追究司法工作人员的责任——其行为同时构成伪证罪的教唆犯和徇私枉法罪的直接正犯，从一重罪处罚。

第五，诬告、陷害他人，导致他人被立案侦查，然后在刑事诉讼中故意做虚假证明，意图陷害他人的，虽然行为人只有一个意图，但他实施了两个行为，具有数个故意，且侵害了两个不同的法益，所以应当实行数罪并罚。

伪证罪的既遂标准

伪证罪的既遂标准是什么？比如，证人在一次询问程序中先做了虚假证明，然后又在陈述结束前修正了前面的虚假证明，这能成立伪证罪吗？这其实取决于怎么认识伪证罪保护的法益。

一般认为伪证罪是抽象的危险犯，它保护的法益是刑事诉讼的客观公正。所以，只有给刑事诉讼的客观公正带来危险的，才成立伪证罪的既遂。

证人在一次询问程序中所做的陈述或证明是一个统一的证言，应该被当作一个整体来观察。因此，如果证人在一次询问程序中做虚假证明且持续到陈述全部终了，那就成立伪证罪的既遂。但是，如果证人先做了虚假证明，又在整体的陈述终了前对虚假证明进行订正的，不成立伪证罪。

如果证人就同一事实在两次询问程序中做了相反的证明，那必然有一次构成伪证罪。也就是说，如果证人在第一次询问程序结束后，又在第二次询问程序中订正了上一次的虚假证明，不影响第一次伪证罪既遂的认定；如果证人在第一次询问程序中做了真实的证明，但在第二次询问程序中做了虚假证明，那只要第二次询问程序结束，其行为就成立伪证罪既遂。

09 虚假诉讼罪

与法官串通后提起虚假诉讼的，如何处理？

　　虚假诉讼罪是指自然人或单位以捏造的事实提起民事诉讼，妨害司法秩序，或者严重侵害他人合法权益的行为。近几年，虚假诉讼的案件在司法实践中还是比较常见的，但在认定上也存在一些难点。比如，张三伪造了自己与李四的房屋买卖合同及资金流水，然后与主审法官串通，向法院起诉，要求李四将房屋过户给自己，法院判决张三胜诉。在这种情况下，张三的行为成立虚假诉讼罪吗？

　　为了搞清楚这个问题，下面我们来了解一下有关虚假诉讼罪的具体内容。

虚假诉讼罪保护的法益和客观构成要件

　　从《刑法》条文的表述来看，虚假诉讼罪保护的法益似乎具有选择性，只要虚假诉讼行为妨害了司法秩序或者侵害了他人的合法权益，就具有违法性。但实际上，无论什么虚假诉讼行为，哪怕是征得了司法工作人员的同意，也已经妨害了司法秩序。所以，不可能存在某种虚假诉讼行为没有妨害司法秩序，却严重侵害了他人的合法权益。也就是说，侵害了他人合法权益的虚假诉讼行为，一定妨害了司法秩序。既然如此，就可以认为本罪保护的法益只是司法秩序。即使认为他人的合法权益也是本罪保护的法益，对这一法益的侵害也是以对司法秩序的妨害为前提的。

那么，虚假诉讼罪的客观构成要件是什么呢？

本罪的行为要件是以捏造的事实提起民事诉讼。这是指以虚假事实为根据，依照《中华人民共和国民事诉讼法》（后文简称《民事诉讼法》）向法院提起诉讼。比如，行为人依据伪造的借款合同和银行流水向法院提起民事诉讼，要求他人偿还债务的行为，就属于虚假诉讼行为。不过，这里仅限于提起民事诉讼，如果是以捏造的事实提起虚假刑事自诉或行政诉讼，不成立本罪。

本罪的结果要件是妨害司法秩序或者严重侵害他人合法权益。

就妨害司法秩序的情形来说，因为只要提起虚假民事诉讼，就必然妨害了司法秩序，所以本罪属于行为犯。只要行为人向法院提起虚假的民事诉讼，且法院已受理，那么即使案件还没有开庭审理，行为人也成立虚假诉讼罪的既遂。

就严重侵害他人合法权益的情形来说，本罪又属于结果犯，因为并不是一实施虚假诉讼行为就会发生严重侵害他人合法权益的结果。严重侵害他人合法权益不限于严重侵害他人财产，只要使他人成为民事诉讼的被告，卷入诉讼过程，就可以认定为严重侵害他人合法权益。

不过，如前所述，所有虚假诉讼都妨害了司法秩序，所以，不存在没有妨害司法秩序却严重侵害他人合法权益的虚假诉讼行为。从立法论上来说，完全可以删除"严重侵害他人合法权益"这一结果要件。

本罪的行为主体没有限制，既可以是自然人，也可以是单位。公司、企业等单位经集体研究或者主管人员决定，为了公司、企业的利益，以公司、企业的名义提起虚假民事诉讼的，就是单位犯罪。

本罪的主观要件只能是故意。 如果行为人误以为自己享有债权等利益而提起民事诉讼的，不成立本罪。

虚假诉讼罪和其他犯罪的关系

《刑法》第 307 条之一第 3 款规定，有虚假诉讼行为，非法占有他人财产或者逃避合法债务，又构成其他犯罪的，依照处罚较重的规定定罪从重处罚。这是一个注意规定，是为了提示法官注意虚假诉讼罪的罪数问题。下面就来具体分析几种从一重处罚的情形。

情形 1：虚假诉讼罪和诈骗罪想象竞合的，一般应当以处罚较重的诈骗罪处罚。

比如，行为人通过伪造证据等方法提起民事诉讼并欺骗法官，导致法官做出了错误判决，使得他人交付财物或者处分财产，于是行为人非法占有他人财物或者逃避合法债务的，就属于这种情况，一般应当以处罚较重的诈骗罪处罚。前面讲过，这也是典型的三角诈骗的情况。在这个例子中，法官是受骗者，也是财产处分人，因为他有处分被害人财产的权限和地位；但遭受财产损失的是民事诉讼的被告，他是被害人，却不是受骗者。

需要注意的是，如果行为人没有提起民事诉讼，而是作为民事诉讼中的被告提供虚假证据欺骗法官，导致法官做出了错误判决，进而非法占有他人财物或者逃避合法债务，那同样成立诈骗罪，但不成立虚假诉讼罪。

情形 2：虚假诉讼罪和贪污罪想象竞合的，一般应当以处罚较重的贪污罪处罚。

比如，国家工作人员利用职务上的便利，通过虚假民事诉讼非法占有公共财物的，就属于这种情况，一般应当以处罚较重的贪污罪处罚。其实，这就是国家工作人员利用职务上的便利骗取公共财物的情形。不过，如果国家工作人员向法院提起虚假诉讼的行为本身与职务没有关系，就不成立贪污罪，而是成立诈骗罪。比如，国家工作人员提起虚假诉讼，说邻居欠他钱，这就是与职务行为无关的虚假诉讼。

如果是非国家工作人员利用职务上的便利，通过虚假民事诉讼非法占有本单位财物的，属于虚假诉讼罪与诈骗罪的想象竞合，一般以处罚较重的诈骗罪处罚。之所以不成立职务侵占罪，是因为该罪的行为方式中不包括欺骗，这一点与贪污罪不同。

不过，也不排除上述想象竞合时以虚假诉讼罪处罚的情形。如果行为人诈骗或者贪污的数额没有达到巨大的标准，但虚假诉讼的情节严重的，就应按虚假诉讼罪处罚。

法官知情的虚假诉讼如何处理

现在，我们来看一下本节开头的案例要如何处理。张三的行为是成立虚假诉讼罪，还是同时成立虚假诉讼罪和诈骗罪，最后从一重罪处罚？又或者是成立其他罪名？

很多人会认为，张三的行为成立虚假诉讼罪，但不成立诈骗罪。这是因为诈骗罪中的骗取行为需要具有处分权限的人产生错误认识，并基于错误认识处分财产。而在这个案例中，办案法官明知事实是张三捏造的，仍然做出了有利于张三的判决，从而使张三非法占有李四的财产。也就是说，做出财产处分决定的法官没有产生错误认识，所以张三的行为不成立诈骗罪。

关于办案法官的行为，很多人会认为成立民事枉法裁判罪。同时，因为法官是在张三的唆使下做出这种行为的，所以张三也成立民事枉法裁判罪的共犯，与虚假诉讼罪想象竞合，从一重罪处罚。

但实际上，这么评价并不合适。一方面，张三和法官的行为侵害了李四的财产，如果仅仅将其行为认定为虚假诉讼罪或民事枉法裁判罪，就无法对这个结果做出评价。另一方面，如果李四遭受了数额特别巨大的财产损失，这样认定就会导致罪刑不协调。毕竟，民事枉法裁判罪和虚假诉讼罪的法定最高刑分别为十年有期徒刑和七年有期徒刑，而一般的财产犯罪的法定最高刑却可以达到无期徒刑。

我认为，在这种情况下，法官的行为同时触犯民事枉法裁判罪与侵犯财产罪。其中的侵犯财产罪只能在盗窃罪与敲诈勒索罪之间选择，一般来说，认定为盗窃罪比较合适。由于法官只有一个行为，应当认定为民事枉法裁判罪、盗窃罪的想象竞合，从一重罪处罚。如果法官与张三串通，则是虚假诉讼罪、民事枉法裁判罪、盗窃罪三罪的想象竞合，从一重罪处罚。张三的行为成立虚假诉讼罪、盗窃罪和民事枉法裁判罪，也属于想象竞合，从一重罪处罚。

答学友问

学友 1：法条明确规定，虚假诉讼罪针对的只是民事诉讼程序，那除了通常理解的审判程序，这里的民事诉讼程序是否包括执行程序？

学友 2：仲裁案件中虚假仲裁的行为，能否用虚假诉讼来评价呢？有些人会通过虚假仲裁来逃避房产过户的税收，而仲裁的裁决最后是通过法院来执行的，效力上和法院的判决没有太大的区别。

张明楷：关于什么是民事诉讼，有一个简单的判断标准，那就是适用《民事诉讼法》的各种诉讼。比如，法院审理选民资格案件、宣告失踪或宣告死亡案件、认定财产无主案件、确认调解协议案件等，都包括在内。需要注意的是，这里不包括刑事诉讼和行政诉讼，但包括刑事附带民事诉讼。

《民事诉讼法》规定了第一审普通程序、简易程序、第二审程序、特别程序、审判监督程序、执行程序，等等。无论行为人在哪一个程序提起民事诉讼，都有可能构成虚假诉讼罪。比如，行为人申请执行时，在所递交的执行申请书中陈述虚假事实的，应当认定为提起了虚假的民事诉讼，成立虚假诉讼罪。

值得讨论的是，这里的民事诉讼是否包括仲裁？

有一种观点认为包括，因为《中华人民共和国仲裁法》（后文简称《仲裁法》）赋予了仲裁机构事实上的司法权，或者说仲裁是"准司法"的方法，而且仲裁裁决以国家强制力为后盾。但我不同意这种观点，我认为虚假诉讼罪中的民事诉讼不包括仲裁。主要有以下几个理由。

首先，虽然仲裁实行一裁终局制，当事人可以申请法院强制执行仲裁裁决，《民事诉讼法》和《仲裁法》也都有大量涉及对方的规定，但这两部法律本身就明确区分了民事诉讼和仲裁是两种处理经济纠纷的方式。

其次，《刑法》在规定了徇私枉法罪和民事、行政枉法裁判罪之后，还增设了枉法仲裁罪，这就说明仲裁不属于司法活动。毕竟，如果仲裁属于民事诉讼，就完全没有必要增设这个罪名了。另外，"准司法"这个概念本身其实就意味着仲裁不是司法，只是类似于司法。

最后，从罪刑法定原则的角度来说，认定行为是否构成犯罪，不能仅凭行为的性质是否与《刑法》规定的犯罪性质相同，还必须判断行为本身是否符合《刑法》规定的构成要件。而不管是从用语的普通含义还是法律含义上说，"以捏造的事实申请仲裁"这一行为，都不符合"以捏造的事实提起民事诉讼"这个法定要件。另外，在刑法上，把不是司法的活动视为司法属于一种拟制，而这要以《刑法》的规定为前提。可在《刑法》第 307 条之一以及其他条文中，都没有把仲裁视为司法，所以，不能把虚假诉讼扩大到虚假仲裁，否则就会违反罪刑法定原则。

既然虚假诉讼罪中的民事诉讼不包括仲裁，那如果行为人利用虚假的事实提起仲裁，导致仲裁机构做出了错误的仲裁裁决，然后行为人又以错误的仲裁裁决书为根据提出执行申请的，能否成立本罪呢？

我认为可以成立。因为在执行程序中，申请人提出执行申请后，法院要进行必要的审查，甚至可以要求仲裁机构做出说明，或者向相关仲裁机构调阅仲裁案卷。也就是说，这个过程不仅是形式审查，还包括实质审查。而且按照《民事诉讼法》的规定，如果裁决所依据的证据是伪造的，可以经人民法院组成合议庭审查核实，裁定不予执行。既然如此，行为人申请执行时不向法院说明真相的，就在事实上属于通过隐瞒真相的方法提起了民事诉讼，可以被认定为虚假诉讼罪。

总结一下，向法院申请执行基于捏造的事实做出的仲裁裁决、公证债权文书，或者在民事执行过程中以捏造的事实对执行标的提出异议、申请参与执行财产分配的，都属于"以捏造的事实提起民事诉讼"，都可能成立虚假诉讼罪。

10 窝藏、包庇罪

丈夫犯了罪，妻子包庇，构成本罪吗？

说到窝藏、包庇罪，很多人应该都不陌生。这其实是一个选择性罪名，包括两个罪名，分别是窝藏罪和包庇罪。其中，窝藏罪是指明知是犯罪的人而为其提供隐藏处所、财物，帮助其逃匿的行为；包庇罪是指明知是犯罪的人而为其做假证明包庇的行为。这两个罪保护的法益都是犯罪侦查、刑事审判、刑罚执行等刑事司法秩序。

看这些内容，你可能会觉得很清楚。但是来看一下这几个问题：丈夫犯了罪，妻子包庇的，成立本罪吗？父亲犯了罪，儿子窝藏的，成立本罪吗？或者说，犯罪人的近亲属能成立本罪吗？下面，我们就带着这几个问题，来具体介绍一下窝藏、包庇罪。

窝藏、包庇罪的构成要件

本罪的行为对象是犯罪的人。

在这方面，最关键的问题是怎么理解犯罪的人，这虽然是个小问题，却涉及本罪的处罚范围，所以是一个很重要的基本问题。我认为，犯罪的人是指被当作犯罪嫌疑人列为立案侦查对象的人，而不是指被判处刑罚的人。也就是说，这里的犯罪的人虽然包括严格意义上的罪犯，却不仅仅包括已经被法院做出有罪判决的人。

需要注意的是，由于本罪保护的法益是刑事司法秩序，如果行为人已经确定，案件事实清楚，但公安和司法机关不可能展开刑事侦查与司法活动，那么对这类犯罪的人实施窝藏、包庇行为的，不成立犯罪。比如，13 周岁的甲抢劫乙的财物，案件事实清楚，因为甲不满 14 周岁，所以公安机关不可能立案侦查。在这种情况下，窝藏甲的行为就不成立窝藏罪，因为这一行为不可能侵犯犯罪侦查、刑事审判、刑罚执行等刑事司法秩序。

本罪的行为内容是窝藏、包庇的行为。

窝藏行为的主要表现是为犯罪的人提供隐藏处所、财物等，帮助其逃匿。这里需要注意，窝藏行为的特点是妨害公安或司法机关发现犯罪的人，或者说使公安或司法机关不能或难以发现犯罪的人，因此，除了提供隐藏处所和财物，向犯罪的人通报侦查或追捕的动静、提供化装用具或虚假身份证件等，也属于帮助其逃匿的行为。

另外，这里的帮助不是共犯意义上的帮助。共犯意义上的帮助行为必须有正犯行为作前提，而这里并不需要。即使犯罪人没打算逃匿，也没有逃匿行为，但行为人使犯罪人昏迷后将其送至外地，或者劝诱、迫使犯罪人逃匿的，也属于"帮助其逃匿"。不过，这种帮助应该限于直接使犯罪人的逃匿更容易的行为，而不能漫无边际地扩展。

比如，以下几种情况都不成立窝藏罪：

- 张三犯罪后藏匿于外地，打电话嘱咐朋友李四给自己的妻子提供金钱，使自己安心逃匿，李四给张三的妻子提供了金钱的；
- 配偶等单纯陪同犯罪人潜逃，并且在外地共同生活的；
- 明知犯罪人要逃匿，而向其提供管制刀具的；
- 犯罪人有自首的念头，行为人劝诱其不自首的。

包庇是指向公安或司法机关提供虚假证明，使犯罪人逃避刑事追诉的行为。需要注意，在追捕过程中，行为人为了使犯罪人逃匿而冒充犯罪人投案的，也应认定为包庇罪。行为人明知发生犯罪事实或者明知犯罪人的去向，而不主动向公安或司法机关举报的，属于单纯的知情不举行为，不成立窝藏、包庇罪。

本罪的责任形式是故意，即明知是犯罪的人而实施窝藏、包庇行为。

明知是指认识到了自己窝藏、包庇的是犯罪的人。在开始实施窝藏、包庇行为时就明知对方是犯罪人的，当然成立本罪；在开始实施窝藏、包庇行为时不知道对方是犯罪人，但之后发现了这一点，仍然继续实施窝藏、包庇行为的，也成立窝藏、包庇罪。

犯罪人能否成立窝藏、包庇罪

了解了本罪的构成要件，再来看一个问题：行为人犯罪之后自己隐藏起来或者自己逃匿的，能成立本罪吗？当然不成立。犯罪人逃匿、隐藏是人之常情，我们不可能期待所有人犯罪之后都能站在原地等候抓捕或者都去自首，也就是说，这是缺乏期待可能性的，所以这种行为不成立本罪。

再进一步，犯罪的人教唆他人对自己实施窝藏、包庇行为的，犯罪人能成立本罪吗？

有些人认为，刑法不处罚犯罪人自身的隐藏、逃匿行为是因为没有期待可能性，但教唆他人窝藏、包庇自己，就使他人卷入了犯罪，同时不缺乏期待可能性，所以在这种情况下，犯罪人和窝藏、包庇者成立本罪的共犯。有些人则认为，既然犯罪人自己隐藏、逃匿的行为不构成犯罪，那教唆他人对自己实施这种行为也不应成立犯罪。

根据共犯理论可以知道，后一种观点更合理。也就是说，犯罪人不成立本罪的共犯，但被教唆者，即实施了窝藏、包庇行为的人，可以成立本罪。你可以从以下两个方面来理解这一点。首先，犯罪人直接对自己实施窝藏、包庇行为都不成立本罪，而实施教唆行为显然比直接实施这种行为更缓和，所以，这种情况就更不应该成立本罪了。其次，犯罪人的教唆行为不具有期待可能性，因此不成立本罪。

到这里，本节开头的问题就很简单了。犯罪人的近亲属对犯罪人进行窝藏、包庇的，同样缺乏期待可能性，不成立本罪。此外，共犯人之间相互窝藏、包庇的，也不成立本罪。

其他需要注意的问题

在本罪的认定中，还有两个需要注意的问题。

第一个问题是被拟制为本罪的情况。《刑法》第 362 条规定，旅馆业、饮食服务业、文化娱乐业、出租汽车业等单位的人员，在公安机关查处卖淫、嫖娼活动时，为违法犯罪分子通风报信，情节严重的，依照窝藏、包庇罪的规定定罪处罚。

这是一项法律拟制，而不是注意规定，所以不需要以被查处的卖淫、嫖娼行为构成犯罪为前提。也就是说，即使卖淫、嫖娼行为只是一般违法行为，为卖淫者、嫖娼者通风报信的行为也成立本罪。

另外，除了卖淫、嫖娼活动，公安机关查处其他不构成犯罪的一般违法行为时，为被查处者通风报信的，就不能适用该规定，不成立犯罪。

第二个问题是要正确区分本罪与事前有通谋的共同犯罪。窝藏、包庇行为是在被窝藏、包庇的人犯罪后实施的，行为人的犯罪故意也是在他人犯罪后产生的。也就是说，只有在与犯罪人没有事前通谋的情况下，实施窝藏、包庇行为的才成立本罪。如果行为人与犯罪人事前通谋，商定等犯罪人实行犯罪后予以窝藏、包庇，就应该成立共同犯罪。比如，甲想杀人，乙答应在甲杀人后帮他逃往外地。甲杀人后，乙帮甲办理了假的身份证件，使甲逃往外地。在这种情况下，应对乙以故意杀人罪的共犯论处。不仅如此，在这个案件中，即使乙在甲杀人后没有帮甲办理假的身份证件，也同样成立故意杀人罪的共犯。

《刑法》第 310 条第 2 款规定，犯窝藏、包庇罪，事前通谋的，以共同犯罪论处。因此，一般认为，即使共同犯罪的法定刑要低于窝藏、包庇罪的法定刑，也应该以共同犯罪论处，而不能认定为窝藏、包庇罪。不过，也可以认为，在事前有通谋，事后又实施窝藏、包庇罪的情况下，属于包括的一罪，从一重罪论处。

11 掩饰、隐瞒犯罪所得罪

精神病人盗窃的财物属于犯罪所得吗？

　　掩饰、隐瞒犯罪所得罪也是一个选择性罪名，包含掩饰犯罪所得罪和隐瞒犯罪所得罪。在刑法理论中，这个罪名一般被简称为赃物犯罪或赃物罪。

　　在了解这个罪的具体内容之前，还是先来看一个问题：掩饰、隐瞒精神病人盗窃的财物，成立本罪吗？这个问题的核心在于，精神病人盗窃不成立盗窃罪，那精神病人盗窃得来的财物，能不能成为掩饰、隐瞒犯罪所得罪的行为对象呢？

掩饰、隐瞒犯罪所得罪的行为主体

　　根据《刑法》第 312 条的规定，掩饰、隐瞒犯罪所得罪是指，明知是犯罪所得及其产生的收益，而予以窝藏、转移、收购、代为销售或者以其他方法掩饰、隐瞒的行为。从中可以看出，本罪的行为主体既可以是自然人，也可以是单位。

　　那么，获取赃物的犯罪人本人，即本犯，能成为本罪的行为主体吗？这里所说的本犯，包括获取赃物的原犯罪的正犯、教唆犯和帮助犯。

　　答案是不能，本犯实施掩饰、隐瞒犯罪所得行为的，不成立掩饰、隐瞒犯罪所得罪。因为本犯的这种行为虽然具有妨害司法的违法性，却因为缺乏期待可能性而不具有责任。比如，甲教唆乙实施盗窃行为，乙盗窃财物后，甲又窝藏了乙盗窃得来的财物。这时，甲的行为只成立盗窃罪，不成立掩饰、隐瞒犯罪所得罪。

掩饰、隐瞒犯罪所得罪的行为对象

本罪的行为对象是犯罪所得及其产生的收益。只要对犯罪所得和犯罪所得产生的收益之一实施窝藏等行为，就可以成立本罪。

这里的犯罪所得是指犯罪所得的赃物，即通过犯罪行为直接获得的财物，包括财产性利益，但不包括犯罪工具。其中的犯罪是指上游犯罪，既包括财产犯罪、经济犯罪，也包括其他可能获取财物的犯罪，如赌博罪、受贿罪、非法狩猎罪等。但需要注意，伪造的货币、制造的毒品、行贿所用的财物、赌资本身，都不属于本罪所说的赃物。

犯罪所得产生的收益，是指利用犯罪所得的赃物获得的利益。比如，对犯罪所得进行处理后得到的孳息和租金，把贿赂存入银行后获得的利息，利用走私犯罪所得投资房地产所直接获取的利润，等等。

犯罪所得及其产生的收益，限于应当追缴、退赔、归还、没收的财物、物品与财产性利益，其中也包括虚拟财产。比如，甲收买了被拐卖的妇女、儿童，乙为了帮甲避免该妇女、儿童被国家机关解救而窝藏他们的，不属于窝藏犯罪所得。又比如，非法获得的公民个人信息不属于犯罪所得。再比如，A 为了制作标本贩卖牟利而盗窃尸体，之后 B 窝藏该尸体的，应该认定为窝藏犯罪所得。

此外，2011 年出台的《最高人民法院、最高人民检察院关于办理危害计算机信息系统安全刑事案件应用法律若干问题的解释》规定，明知是非法获取计算机信息系统数据犯罪所获取的数据、非法控制计算机信息系统犯罪所获取的计算机信息系统控制权，而予以转移、收购、代为销售或者以其他方法掩饰、隐瞒，违法所得 5000 元以上的，应当以掩饰、隐瞒犯罪所得罪论处。

关于犯罪所得及其产生的收益的范围，在实践中存在许多问题，下面来讨论其中比较重要的三个。

第一，没有达到法定年龄、没有责任能力的人，实施符合犯罪构成要件的不法行为所取得的财物，是否属于犯罪所得？这就是本节开头的问题涉及的内容。从原则上来说，我认为这类财物属于犯罪所得。掩饰、隐瞒这类财物的，可以成立本罪。当然，也不排除存在极个别特殊情形。

第二，违法行为所取得的财物没有达到司法解释要求的犯罪数额的，是否属于犯罪所得？比如，职务侵占罪成立的数额标准是 6 万元，如果行为人利用职务侵占了价值 5 万元的财物，这是否属于犯罪所得？从原则上来说，我认为不属于。既然不符合构成要件，该行为就不能被认定为犯罪，而该行为取得的财物也就不能被认定为犯罪所得。不过，如果上述行为成立值得处罚的未遂犯，那 5 万元财物就属于犯罪所得。

第三，数人单独实施普通盗窃行为，所取得的财物都没有达到数额较大的标准，但窝藏者窝藏财物的总数超过了这个标准的，能不能被认定为窝藏犯罪所得？比如，甲乙丙丁分别盗窃价值 1000 元的财物，都没有达到成立盗窃罪的数额标准。四人分别把赃物变卖给了张三，所以张三窝藏的赃物总金额就是 4000 元，达到了成立盗窃罪的数额标准。这种情况下，张三的行为属于窝藏犯罪所得吗？我认为，这不属于窝藏犯罪所得。因为赃物罪是和本犯相关联的犯罪，如果没有本犯，就没有掩饰、隐瞒犯罪所得罪。不过，如果本犯成立值得处罚的未遂犯，窝藏等行为也就能成立掩饰、隐瞒犯罪所得罪。

总的来说，"犯罪所得及其产生的收益"中的"犯罪"，是指既遂，或者虽然未遂但已终结的犯罪。行为人在本犯既遂前故意参与的，应该认定为本犯的共同犯罪，而不是掩饰、隐瞒犯罪所得罪。比如，A 为了抢劫财物而对 C 实施暴力，之后 C 昏迷，B 知道真相并且与 A 共同取得了 C 的财物。那么，B 的行为成立抢劫罪的共犯，而不成立掩饰、隐瞒犯罪所得罪。

需要注意的是，掩饰、隐瞒犯罪所得罪也可以成为本罪的上游犯罪。比如，甲收购了别人盗窃的原油，之后又把原油交给知情的乙加工成柴油后出售。在这种情况下，甲和乙都成立掩饰、隐瞒犯罪所得罪。

掩饰、隐瞒犯罪所得罪的行为方式

本罪的行为方式是行为人实施了窝藏、转移、收购、代为销售等掩饰、隐瞒赃物的行为。这些行为都比较好理解。值得注意的是，没有妨害司法的行为，不能认定为掩饰、隐瞒行为。比如，甲公司收购了他人盗窃的原油，之后甲公司的技术人员对该原油进行质量鉴定的行为不属于掩饰、隐瞒行为，但甲公司收购这些原油的行为构成本罪。再比如，A 利用职务上的便利收受了一套房屋，B 知道真相但仍对该房屋进行装修的，不属于掩饰、隐瞒行为。

那么，帮助本犯实施掩饰、隐瞒犯罪所得及其产生的收益的，能成立本罪吗？比如，张三为了窝藏自己盗窃所得的大型赃物，需要特殊工具分割赃物，或者需要卡车转移赃物，李四知道真相但仍然给张三提供了特殊工具或卡车，使张三顺利窝藏、转移了赃物，那李四的行为能成立本罪呢？

掩饰、隐瞒犯罪所得罪属于妨害司法的犯罪，前面也提到了，本犯窝藏、转移赃物的行为也是符合本罪构成要件的不法行为，只是因为缺乏期待可能性而不以犯罪论处。根据共犯的从属性原理，只要正犯的行为具备构成要件符合性和违法性，共犯就成立犯罪。所以，李四的帮助行为成立掩饰、隐瞒犯罪所得罪的共犯，要按本罪的从犯处罚。

再比如，赵六把他人的保险箱搬入家中，但无法打开。王五知道真相后，把开锁工具借给赵六，使赵六打开了保险箱。在这种情况下，王五的行为也成立掩饰、隐瞒犯罪所得罪的从犯。

掩饰、隐瞒犯罪所得罪的主观要件

本罪的主观要件是故意，即行为人必须明知是犯罪所得及其产生的收益，而予以窝藏、转移、收购、代为销售或者以其他方法掩饰、隐瞒。

这里的关键问题是，怎么认定行为人明知是赃物？从司法机关的角度来说，要证明这一点确实有一定的难度，因此客观上也会放纵一些赃物犯罪分子，进而会放纵一些财产犯罪、经济犯罪分子。

我认为，可以采取推定的方法来对这一点进行认定。比如，以下情形都可以推定为行为人明知是赃物：

- 商定在秘密地点交付物品，然后实施窝藏等行为的；
- 收购以明显低于市场价格出售的物品的；
- 对方交付的是个人不可能持有的公用设施器材或其他零部件，但又没有单位证明的；
- 明知对方是财产犯罪人、经济犯罪人而接受其物品，并实施窝藏等行为的；
- 购买机动车时，对方没有合法有效的来历凭证，或者发动机号、车辆识别代号有明显更改痕迹，且没有合法证明的。

当然，推定不是主观臆断，不能取代调查研究，而且要以事实为根据，对推定结论也应该允许行为人提出辩解。

答学友问

学友：赃物犯罪与洗钱罪有什么异同？

张明楷：洗钱罪是指为掩饰、隐瞒毒品犯罪、黑社会性质的组织犯罪、恐怖活动犯罪、走私犯罪、贪污贿赂犯罪、破坏金融管理秩序犯罪、金融诈骗犯罪的所得及其产生的收益的来源和性质，而提供资金账户，将财产转换为现金、金融票据、有价证券，通过转账或其他结算方式进行资金转移，将资金汇往境外，跨境转移资产，或者以其他方法掩饰、隐瞒犯罪所得及其收益的来源和性质的行为。

因为对洗钱罪的描述中也有"掩饰、隐瞒犯罪所得及其收益"这样的表述，所以可能会有人不清楚洗钱罪与掩饰、隐瞒犯罪所得罪之间的区别。其实，两者的区别主要体现在以下几个方面。

首先，两者保护的法益不同。洗钱罪被规定在"破坏金融管理秩序罪"中，所以它保护的法益是国家的金融管理秩序；而掩饰、隐瞒犯罪所得罪保护的法益是司法机关的正常活动。虽然洗钱行为通常都会妨害司法，但《刑法》规定洗钱罪是为了保护金融管理秩序。

其次，两者上游犯罪的范围不同。洗钱罪的上游犯罪仅限于毒品犯罪、黑社会性质的组织犯罪、恐怖活动犯罪、走私犯罪、贪污贿赂犯罪、破坏金融管理秩序犯罪和金融诈骗犯罪，而掩饰、隐瞒犯罪所得罪的上游犯罪包括所有犯罪。

最后，两者的行为对象也不完全相同。洗钱罪针对的是犯罪所得及其收益的来源和性质，而掩饰、隐瞒犯罪所得罪针对的是犯罪所得及其产生的收益本身。

不过，这两者不是对立关系，一个行为完全有可能同时成立这两个罪，这时就应当按想象竞合，从一重罪处罚。

12 非法行医罪

没有医生职业资格但经患者同意而治病，构成本罪吗？

说到非法行医罪，很多人应该都不陌生，但要对具体行为进行认定，可能就没那么容易了。比如，李四听闻张三在当地医治好了很多疑难杂症患者，于是花重金请张三到自己所在之处为自己治病。但是，张三诚恳地告知李四自己并非科班毕业的医生，没有受过正规训练，也没有相关的证书，治病全靠一本家传的医书。听到张三有家传医书，李四更加深信张三能治好自己，于是满口承诺："您放心治，治好了我给重金答谢，治不好我也不会怪你。"就这样，张三按照医书配制草药为李四医治，结果导致李四身体抽搐，终生半身不遂。在这种情况下，张三的行为成立非法行医罪吗？看完本节的内容，你就知道这个问题的答案了。

非法行医罪的构成要件

根据《刑法》第 336 条的规定，非法行医罪是指没有取得医生执业资格的人非法行医，情节严重的行为。其构成要件内容是未取得医生执业资格却非法行医。下面，就分别来看看本罪的构成要件内容具体是什么。

本罪的行为主体必须是没有取得医生执业资格的人。

根据《中华人民共和国执业医师法》以及相关法规的规定，只有通过了医师资格考试，取得了执业医师资格，并且经医师注册取得执业证书后，才可以从事医师执业活动。也就是说，未取得医生执业资格既包括没有取得执业医师资格，也包括取得了执业医师资格但没有取得执业证书。

按照司法解释的规定，具有下列情形之一的，应认定为"未取得医生执业资格的人非法行医"：

- 未取得或者以非法手段取得医师资格从事医疗活动的；
- 被依法吊销医师执业证书期间从事医疗活动的；
- 未取得乡村医生执业证书，从事乡村医疗活动的；
- 家庭接生员实施家庭接生以外的医疗行为的。

"未取得医生执业资格的人"是一种特殊主体，其特殊要求是不具有某种身份。所以，具有医生执业资格的人不可能成为本罪的正犯，但教唆或帮助没有取得医生执业资格的人非法行医的，成立本罪的教唆犯或帮助犯。比如，具有医生执业资格的人聘请没有取得该资格的人与自己共同行医的，成立本罪的共犯。再比如，具有医生执业资格的医院负责人，明知对方没有取得该资格，且曾因非法行医致人死亡，但仍然聘请对方到本院行医的，也成立本罪的共犯。

本罪的行为内容是非法行医，即非法从事诊断、治疗、医务护理工作。

非法行医罪属于典型的职业犯。所谓职业犯，就是指《刑法》所规定的构成要件包括行为人反复从事某种行为。比如，本罪的构成要件就包含行为人反复从事非法行医的行为，因此，不管非法行医的时间有多长，都只能认定为一罪，而不能认定为数罪。①

本罪所说的行医具有以下两个基本特征。

第一，行医是指从事医疗业务，而医疗业务是只有医生才能从事的业务，即医疗行为。这里需要注意，如果未取得医生执业资格的人不是根据医学知识与技能从事医疗、预防与保健行为，就不能认定为非法行医。比如，用某种物质把关节炎患者的疾患部位涂红，使其通过皮肤吸收入血管，从而增进血液循环的所谓"红疗法"，就不是行医行为，不可能成立本罪。

按照司法解释的规定，"医疗活动""医疗行为"，参照《医疗机构管理条例实施细则》中的"诊疗活动""医疗美容"认定。根据该细则的规定，诊疗活动是指通过各种检查，使用药物、器械及手术等方法，对疾病做出判断和消除疾病、缓解病情、减轻痛苦、改善功能、延长生命、帮助患者恢复健康的活动；医疗美容是指使用药物以及手术、物理和其他损伤性或者侵入性手段进行的美容。

第二，行医是指以实施医疗行为为职业的业务行为。也就是说，偶然一次实施医疗行为的，不属于本罪所说的行医。比如，偏僻山村的一名孕妇因为意外突然要生产，但因为离县医院太远，来不及过去。正好隔壁邻居老王出于个人爱好学过一些妇科医术，紧急之下，老王为孕妇接生，但由于他医术不精，最后孕妇难产，婴儿死亡。在这种情况下，老王给人接生只是很偶然的一次行为，所以不成立本罪，但有可能成立过失致人死亡罪。当然，也可能因

---

① 《刑法》上还有一个比较典型的职业犯是赌博罪，赌博罪就是指以营利为目的，聚众赌博或者以赌博为业的行为。

为紧急避险等原因不成立犯罪，具体怎么认定要看案件的情况。

　　这里还需要注意，业务是指基于社会生活中的地位而反复、继续从事的事务。在认定一个行为是否属于行医时，应当根据行为人的行为方式、样态、时间、场所等进行判断。首先，只要性质上是要反复、继续实施的，或者行为人以反复、继续实施的意思从事医疗、预防、保健活动，那行为人第一次行医就属于一种业务活动了。即便是在首次诊疗活动中被查获，也属于非法行医。至于是否构成犯罪，则要看行为是否符合本罪的犯罪构成要件。其次，行医虽然是一种业务行为，但并不要求行为人将其作为唯一的职业，也不要求行医行为具有不间断性。比如，白天非法行医，晚上开网约车的，或者工作日上班，周末非法行医的，都属于非法行医。

　　那么，为什么本罪中的行医必须满足上述要求呢？一方面，是因为本罪属于职业犯，其构成要件就包括反复从事非法行医行为。另一方面，是因为本罪属于危害公共卫生罪，而如果行为人只是针对特定的个人从事医疗行为，就不可能危害公共卫生。只有当行为人把行医作为一种业务活动去实施时，才可能危害公共卫生。

　　本罪的结果要件是达到情节严重的程度。根据司法解释的规定，以下情形应当被认定为情节严重：

- 造成就诊人轻度残疾、器官组织损伤导致一般功能障碍的；
- 造成甲类传染病传播、流行或者有传播、流行危险的；
- 使用假药、劣药或不符合国家规定标准的卫生材料、医疗器械，足以严重危害人体健康的；
- 非法行医被卫生行政部门行政处罚两次以后，再次非法行医的；

- 其他情节重的情形。

本罪的主观要件是故意，要求行为人必须明知自己没有取得医生执业资格而非法行医。不过，本罪的成立并不要求行为人以营利为目的。没有取得医生执业资格的人免费为他人行医，情节严重的，也应认定为本罪。另外，非法行医行为给就诊人身体健康造成严重损害乃至导致其死亡的，是本罪的结果加重犯，《刑法》规定了相应的加重法定刑。

被害人承诺是否阻却非法行医的违法性

现在回来看一下本节开头的案例要怎么处理。这个案例涉及的问题是，被害人承诺能阻却行为人非法行医的违法性吗？或者说，被害人承诺行医结果自己负责的，非法行医者的行为还违法吗？

我认为，被害人承诺不会阻却非法行医的违法性，主要有以下两个理由。

首先，承诺必须有效才能阻却行为的违法性，但非法行医罪属于危害社会法益的犯罪，它侵害的是公共卫生这个社会法益，而任何个人对社会法益都没有承诺权限。

其次，对治疗行为的承诺只能是一种具体的承诺，而且只是对医疗行为这一行为本身进行承诺，不包括对死伤结果的承诺。在患者不了解非法行医者的具体治疗方案的情况下，患者承诺同意行为人为自己治疗是一种抽象的承诺，非法行医者的具体行为并没有得到承诺。而且，患者求医当然是希望医治疾病，因此不可能对自己的伤亡结果做出承诺。所以，非法行医导致患者伤亡的行为，也不可能因为被害人承诺而阻却违法性。

在开头的案例中，虽然李四请求张三为自己治病，但他的承诺是无效的，不能阻却张三行医行为的违法性，所以张三的行为成立非法行医罪。

其实在现实生活中，很多时候，患者都是因为不了解非法行医者的具体情况而去求医的。比如，非法行医者谎称自己有医生执业资格，或者谎称自己有特别高明的医术，患者信以为真，进而在不了解真相的情况下去求医。如果患者了解真相，就不会向其求医。在这种情况下，患者的求医行为是基于误解而做出的，所以其承诺也是无效的。

非法行医罪和其他罪名的关系

在司法实践中，还有一个难点是如何区分非法行医罪和其他相关罪名。在这个问题上，只需要把握住一点就可以了——非法行医罪是职业犯，不具有医生执业资格的人，没有反复、继续实施的意思，偶然为特定人医治疾病的，不成立本罪。

比如，某医院的护士甲没有医生执业资格，但在同事乙的请求下，他答应了以 1500 元的价格帮乙的儿子丙戒除毒瘾。甲没有在事前对丙进行必要的检查，也不了解其毒瘾程度，只是照搬了自己利用工作之便抄录的戒毒处方。在甲对丙使用大剂量药品时，丙出现不良反应，后经送医院抢救无效死亡。虽然甲没有医生执业资格，但他并没有反复、继续私自为他人戒毒的意思，客观上也没有反复实施这种行为，所以不能将其行为认定为非法行医罪，而应认定为过失致人死亡罪。

再比如，行为人是职业巫师，偶尔会采用封建迷信的方法为他人治病，这种行为不属于非法行医。如果他采用迷信方法致人重伤或死亡，应该适用《刑法》第 300 条第 2 款的规定，将其行为认定为组织、利用迷信致人重伤、死亡罪。

答学友问

学友：如果行为人已经提前告知了可能出现的伤亡结果，被害人还是执意要求对方治疗，也就是说这能够反应被害人的真实意志，那能阻却违法性吗？

张明楷：首先，即使是这种情况，也不一定表明被害人对死伤结果有承诺。行为人如实告知被害人治疗方案和可能发生的结果，其实是告知了行为可能会带来的危险。被害人仍然同意的，可能只是承诺了危险，而没有承诺死伤结果。所以，这种情况仍然可能是只有对医疗行为本身的承诺，而没有对死伤结果的承诺。

其次，假设被害人真的对死伤结果进行了承诺，那这种承诺也是无效的。我们在总论的被害人承诺部分讲过，即使是承诺侵害自己的法益，也有一定的限度。得到被害人承诺而杀害被害人的行为，或者经被害人承诺而造成被害人有生命危险的重伤行为，仍然成立故意杀人罪或故意伤害罪。因为刑法理论认为，对生命的承诺是无效的。

所以，具体到非法行医罪，如果被害人承诺的是死亡和重伤结果，那么该承诺无效。如果被害人承诺的是轻伤结果，且行为人的

行医行为只给被害人造成了轻伤，那么承诺有效，可以阻却行为的
违法性。但是，这个承诺阻却的是本次治疗行为对被害人健康的侵
害的违法性，而不是非法行医行为本身的违法性。因为非法行医罪
属于危害社会法益的犯罪，任何个人对社会法益都没有承诺的权限。
也就是说，如果没有被害人对轻伤结果的承诺，行为人很可能成立
非法行医罪和故意伤害罪的想象竞合，从一重罪处罚；有了这个承
诺，行为人则只成立非法行医罪。

13 污染环境罪

本罪是为了保护环境还是保护人？

在破坏环境资源的犯罪中，污染环境罪可以说是最基本、最重要的罪名。下面还是先来看一个案例。

张三是一家造纸厂的厂长，这几年生意不好，为了节约成本，他私自拆除了工厂里的污水净化设备，把造纸产生的污水直接排放到一块荒芜了很久的空地上。他觉得这里既不住人，也不种地，往这里排放污水最多只会污染土壤，不会带来什么严重的危害。可他没想到，这块地下面是城镇居民饮用水的地下水水源。污水导致地下水水源被污染，进而导致很多城镇居民中毒。

在这个案例中，张三没有想到排放污水的行为会侵害人的健康，那他的行为还成立污染环境罪吗？要搞清楚这个问题，就要来看看本罪保护的法益是什么。

污染环境罪保护的法益

关于污染环境罪保护的法益，主要存在三种不同的观点。

第一，纯粹人类中心的法益论。

这种学说认为，环境只是因为给人类提供了基本的生活基础，才会受到刑法的保护，所以，保护环境的目的和作用是保护人的生命、身体和健康法益免受被污染的环境的危害。也就是说，本罪保护的法益是人的生命、身体和健康。

这种学说比较容易被人接受，因为所谓法益，就是指刑法所保护的人的生活利益。但是，这种学说明显不符合我国现行《刑法》的规定。因为在我国《刑法》规定的"破坏环境资源保护罪"中，除了污染环境罪，还有非法猎捕、杀害珍贵、濒危野生动物罪，以及盗伐林木罪、滥伐林木罪等。而猎捕、杀害一只大熊猫，或者盗伐、滥伐一些林木的行为，不会对任何人的生命、身体和健康造成任何威胁，却仍然可能构成犯罪。

第二，纯粹生态学的法益论，也叫环境中心主义的法益论。

这种学说认为，污染环境罪保护的法益就是生态学的环境本身，比如水、土壤、空气以及动物、植物等其他环境利益。这种学说有利于保护环境，符合社会发展的需要，但不符合我国的现状和《刑法》的规定。为什么这么说呢？

首先，《刑法》虽然规定了某些单纯破坏环境的行为是犯罪，但却没有禁止对危害人类的物种、生物等进行灭杀的行为。可是，即使对人类有危害，它们也是环境的一部分，而既然《刑法》没有禁止这类行为，就表明我国《刑法》没有采取纯粹生态学的法益论。其次，在落后地区，为了确保粮食产量而实施的一定的开发行为，实际上改变了所在地动植物的生存状态和地形、景观等。按照纯粹生态学的法益论，这种行为也成立污染环境罪。可是，我国的现状和《刑法》的规定并不支持这么做。

第三，生态学的人类中心的法益论。

由于纯粹人类中心的法益论与纯粹生态学的法益论都存在缺陷，所以出现了这种把二者结合起来的学说。这种学说认为，水、空气、土壤、植物、动物作为独立的生态学的法益，应当得到认可，但只有当环境作为人基本的生活基础而发挥机能时，它才值得刑法保护。我赞成这种学说，因为它克服了前两种学说的缺陷，也符合现行《刑法》的规定。

根据《刑法》第338条的规定，污染环境罪是指违反国家规定，排放、倾倒或者处置有放射性的废物、含传染病病原体的废物、有毒物质或者其他有害物质，严重污染环境的行为。其中，"严重污染环境"既包括行为给环境本身造成严重污染，也包括行为因为污染环境而给人的生命、身体、健康造成严重危险以及实害的情形。也就是说，没有直接对人的生命、身体、健康造成严重危险或实害，但给环境本身造成了严重污染的，以及虽然对环境本身的污染不严重，但由于该污染而对人的生命、身体、健康产生了严重危险或对人们的生活产生了严重影响的，都可以被认定为"严重污染环境"。所以，采取生态学的人类中心的法益论与《刑法》规定更相符。

总结一下，关于污染环境罪保护的法益，应该采取生态学的人类中心的法益论。也就是说，只要生态学的法益与人类中心的法益不相抵触，就需要对生态学的法益予以保护。

污染环境罪的行为内容

污染环境罪的行为主体既可以是自然人，也可以是单位；其行为内容是违反国家规定，排放、倾倒或者处置有放射性的废物、含传染病病原体的废物、有毒物质或者其他有害物质，严重污染环境。关于本罪的行为内容，需要关注的主要有两个问题。

第一，污染环境罪是行为犯还是结果犯？

这个问题关系到在认定犯罪时，是否需要在实行行为之外独立判断结果是否发生，以及结果能否归属于实行行为。

总论部分讲过，行为犯是行为和结果同时发生的犯罪，不需要对结果与因果关系进行独立判断；结果犯是行为和结果的发生之间存在距离的犯罪，需要对结果与因果关系进行独立判断。具体到污染环境罪，就对环境本身的危害来说，它既包括行为犯也包括结果犯；就对人的生命、身体、健康等法益的危害来说，它只能是结果犯。

比如，在司法解释规定的构成本罪的几种情况中，非法排放、倾倒、处置危险废物 3 吨以上的，本身就是对环境的严重污染，其结果和行为同时发生，所以，这种类型的污染环境罪是行为犯。

致使森林或者其他林木死亡 50 立方米以上，或者幼树死亡 2500 株以上的，虽然是对生态环境的损害，但关于这种结果是否由行为人非法排放、倾倒、处置有害物质的行为引起，需要进行因果关系和结果归属的判断。所以，这种类型的污染环境罪是结果犯。

致使 30 人以上中毒的，是对人的健康造成的侵害结果，也需要进行因果关系和结果归属的判断。所以，这种类型的污染环境罪也是结果犯。

第二，污染环境罪是危险犯还是实害犯？

这个问题关系到本罪的既遂是必须对法益造成现实侵害，还是只要有侵害法益的危险就可以了。

构成要件结果表现为对法益的现实侵害的犯罪，是实害犯；构成要件结果表现为侵害法益的危险的犯罪，是危险犯。显然，一个犯罪究竟是实害犯还是危险犯，也取决于保护的法益是什么。

因为本罪的成立只需要满足严重污染环境这个条件，而对人生命、身体、健康等法益造成的危险是以环境污染为前提的，所以可以推出：当行为仅产生严重污染环境的实害，但没有对人的生命、身体、健康等造成实害时，相对于生态学的环境法益来说，本罪就是实害犯；相对于人类中心的法益来说，本罪就是危险犯。当行为不仅对环境造成了严重污染，还造成了人员伤亡时，相对于这两类法益来说，本罪都是实害犯。

总结一下，如果采取生态学的人类中心的法益论，那么相对于不同的法益来说，本罪既可能是行为犯也可能是结果犯，既可能是危险犯也可能是实害犯。

污染环境罪的责任形式

前面讲过失犯时说过，刑法处罚过失犯是例外，只有当法条中有明文规定，或者可以根据法条意思推导出一个犯罪应处罚过失时，才可以认为该罪的责任形式包括过失。而从法条的表述来看，并没有显示污染环境罪可以由过失构成。既然缺乏处罚过失犯的文理根据，就必须遵守罪刑法定原则，认为本罪只能由故意构成。

本罪的责任形式只能是故意，意味着行为人必须对污染环境的基本结果有认识，并且有希望或者放任态度，但不需要行为人对人身或者财产损失有认识和希望或放任态度。例如，《刑法修正案（十一）》修正后的第338条规定，有下列情形之一的，处七年以上有期徒刑，并处罚金：

- 在饮用水水源保护区、自然保护地核心保护区等依法确定的重点保护区域排放、倾倒、处置有放射性的废物、含传染病病原体的废物、有毒物质，情节特别严重的；

- 向国家确定的重要江河、湖泊水域排放、倾倒、处置有放射性的废物、含传染病病原体的废物、有毒物质，情节特别严重的；
- 致使大量永久基本农田基本功能丧失或者遭受永久性破坏的；
- 致使多人重伤、严重疾病，或者致人严重残疾、死亡的。

行为人对上述第三项和第四项的严重后果不需要有故意，只要有过失即可。

到这里，本节开头的案例就很清楚了。张三对土壤被污染这个基本结果有认识，并持放任态度，所以，虽然他对人身侵害没有认识和放任态度，但这并不影响他的行为成立污染环境罪。

答学友问

学友：如果不同的业主共同排污才达到了"严重污染环境"的标准，那他们的行为成立污染环境罪吗？要对他们以共犯论处吗？另外，如果 A 将不合格的排污设备借给 B，造成严重污染的，又应如何处理？

张明楷：这涉及污染环境罪中的两个特殊问题，下面分别来看一下。

第一个问题是，不同业主共同排污的案件应当如何处理？比如，同一车间的两套生产设备分属两个业主所有，但它们共用一个外排口。如果不能证明其中一套设备的排污行为造成了严重污染环境的结果，但能证明两套设备的排污行为共同造成了这一结果，应该如何处理？

我认为，如果双方都明知对方违法排放，就属于共同犯罪，应该对双方都以本罪论处；如果双方不明知对方违法排放，则属于重叠的因果关系，双方行为与严重污染环境的结果之间都存在因果关系，而且应当将结果归属于双方的行为，所以也应该对双方都以本罪论处。

第二个问题是，将不合格的排污设备租给他人使用，造成严重环境污染的，应当如何处理？比如，甲因污水处理设备不合格而被环保部门处罚，之后他将厂房及设备转租给了乙。甲明知乙没有另行购置污水处理设备，而乙在使用现有设备的过程中违法排放污水，严重污染环境，这时应该如何处理？

我认为在这种情况下，只能将严重污染环境的结果归属于乙的行为，而不能归属于甲的行为。为什么呢？既然乙租用了甲的厂房和设备，就必须遵守法律规定，违法排放污水造成严重结果的，必须承担责任。即便甲明知乙未重新购置污水处理设备，也不承担共犯的责任。但是，如果甲将不合格的设备冒充合格的设备租给乙，而乙没有污染环境的故意，就应当将结果归属于甲的行为，甲成立污染环境罪的间接正犯。

14 盗伐林木罪

本罪与盗窃罪是特别法条与普通法条的关系吗？

破坏环境资源罪中还有一个重要的罪名，那就是盗伐林木罪。听到盗伐，你可能会想到盗窃罪。的确，盗伐行为也是一种盗窃行为，那盗伐林木罪和盗窃罪是什么关系呢？比如下面这个案例。

张三看见村里最近种了不少自己没见过的树木，经常有人来收购，而且张三听到他们议论的价格相当不菲。于是张三起了贼心，趁着晚上，把村里承包经营的这片树林中长得很茂盛的那些树砍倒，准备自己弄走去卖。不过在他装车时，村里巡逻的人发现了他，然后报了案。后来查明，这片树林是实验林，张三砍倒的这些树价值百万元。

这时司法机关就遇到难题了：如果按照盗伐林木罪给张三定罪，那就最多只能给他判处 15 年有期徒刑；但盗窃一般的价值上百万元的财物，按照盗窃罪定罪，可是能判无期徒刑的。所以，这时该怎么办呢？看完下面的内容，你就知道了。

盗伐林木罪的构成要件

根据《刑法》第 345 条的规定，盗伐林木罪是指盗伐森林或者其他林木，数量较大的行为。

本罪的行为对象是森林或者其他林木。其中，森林是指大面积的原始森林和人造林，包括防护林、用材林、经济林、薪炭林和特种用途林，等等；其他林木是指小面积的树林和零星树木，但不包括居民屋前屋后个人所有的零星树木。

本罪的结果要件是盗伐森林或者其他林木的数量较大。根据司法解释的规定，数量较大的起点是 2～5 立方米或者幼树 100～200 株。对于一年内多次盗伐少量林木未经处罚的，需要累计计算盗伐林木的数量。

本罪的行为方式是盗伐。盗伐是指擅自砍伐不属于自己所有的森林或其他林木的行为。根据司法解释的规定，以下情况都属于盗伐行为：

· 擅自砍伐国家、集体、他人所有或者他人承包经营管理的森林或者其他林木的；

· 擅自砍伐本单位或者本人承包经营管理的森林或者其他林木的；

· 在林木采伐许可证规定的地点以外采伐国家、集体、他人所有或者他人承包经营管理的森林或者其他林木的。

不过在我看来，超出林木采伐规定的数量与树种，采伐国家、集体、他人所有或者他人承包经营管理的森林或者其他林木的，也应当认定为盗伐林木罪。

采伐许可证已经过期但仍然采伐林木，符合其他要件的，也成立本罪。但如果在采伐许可证过期后，征得林业主管部门同意而采伐的，就不成立本罪了，因为林业部门的同意和采伐许可证具有同样的许可效果。

由于本罪保护的法益是森林资源与他人对生长中的林木的所有权，因此，只要林木被砍伐，不管有没有运走，都意味着森林资源已经被侵害了。所以，即便砍完没有运走，也成立本罪的既遂。

本罪的主观要件。一方面，本罪是故意犯罪，要求行为人主观上具有故意，即行为人必须明知自己盗伐的是国家、集体或者他人所有的林木。另一方面，刑法理论的通说和司法解释都认为，本罪的成立还要求行为人具有非法占有目的。如果没有非法占有目的，而是以毁坏为目的，那行为便不构成本罪，而是成立故意毁坏财物罪或者滥伐林木罪。

不过，非法占有目的这个要件不是《刑法》明文规定的，我对此也有疑问。比如，行为人为了在一片国有森林内种植沉香，就偷偷砍伐了一片林木，砍下的林木就堆放在一边，并没有运走。也就是说，行为人没有非法占有目的。但我认为，这种行为也可以被认定为盗伐林木罪。

盗伐林木罪保护的是森林资源与他人对生长中的林木的所有权，所以，把国家、集体或者他人所有并且已经砍倒的树木窃为己有的，偷砍他人房前屋后、自留地种植的零星树木数额较大或者多次偷砍的，以及盗伐已经枯死、病死的林木的，没有侵害森林资源，不成立盗伐林木罪，而是成立盗窃罪。

盗伐林木罪和盗窃罪的关系

林木具有经济价值，肯定属于财产的一种，那这是不是意味着盗窃罪的行为对象是一般财产，盗伐林木罪的行为对象是特殊财产，因此两个罪是法条竞合关系呢？进一步说，对于盗伐林木的行为，是不是应该严格遵循特别法条优于普通法条的原则，以盗伐林木罪论处？答案是否定的，因为这样理解没有考虑到《刑法》条文的目的。

盗窃罪的法定最高刑为无期徒刑，盗伐林木罪的法定最高刑为15年有期徒刑。如果认为盗伐林木罪是特别法条，就说明盗伐林木罪的不法程度轻于盗窃罪，但事实显然不是这样的。比如，行为人盗窃了100棵树，每棵树价值10万元，这种行为与盗窃100万元现金相比，不法程度有过之而无不及。如果一概认为盗伐林木罪和盗窃罪属于法条竞合关系，并且只能适用特别法条，就必然会导致罪刑不相适应。

比如，盗窃他人已经被砍倒的树木，数额特别巨大的，因为树木已经被砍倒了，行为人没有侵害森林资源，所以按盗窃罪处理，处10年以上有期徒刑或者无期徒刑，并处罚金或者没收财产；而盗窃他人所有的生长中的树木，数量特别巨大的，只能按盗伐树木罪处理，处7年以上有期徒刑，并处罚金。

再比如，盗窃他人房前屋后生态功能小的零星树木，数额特别巨大的，也没有侵害森林资源，按盗窃罪处理，处10年以上有期徒刑或者无期徒刑，并处罚金或者没收财产；而盗窃他人林地生态功能大的林木，数量特别巨大的，按照盗伐林木罪处理，处7年以上有期徒刑，并处罚金。

这两种情形都明显有悖刑法的公正性，不符合罪刑均衡的基本原则。

可能有人认为，盗伐林木罪的法定刑过轻或者盗窃罪的法定刑过重是立法的问题，只能通过修改《刑法》来解决。其实，这不是立法的问题，而是解释的问题——问题在于刑法理论没有准确解释立法者规定这两个罪的目的。

立法者规定盗窃罪是为了保护财产，而规定盗伐林木罪是为了保护森林资源与他人对生长中的林木的所有权。只要认识到这一点，就能知道盗伐林木的行为可能同时侵害了盗窃罪与盗伐林木罪保护的法益。也就是说，这种行为既侵害了他人的财产，也侵害了森林资源，属于想象竞合。只要按照想象竞合的处罚原则，对行为人从一重罪处罚，以上问题就可以很好地解决了。

退一步说，即便坚持认为两者是法条竞合关系，按照前面讲过的法条竞合的实质标准之一，即不法的包容性，这种关系也仅限于盗伐林木的财物价值没有超出 15 年有期徒刑程度的情形。也就是说，当盗伐林木所造成的财产侵害程度比较大，需要判处无期徒刑时，盗伐林木罪与盗窃罪便不再是法条竞合关系，而是想象竞合关系了。因为在这种情况下，如果还认为两者是法条竞合关系，只适用盗伐林木罪的法条，就没有对重大财产侵害这一不法内容进行充分、全面的评价。当然，这时也不能将行为仅认定为盗窃罪，因为这样就没有评价侵害森林资源这一不法内容。所以，只有认为两者是想象竞合，从一重罪处罚，才能充分、全面地评价行为的不法内容。

到这里，本节开头的案例也就很清楚了。张三的行为其实同时触犯了盗伐林木罪和盗窃罪，属于想象竞合，从一重罪处罚。

15 毒品犯罪

代购毒品构成贩卖毒品罪吗？

涉及毒品的犯罪有很多，本节主要来讨论一下司法实践中发生得比较多、出现问题也比较多的代购毒品行为。

吸毒者大多会受到公安机关的管控，很难直接购买毒品。贩毒者担心自己的贩毒行为被司法机关发现，也不会把毒品出卖给受管控的吸毒者。于是，代购毒品的现象越来越普遍。

由于代购毒品的行为表现为不同情形，因此下级司法机关对相关司法解释的理解和把握不完全一致，各地司法机关对相同代购毒品行为的处理也不相同。这里主要涉及罪与非罪的区别问题，即代购毒品的行为是否构成贩卖毒品罪；在不构成贩卖毒品罪时，是否构成运输毒品罪或者持有毒品罪。

关于代购毒品是否构成贩卖毒品罪，在认定中存在的问题最多，所以本节主要针对这个问题展开介绍。

毒品犯罪保护的法益

先来看一个案例。一天晚上，在宾馆房间住宿的吸毒人员甲，来到该宾馆乙住的另一个房间，给了乙 300 元让乙帮忙购买冰毒。乙接过钱出门买了 1 克冰毒，然后回到自己的房间，吸食了其中的一部分，之后才把剩下的冰毒拿到甲的房间交给了甲。这时，甲又邀请乙在自己的房间共同吸食乙买来的冰毒。

　　一审法院认为，乙以牟利为目的，贩冰毒 1 克，其行为构成贩卖毒品罪。但二审法院认为，乙受人委托，只是为他人无偿代购约 1 克冰毒吸食，主观上没有牟利的故意，客观上对代购毒品也没有加价行为，所以乙的行为不构成贩卖毒品罪。

　　在司法实践中，之所以会对代购毒品行为出现认定上的混乱，一个重要原因是，没有把毒品犯罪保护的法益作为指导。刑法的目的是保护法益，所以，对犯罪构成要件的解释必须以保护法益为指导。如果不以保护法益为指导，而是单纯从字面含义上理解犯罪的构成要件，就不可避免地会在定罪的问题上出现困惑和混乱的情况。

　　那么，刑法禁止毒品犯罪，究竟是为了保护什么法益呢？

　　国家之所以要对毒品实行严格的管制，似乎是为了不使毒品泛滥。从这个意义上说，毒品的不可泛滥性就是毒品犯罪保护的一种法益。然而，我们必须追问，国家为什么不允许毒品泛滥？显然是因为毒品会危害公众的健康。

　　所以我认为，毒品犯罪保护的法益是公众的健康，毒品犯罪是抽象的危险犯。因为毒品不仅能使人形成瘾癖，而且足以危害人的身体健康；单纯接触毒品的人，也可能吸食、注射毒品，其身体健康受到侵害的危险性很大。正是因为如此，刑法不仅处罚已经侵害了公众健康的毒品犯罪行为，还针对毒品给公众健康带来的危险进行提前保护。

代购毒品是否成立贩卖毒品罪

　　明确了毒品犯罪保护的法益之后，就可以根据这一点来判断代购毒品的各种具体情形是否构成贩卖毒品罪了。

代购毒品并不是一个法律概念，也没有固定的行为类型。通常所说的代购毒品是为吸毒者代购毒品，其中还包括帮助代购者代购。在司法实践中，普遍存在的一种辩解是，行为人的行为属于代购毒品，因而不成立贩卖毒品罪。但实际上，代购毒品的行为不可能成为违法阻却事由和责任阻却事由，不可能因为某种行为属于代购毒品，就认为其不构成犯罪。

关于代购毒品的行为是否构成贩卖毒品罪，首先取决于行为是否符合贩卖毒品罪的成立条件，即主要判断行为是否属于贩卖，所贩卖的是不是毒品，以及代购者是否认识到了贩卖的是毒品。在具体判断中，我认为要做到"两不能"和"两步走"。

第一个不能，是不能以代购毒品行为是否牟利为标准。

在当前的司法实践中，基本上是以代购者是否具有牟利、获利事实为标准，或者以代购者是否具有牟利目的或者营利目的为标准，来认定代购行为是否独立构成贩卖毒品罪的正犯。但从法条规定看，贩卖毒品罪的成立既不要求以牟利为目的，也不要求客观上必须牟利。从刑法的目的看，判断代购毒品的行为是否成立犯罪，其实质根据在于这种行为是否危害公众健康。从证据上看，虽然代购者加价把毒品交付给吸毒者是比较典型的贩卖毒品行为，但事实上，很难证明代购者是否进行了加价交付。

回到开头讲的那个案例。因为代购毒品的行为是否构成贩卖毒品罪，与行为人有没有牟利目的无关，也不要求客观上做出了加价牟利的行为，所以乙的行为构成贩卖毒品罪。

第二个不能，是不能单纯从是帮助贩卖还是帮助购买的角度来

判断。

一方面，在许多情况下，从客观上难以判断行为人是为了帮助贩卖还是为了帮助购买；另一方面，在客观上难以判断的情况下，根据行为人的主观想法判断是帮助贩卖还是帮助购买，必然会导致定罪的随意性。

比如，甲乙两人因为在同一场所被强制戒毒而相识。强制戒毒结束后，乙对甲说："以后要是有人想吸毒，你可以介绍到我这儿来，我有毒品。"甲当时既没表示同意，也没表示反对。一年后，甲的朋友丙听说甲曾经吸过毒，就问甲有没有毒品，甲说自己没有，但可以帮忙问问。于是，甲想到了一年前乙跟自己说过的话，就联系了乙，乙回复说自己有毒品，20 克售价 1 万元。之后，甲把这个信息告诉了丙，丙利用微信转给甲 1 万元，甲再转给乙，乙收到钱后，通过货车司机把毒品先运送给甲，甲又开车将毒品送给了丙。

在这个案例中，要想确认甲究竟是在帮助贩卖还是帮助购买毒品，其实是十分困难的，甚至是不可能的。既然如此，就难以据此来判断甲的行为是否构成贩卖毒品罪，只能从甲的行为是否属于有偿转让或者交付毒品来判断。

"两步走"是指分步骤，从正犯到共犯进行判断。

因为代购毒品的案件中既有上家（出卖者），也有下家（托购者），所以，代购毒品的行为既可能是上家的帮助犯，也可能是下家的帮助犯，也可能同时对上家与下家成立帮助犯，还可能独立构成贩卖毒品罪的正犯。既然如此，就不能简单地判断代购行为是否构成贩卖毒品罪，而要先判断是否成立本罪的正犯。如果不成立本罪的正犯，再判断是否构成本罪的帮助犯。在判断代购行为是否成立帮助犯时，也要逐一判断是对上家成立帮助犯，对下家成立帮助犯，还是对二者都成立帮助犯。

毫无疑问，成立贩卖毒品罪的正犯，需要实施了贩卖毒品的行为。问题是，以什么为标准来判断代购毒品的行为是否属于贩卖呢？

毒品犯罪保护的法益是公众健康，而任何使毒品扩散给他人的行为，不管其中的"他人"是谁，都具有侵害公众健康的抽象危险。即使行为人只是把毒品交付给吸毒者，也是对公众健康这一法益的侵犯。所以，只要行为人有偿地把毒品交付给他人，不管毒品来源于何处，也不管行为人是否以牟利为目的，以及客观上是否牟利，都属于贩卖毒品。贩卖不要求把对象物交付给不特定人或者多数人，也不限于买进后再卖出，只要是有偿转让或者出卖，就叫贩卖。

此外，司法实践中还存在另一类案件，即吸毒者直接将毒资交付给上家，代购者只是代为把毒品从上家转交给吸毒者，或者单纯为吸毒者指示、寻找上家，以及其他帮助吸毒者购买毒品但没有实施有偿交付毒品的行为。在这种情况下，代购者和吸毒者之间并不存在有偿的毒品交易，所以不能认为代购者对吸毒者贩卖了毒品，只能讨论代购者是否成立上家的贩卖毒品罪的共犯。

我国刑法并没有将购买毒品的行为规定为犯罪，所以，为了自己吸食而购买毒品的行为，不可能与上家构成贩卖毒品罪的共犯。既然如此，为了特定人吸食而无偿将毒品从贩卖者处转交给吸食者的行为，也不可能成立贩卖毒品罪的共犯。之所以这样认定，是因为无论是为自己吸食而购买毒品，还是为了特定人吸食而代为转交毒品，对贩卖毒品的正犯（上家）所起的作用都是相同的。

那么，什么样的代购行为可能构成贩卖毒品罪的共犯呢？我认为，只有当代购行为对本罪的正犯起到了超出购买范围的促进作用时，才有可能构成共犯。其中，超出购买范围的促进作用包括成立教唆犯与帮助犯两种情形。

先看构成教唆犯的情形。在对方没有出卖毒品的故意时，购毒者使他人产生出卖毒品的故意进而出卖毒品的，成立本罪的教唆犯。比如，乙购买毒品后自己吸食，没有贩卖毒品的故意，但甲为了帮助丙代购毒品，执意要求乙把用于吸食的部分毒品出卖给丙。乙听了甲的话把毒品出卖给丙的，乙成立本罪的正犯，甲成立本罪的教唆犯。

再看构成帮助犯的情形。在贩毒者已有出卖毒品的犯意的情况下，代购者的行为对贩毒者起到了超出购买范围的帮助作用时，成立本罪的帮助犯。一般来说，受本罪正犯的委托、指派、指使，为正犯寻找购买者，或者为正犯派送毒品给吸毒者，又或者帮助正犯从吸毒者处收取毒资等行为，成立本罪的帮助犯。

16 传播淫秽物品罪

播放偷情视频是传播淫秽物品吗？

根据《刑法》的规定，有关淫秽物品的犯罪包括制作、复制、出版、贩卖、传播淫秽物品牟利罪，为他人提供书号出版淫秽书刊罪，传播淫秽物品罪，组织播放淫秽音像制品罪，组织淫秽表演罪，等等。本节主要介绍传播淫秽物品罪，来看看这一类罪名中的一些重点问题。

以前有过这么一个新闻，甲和乙领证后，甲在婚礼上播放了乙和乙的姐夫偷情的视频。原来甲早就知道乙背叛自己了，他之所以和乙领证，还和乙办婚礼，就是为了在婚礼上公布这件事。那么，甲的行为构成传播淫秽物品罪吗？要搞清楚这个问题，就要先了解这个罪的基本内容。

如何理解"淫秽"

传播淫秽物品罪保护的法益是健全的性行为秩序，而这个秩序的一个重要内容是性行为的非公开化。传播淫秽物品的行为是以公开淫秽物品的方式，违反性行为非公开化的原则，进而侵害了健全的性行为秩序。当然，如果行为人只是自己看淫秽物品，因为这没有违反性行为非公开化的原则，所以就不会侵害健全的性行为秩序。比如，西安曾发生过一对夫妇在自己家看黄色录像的事件，这肯定不属于传播淫秽物品。

既然本罪的对象是淫秽物品，那怎么判断"淫秽"呢？

根据我国《刑法》第 367 条的规定，本法所称淫秽物品，是指具体描绘性行为或者露骨宣扬色情的诲淫性的书刊、影片、录像带、录音带、图片及其他淫秽物品。《意大利刑法典》则规定，淫秽物品是指根据一般感情标准，对性道德构成侵犯的行为和物品。

不过，很多国家的刑法并没有明确规定"淫秽"的定义，而是由法官在判例中确定的。比如，德国联邦法院在 1957 年指出，所谓淫秽，是指在性关系方面与正常的、健全的、整体的平均感情相矛盾。日本最高裁判所于 1951 年指出，淫秽物品是指无益地兴奋或刺激性欲，损害普通人对性的正常的羞耻心，违反良好的性道义观念的物品。

以上定义其实都比较抽象，没有解决如何具体判断物品的淫秽性的问题。实际上，在具体判断物品的淫秽性时，关键是处理好科学作品、艺术作品与淫秽性之间的关系。

科学作品和艺术作品主要包括两类，一类是性科学方面的作品，比如有关人体解剖生理知识、生育知识、性疾病防治知识及其他性知识、性道德、性社会学方面的作品；另一类是艺术作品，比如具有艺术价值的文艺作品、表现人体美的美术作品等。如果确实属于性科学作品或艺术作品，那它就不是淫秽物品，因为这些作品不会无端挑起人们的性欲，也不会使普通人产生羞耻感、厌恶感。《刑法》第 367 条也明确规定了："有关人体生理、医学知识的科学著作不是淫秽物品。包含有色情内容的有艺术价值的文学、艺术作品不视为淫秽物品。"

但是，有些作品既有淫秽性的描写，又有科学与艺术价值，应该怎么判断呢？我认为，应当坚持以下三个原则。

第一，整体性原则。在判断一部作品是不是淫秽物品时，必须就该作品的全体内容进行整体判断，不能只就某一部分进行片面评价。比如，不能只截取《金瓶梅》中的一小部分片段去评价。这是因为作品的科学性、艺术性与淫秽性虽然有原则性的区别，但较高的科学性和艺术性会淡化其淫秽性，较强的淫秽性也会淡化其科学性和艺术性。

第二，客观性原则。在判断一部作品是不是淫秽物品时，必须就该作品的内容进行客观判断，不能以行为人的主观认识为标准。判断其实是一种评价，难免会受到判断者主观意识的影响，但判断者必须以普通人正常的性行为观念为基准来判断。比如，不能把奉行禁欲主义的清教徒的观念作为标准，也不能把观念过于超前的少部分人的观念当作标准，而要以普通民众的观念为标准。

第三，关联性原则。在判断一部作品是不是淫秽物品时，必须判断作品中有关性的描写与科学性、艺术性描写的关系。比如，要判断性描写是不是表现作品的思想、艺术所必需的，性描写篇幅的长短，等等。如果作品中含有较多与作品的思想、艺术无关的性描写，那它就容易被认定为淫秽物品。如果性描写是表现作品思想、艺术所必需的，那作品的科学性、艺术性、思想性等就会缓和或淡化对性的描写，该作品也就不容易被认为淫秽物品。

总结一下，如果一部作品中既有淫秽性的描写，又有科学艺术价值，判断它是不是淫秽物品，就要看性的描写是否露骨、详细，采取的是怎样的描写方法，在作品中的比重，是不是表现作品的思想、艺术所必需的，以及是不是能被作品的科学性、艺术性、思想性所缓和与淡化。

如何理解"物品"

理解了什么是"淫秽",再来看怎么理解"物品"。比如,网络上的淫秽画面、淫秽语言是不是淫秽物品?

根据最高人民法院和最高人民检察院出台的司法解释的规定,具体描绘性行为或者露骨宣扬色情的诲淫性的视频文件、音频文件、电子刊物、图片、文章、短信息等互联网、移动通信终端电子信息和声讯台语音信息,都属于淫秽物品。日本也有判例认为,作为信息的图像数据本身就是物品。但许多学者认为,这种观点超出了解释的限度。于是日本通过修改法条,使淫秽电磁记录或者其他记录也成了部分淫秽物品犯罪的对象。德国刑法则直接把淫秽的声音、影像载体、数据存储器、图像等都作为淫秽物品。

从严格意义上说,图像数据和一般意义上的物品还是不同的。但是,《全国人民代表大会常务委员会关于维护互联网安全的决定》规定,"在互联网上建立淫秽网站、网页,提供淫秽站点链接服务,或者传播淫秽书刊、影片、音像、图片的",依照刑法有关规定追究刑事责任。从这个规定可以看出,立法机关也是把图像数据作为物品对待的。既然如此,网络上的淫秽画面、淫秽语言,就都可以被认为是淫秽物品。

什么是"传播"行为

传播是指播放、陈列淫秽物品,或者散布、流传淫秽物品的行为。比如,放映淫秽的电影、录像,在互联网上建立淫秽网站、网页，出借、赠送淫秽物品，等等。

此外，把淫秽图像数据记忆、存储在电脑网络主机硬件上，让别人可以利用技术在电脑上再现、浏览淫秽图像的，也是一种陈列行为，属于传播。已经把淫秽图像数据存储在了自己的服务器上，用户可以很方便地下载、浏览的，也属于传播。

传播的关键是让不特定人或者多数人感知。如果只是告诉了几个人，但从趋势上看，肯定会让不特定人或多数人知晓，那也属于传播。比如，行为人把淫秽图片发给了几个微信好友，但这些人完全有可能再将图片发给自己的好友，从趋势上看，是能被多数人知晓的，所以这属于传播。

回到本节开头的案例。在这种情况下，首先要判断偷情视频是否具有淫秽性质，是不是物品。如果视频中的内容能让人产生性羞耻感，有害于普通人正常的性行为观念，会让普通人产生羞耻感、厌恶感，那它就属于淫秽性质的内容。至于是不是物品，按照现在的司法解释，视频已经毫无争议地属于物品了。

然后要看在婚礼上播放该视频的行为是不是传播。在婚礼这种公开场合，即便来参加婚礼的是特定的人，但人数较多，从趋势上看能被多数人知晓，所以这属于传播。

总的来说，这种行为成立传播淫秽物品罪。当然，这种行为也侵害了别人的名誉，所以也可能成立侮辱罪。侮辱罪与传播淫秽物品罪构成想象竞合，应当从一重罪处罚。

第9章

贪污贿赂罪

01 贪污罪 I

利用职权多配保险柜钥匙并取走财物，构成本罪吗？

根据《刑法》的规定，贪污罪是指国家工作人员利用职务上的便利，侵吞、窃取、骗取或者以其他手段非法占有公共财物的行为。你可能觉得这很好理解，但看一下这个案例：张三在国有企业做出纳，擅自多配了一把保险柜的钥匙，晚上趁着单位没人，偷偷潜入财务办公室，用这把钥匙打开保险柜取走了财物。张三的行为成立贪污罪吗？要搞清楚这个问题，就要先了解一下贪污罪的构成要件。

贪污罪的构成要件

本罪的行为主体必须是国家工作人员。

根据《刑法》规定，国家工作人员是指在国家机关中从事公务的人员。国有公司、企业、事业单位、人民团体中从事公务的人员和国家机关、国有公司、企业、事业单位委派到非国有公司、企业、事业单位、社会团体从事公务的人员，以及其他依照法律从事公务的人员，也要以国家工作人员论。

另外，受国家机关、国有公司、企业、事业单位、人民团体委托管理、经营国有财产的人员，也可以成为本罪的主体。

注意，以前具有但现在不再具有国家工作人员身份的离职人员，利用以前的职务便利非法获取公共财产的，不成立贪污罪，因为他已经不具备本罪所要求的身份要件了。

本罪的客观行为和结果是利用职务上的便利，侵吞、窃取、骗取或者以其他手段非法占有公共财物。

根据司法解释的规定，利用职务上的便利，是指利用职务上主管、管理、经营、经手公共财物的权力和方便条件。也就是说，并非所有利用职务上的便利非法占有公共财物的行为都能成立贪污罪，只有当国家工作人员现实地对公共财物享有支配权、决定权，或者对具体支配财物的人员处于领导、指示、支配地位，进而利用了职务上的便利时，才能成立贪污罪，否则就只能成立盗窃罪、诈骗罪等。

比如，村民甲谎称危房翻新，村长乙代他填写虚假材料，并以村长的名义签字同意后上报镇政府，从镇政府骗取了 1 万元危房补助给甲。在这种情况下，虽然乙从事扶贫管理工作，属于国家工作人员，也利用了职务上的便利，但他对镇政府的财产没有主管、管理、经营、经手等职权，所以他的行为不成立贪污罪，而是应当对甲乙两人以诈骗罪论处。

又比如，在甲国有公司征用土地的过程中，土地管理局工作人员乙和被征用土地的农民丙勾结，由丙多报土地上的庄稼数，乙加盖公章予以证实，以这种方式从甲公司多领补偿款。在这种情况下，乙和丙的行为也不成立贪污罪，而是成立诈骗罪。

再比如，乡镇领导利用职务上的便利，骗取县市财政的经费据为己有的，也不成立贪污罪，而是成立诈骗罪。但是，县市领导利用职务上的便利，非法占有乡镇财政经费的，则成立贪污罪，因为县市领导对乡镇财政经费具有决定权和支配权。

本罪的手段包括侵吞、窃取、骗取等。

侵吞比较好理解，是指把自己因为职务而占有、管理的公共财物据为己有或使第三者所有。

窃取是指违反占有者的意思，利用职务上的便利，把他人占有的公共财物转移给自己或第三者占有。刑法理论一般认为，本罪中的窃取就是指"监守自盗"。比如，国有加油站的负责人下班时把现金锁入加油站的铁柜，深夜来砸开铁柜取走现金，而不使用自己手中的钥匙。但我认为，这种行为属于侵吞，而不是窃取，因为行为人原本已经基于职务占有了现金，而对自己占有的财物，是不可能成立盗窃的。

其实，只有当行为人和他人共同占有公共财物，而行为人利用职务之便窃取该财物的，才属于窃取。比如，某国有企业的保险柜需要同时使用钥匙和密码才能打开，而钥匙和密码分别由甲乙两人掌握，如果甲利用自己掌握的钥匙并猜中密码，进而取得保险柜中的现金，或者乙利用自己掌握的密码和私自配制的钥匙取得保险柜中的现金，就属于本罪中的窃取。显然，利用职务之便窃取公共财物进而构成贪污罪的情形是极为罕见的，很多行为表面上是窃取，实际上还是侵吞。

骗取也很好理解，但需要注意区分利用职务便利的骗取和没有利用职务便利的骗取。比如，张三是某国有企业的老总，有一次出差回来报销费用时，他通过购买并虚报发票的方式多报销了3万元差旅费。很显然，此时的张三并没有利用职务之便，他实施的就是一般的欺骗行为，所以只能成立诈骗罪。事实上，只有对公共财物有一定的处分权，但又没有最终处分权的国家工作人员，才可能成立骗取型的贪污罪。当然，这种情形也比较少见。

本罪的行为对象必须是公共财物，不能是私人所有的财物。

需要注意的是，公共财物不限于国有财物，因为本罪的主体包括国家机关、国有单位委派到非国有单位从事公务的人员，而这些主体完全有可能贪污国有财物以外的公共财物。

关于贪污行为，还有一个需要注意的问题，那就是秘密性不是贪污行为的特征。公开实施的贪污行为，也成立贪污罪。

本罪是故意犯罪，要求行为人主观上必须具有故意和非法占有目的。

这里的非法占有目的，包括使自己占有和使第三者占有的目的。比如，张三所在的 A 国有公司需要从李四那儿采购一批原材料，李四报的单价是 20 元。由于李四的妻子是张三儿子的班主任，于是张三利用职权，把李四的报价提高到了单价 25 元，使 A 公司多向李四支出了 100 万元。在这种情况下，张三的行为成立贪污罪。如果其行为同时成立滥用职权罪，那么就要按想象竞合，从一重罪处罚。

现在，回到本节开头的案例。首先，张三是国家工作人员，符合贪污罪的主体要件；其次，他是出纳，对保险柜里的钱有支配权，是基于职务便利而占有的；最后，他把自己基于职务便利而占有的单位财物据为己有了，属于侵吞公共财物。所以，张三的行为成立贪污罪。

贪污罪与其他犯罪的关系

在司法实践中，要特别注意正确处理贪污罪与侵占罪、盗窃罪、诈骗罪的关系。可以认为，贪污罪和侵占罪、盗窃罪、诈骗罪是法条竞合关系，贪污罪是特别法条，而其他三个罪是普通法条。比如，贪污罪中的侵吞行为，必然符合侵占罪的构成要件；贪污罪中的窃取行为，必然符合盗窃罪的构成要件；贪污罪中的骗取行为，必然符合诈骗罪的构成要件。不过，符合侵占罪、盗窃罪、诈骗罪构成要件的行为，不一定符合贪污罪的构成要件。

可以肯定的是，对于构成贪污罪的行为，不应该认定为侵占罪、盗窃罪与诈骗罪。但如果是不构成贪污罪的行为呢？因为我国《刑法》规定的贪污罪的数额起点要比盗窃罪和诈骗罪的高，所以，国家工作人员利用职务上的便利，窃取、骗取公共财物，没有达到贪污罪的数额起点，但达到了盗窃罪、诈骗罪的数额起点的，应该认定为盗窃罪、诈骗罪。如果侵占罪的定罪数额起点低于贪污罪，也应当这样处理。如果侵占罪的定罪数额起点高于贪污罪，则不存在这一问题。

另外，还要正确处理贪污罪和职务侵占罪的关系。前面也讲到过，职务侵占罪只限于行为人把基于职务占有的单位财物据为己有的行为。就这一类型而言，贪污罪中的侵吞行为和职务侵占罪是一种法条竞合关系，贪污罪对身份和对象的要求高于职务侵占罪。也就是说，贪污罪是职务侵占罪的特别法条。因此，侵吞类型的贪污行为也必然符合职务侵占罪的构成要件，只是根据特别法优于一般法的原则，应当将这种行为认定为贪污罪，因为只有这样才能全面评价行为人的不法事实。

贪污罪的处罚

贪污数额较大或者有其他较重情节的，处 3 年以下有期徒刑或者拘役，并处罚金。根据司法解释，贪污数额在 3 万元以上不满 20 万元的，属于数额较大。也就是说，如果贪污数额在 3 万元以下，不能成立贪污罪，这时就要考虑是否能成立盗窃罪、诈骗罪等侵犯财产类的犯罪。

目前，我国并没有取消贪污罪最高可能适用死刑的规定。贪污数额特别巨大，并使国家和人民利益遭受特别重大损失的，处无期徒刑或者死刑，并处没收财产。对于这种情况，《刑法》还特别规定，行为人被判处死刑缓期执行的，人民法院根据犯罪情节等情况，可以同时决定在其死刑缓期执行二年期满依法减为无期徒刑后，终身监禁，不得减刑、假释。

答学友问

学友：本节讲到，贪污数额在 3 万元以下的，不成立贪污罪，请问能否依据情节是否严重来认定本罪？

张明楷：本节讲到的贪污数额的最低起点，是就贪污数额较大来说的。除了贪污数额较大可以成立本罪，有其他较重情节的，也可以成立本罪。

根据《刑法》第 383 条的规定，对犯贪污罪的，根据情节轻重分别规定了以下四档法定刑：

第一档：贪污数额较大或者有其他较重情节的，处 3 年以下有期徒刑或者拘役，并处罚金；

第二档：贪污数额巨大或者有其他严重情节的，处 3 年以上 10 年以下有期徒刑，并处罚金或者没收财产；

第三档：贪污数额特别巨大或者有其他特别严重情节的，处 10

年以上有期徒刑或者无期徒刑，并处罚金或者没收财产；

第四档：贪污数额特别巨大，并使国家和人民利益遭受特别重大损失的，处无期徒刑或者死刑，并处没收财产。其中，被判处死刑缓期执行的，人民法院根据犯罪情节等情况，可以同时决定在其死刑缓期执行二年期满依法减为无期徒刑后，终身监禁，不得减刑、假释。

以第一档法定刑为例。2016年出台的《最高人民法院、最高人民检察院关于办理贪污贿赂刑事案件适用法律若干问题的解释》规定，贪污数额在3万元以上不满20万元的，应当认定为"数额较大"。但是，如果贪污数额不足3万元，行为人也有可能成立其他较重情节的贪污罪。根据上述司法解释的规定，贪污数额在1万元以上不满3万元，具有下列情形之一的，就应当认定为有"其他较重情节"：

第一，贪污救灾、抢险、防汛、优抚、扶贫、移民、救济、防疫、社会捐助等特定款物的；

第二，曾因贪污、受贿、挪用公款受过党纪、行政处分的；

第三，曾因故意犯罪受过刑事追究的；

第四，赃款赃物用于非法活动的；

第五，拒不交代赃款赃物去向或者拒不配合追缴工作，致使无法追缴的；

第六，造成恶劣影响或者其他严重后果的。

不过，行为人在提起公诉前如实供述自己罪行、真诚悔罪、积极退赃，避免、减少损害结果发生的，可以从轻、减轻或者免除处罚。

02 贪污罪 II

通过职务行为套取补偿款，一定成立本罪吗？

　　司法实践中经常发生国家工作人员滥用职权，违规发放或者伙同、帮助他人从上级部门、本单位或其他单位套取各种补偿款、专项资金等的案件（以下简称"通过职务行为套取补偿款案件"）。乍一看，这类案件似乎属于国家工作人员利用职务之便将单位财物据为己有的情况，但目前，各地司法机关对这类案件的认定形形色色，量刑差异也很大。

　　比如，对于没有处分权限的国家工作人员滥用职权，伙同、帮助他人骗取补偿款的行为，有的法院认定为贪污罪，有的法院认定为诈骗罪。这是因为对贪污罪中"利用职务上的便利"这个要素的理解有所不同。

　　对于国家工作人员滥用职权为他人骗取补偿款，但没有参与分赃的行为，有的法院认定为贪污罪或诈骗罪，有的法院仅认定为滥用职权罪。这是因为对贪污罪和诈骗罪中"非法占有目的"的理解有所不同。

　　对于普通公民与具有处分权限的国家工作人员相通谋套取补偿款的案件，有的法院将普通公民的行为认定为诈骗罪，对国家工作人员行为的认定则五花八门。这是因为对诈骗罪的构造存在不当理解。

　　对于国家工作人员滥用职权，为他人骗取补偿款提供帮助，触犯数罪（如两个行为分别构成受贿罪与诈骗罪）或属于想象竞合

（如一个行为同时触犯滥用职权罪与诈骗罪）的行为，有的法院仅认定为受贿罪，而没有同时认定为贪污罪或诈骗罪。这是因为没有正确理解罪数和想象竞合的原理。

下面就结合造成实践中认定不一的四个原因，来具体分析在不同情况下，通过职务行为套取补偿款的行为分别成立什么罪。

原因1：对"利用职务上的便利"理解不当

利用职务上的便利包括两种情况。一种是基于职务占有公共财物，从而利用这种对公共财物的管理权力。比如，国有企业的出纳将自己基于职务管理的公款据为己有，然后利用虚假发票抵账。另一种是对占有公共财物的人员有支配权，从而利用这种对公共财物的主管权力。比如，国有企业主管财务的负责人甲编造虚假公务用途，让本单位出纳乙将公款转移给自己，然后以虚假发票抵账。甲虽然没有基于职务直接占有公共财物，但有权力支配直接占有公共财物的人员乙的职务行为，这就是主管公共财物的权力。

如果没有利用这两种权力，即使行为主体是国家工作人员，也不可能成立贪污罪的正犯。比如，在拆迁征地的过程中，村委会主任张三利用协助乡政府从事宅基地确认等工作的职务便利，为村民违规出具宅基地确认单，骗取拆迁补偿款210万元。因为村委会出具的宅基地确认单只是认定宅基地的基础环节，是否属于宅基地最终要由乡政府予以审核确认，所以，张三的行为虽然利用了自己职务上的便利，但对获得拆迁补偿款起不到决定性的作用。进一步说，张三的行为属于骗取拆迁补偿款，应当认定为诈骗罪，而不是贪污罪。

也就是说，张三没有主管、管理乡政府的公款，既没有基于职务占有补偿款，也无权支配基于职务占有补偿款的人员的职务行为。既然如此，就不能认定他的行为符合贪污罪中的"利用职务上的便利"这个要件。

一定要注意，贪污罪中的"利用职务上的便利"与公共财物并不是一种简单的相加关系，而是具有内在的关联性的：只有当国家工作人员基于职务占有了公共财物，或者对基于职务占有公共财物的人员处于领导、指示地位，能够支配该人员的职务行为，因而对公共财物享有支配权，进而利用了这种职务上的便利的，才能认定为贪污罪。

如果将贪污罪理解为国家工作人员的一切职务行为与普通财产罪（盗窃罪、诈骗罪、侵占罪）的简单相加，那么，一个村长也完全有可能主管、管理省财政乃至国家财政的公款，一个国有单位的所有工作人员都可能主管、管理本单位的公共财物，进而都能够成立贪污罪。不仅如此，任何一个国家工作人员都有可能对其他单位的公款构成贪污罪。这恐怕不合适。

比如，甲国有公司征用农用地建厂房，由县国土部门工作人员李四负责清点、审核农民的青苗数量，李四与农民串通，虚报青苗数量，从甲公司骗取了 5 万元补偿款。在这种情况下，无论如何都难以认为李四主管、管理了甲公司的财产，所以不能认为李四的行为构成贪污罪。

原因 2：对"非法占有目的"理解不当

有些司法人员认为，国家工作人员没有将公共财物据为己有的，不成立贪污罪或诈骗罪。这是因为他们认为"非法占有目的"只包括行为人本人占有，而不包括第三者占有。这显然是一种误解。

刑法禁止的是侵犯法益的行为，而不是获利行为。如果获利行为没有侵犯法益，就是正当行为。贪污罪与诈骗罪等取得罪的成立之所以要求行为人具有"非法占有目的"，不是单纯为了说明行为人具有获利意图、贪利动机，而是因为它具有区分罪与非罪、此罪与彼罪的机能。非法占有目的中的排除意思，可以说明取得罪与不可罚的单纯骗用行为的区别；利用意思，可以说明取得罪与故意毁坏财物罪的区别。显然，行为人不管是为了自己占有还是为了第三者占有，都能实现上述两个方面的机能。

所以，诈骗罪与贪污罪中的非法占有目的应当包括使第三者占有。即使国家工作人员没有将公共财物据为己有，也可以成立贪污罪或诈骗罪。使第三者非法占有公共财产，也符合诈骗罪和贪污罪的本质。

原因 3：对诈骗罪的构造理解不当

在司法实践中，对于普通公民与具有处分权限的国家机关工作人员通谋，由普通公民提供虚假材料，国家机关工作人员最终批准对普通公民予以补偿的，司法机关大多将普通公民的行为认定为诈骗罪，同时将国家机关工作人员的行为只认定为滥用职权罪。

可是，前面讲过，诈骗罪的客观构造是：行为人实施欺骗行为→对方陷入或者继续维持错误认识→对方基于错误认识处分财产→行为人取得或者使第三者取得财产→被害人遭受财产损失。所以，欺骗行为只有作用于自然人，即作用于法人、国家机关中具有财产处分权限的自然人，才可能骗取法人、国家机关的财产。如果国家机关工作人员知道真相，没有受骗，对方的行为就不可能构成诈骗罪。只有当具有处分权限的国家工作人员因为受骗而不知情，进而做出给予补偿的决定时，实施欺骗行为的人才可能成立诈骗罪。

事实上，具有处分权限的国家工作人员明知他人实施了欺骗行为，却仍然将补偿款处分给他人的，国家工作人员成立贪污罪，其他参与人符合共犯成立条件的，应当认定为贪污罪的共犯，实施欺骗行为且没有通谋的，只能成立诈骗罪未遂。

原因 4：对罪数与想象竞合理解不当

国家工作人员帮助他人骗取补偿款的行为，大多同时触犯数个罪名，其中有的应当实行数罪并罚，有的应当按想象竞合处理。

在国家工作人员利用职务之便为他人骗取补偿款的过程中索取或者收受贿赂的，不能仅仅认定为受贿罪，也要认定成立贪污罪或诈骗罪，然后将受贿罪与贪污罪或诈骗罪数罪并罚。即使没有参与分赃，也应当按贪污罪或诈骗罪与受贿罪实行数罪并罚。

例如，某街道办事处拆迁工作组组长袁某，在对某村村民张某的房屋进行登记时，张某请求袁某将其只有两个房产证的三套房屋按有三个房产证进行登记补偿，并承诺给予袁某好处作为答谢。在袁某的操作下，张某多登记了一套房屋，并获得 20 余万元补偿款，袁某事后收受了张某给予的几万元好处费。

在这个案件中，如果袁某不是具有补偿款处分权限的国家工作人员，只是与张某共同骗取上级部门或者其他单位的补偿款，那么，其行为首先成立诈骗罪。如果袁某是具有补偿款处分权限的国家工作人员，则其行为构成贪污罪。同时，因为袁某利用职务上的便利为他人谋取利益，收受了他人的财物，所以另构成受贿罪。此时，应当对袁某按照受贿罪与贪污罪或诈骗罪实行数罪并罚，而不能仅认定为受贿罪。

国家机关工作人员滥用职权发放补偿款给他人的，是滥用职权罪与贪污罪或诈骗罪的想象竞合，应当从一重罪处罚，不能只认定为滥用职权罪一罪。

例如，李某担任某镇政府拆迁指挥部副总指挥，受镇政府委托全面负责该镇农户动迁工作的推进、管理。李某明知刘某不属于动迁安置对象，仍根据刘某提供的少量材料，授意、指使动迁工作人员为刘某违规办理补偿安置手续，后刘某获得一套安置房，造成公共财产损失 100 多万元。在这种情况下，李某的行为不仅成立滥用职权罪，还成立贪污罪。因为如前所述，非法占有目的包括使第三者占有的目的，李某利用职务上的便利使刘某获得一套安置房的行为，成立贪污罪。但是，李某的贪污罪与滥用职权罪是想象竞合关系，应当从一重罪处罚。

03 挪用公款罪

把公款拿回家放着不用，构成本罪吗？

说到挪用公款罪，很多人可能会觉得比较好认定，因为把公款挪出来自己使用，就是挪用公款罪嘛！但这样理解准确吗？比如，行为人把公款搬回家放着不用的，还成立本罪吗？看完本节的内容，你就知道答案了。

挪用公款罪的三种行为类型

根据《刑法》第 384 条的规定，挪用公款罪是指国家工作人员利用职务上的便利，挪用公款归个人使用，进行非法活动的，或者挪用公款数额较大、进行营利活动的，或者挪用公款数额较大、超过三个月未还的行为。本罪保护的法益，是公款的占有权、使用权、收益权以及职务行为的廉洁性。

在挪用公款罪中，需要重点关注的是它的行为内容——国家工作人员利用职务上的便利挪用公款归个人使用。要注意的是，本罪的行为内容其实在这个前提下分成了以下三种类型：

- 第一，挪用公款进行非法活动；
- 第二，挪用公款数额较大、进行营利活动；
- 第三，挪用公款进行营利活动、非法活动以外的其他活动，数额较大，且挪用时间超过三个月。

这三种行为类型的共同前提都是挪用公款归个人使用，那什么是归个人使用呢？立法解释规定了三种情形，一是将公款供本人、亲友或者其他自然人使用的；二是以个人名义将公款供其他单位使用的；三是个人决定以单位名义将公款供其他单位使用，谋取个人利益的。其中，谋取的个人利益既包括不正当利益，也包括正当利益；既包括财产性利益，也包括非财产性利益，但这种非财产性利益应当是具体的实际利益，比如升学、就业等。除此之外，为单位少数人谋取利益的，也属于谋取个人利益。

挪而未用是否属于挪用公款

挪用公款罪的成立，要求行为人必须是利用职务上的便利实施挪用行为，即要求行为人利用职务权力、地位所形成的主管、管理、经营、经手公款的便利条件实施挪用行为，这一点与贪污罪类似。其中，挪用的范围则比较宽，没有经过合法批准，或者违反财经纪律，擅自使公款脱离单位的行为，都属于挪用。那么，行为人挪而未用、挪而不用的，属于挪用公款吗？

我认为属于挪用公款。也就是说，行为人使公款脱离单位后，即使没有使用这笔公款，也属于挪用。但如果没有使公款脱离单位，就不属于挪用了。比如，行为人将公款转出，准备日后用于购买个人住房。即使他尚未使用该公款购买住房，也属于挪用。再比如，国有公司的会计张三，为了帮 B 银行的工作人员李四完成存款任务，擅自将公款从 A 银行转入 B 银行，但户名依然为该国有公司。在这种情况下，公款并未脱离国有公司的控制，所以张三的行为不属于挪用公款。

不过需要注意，这里所说的使公款脱离单位占有，也包括使公款由单位与他人共同占有的情形。也就是说，如果公款原本由单位占有支配，但行为人利用职务上的便利，使公款由单位与其他个人共同占有支配，进而导致单位不能独立占有支配公款，也属于挪用公款。

举个例子。甲是某国有房地产公司的负责人，为了偿还自己欠乙的 500 万元债务，他利用职务上的便利，将公司还没有对外出售的一套价值 500 万元的住房出售给了乙。也就是说，乙以免除甲债务的方式支付对价，然后甲在公司财务的账上制作出甲欠公司 500 万元的账目信息。

在这种情况下，你可能会认为甲将公司应得的 500 万元用于偿还自己的债务，所以属于挪用公款。但是，挪用公款必须使单位现实控制的公款脱离单位的控制，而在这个案例中，单位只是现实控制了住房，而没有现实控制 500 万元现金，所以将甲的行为认定为挪用公款罪并不妥当。当然，甲的行为也不是无罪的，或许将其认定为国有公司人员滥用职权罪更合适。

三种行为类型的认定

前面讲到，挪用公款罪有三种行为类型，每个类型的成立条件不完全相同。其中，第二种和第三种类型都包括"数额较大"这个要求，而司法解释规定 5 万元是数额较大的起点；第一种类型没有数额要求，但司法解释规定挪用公款 3 万元以上进行非法活动的才能追究刑事责任。

现实生活中经常会出现这样的情况：行为人多次挪用公款，分别用于不同的活动，包括非法活动、营利活动和其他活动，用于单独某一项活动的公款数额都没有达到该项的定罪标准，但挪用公款的总数额达到了某一项的定罪标准。这种情况应该怎么评价呢？如果认为只有用于某一项活动的公款达到了相应的数额要求，才能成立挪用公款罪，那这种情况就不成立本罪。可是，这么理解可能会放纵犯罪，所以我们需要规范地去归纳事实。

举个例子。A 挪用公款 2 万元进行非法活动，挪用公款 4 万元进行营利活动，挪用公款 4 万元进行其他活动，且都超过三个月未还。在这种情况下，如果分别评价每一个行为，那它们就都不符合相应的数额要求，进而会得出 A 的行为不构成挪用公款罪的结论。这显然是不恰当的。其实，这时应该认定 A 总共挪用公款 10 万元进行其他活动，成立挪用公款罪。

为什么可以这么认定呢？因为我们完全可以把挪用公款进行非法活动与营利活动的行为评价为挪用公款进行其他活动。毕竟，挪用公款进行非法活动和营利活动，明显要比进行其他活动的法益侵害性大，而把一个法益侵害性严重的行为评价为一个法益侵害性较低的行为，并不会对行为人不公平，把前者的数额计入后者的数额也并没有不当之处。更何况，挪用公款进行非法活动、营利活动且超过三个月未还，也符合挪用公款进行其他活动的时间要件。

再进一步，如果行为人挪用公款准备去境外赌博，但由于疫情的缘故没有去成，而是将公款用于购买个人防护用品或者放在家里，在三个月之内归还的，构成本罪吗？一定要注意，就挪用公款进行非法活动和营利活动来说，不是只要有这种目的就可以，还必须在客观上将公款用于非法活动或营利活动。在这个案件中，行为人的行为显然不属于将公款用于非法活动，只能被认定为挪用公款进行其他活动，但又没有超过三个月，所以不成立挪用公款罪。

此外，司法解释有一项规定："多次挪用公款，并以后次挪用的公款归还前次挪用的公款，挪用公款数额以案发时未还的实际数额认定。"在司法实践中，有不少人都对这一规定有误解。其实，这个规定是以前次的挪用不构成挪用公款罪为前提的，如果前次的挪用行为已经构成了挪用公款罪，就应当将挪用的数额累计计算。

比如，甲多次挪用公款还房贷，且每次都在三个月之内就挪新还旧，一共进行了 6 次。在这种情况下，就应该按照这个规定，以案发时未还的实际数额认定。再比如，乙第一次挪用公款 5 万元超过三个月未还，四个月后又挪用公款 6 万元，并且归还了上一次的 5 万元。不过，第二次挪用超出三个月没有归还后，就案发了。在这种情况下，两次挪用行为都已构成犯罪，所以要认定乙挪用公款 11 万元，而不是 6 万元。

挪用公款罪和贪污罪的关系

有些人认为挪用公款罪和贪污罪是对立关系，觉得贪污罪必须具有非法占有目的，挪用公款罪必须不具有非法占有目的。其实，这样理解是不合适的。通常来说，贪污公款的行为也符合挪用公款罪的构成要件，对这两个罪关系的正确表述应该是："挪用公款罪的成立不需要具有非法占有目的，如果行为人具有非法占有目的，就应该以贪污罪论处。"

所以，在行为人将公款转移给个人占有时，即使不能查明他是否具有归还的意思，即不能确定他有没有非法占有的目的，也能将其行为认定为挪用公款罪。相反，只要查明行为人具有非法占有目的，就应将其行为认定为贪污罪。

那么，什么情况下可以认为行为人具有非法占有目的呢？比如，携带挪用的公款潜逃的；比如，挪用公款后采取用虚假发票平账、销毁有关账目等手段，使得所挪用的公款难以反映在单位财务账目上，且没有归还行为的；又比如，截取单位收入不入账，非法占有，使得所占有的公款难以反映在单位财务账目上，且没有归还行为的，都应当认定行为人具有非法占有目的，成立贪污罪。

答学友问

学友：挪用公款罪的实行行为是挪还是用？对挪用公款进行非法活动来说，它的既遂标准是带着某种非法目的挪出来还是挪出来并且用于非法活动呢？

张明楷：对挪用公款罪三种行为类型的认定，原则上应当根据客观的使用性质加以判断。比如，国家工作人员为了购房而挪出公款，但因房价上涨而没有购房，于是将公款用于赌博的，应当认定为挪用公款进行非法活动。比如，行为人原本打算挪出公款进行赌博，但因为股市行情好而用于炒股的，应当认定为挪用公款进行营利活动。又比如，行为人原本打算挪出公款炒股，但到案发时一直没有进行，公款只是放着的，应当认定为挪用公款进行其他活动。

　　之所以要这样判断，是因为《刑法》条文是按公款用途的风险大小将挪用公款的行为分为三种类型的，而风险大小又主要取决于公款的实际用途。

　　那么，这是否意味着使用行为也是挪用公款罪的实行行为呢？其实并不是。使用行为不是本罪的构成要件要素，而是确认公款用途的资料和根据。为什么这么说呢？因为如果认为使用行为是本罪的构成要件行为，就必然会得出以下两个结论：第一，事前没有通谋的使用者也成立本罪的共犯；第二，挪用公款进行非法活动另构成犯罪的，不能实行并罚。这两个结论显然都不妥当，所以使用行为不是本罪的实行行为。

04 巨额财产来源不明罪

是因为有巨额财产还是因为不能说明来源?

根据《刑法》第 395 条的规定,巨额财产来源不明罪是指国家工作人员的财产、支出明显超过合法收入,差额巨大,在责令该国家工作人员说明来源时,其不能说明来源的行为。这个罪中有两个关键要素,一个是行为人持有与他合法收入悬殊的巨额财产,另一个是行为人对这部分财产不能说明来源。下面就来具体了解一下这个罪的相关内容。

持有说和不作为说

在巨额财产来源不明罪中,有一个重要的问题:从本质上说,本罪处罚的是行为人持有来源不明的巨额财产,还是行为人拒不说明巨额财产的来源?这两种学说的区别就在于处罚对象的不同,主要争议的问题是本罪的构成要件行为是什么。我们暂且把这两种学说分别称为持有说和不作为说,通过两个案例来具体看一下二者的区别。

案例 1:国家机关工作人员张三拥有超过合法收入的 300 万元现金,且这些现金是经商所得。经商行为本身是合法的,但国家机关工作人员经商是非法行为,所以张三的这笔钱属于来源非法的财产,只是司法机关还没有责令张三说明其来源。在这种情况下,如果按照持有说,即使张三还没有被司法机关责令说明这笔财产的来源,他拥有巨额财产本身就已经具备本罪的不法了;如果按照不作为说,既然司法机关还没有责令张三说明这笔财产的来源，那他就并不具备本罪的不法。

案例2：国家工作人员李四的财产、支出明显超过合法收入，且差额巨大。实际上，李四的财产是情人赠予的，而这不属于非法来源。但李四觉得这影响不好，就拒不说明巨额财产的来源。在这种情况下，如果按照持有说，李四的巨额财产不是非法所得，所以不成立本罪；如果按照不作为说，虽然财产来源合法，但李四拒不说明其来源，所以成立本罪。

适用不同的观点会得出完全相反的结论。那么，哪种观点更合理呢？我认为，不作为说更合理。也就是说，只有当行为人拒不说明巨额财产的来源时，才具备本罪的不法。

先来看看我为什么不认同持有说的观点。

从本质上说，持有说是把持有来源不明的巨额财产这一行为本身当成了本罪的实行行为，但这么理解是有问题的。

首先，从《刑法》关于本罪的表述就可以知道，国家工作人员持有来源不明的巨额财产，但能够说明其来源的，不成立本罪。这说明，持有"明显超过合法收入，差额巨大"的财产本身并不具有违法性，只有当国家工作人员不能说明其来源时，行为才具有违法性。既然如此，就不能认为持有巨额财产是本罪的实行行为。

其次，只有当行为人持有的是违禁品之类的物品时，持有行为本身才具有违法性，这种情况就属于持有型犯罪。但在本罪中，国家工作人员所持有的并不一定是违禁品之类的物品，即持有行为不一定违法，所以，本罪不符合持有型犯罪的基本特征。

最后，如果认为本罪的实行行为是持有巨额财产本身，那么，不能说明来源就不是实行行为。而这样，就无法合理解释法条中"不能说明来源"这一点在本罪中究竟有什么作用了。

再来看看我为什么支持不作为说的观点。

根据不作为说的观点，本罪处罚的行为是拒不说明巨额财产来源，而这种行为是不履行作为义务的一种不作为。

要坚持这种观点，就要先解释本罪中作为义务的来源是什么。我认为，当国家工作人员的财产、支出明显超过合法收入，且差额巨大时，国民就会对国家工作人员的廉洁性产生怀疑，也就是说，国家工作人员的廉洁性就会存在受侵害的危险。在这种情况下，如果有关机关责令该国家工作人员说明财产来源，他自然就有说明的义务，即负有消除危险的义务。

需要注意的是，虽然法条规定的是"可以责令"其说明来源，但这并不意味着也可以不责令，这里的"可以"是表示许可的意思。也就是说，只有当国家工作人员拥有与合法收入悬殊的财产时，才具备责令其说明的前提条件。

既然本罪是不作为犯，那除了要考虑行为人有没有作为义务，还要考虑行为人能不能履行作为义务，即有没有作为可能性。所以，如果行为人确实不可能说明来源，或者由于时间长、记忆力差等原因而没有能力说明来源，就不能以本罪论处。有人可能担心这样会放纵犯罪，其实不用担心。因为这里并不要求行为人说明每一笔财产的具体来源，只要说明财产来源的具体渠道、途径就可以了。既然如此，没有能力说明财产来源的情况其实是极为罕见的。

另外，还需要注意，本罪中的"说明"不等于刑事诉讼中的证明，所以不要求行为人的说明达到刑事诉讼的证明程度，不需要那么清晰、明确。行为人说明了来源，但司法机关不去查证的，不能对行为人以本罪论处。在刑法理论中，的确有人认为本罪是举证责任倒置的，即需要行为人找证据证明自己无罪，但这种理解显然是不合适的。本罪与其他所有罪名一样，都必须由司法机关举证证明行为人有罪，证据不足的，就必须认定行为人无罪。

如何理解"不能说明来源"

既然明确了本罪处罚的行为是拒不说明巨额财产来源，即没有履行说明财产来源义务的行为，那么，究竟什么行为属于履行了说明义务，什么行为属于没有履行说明义务呢？

一般来说，不能说明来源包括以下几种情况：

- 行为人拒不说明财产来源；
- 行为人无法说明财产的具体来源；
- 行为人所说的财产来源经司法机关查证并不属实；
- 行为人所说的财产来源因线索不具体等原因，司法机关无法查实，但能排除存在来源合法的可能性和合理性。

这里有一个问题需要特别注意。在《刑法修正案（七）》颁布之前，《刑法》中对本罪的规定是："国家工作人员的财产或者支出明显超过合法收入，差额巨大的，可以责令说明来源。本人不能说明其来源是合法的，差额部分以非法所得论，处五年以下有期徒刑或者拘役，财产的差额部分予以追缴。"但是，《刑法修正案（七）》将"不能说明其来源是合法的"修改成了"不能说明来源的"，删掉了"合法"一词。

按照以前的规定，如果国家工作人员详细说明了巨额财产来源于受贿，但司法机关不能查明受贿的犯罪事实的，也能认定为本罪，因为该行为符合规定所说的"不能说明其来源是合法的"。但修改后，就产生了这样一个问题：行为人持有巨额财产，本人说明了其非法来源，司法机关不能排除其非法来源的可能性与说明的合理性，经查证后又不能达到相应犯罪的证明标准的，该怎么处理？

比如，国家工作人员甲拥有超过合法收入的 200 万元现金，在检察机关责令其说明来源时，甲说明了这笔钱来源于 X 的行贿，且具体说明了受贿的详细时间、地点、原因、经过，以及 X 的身份。但是，由于 X 移居国外后死亡，司法机关无法查实受贿的事实。如果认为现有证据能证明甲的行为成立受贿罪，那就应该对甲以受贿罪论处。但仅凭甲的口供与其持有的 200 万元现金，就认定其行为构成受贿罪，在证明力上恐怕是存在疑问的。

在这种情况下，如果是按照《刑法修正案（七）》颁布之前的规定，即便现有证据无法证明甲的行为成立受贿罪，也依然可以将其行为认定为本罪，因为甲"不能说明其来源是合法的"。可是，根据《刑法修正案（七）》颁布之后的规定，按照字面含义，反而不能将甲的行为认定为本罪了，因为他能说明其来源。然而，如果据此宣告甲的行为无罪显然不合适，也不符合修改这一规定的宗旨。那该怎么处理呢？我认为应该分两种情况讨论。

第一，行为人说明了巨额财产来源于一般违法行为，且按照一般违法行为的证明标准查证属实的，不能认定为本罪，只能按一般违法行为处理。在这种情况下，对"不能说明来源"做平义解释即可。

第二，行为人说明了巨额财产来源于犯罪行为，但按照犯罪的证明标准不能查证属实的，应当认定为本罪。也就是说，在这种情况下，要对"不能说明来源"做限制解释，即将其解释为"不能说明合法来源"。回到前面那个例子，甲说明了持有的 200 万元现金来自行贿，且司法机关不能查实受贿事件，所以，甲的行为成立本罪。

05 受贿罪 I

先办事后收钱，且事前没约定收钱的，构成本罪吗？

提到受贿罪，你首先想到的是不是收钱办事的行为？但是，如果行为人先办事后收钱，而且办事前也没约定过收钱，还是受贿吗？比如，张三是北京某区教委的工作人员，在给本区要上小学的适龄儿童派学校时，他悄悄给之前认识的房地产商李四家的孩子分派了个好学校。原来张三想买李四公司开发的房子。李四知道这件事后，找到张三，以购房折扣金的名义，送给了张三 500 万元现金，以此表示"感谢"。在这种情况下，张三的行为成立受贿罪吗？下面，我们就带着这个问题，来讨论一下有关受贿罪的具体内容。

职务行为的不可收买性

根据《刑法》第 385 条的规定，受贿罪是指国家工作人员利用职务上的便利，索取他人财物的，或者非法收受他人财物，为他人谋取利益的行为。而关于受贿罪保护的法益，一直都是刑法理论讨论的重要课题，而且它直接关系到受贿罪的成立、既遂、未遂等具体问题的判断。具体来说，在这个问题上，主要有以下两种立场。

第一种是起源于罗马法的立场，认为受贿罪保护的法益是职务行为的不可收买性。按照这种观点，无论国家工作人员所实施的职务行为是不是正当合法的，只要他要求、约定或者收受与职务行为有关的不正当报酬，就构成本罪。

另一种是起源于日耳曼法的立场，认为受贿罪保护的法益是职务行为的纯洁性或公正性，以及职务行为的不可侵犯性。按照这种观点，只有当国家工作人员实施违法或不正当的职务行为，从而要求、约定或者收受不正当报酬时，才构成本罪。

根据这两种立场，刑法理论又演化出了不同的学说，这里就不一一介绍了。下面主要来看我国刑法理论通说的观点。

我国刑法理论通说可以概括为廉洁性说，即认为受贿罪保护的法益是国家工作人员职务行为的廉洁性。但对于什么是廉洁性，又有不同的表述。有人表述为"职务行为的廉洁性"，有人表述为"公务人员的廉洁制度"。但究竟是以不可收买性说为立场，还是以纯洁性说为立场，并不明确。

我的观点是，我国《刑法》规定了几种不同类型的受贿犯罪，严格地说，应当分别确定其保护的法益。不过，本节只讲普通受贿罪。我坚持罗马法的立场，认为普通受贿罪保护的法益是国家工作人员职务行为的不可收买性，也就是国家工作人员职务行为与财物的不可交换性。所以，不管国家工作人员实施的职务行为是不是正当、合法的，只要他收受了和职务行为有关的不正当报酬，就构成受贿罪。

那么，我为什么要主张这种观点呢？主要有三个理由。

首先，国家工作人员职务行为的宗旨是为国民服务，具体表现在保护和促进各种法益。由于国家工作人员已经为其职务行为取得了相应的报酬，他们就不能直接从公民或其他单位那里收受报酬了，否则就属于不正当的报酬。

其次，国家工作人员理所当然要合法、公正地实施职务行为，但权力总是会被滥用，没有权力的人也会期待掌握权力的人为自己滥用权力。一旦滥用权力，将权力与其他利益交换，就会带来各种问题。因此，为了防止权力滥用，保障公正行使权力，最基本的措施就是防止权力与其他利益交换，或者说防止国家工作人员出卖权力，防止他人收买国家工作人员的权力。

最后，职务行为的合法性、公正性首先取决于职务行为的不可收买性。如果职务行为可以被收买，可以与财物交换，那国家工作人员必然只会为提供财物的人服务，从而损害其他人的利益，导致公民对职务行为的公正性和国家机关本身丧失信赖。

职务行为既包括正在实施或者已经实施的职务行为，也包括将要实施的职务行为；既包括完全属于职务范围的合法行为，也包括与职务有关的超越或滥用职务的行为。总之，只要是与职务有关的行为，就属于本罪所说的职务行为。

不可收买性至少具有两个方面的内容：一是职务行为的不可收买性本身，二是国民对职务行为不可收买性的信赖。具体到受贿罪来说，职务行为的不可收买性是指职务行为与财物的不可交换性，或者说职务行为没有获得不正当报酬。如果国家工作人员因为职务或职务行为获得了不正当报酬，就侵害了受贿罪保护的法益。

事后受财是否成立受贿罪

受贿罪的成立，关键在于国家工作人员索取或收受的财物，是否与其已经实施的、正在实施的、将要实施的或者许诺实施的职务行为有对价关系。也就是说，国家工作人员索取或收受的财物，是不是其职务行为的不正当报酬。

那么，如果国家工作人员先实施了某种职务行为，为他人谋取利益，且当时没有受贿的故意，事后明知他人交付的财物是对自己职务行为的不正当报酬，然后收受的，成立受贿罪吗？这其实就是本节开头那个例子的情况。结论是，这种情况依然成立受贿罪。为什么这么说呢？

首先，从行为性质上说，收受财物是在事前还是事后，并不影响受贿行为的性质。即使将受贿罪的本质理解为权钱交易关系，也没有必要将受贿行为限定为事前受财，因为事后受财也存在权钱交易关系。

其次，从财物性质上看，有约定时，收受的财物当然是职务行为的报酬；没有约定，但事后明知他人提供的财物是对自己之前的职务行为的不正当报酬时，该财物仍然是职务行为的不正当报酬。也就是说，无论有没有约定，收受的财物都是职务行为的不正当报酬，都与职务行为形成了对价关系，都侵犯了受贿罪保护的法益。

再次，从主观方面来看，只要行为人认识到他人交付的财物是对自己职务行为的不正当报酬，就完全可能成立受贿罪。也就是说，国家工作人员事前实施某种职务行为，客观上为他人谋取了利益后，他人向其交付的财物，就是对其职务行为的不正当报酬。国家工作人员明知该财物是对自己职务行为的不正当报酬而收受的，就具有了受贿罪的故意。

最后，从职务行为和财物的对价关系来看，除了要考虑客观上的关联性，还要考虑主观上的关联性。但是，即便是这种主观上的关联性，也无须限定在事前。也就是说，国家工作人员为他人谋取利益后，明知他人交付的财物是对自己职务行为的不正当报酬，仍然收受的，也应充分肯定"事"和"财"之间的关联性。当然，如果因为时间长、数额小等原因，导致难以认定事后提供财物与其先前的职务行为之间存在对价关系，就不能认定为受贿了。

06 受贿罪 II

因担心事情败露而退还了财物的，还构成本罪吗？

上一节讲到，受贿罪保护的法益是职务行为的不可收买性，以及国民对职务行为不可收买性的信赖，所以，《刑法》对受贿罪构成要件的描述，必须说明受贿行为侵犯了这种法益。下面先来看一个案例，然后带着问题去看有关受贿罪构成要件的内容。

张三是 A 国有公司的总经理，主管招投标事务。李四为了拿到 A 国有公司的招标项目，到张三的办公室，给了他一个装有 100 万现金的箱子，张三没有制止。后来，张三听说李四因行贿被检察机关调查，担心事情败露，于是赶紧把这些钱退还给了李四的妻子。在这种情况下，张三的行为还构成受贿罪吗？

受贿罪的构成要件

受贿罪有两种类型，一种是索取型受贿，指国家工作人员利用职务上的便利，索取他人财物的行为；另一种是收受型受贿，指国家工作人员利用职务之便，非法收受他人财物，为他人谋取利益的行为。

关于受贿罪的行为主体。

受贿罪是身份犯，其行为主体是国家工作人员。这一点与贪污罪没有区别。

关于受贿罪的行为对象。

受贿行为所索取、收受的是财物，即"贿赂"。贿赂的本质在于，它是与国家工作人员的职务行为有关的，作为不正当报酬的利益。一方面，贿赂和职务行为必须具有关联性，也就是说，正是因为行为人具有某种职务，已经、正在或者能够实施某种职务行为，他才可能向他人索取贿赂，或者他人才会向其提供贿赂。另一方面，贿赂是作为职务行为的不正当报酬的利益，它与职务行为存在对价关系。

《刑法》将贿赂的内容限定为财物。这里的财物是指具有价值的、可以管理的有体物、无体物以及财产性利益。比如，债权、股份也都属于财物。

关于受贿罪的行为方式。

受贿行为表现为索取贿赂和收受贿赂两种。索取贿赂包括要求、索要与勒索贿赂。收受贿赂是指在行贿人主动提供贿赂时，国家工作人员以将该贿赂作为自己所有物的意思，接收、取得贿赂。

这里需要注意，索取贿赂的，只要行为人利用职务上的便利，就成立本罪，不要求为他人谋取利益。但收受贿赂的，只有为他人谋取利益，才成立本罪。之所以会有这种差别，是因为在索取贿赂的情况下，财物与职务行为之间的对价关系非常清楚，但在收受贿赂的情况下，这种对价关系就没那么清楚了。比如，他人在事前主动向国家工作人员交付财物，但没有任何请托事项的，就很难肯定该财物与职务行为之间具有对价关系。再比如，国家工作人员实施了某种职务行为后，他人向其交付财物的，如果交付财物与事前的职务行为没有任何关系，也不能肯定两者之间具有对价关系。

因此，在收受贿赂的情况下，只有具备其他要素，使国家工作人员收受的财物与其职务行为之间产生对价关系，才能认定其行为侵犯了受贿罪保护的法益。而这个其他要素，就是"为他人谋取利益"。也就是说，这一要件的存在，就是为了说明国家工作人员收受的财物与其职务行为之间具有对价关系。

不管是索取贿赂还是收受贿赂，都必须利用职务上的便利。在这里，利用职务上的便利表现为密切联系的两点：一是他人有求于国家工作人员的职务行为，或者国家工作人员正在或已经通过职务行为为他人谋取了利益；二是索取或收受的财物是国家工作人员职务行为的不正当报酬。也就是说，只要国家工作人员索取或收受的财物与其职务行为有关，就可以认定他利用了职务上的便利。

根据受贿罪的构成要件，只要国家工作人员收取了作为职务行为对价的财物，就成立受贿罪。而在索取型受贿中，只要行为人实施了索取行为，就成立受贿罪。

事后退还贿赂能否成立受贿罪

司法解释中有这么一条规定："国家工作人员收受请托人财物后及时退还或者上交的，不是受贿。"这个规定究竟该怎么理解呢？我认为，可以从以下两个维度来理解。

第一，自己索取贿赂后退还或上交的，依然成立受贿罪，不适用这一规定。因为从形式上说，该规定的表述是"收受"请托人财物，没有把索取贿赂的情况包含在内。从实质上说，索取贿赂的，即使行为人没有现实地取得贿赂，其索要行为也已经侵害了职务行为的不可收买性，而且行为人肯定具有受贿的故意，所以这种情况不适用该规定。

第二，行为人没有受贿故意，且及时退还或上交的，可以适用这一规定。也就是说，该规定只是为了说明，客观上收受了他人财物，但主观上没有受贿故意的行为，不成立受贿罪。反过来说，国家工作人员在客观上利用职务之便收受了他人财物，且为他人谋取了利益，只要主观上具有受贿的故意，就一定成立受贿罪的既遂。

那么，什么情况属于客观上收受财物，但主观上没有受贿故意呢？

比如，请托人前往国家工作人员甲的住宅，甲一开门，请托人就把财物扔到了屋里，然后立即离开。第二天，甲把财物退还请托人或者上交单位。这种情况足以表明甲没有受贿故意。

又比如，请托人进入国家工作人员乙的住宅后，把价值 10 万元的购物卡放在沙发垫下，也没有告诉乙。六个月后，乙清理沙发时发现了购物卡，然后立即退还或者上交。这种情况也足以表明乙没有受贿故意。

再比如，请托人有求于国家工作人员丙，某天在丙的办公室内把价值 10 万元的购物卡交给丙。丙当时完全可以拒绝，但却没有拒绝。在此后的一周内，丙的事务并不繁忙，但也没有退还或者上交该购物卡。一周后，丙在妻子的劝说下把购物卡退还给了请托人。这种情况就不能表明丙没有受贿故意。

因为该规定的适用只限于国家工作人员没有受贿故意的情形，所以，只能从行为人是否具有受贿故意的角度来判断有没有"及时"退还或上交贿赂，而不可能有一个具体的期限或期间。比如，不能认为一个月之内退还或上交的，就不是受贿；也不能认为三个月之后退还或上交，就肯定是受贿。相反，只要能表明国家工作人员没有受贿故意，且上交或退还了贿赂，就属于这里所说的"及时"。

此外，在判断国家工作人员是否具有受贿故意时，主要考虑以下因素：

- 在客观上可以拒绝的情形下是否有拒绝行为；
- 在可以表示拒绝的情形下是否有拒绝的表示；
- 从知道收受了请托人财物到退还或上交之间的时间间隔；
- 是否存在影响行为人退还或上交的主观原因与客观原因；
- 其他因素。

贿赂该如何处理

在贿赂犯罪中，行贿人并不是受害人。由于是不法给付，行贿人把财物交付给国家工作人员后，就丧失了对该财物的返还请求权。所以，国家工作人员不应当把财物直接退还给请托人。因为从刑事诉讼法的角度来说，该财物是行贿罪重要且关键的证据。

国家工作人员客观上收受了请托人的财物，之后又把财物退还给请托人的，其实是毁灭了请托人行贿犯罪的证据。虽然财物已经退还了，国家工作人员不成立受贿罪，但这种行为可以成立帮助毁灭证据罪。

更重要的是，国家工作人员退还或上交了贿赂后，并不意味着请托人的行为不成立行贿罪。只要请托人出于谋取不正当利益的意图，给予国家工作人员财物且数额较大，即使客观上没有取得不正当利益，也成立行贿罪，而且属于犯罪既遂。

07 行贿罪

想谋取不正当利益但实际谋取正当利益的，构成本罪吗？

前面两节讲过了受贿罪，既然有人"受"，前提必然是有人"给"。这个给的行为，就是行贿。像行贿罪和受贿罪这样以存在二人以上相互对向的行为为要件的犯罪，在刑法中被称为对向犯。

还是先来看一个案例。某企业原本应当获得国家的某项补贴，但企业负责人甲不知情，于是他以谋取不正当补贴的心理，向有关国家机关负责人乙提出请求，并送给乙 50 万元现金。乙随后发现甲的企业完全符合获得这项补贴的条件，甲的企业最后也获得了补贴。在这种情况下，甲的行为还成立行贿罪吗？下面就带着这个问题，来具体看一下行贿罪究竟指什么。

行贿罪的构成要件

根据《刑法》第 389 条的规定，行贿罪是指为谋取不正当利益，给予国家工作人员以财物的行为。其中，给予国家工作人员财物主要表现为以下四种情形：

- 为了利用国家工作人员的职务行为，主动给予国家工作人员财物；
- 在有求于国家工作人员的职务行为时，由于国家工作人员的索取而给予其财物；

- 与国家工作人员约定，以满足自己的要求为条件，给予其财物；

- 在国家工作人员利用职务上的便利为自己谋取不正当利益时，或者为自己谋取不正当利益之后，给予其财物作为职务行为的报酬。

那怎么理解法条中的"为谋取不正当利益"呢？

如果把"为谋取不正当利益"解释为主观要素，那在上述四种情形中，就只有前三种可以被认定为行贿罪，第四种则不能，因为第四种行为其实是行为人已经获得了利益，然后给予国家工作人员报酬，而这时行为人主观上不可能再具有谋取不正当利益的意思。如果认为"为谋取不正当利益"既可能是主观要素，也可能是客观要素，那上述四种情形就都能构成行贿罪。

我认为没有理由把第四种情形排除在行贿罪之外。为什么这么说呢？法条中的"给予国家工作人员以财物"，意味着给予国家工作人员不正当的报酬，或者说将财物作为国家工作人员已经、正在、将要或者许诺实施的职务行为的对价，使其接受。而已经获取了不正当利益的人，事后给予国家工作人员的财物，也是其职务行为的对价，所以这种行为也应当以行贿罪论处。

再来看看如何理解法条中的"给予国家工作人员以财物"。

这个行为既包括直接将财物交付给国家工作人员，也包括通过第三者将财物交付给国家工作人员；既包括直接将财物交付给国家工作人员本人，也包括将财物交付给国家工作人员的亲属或者国家工作人员指定的第三者。比如，甲向国家工作人员乙请托不正当事项，乙谎称该事项需要丙参与才能完成，并要求甲送给丙 10 万元现金。其实，丙是乙的朋友，这 10 万元现金最后由丙占有。在这种情况下，甲的行为依然成立行贿罪。

最后，行贿罪的责任形式是什么？

行贿罪的责任形式是故意，要求行为人明知自己给予国家工作人员财物的行为侵害了国家工作人员职务行为的不可收买性，并且希望或者放任这种结果发生。在没有获取不正当利益时行贿的，必须是为了谋取不正当利益而做出的这种行为。

关于这一点，司法解释规定，谋取不正当利益是指行贿人谋取违反法律、法规、规章或者政策规定的利益，或者要求对方违反法律、法规、规章、政策、行业规范的规定提供帮助或者方便条件。但实际上，即使是为了谋取正当利益而给予国家工作人员财物的行为，也属于权钱交易行为。

国外刑法和我国 1979 年《刑法》都没有要求行贿罪的成立必须出于谋取不正当利益的目的。但考虑到许多制度不健全、国民普遍"办事难"的具体情况，我国现行《刑法》就把这一点规定成了行贿罪的要素，而这就缩小了行贿罪的处罚范围。既然现行《刑法》的规定本来就缩小了行贿罪的处罚范围，如果再对"谋取不正当利益"做限制解释，就会不当地缩小处罚范围。因此我认为，谋取任何性质、任何形式的不正当利益，都属于"谋取不正当利益"。

比如，行贿人虽然符合晋升的条件，但为了使自己先于他人晋升，而给予有关国家工作人员财物的，应当认定为行贿罪。再比如，国家工作人员乙要为国有事业单位购买 50 台电脑，与商店店主甲商谈。甲既不想降低价格，又希望乙购买自己商店的电脑，便向乙支付了回扣。在这种情况下，因为乙可能不在甲的商店购买电脑，可能会以较低的价格购买其他商店的电脑，而甲给回扣的行为使乙决定以较高的价格购买甲商店的电脑，所以这也是一种不正当利益，甲的行为成立行贿罪。

需要注意的是，"为谋取不正当利益"并不是一个纯主观的想法，还要求行为人所谋取的利益在客观上具有不正当性。也就是说，关于利益是否正当，需要进行客观的判断。如果客观上属于正当利益，而行为人误以为是不正当利益的，不成立行贿罪。比如本节开头的案例，甲虽然有谋取不正当利益的想法，但他在客观上完全没有谋取不正当利益，因为他的企业本来就是符合要求的。在这种情况下，甲的行为不符合行贿罪的主观要素，不成立本罪。

经济往来中的行贿

虽然行贿罪的成立必须是为了谋取不正当利益，但《刑法》第389 条第 2 款专门针对经济往来中的行贿做出了规定，且其中没有"为谋取不正当利益"这个要求，这是不是意味着经济往来中的行贿，不必是为了谋取不正当利益呢？当然不是。我认为本款规定属于注意规定，因此，要适用本款规定，行为必须完全符合行贿罪的构成要件。

我之所以这样认为，是因为发生在经济往来中的行贿行为，危害性并不必然大于发生在其他领域的行贿行为。比如，与为了不当获取官职而行贿相比，在经济往来中给予回扣的行为危害性要小得多。既然发生在其他领域的行贿罪要求是为谋取不正当利益，那就没理由对发生在经济往来中的行贿罪取消这个要求。也就是说，发生在经济往来中的行贿罪，也要满足"为谋取不正当利益"这一主观要素。

另外，《刑法》第 389 条第 3 款规定："因被勒索给予国家工作人员以财物，没有获得不正当利益的，不是行贿。"这里的勒索，就是指受贿罪中的索取。没有获取不正当利益，是指没有获得由实施勒索行为的国家工作人员利用职务所谋取的不正当利益，而不是指没有获取任何利益。也就是说，获得正当利益的，以及虽然获得了不正当利益，但这与实施勒索行为的国家工作人员的职务行为没有关系的，都不是行贿。

行贿罪和受贿罪的关系

本节开头提到，行贿罪和受贿罪是对向犯。在通常情况下，行贿方与受贿方的行为都成立犯罪。但是，这并不意味着一方行为成立犯罪时，另一方行为必然成立犯罪，也不意味着两方的行为必须完全对应。

比如，因为被勒索而给予财物，但没有获得不正当利益的，不成立行贿罪；但国家工作人员的行为仍然是索取贿赂，成立受贿罪。

又比如，为了谋取正当利益而给予国家工作人员财物的，不成立行贿罪；但国家工作人员接受财物的行为，仍然成立受贿罪。

再比如，为了谋取不正当利益而给予国家工作人员财物的，成立行贿罪；但国家工作人员没有接受贿赂的故意，立即把财物送交有关部门处理的，不成立受贿罪。

在现实生活中，这种只有一方的行为成立犯罪的现象其实是大量存在的。

答学友问

学友：除了行贿罪，《刑法》中还规定了单位行贿罪，但单位行贿罪的法定最高刑只有 5 年有期徒刑，远远低于行贿罪的法定最高刑，这在立法上有什么特殊考虑吗？司法实践中有很多案例，行为人都辩解是单位行贿罪，对此该怎么处理？

张明楷：根据《刑法》第 393 条的规定，单位行贿罪是指单位为谋取不正当利益而给予国家工作人员以财物，或者违反国家规定，给予国家工作人员以回扣、手续费，情节严重的行为。单位行贿罪的立案标准是，单位行贿数额在 20 万元以上或者在 10 万到 20 万之间，并且有其他法定情节。

简单地说，行贿罪与单位行贿罪之所以在法定刑的设置上有差异，是因为两者的行为类型不同，且在违法性程度和非难可能性程度上存在差异。不过，我不认为单独规定单位行贿罪并规定较轻的法定刑是一种很好的立法体例。

单位行贿罪是单位犯罪，而行贿罪是自然人犯罪。单位犯罪是在单位整体意志支配下实施的，其中并不存在个人意志的决定作用，单位意志不是单位内部某个成员的意志，也不是各个成员意志的简单相加，而是单位内部成员在相互联系、相互作用、协调一致的条件下形成的意志，即单位的整体意志。单位整体意志形成后，再由直接责任人员具体实施。

单位犯罪的法律后果具有特殊性。也就是说，对于单位犯罪，除了要处罚单位，还要处罚单位直接负责的主管人员和其他直接责任人员，这就是双罚制。但是，显然单位行贿罪中直接负责人员的违法性程度要低于行贿罪中的自然人。

单位行贿罪与行贿罪的法定刑相差较大，所以需要合理区分。根据《刑法》第393条的规定，在形式上是单位行贿的情况下，如果因行贿取得的违法所得归个人所有的，应当以行贿罪论处，而不能认定为单位行贿罪。这里的"归个人所有"，是指归个别人、少数人（不限于单位成员）所有。如果是本单位集体私分的，仍应认定为单位行贿罪。

不难看出，《刑法》是根据因行贿取得的利益归属来区分单位行贿罪和行贿罪的。根据这一标准，私营企业的负责人为了给企业谋取不正当利益，而将个人的财物作为贿赂交付给国家工作人员的，也应该认定为单位行贿罪。反过来说，单位负责人为了谋取个人利益，而将单位财物为贿赂交付给国家工作人员的，成立行贿罪，以及对单位财物成立财产犯罪或者贪污罪，应当实行数罪并罚。

08 介绍贿赂罪

与行贿罪、受贿罪的帮助行为有什么区别？

在理解了行贿罪之后，再来看介绍贿赂罪，应该就不会觉得难理解了。根据《刑法》第 392 条的规定，介绍贿赂罪是指向国家工作人员介绍贿赂，情节严重的行为。

首先要注意的是，本罪中介绍的受贿一方必须是国家工作人员，但对行贿方没有限定。也就是说，如果是向非国家工作人员介绍贿赂，比如向私营企业的工作人员或向单位介绍贿赂，不成立本罪。下面，就来看看有关介绍贿赂罪的更多内容。

一般认为，介绍贿赂罪的构成要件是，在行贿人与国家工作人员之间进行引荐、沟通关系、撮合，促使行贿与受贿得以实现的行为。责任形式是故意，即行为人必须在主观上认识到自己介绍贿赂的行为正在促成以权换利或以利换权的不正当交易，并希望或者放任这种交易的实现。至于行为人是出于何种动机，或者有没有通过介绍贿赂获得利益，不影响本罪的成立。此外，本罪的成立还要求情节严重。

看到这里，你可能会产生一个疑问：根据贿赂罪的构成要件来看，这不就是受贿罪或行贿罪的帮助行为吗？这种行为为什么不成立受贿罪或行贿罪的共犯呢？这其实就是有关介绍贿赂罪最大的问题，下面就来重点分析一下。

行贿罪、受贿罪的帮助行为和介绍贿赂罪的关系

不管是在我国现行《刑法》中，还是在 1979 年《刑法》中，都在规定了行贿罪和受贿罪的同时，另外规定了介绍贿赂罪。其中，介绍贿赂罪的法定最高刑是 3 年有期徒刑，而行贿罪和受贿罪的法定最高刑分别是无期徒刑和死刑，所以，明确怎么区分介绍贿赂罪与受贿罪、行贿罪的共犯不仅具有理论意义，还具有非常重要的现实意义。

传统观点认为，介绍贿赂通常表现为两种形式：一种是受行贿人之托，为他物色行贿对象、疏通行贿渠道、引荐受贿人、转达行贿信息、转交贿赂物，向受贿人传达行贿人的要求。另一种是按照受贿人的意图，为其寻找索贿对象，转告索贿人的要求等。

但是，这两种行为其实就是行贿罪和受贿罪的帮助行为。按照共犯的原理，行为人受行贿人之托，实施的物色受贿对象等一系列行为，是促成行贿的行为，而且行为人主观上也认识到了自己是在帮助行贿人实施行贿行为，所以应该成立行贿罪的帮助犯。同样，行为人按照受贿人的意图所实施的寻找索贿对象等行为，是促成受贿的行为，行为人主观上也必然认识到了自己是在帮助受贿人实施受贿行为，所以应该成立受贿罪的帮助犯。既然如此，就不能把这两种行为认定为介绍贿赂罪。

那么，究竟该怎么处理行贿罪、受贿罪的帮助行为和介绍贿赂罪的关系呢？司法实践中主要有两种做法。

第一种做法是，以行为人是否获得利益作为区分标准。

具体来说，帮助受贿并且参与分赃，实际分得受贿款物的，成

立受贿罪的共犯；帮助行贿并且是为了谋取自己的不正当利益的，成立行贿罪的共犯；帮助受贿但没有分赃，帮助行贿却不是为了谋取自己的不正当利益的，成立介绍贿赂罪。

但这种做法是有问题的。刑法的目的是保护法益，犯罪的本质是侵犯法益，因此，行为人主观上对利益的追求，以及客观上所获得的利益，不是本质问题，也不是重要问题。在行为人事实上没有获得利益的情况下，首先要考虑的是法益受侵害的事实。所以，以行为人有没有分得贿赂款物作为区分标准其实就忽视了犯罪的本质。

退一步讲，就行贿罪来说，"为谋取不正当利益"包括两种情况，一种是为自己谋取不正当利益，另一种是为他人谋取不正当利益。所以，当甲出于为自己谋取不正当利益的目的，乙出于为甲谋取不正当利益的目的，而共同实施行贿行为时，甲乙两人当然成立行贿罪的共犯，不能因为乙没有为自己谋取利益的意图，就将其行为认定为介绍贿赂罪。

就受贿罪来说，不管是索取、收受他人财物归自己占有还是归第三者占有，都是权钱交易的一种表现，两者对国家工作人员职务行为不可收买性的侵害程度没有差异。所以，当A为了索取财物归自己占有，B为了索取财物归A占有而帮助A实施索取贿赂的行为时，两人也成立受贿罪的共犯，不能因为B没有为自己索取财物的意图，就将其行为认定为介绍贿赂罪。

第二种做法是，以一般公民是否参与了国家工作人员利用职务上的便利为他人谋取利益的行为作为区分标准。

可以肯定的是，如果一般公民与国家工作人员勾结，参与了国家工作人员利用职务之便为他人谋取利益的行为，当然成立受贿罪的共犯。但不能因此就认为，如果一般公民没有参与国家工作人员利用职务之便为他人谋取利益的行为，便只能认定为介绍贿赂罪。因为"为他人谋取利益"只要表现为许诺就可以了，不要求有为他人谋取利益的实际行为和结果。既然如此，那把有没有参与国家工作人员利用职务之便为他人谋取利益的行为作为区分标准，就会不当地缩小受贿罪共犯的成立范围。所以，对这个区分标准，我也不认同。

除了司法实践中的这两种做法，还有一些其他的区分标准。

比如，有人以行为人的立场为区分标准。具体来说，只站在行贿人一方为其实施帮助行为的，成立行贿罪的共犯；只站在受贿人一方为其实施受贿的帮助行为的，成立受贿罪的共犯；同时站在双方的立场或者中间立场的，成立介绍贿赂罪。

这么理解当然也是不合适的，因为就法益侵害的程度来说，同时站在双方立场或中间立场介绍贿赂的，比只站在一方立场的行为更严重，而把这种法益侵害程度更严重的行为认定为法定刑较轻的介绍贿赂罪，肯定会导致罪刑不协调。

还有人以行贿罪、受贿罪既遂或未遂为区分标准。具体来说，当行贿罪和受贿罪既遂时，在行贿者和受贿者之间沟通、撮合的行为成立行贿罪或受贿罪的共犯；当行贿罪和受贿罪未遂时，在行贿者与受贿者之间沟通、撮合的行为成立介绍贿赂罪。这样区分其实也不合适，因为共犯的成立不以犯罪既遂为前提，行贿罪和受贿罪的既遂与未遂不应该影响沟通、撮合行为的性质。

当然，或许还有人会想到以有利于被告人的方向为标准。也就是说，既然对介绍贿赂和行贿罪、受贿罪共犯的区别存在疑问，就应该按照存疑时有利于被告的原则来处理——凡是可能成立介绍贿赂罪这个轻罪的，就不得认定为行贿罪、受贿罪的共犯这些重罪。这样的处理方案也不可行，因为存疑时有利于被告的原则只与事实的认定有关，不适用于法律的解释。

通过以上的分析，可以肯定，**帮助行贿或帮助受贿的行为不应当被认定为介绍贿赂罪**。也就是说，根据《刑法》分则关于行贿罪、受贿罪的规定，以及《刑法》总则关于共同犯罪成立条件的规定，凡是行贿罪、受贿罪的帮助行为，都是行贿罪、受贿罪的共犯行为，应当分别认定为行贿罪与受贿罪，不得以介绍贿赂罪论处。

如果行为同时对行贿、受贿起到了帮助作用，就属于想象竞合，应当从一重罪论处，而不能以介绍贿赂罪论处。如果一个行为同时触犯了行贿罪、受贿罪和介绍贿赂罪，也应当从一重罪论处，即以行贿罪的帮助犯或受贿罪的帮助犯论处。

介绍贿赂罪的适用空间

那么，介绍贿赂罪还有适用的空间吗？我认为，从立法论的角度来讲，介绍贿赂罪其实没有存在的必要。介绍贿赂可以分别被视为行贿罪和受贿罪的教唆犯、帮助犯，不需要规定为独立的罪名。

德国、日本等大陆法系国家的刑法都没有规定介绍贿赂罪。我国现行《刑法》和 1979 年《刑法》中规定的介绍贿赂罪，其实源于《苏俄刑法典》。但在苏俄时代，介绍贿赂罪的成立范围也呈现出了由宽到窄的局面，到 1996 年的《俄罗斯联邦刑法典》，更是直接取消了有关该罪的规定。

那么，根据我国现行《刑法》，究竟可以对哪些行为只以介绍贿赂罪论处呢？根据《刑法》的规定，只有情节严重的介绍贿赂行为才成立本罪。而之所以要求情节严重，是因为介绍贿赂行为本身对法益的侵犯性还没有达到值得科处刑罚的程度，否则立法者就不会专门设置"情节严重"这个规定。既然如此，对介绍贿赂行为就不应当提出过多的要素和过高的要求。

所以我认为，以下情况都可以只以介绍贿赂罪论处。比如，行为人明知某人想通过行贿手段，使国家工作人员通过职务行为为其谋取不正当利益，而向国家工作人员提供这个信息，情节严重的。又比如，行为人主动为甲疏通行贿渠道，又主动向国家工作人员乙表达甲的要求，希望促成贿赂事实，但甲乙双方都没有着手实行犯罪的。

得到讲义系列

让知识变得好看

得到讲义系列，用深入浅出的语言，为读者系统全面地了解一个学科提供解决方案。任何高中以上文化的读者，都可以读懂这套书。

◎ 《薛兆丰经济学讲义》　　　　薛兆丰 / 著

◎ 《薄世宁医学通识讲义》　　　薄世宁 / 著

◎ 《陆蓉行为金融学讲义》　　　陆　蓉 / 著

◎ 《贾宁财务讲义》　　　　　　贾　宁 / 著

◎ 《香帅金融学讲义》　　　　　香　帅 / 著

◎ 《刘擎西方现代思想讲义》　　刘　擎 / 著

◎ 《吴军数学通识讲义》　　　　吴　军 / 著

◎ 《吴军阅读与写作讲义》　　　吴　军 / 著

◎ 《李育辉组织行为学讲义》　　李育辉 / 著

◎ 《刘嘉概率论通识讲义》　　　刘　嘉 / 著

◎ 《张明楷刑法学讲义》　　　　张明楷 / 著

◎ 《董梅红楼梦讲义》　　　　　董　梅 / 著

◎ 《王立铭进化论讲义》　　　　王立铭 / 著

更多学科讲义正在解锁中……

图书在版编目（CIP）数据

张明楷刑法学讲义 / 张明楷著 . —— 北京 ：新星出版社，2021.10
（2022.10 重印）
ISBN 978-7-5133-4630-6

Ⅰ．①张… Ⅱ．①张… Ⅲ．①刑法－法的理论－中国 Ⅳ．① D924.01

中国版本图书馆 CIP 数据核字（2021）第 167961 号

张明楷刑法学讲义

张明楷　著

责任编辑：白华昭
策划编辑：王青青　张慧哲
营销编辑：吴　思　wusi1@luojilab.com
封面设计：李　岩　柏拉图
责任印制：李珊珊

出版发行：新星出版社
出 版 人：马汝军
社　　址：北京市西城区车公庄大街丙 3 号楼　100044
网　　址：www.newstarpress.com
电　　话：010-88310888
传　　真：010-65270449
法律顾问：北京市岳成律师事务所

读者服务：400-0526000　service@luojilab.com
邮购地址：北京市朝阳区华贸商务楼 20 号楼　100025

印　　刷：北京盛通印刷股份有限公司
开　　本：880mm×1230mm　1/32
印　　张：22.25
字　　数：500 千字
版　　次：2021 年 10 月第一版　2022 年 10 月第五次印刷
书　　号：ISBN 978-7-5133-4630-6
定　　价：129.00 元